比較経済発展論

―― 一橋大学経済研究叢書 56 ――

斎藤 修著

比較経済発展論
―― 歴史的アプローチ ――

岩波書店

経済研究叢書発刊に際して

　経済学の対象は私たちの棲んでいる社会である．それは，自然科学の対象である自然界とはちがって，たえず変化する．同じ現象が何回となく繰返されるのではなくて，過去のうえに現在が成立ち，現在のうえに将来が生みだされるという形で，社会の組立てやそれを支配する法則も，時代とともに変ってゆくのが普通である．したがって私たちの学問も時代とともに新しくなってゆかねばならぬ．先人の業績を土台として一つの建造物をつくりあげたと思った瞬間には，私たちは新しい現実のチャレンジを受け，時には全く新しい問題の解決をせまられるのである．

　いいかえれば経済学者は，いつも摸索し，試作し，作り直すという仕事を，性こりもなく続けなければならない．経済研究所の存在意義も，この点にこそあると思われる．私たちの研究所も，一つの実験の場である．あるいは，所詮完全なものとはなりえない統計を，すこしでも完全なものに近づけることに努力したり，あるいは，その統計を利用して現実の経済の動きの中に発展の法則を発見しようとしたり，あるいは，分析の道具そのものをみがくことに専念したり，あるいは，外国の経済の研究をとおして日本経済分析のための手がかりとしたり，あるいは，先人のきわめようとした原理を追求することによって今日の分析のための参考としたり，私たちの仕事はきわめて多岐にわたる．こうした仕事の成果を，その都度一書にまとめて刊行しようというのが本叢書の趣旨にほかならない．ときには試論の域を出でないものがあるとしても，それは学問の性質上，同学の方々の鞭撻と批判を受けることの重要さを思い，あえて刊行を躊躇しないことにした．ねがわくば，読者はこの点を諒承していただきたい．

　本叢書は，一橋大学経済研究所の関係者の筆になるものをもって構成する．必らずしも定期の刊行は予定していないが，一年間に少なくとも三冊は上梓のはこびとなろう．こうした専門の学術書は，元来その公刊が容易でないのだが，私たちの身勝手な注文を心よくききいれて出版の仕事を受諾された岩波書店と，研究調査の過程で財政的な援助を与えられた東京商

科大学財団とには，研究所一同を代表して，この機会に深く謝意を表したい．

　1953年8月

一橋大学経済研究所所長
都　留　重　人

はしがき

　『比較経済発展論』というタイトルと「歴史的アプローチ」というサブタイトルの組合せから，どのような分野の本を想像されるであろうか．経済学の本であろうか，歴史書であろうか．本質的には歴史的な，しかし経済学の概念を使いこんで書いたというのが著者本人の気持に一番近いけれども，応用経済学の書として執筆したわけではなく，また資料を積重ねて明らかとなった事実を提示しようとして書いたのでもない．特定の歴史的事象を説明しようとするわけでも，また現代の私たちが直面する課題にたいして歴史的教訓を引出そうとしているわけでもない．まして，他国の歴史を鏡にこの国の歴史を反省して何か診断書を書こうという発想があったわけではなく，日本の独自性を喧伝したいと思ったこともまったくない．

　1985年に最初の書物『プロト工業化の時代』を上梓して以来，私の心を捉えてきたのは，近世から近代へという，過去数世紀のあいだに起った経済発展を歴史的現象として理解したいという想いであった．各国の人口や国民総生産の数値，賃金と物価のデータ，個別産業にかんする発展のクロノロジィなど，いくら集めてもそれだけでは意味をなすとはかぎらない情報のかたまりに意味を与えたいという想いであった．その意味を与えてくれるのは理論ではありえず，また私たちが立っている現在という地平でもない．まして，「未来だけが過去を解釈する鍵を与えてくれる」というE. H. カーの判断基準を受入れることなどできない．それは累積的な過去の過程そのもののなかにしかない，という想いがあったのである．

　このような想いは，特定の国の歴史にコミットしようとしまいと，きわめて歴史的な問いとなる．同時に，事実をいくら積上げても理解にはいたらないという意味で，分析力を要求される問いでもある．その問いに応えるための主要な道具は経済学であり，また比較史という学問であった．材料となったのは過去の社会科学者たちの遺した書物であり，同時代人である歴史家の著した作品であり，また比較可能な，多くは数量データというかたちをとったエヴィデンスの蓄積であった．後者のなかで中心的な役割

を果すのが実質賃金データベースであるが，これについては『賃金と労働と生活水準』(本叢書48)をまとめたことでずいぶんと見通しがよくなった．

もう一つ，私が自戒の念もあってこだわってきたのは，歴史家にとって何が変って何が変らなかったかという問いの重要性である．歴史家は時代区分論の罠に陥りやすい．近世が終り近代に入ると，何もかもが変ると思いがちである．しかし，近代に生じた変化を丁寧に検討すれば，本質は近世から存在したものということが少なくない．それどころか，変ったという先入観が誤った近世観を生んだということさえある．市場経済化とか工業化の帰結といった，比較経済発展論の主要テーマについてもこの視点を活かして取組みたいと思ってきた．

これらすべてを糧として，この20年ほどのあいだに考え続けてきたいくつかの論点を一つのまとまりとしたのが本書である．その論点のほとんどは何らかのかたちで発表・公刊をしてきた．順にあげれば，『産業と革新』(岩波講座世界歴史22)に書いた基調論文，社会経済史学会2004年度大会での特別講演，『経済研究』に書いた2本の共著論文(「実質賃金の歴史的水準比較」と「徳川日本の所得分布」)，グローバル・ヒストリィ・ネットワーク(GEHN)のユトレヒト研究会議に提出した論文，そして近刊予定の，ガレス・オースティン＝杉原薫編の労働集約型工業化論集に寄稿した1本である．これらはいずれも項単位で再点検をし，改訂と加筆を行って，分析的かつ歴史的な構成となるように心がけた．

本書が脱稿するまでには多くの方より教示と援助と励ましをいただいた．すべてのお名前をあげることはできないが，まずお礼を申しあげなければならないのは，ジャン－パスカル・バッシーノ，デビン・マ(馬徳斌)，西川俊作という共著者の方々である．共著論文の一部ないしは骨子を本書の材料にすることに快諾いただいただけではなく，共同作業を通じてじつに多くのことを教えられた．そのような共同研究の経験がなければ，本書の当該箇所は未熟なままであったはずである．また，ジャン－パスカルとデビンも参加をしていたGEHNの方々，とりわけパトリック・オブライエン，杉原薫，ヤン・ライテン・ファン・ザンデンから多くの示唆と教示を

えた．先に言及した論文のいくつかは GEHN の研究会議やセッションでも報告をしており，私自身のペーパーへのコメントを含めて会議の討論から学ぶことが多かった．また，大胆な比較と射程の長い議論をすることにたいして直接間接にえた激励も心強い援護となった．

そして，私自身が拠点リーダーであった一橋大学の 21 世紀 COE プログラム「社会科学の統計分析拠点構築」(Hi-Stat)．このプログラムの下で行われている研究は多岐にわたるが，とりわけ歴史統計プロジェクトの参加者からえた刺激は大きかった．そのプロジェクト自体はアジアの歴史統計整備が主目的であるが，メンバーの尾高煌之助，深尾京司，そしてその研究活動を通じて交流できた方々，とくにアンガス・マディソンからうけた感化はかけがえのないものであった．また，本書の部品のいくつかは Hi-Stat の具体的成果に負っている．その意味で，本書は Hi-Stat の産物といってよい．

本書のタイトルは，一橋の大学院で行ってきた授業科目名から採った．また，構想の一部を早稲田大学，東北大学，東京大学などにおいても話をする機会をもてたことは幸いであった．おつきあいをいただいた院生・学生諸君に感謝したい．執筆準備を始めたのは 1 年半ほど前だったであろうか．私が大学の役職等で多忙をきわめるなかで書かざるをえなかったため，準備過程ではデータや書誌情報の再チェックから文献目録の入力まで，さまざまなことで田中美穂子さんの手を煩わせた．心からお礼を申し上げたいと思う．このような頼もしい助力をえられたにもかかわらず，校務の合間の細切れの時間に，集中を持続させて原稿を書き続けることは困難をきわめた．そのため脱稿が大幅に遅れ関係者にはご迷惑をおかけしたが，辛抱強く見守っていただいた経済研究所の方々，短い期間にじつに的確な編集作業をしてくださった岩波書店編集部の髙橋弘氏と校正者の居郷英司氏にはお礼の申し上げようもない．最後に，私事にわたるが，陰に陽に私の研究生活を支えてくれた家族にこの場をかりて謝意を表したい．

2008 年 1 月

斎 藤 　 修

目　次

　はしがき

序　比較経済発展論 ─────────────────── 1

第 I 部　経済発展とは何か

第 1 章　生活水準の比較史 ─────────────── 7
　1　背　　景　7
　2　豊かさの東西比較論──18 世紀の認識　10
　3　古典派経済学者の歴史観　12
　4　経済史における東と西　20

第 2 章　分業と市場と成長 ─────────────── 35
　　　　──概念整理──
　1　分業と市場の成長　35
　2　スミス的成長　49
　3　労働市場と格差──分業のもう一つの側面　54
　4　分業とスキル　65

第 II 部　近世の経済成長

第 3 章　生活水準の異文化間比較 ─────────── 81
　　　　──一人当り産出高と実質賃金──
　1　一人当り GDP　82
　2　実質賃金　91
　3　概念と方法　101
　4　水準とパターン　109

5　新たな問題　116

第4章　二つのスミス的成長パターン──────────123
  1　二つの指標，二つのパターン　123
  2　経済史的背景　130
  3　対照的なパターン　147

第5章　所得格差の動向──────────────153
  1　北西欧と日本における水準と動向　154
  2　1840年代の長州藩　159
  3　身分階層別世帯所得の推定　167
  4　異文化間比較　171

第6章　家族経済と土地・労働市場────────179
  1　賃金労働者世帯と農家世帯　180
  2　要素市場──西欧と東アジアにおける発展の途　187
  3　小農社会における労働力の構造　200
  4　小農社会と労働市場　209

第Ⅲ部　近代の分岐と収斂

第7章　産業革命──工業化の開始とその波及──────221
  1　英国の産業革命　222
  2　英国経済のパフォーマンス　228
  3　産業革命と構造変化　235
  4　「世界の工場」の実像　242
  5　生活水準　246

第8章　諸国民の工業化────────────251
  1　後進性　252
  2　19世紀後半のヨーロッパ　254
  3　ヨーロッパ域内の地域連関　258

4　キャッチアップと径路依存　　264
　　5　日本の経験　　274

終章　工業化の帰結──────────293

　参考文献　　305
　索　　引　　331

図　目　次

図 2.1　自営業農家の所得造出能力と人口圧力　　60
図 2.2　工業化の類型：労働集約・資本集約・スキル集約　　76
図 3.1　西欧・中国・日本における経済成長の軌跡：一人当り GDP，1500-2001 年　　89
図 3.2　イングランドの実質賃金，1264-1954 年　　94
図 3.3　西欧諸地域の実質賃金，1451-1650 年　　95
図 3.4　西欧諸都市における建築労働者の生存水準倍率，1500-1799 年　　105
図 3.5　西欧と東アジアにおける賃金収入の生存水準倍率，1740-1913 年　　110
図 3.6　西欧における賃金収入の生存水準倍率，1740-1913 年：ロンドン，ミラノ，ストラスブール　　111
図 3.7　西欧と日本における賃金収入の生存水準倍率，1740-1890 年：オクスフォード，ミラノ，畿内，銚子　　113
図 3.8　中国と日本における賃金収入の生存水準倍率，1740-1913 年：北京，京都-東京　　114
図 4.1　近世の北西欧における実質賃金と一人当り GDP（マディソン推計）の推移，1500-1820 年　　125
図 4.2　石川カーヴ(I)：稲作単位面積当り収量と労働投入量の径路　　142
図 4.3　石川カーヴ(II)：農家の総労働投入と稲作労働投入との関係　　142
図 5.1　英国の所得格差：ジニ係数の長期趨勢　　155
図 5.2　近代日本の所得格差：ジニ係数の長期趨勢　　158
図 7.1　英国における労働者の実質賃金収入の変化，1770/72-1878/82 年　　248
図 8.1　英国へのキャッチアップ：アメリカ・フランス・ドイツ・日本の労働生産性（一人当り），1870-1998 年　　265
図 8.2　英国へのキャッチアップ：アメリカ・フランス・ドイツ・日本の労働生産性（時間当り），1870-1998 年　　265
図 8.3　非農林業の農林業にたいする労働生産性倍率：西欧諸国と日本，19-20 世紀中頃　　278
図 8.4　非農林業の農林業にたいする労働生産性倍率：西欧諸国と日本，19-20 世紀中頃（日本の値を改訂した場合）　　278

表　目　次

表 3.1　西欧および主要 6 ヵ国の一人当り GDP 水準：世界平均との比，1500-2001 年　　90

表 3.2　生存水準消費の構成比較: 日本とヨーロッパ　107
付表 3.1　畿内および銚子の実質賃金系列　121
付表 3.2　畿内および銚子における賃金収入の生存水準倍率　122
表 4.1　近世の北西欧および南欧における実質賃金と一人当り GDP(ファン・ザンデン推計)の推移, 1500-1750 年　126
表 4.2　日本における実質賃金と産出高の成長, 1700-1870 年　129
表 5.1　イングランドにおける所得格差の水準, 1688 年と 1759 年　156
表 5.2　オランダ・ホランド州における格差の水準, 1561-1808 年　156
表 5.3　上関宰判における非農割合と農家所得にしめる非農所得比: スミス推計　161
表 5.4　長州藩における産業別産出高と職業戸数　164
表 5.5　長州藩における身分階層別所得推計　169
表 5.6　階層間所得分布の日英印比較　174
表 6.1　18 世紀日本の世帯所得: 賃金労働者と農家　183
表 6.2　16 世紀低地諸邦における産業および労働力の構成　190
表 6.3　18 世紀イングランドの農村労働力構成　192
表 6.4　小作人が土地を借入れている地主数: 両大戦間の日本　199
表 6.5　『風土注進案』における職業戸数の書上: 三田尻宰判田島村　202
表 6.6　山梨県の職業構造, 1879 年　205
表 6.7　兼業の構造: 山梨県, 1879 年　206
表 6.8　雇用労働力の構造: 山梨県, 1879 年　207
表 7.1　名誉革命時の英国国民所得の構成: イングランドとウェールズ, 1688 年　229
表 7.2　英国の国内総生産成長率と人口増加率, 1700-1831 年　231
表 7.3　英国の国内総生産成長の要因分解, 1700-1831 年　234
表 7.4　英国産業の構造変化, 1770-1831 年　236
表 7.5　英国経済の長期的変容, 1700-1870 年　238
表 7.6　英国における実質賃金と一人当り GDP の推移, 1760-1870 年　249
表 8.1　19 世紀末の経済力格差: 国民所得・蒸気力・鉄鋼消費量・輸出比率, 1888/89 年　255
表 8.2　アメリカ・ドイツの英国との生産性格差: 部門別, 1870-1973 年　268
表 8.3　英国・ドイツ・アメリカの製造業における徒弟の割合, 1880-1940 年　271
表 8.4　兼業マトリクス: 山梨県, 1879 年　280
表 8.5　非農林業の農林業にたいする労働生産性倍率: 日本の場合, 2 つのケース　282

序　比較経済発展論

　本書の目的は，生活水準の異文化間比較を，市場の成長を中心にすえた経済史の伝統に接続することである．比較の主軸は日本におかれ，主として西欧の歴史的経験と，しかし潜在的には中国との比較をも念頭に比較がなされるであろう．すなわち，西欧と東アジアというユーラシア両端地域の比較経済発展論である．

　対象となる時代は近世と近代にまたがる．経済発展論においては近代以降しか扱わないのが一般的で，経済史においても多くの文献は近世と近代を截然と区分している．西欧であれば産業革命をもって，日本であれば幕末開港ないし明治維新をもって区切るという発想である．ここで近世 (early modern) とは，通常の理解では，生存ぎりぎりの生活水準と市場経済の低い展開度とによって特徴づけられるような時代である．同じ「生存」水準といっても現実には地域と時代によって異なっていたであろうが，その背後にはマルサスのいう人口原理があって，それゆえに貧困から抜け出せない時代というイメージは多くの歴史家によっていだかれている．そしてそれは，生産者――しばしば小農(ペザント)と名づけられる――の世帯における高い自給割合と市場取引への低い参加度と表裏一体と考えられている．このような解釈によれば，産業革命あるいは近代経済成長はそのような一種の悪循環からの脱却であったとみなされるのである．

　経済発展論においても事情は変らない．現在進行中の発展ないしは開発を研究対象とすることが多いにもかかわらず，発展が始まる以前の状態を経済史家による前近代のイメージで語ることが少なくないからである．逆にいえば，それだけ伝統的な経済史学が創りあげた歴史イメージは根強いということであろう．

　しかし，本書はそうした時代区分を自明のこととは考えない．産業革命によって二つの時代を区分することを正当化する理由はたしかに存在するが，他方でそれは，近代経済成長が始まる以前には成長らしい成長は生じ

えなかったということを意味しないし，また近代資本主義経済に先立つ時代においては，市場経済は社会のなかで周縁的な存在にすぎなかったというのも正しくない．

かつてジョン・ヒックスは，市場の勃興を中心においた『経済史の理論』を構想した（Hicks 1969）．それは一見したところ，市場取引が社会に埋め込まれていた時代から近代への『大転換』を描こうとしたカール・ポランニーの考え方に近似している（Polanyi 1957）．とくに，労働（および土地）にかんする市場の成立と拡大に「比較的支配しにくい領域」への市場制度の「浸透」をみるという点で，両者には共通の認識がみられる（Hicks 1969, 174頁）．実際，第2章の第2節でみるように，労働市場ないし要素市場はモノの市場の成長とは別個に論じられるべき問題なのである．

しかし，ヒックスがいうところの市場の勃興は必ずしも直線的な進化の過程ではないということは強調しておくべきであろう．むしろ，近代の「行政革命」ないしは大企業体制の成立——その共通項は官僚制化である——を境に，むしろ自動調節機能をもった市場は背後に退き，新しいかたちの非市場経済が登場したと考えられているのである（Hicks 1969, 第10章; ditto, 1977, x–xii頁）．この見方によれば，成熟した近世は，モノの取引にかんするかぎり，むしろ自動調節機能をもった市場が十分に展開した時代ということになろう．この解釈は，フランスの歴史家フェルナン・ブローデルの市場経済観とあまり違わない．彼の前近代経済史像は三層構造をなす（Braudel 1981, 1982）．基層を構成するのが「非－経済」「非－市場」領域，その上に市場経済があり，最上階がブローデルの意味での資本主義の領分である．この図式の特徴は，通常は市場経済として一括する中層と最上階とを区別し，自動調整機能をもった，売り手と買い手の連鎖からなる市場経済を進化の尺度とせず，三層構造のなかではもっとも普遍的な部分と捉えているところにある．そして，資本主義をたんなる市場原理以上の力が働く世界としている点も独特で，近世の商業資本主義から現代の大企業体制に支配された資本主義まで，価格支配力がその領域では鍵と考えられている．いいかえれば，ヒックスの図式と驚くほど近いのである．

他方，実証的な生活水準の歴史学に深い影響を与えてきたマルサス図式

もまた，問題をかかえている．いうまでもなく，死亡率および出生率の変動を飢饉や他の経済変動との関連で検討をすると，多くのところで短期および中期ではマルサスの考えたような人口学的な調節が働いていたことは否定できない．しかし，マルサスの歴史図式は人口と経済のレースである．その経済とは基本的に農業であり，彼の農業経済論は収穫逓減が働くというだけの，素朴なものであった（本書第2章を参照）．そこにエステル・ボースルプの批判が成立つ余地がある．ボースルプの農業成長論は土地利用率に焦点をあて，それと人口密度の関係は明白に正の相関であるという．いいかえれば，人口増加の結果として土地利用率が上昇し，それに適合的な技術と農業制度が展開するということである（Boserup 1965）．

　統計的な事実は，産業革命以前であっても人口の増加と人口一人当りの産出高の成長率はプラスである（本書第3章を参照）．マルサスの図式は，洋の東西を問わず，長期的な発展の方向と整合的でないのである．

　それでは，このようなボースルプ的な農業発展の途とヒックス＝ブローデル的な市場経済観とを，どう整合的に理解したらよいのであろうか．本書では，アダム・スミスの分業論が両者をつなぐ輪と考えている．いいかえれば，本書はこのような観点から，人びとの生活水準の成長と市場の成長とを切り口として，近世から近代の工業化の時代までを見通した比較経済発展論の試みである．

　第Ⅰ部では，「生活水準の比較史」へのアプローチを研究史的に整理し（第1章），その概念上の整理を行う（第2章）．筆者の立場は，マルサス＝古典派経済学流のアプローチよりもアダム・スミスからアルフレッド・マーシャルとアリン・ヤングへとつながる発想法に親近感をもち，後者のほうが，近世から近代をとおした西欧と東アジアの比較経済発展論の枠組としては有効だと考えている．それゆえ，第2章は，そのスミス以来の流れを整理することとなろう．

　第Ⅱ部からが実証的な部分となる．第3章において，生活水準を異なった物質文明間でいかに比較するかという観点から研究史を一瞥し，次いで実質賃金の水準比較を西欧と東アジアについて行った最新の成果を紹介

する．第4章では，その実質賃金にかんする結果と，一人当りGDPを尺度としてみたときの比較結果とのずれを問題とする．ずれを計測誤差の問題と考えるのではなく，それを一国の国民所得の水準とその国内における所得分配の関係を現していると考えることによって生ずる，新たな比較史的な問題群を考察することになるであろう．そこでは，徳川日本における前近代成長は西欧と比べて緩慢であったが，階層間の所得格差は拡大しなかったのではないかという仮説が提示される．

第5章では，その徳川時代における階層間所得格差のレベルを実際に測る努力がなされる．1840年代の長州藩のデータにもとづく検討結果は，身分階層間における世帯所得の格差が非常に小さかったことを示し，その理由の一端には農家世帯の所得が副業からの収入をも加えた混合所得であったという事実があり，それが要素市場における稼得力上の格差を縮小させていたということが示唆される．次いで第6章は，その要素市場について徳川日本の特質を検討し，西欧の場合との顕著な違いを明らかにする．それは，分業の水平的方向への深化と垂直的な面における展開とのずれが生みだす，多様な発展の途の考察でもある．

第III部は比較近代経済史である．英国の産業革命を発端とし，工業化が西欧およびロシア・日本などの後発国へ波及してゆく過程を，資本集約と労働集約という尺度からみたときの発展のパターン，およびそこへスキル集約という概念を加えて考察した場合にみえてくるものは何かが，中心主題である．最初に，英国産業革命の実態と近年の研究成果にもとづく新しい解釈についてやや詳しく論述する（第7章）．それは世界経済に大いなる分岐（ダイヴァージェンス）をもたらす力となったが，第8章では，それに続く日本も含めた諸国の工業化に共通にみられる収斂（コンヴァージェンス）への動きと，それにもかかわらず観察される顕著な差異という観点から検討を加える．

最後に，工業化の帰結を，階層間格差の問題を含むいくつかの問題群の検討を通して論じ，本書全体の総括とする．

第Ⅰ部　経済発展とは何か

第1章　生活水準の比較史

はじめに

　諸国民における生活水準の数世紀にわたる長期的変化を記述することは，その指標を実質賃金にとるのであれ人口一人当り総生産にとるのであれ，あるいは消費財とその消費量に焦点をあてるのであれ，長い歴史をもっている．英国の産業革命と生活水準にかんする論争は措くとしても，これまでに多くの実証的営為が積重ねられてきた．しかし，多くの研究は一国単位の研究であった．国際比較がなされるときも，変化パターンと変化率の比較であって，厳密な意味での歴史的水準比較は意外なほどなされてこなかった．しかし，近年，実質賃金の歴史的水準比較にかんして新しい試みがなされ，新たな発見と問題とを提起している．とくに，産業革命以前の，近世と呼ばれる時代において西欧とアジアを比較したとき，西欧は近世からすでに世界の他地域よりも豊かだったのであろうか．それとも，両者は生活水準においてあまり差がなく，貧富の差が拡大したのは産業革命以降だったのであろうか．

1　背　　景

　近世から近代への経済史を市場の成長という観点から記述することは，すでに触れたように，アダム・スミス以来の長い伝統をもっている．とくに経済史においては，彼らの概念と理論枠組に――明示的であれ潜在的ではあれ――依拠した実証的な研究の蓄積は，日欧の学界にかんするかぎりまことに分厚いものがある．また，それが日本の歴史的経験をアジアのコンテクストに位置づけるうえでも重要な視点となるという認識も，近年では開発経済学者の間でも共有されるようになってきている．
　経済史における比較的最近の研究史を繙くと，以上の流れとの関連でま

ず取上げなければならないのは，プロト工業化(proto-industrialisation)論であろう．フランクリン・メンデルスによって産業革命に先立つ農村工業化の時代に焦点をあてた問題提起がなされて以来，すでに30年余がたとうとしている(Mendels 1972)．彼の理論の特徴は，経済学および人口経済論からみると本質的に古典派的で，アーサー・ルイスの無制限的労働供給(unlimited supply of labour)理論と親近性を有していること，第二に歴史学的にいうと地域間分業を明示的に取上げ，市場条件との関連を分析枠組の中核に据えていることにあるであろう(斎藤1985; Lewis 1954)．この問題提起とその後の論争は，市場の成長ないしはスミス的な意味での成長の経済史という観点から，そしてまたすぐあとで触れる労働集約型の工業化論の一つとして，再訪するに値する内容をもつものであった．このプロト工業化論は，理念においては西欧経済史の枠をこえたグローバルな比較をも射程にいれた議論であったが，残念ながら日本を例外として，アジアやその他の非西欧諸国での比較史的な研究を活発化させることはなかった．すなわち，グローバル経済史の立上げをもたらすことはなかったのである[1]．

しかし，近年ではグローバル経済史が一つの研究領域として根づき始めた．とくに，2000年に出版されたケン・ポメランツの *The Great Divergence* は，中国研究者の立場に立ち，さまざまな種類の数量データの吟味と市場成長にかんする事例研究のサーヴェイとによって，西ヨーロッパの優位が確立したのは近世においてであったという，18世紀以来自明とされていた東西比較論に疑問をなげかけることによって，この分野の研究に強い衝撃を与えた．18世紀までは東アジアの発展水準は西ヨーロッパのそれと同程度だったのであり，両地域間に大分岐が生ずるのは産業革命以後のことだと主張したのである．ポメランツの著作は生活水準の東西比較を前面に押出し，しかも市場経済化の比較までをも組込んだ議論を展開した点で，本書の問題関心に非常に近い内容をもっている．この書物の刊行

---

[1] 1980年代までの研究の流れと評価は斎藤(1985)をみよ．それ以降については，ヨーロッパ史のみではあるが，Kriedte, Medick and Schlumbohm(1993)およびOgilvie and Cerman(1996)所収の諸論文を参照．

以後「大分岐」論争が起った．それは現在も進行しているが，議論のための議論を活発化させたというよりは，実証的な研究の深化を伴いながらのグローバル経済史論争である点で，意義のある問題提起であったということができる (Pomeranz 2000)．

この大分岐論争と密接に関連しているが論理的には別個の，研究上のもう一つの流れは，労働集約的工業化 (labour-intensive industrialisation) 論である．これは杉原薫の提起した議論で，産業革命とそれ以後の工業化を，資本集約化の一本道の変化過程とみなすことに反対し，アジアや他の後発国にみられた労働集約的な工業化をもう一つの途と評価する見方である．それは最終的には資本集約的工業化に取って代られる一つの段階なのではなく，ある程度まで独自のダイナミズムを内包した歴史的な途だというのである．とくに，インダストリアリズムが後発国へと拡がってゆくためには，労働集約型の輸出志向型工業化の展開が決定的に重要であったという判断がそこにはある．これもまた現在進行形の，グローバル経済史論争の一端を担う研究テーマである (Sugihara 2003, 2007)．

以上のようなごく簡単なスケッチからもわかるように，近年，ようやく生活水準の歴史的水準比較論と市場の成長論とが結合する機運が生れたのである．

以下，生活水準の比較経済史と市場の成長を基軸とした経済史とにわけて，第 II 部以降において必要なかぎりにおいて学説史および研究史のサーヴェイを行いたい．古典派経済学以前から始めてマルサス＝リカードウの学説，それとは異質なスミス＝マーシャル＝ヤングの接近方法，そしてそれらの流れとの関連で解釈される，上記の経済史諸学説とそれらの方法論とについてである．

本章ではまず生活水準とその比較論にかんして学説の展開を跡づけ，次いで次章でスミス的成長 (Smithian growth) 論，より正確にはスミス＝マーシャル＝ヤングの，分業論から接近する市場と発展の理論を検討する．その上で，労働市場の展開およびスキルの問題を関連させて概念を整理し，工業化の類型について一瞥する．

2　豊かさの東西比較論──18世紀の認識

モンテスキュー

　大航海時代以降，ヨーロッパの人たちは自らの文明に自信をもつようになった．そして，ヨーロッパの国々の富と豊かさが他の文明に比較して十分に高いという意識をもったのではないかと思われる．

　たとえば，18世紀の啓蒙思想家モンテスキューをみてみよう．彼は各国の法や統治の制度が歴史的に生成する過程に深い関心を寄せており，代表作『法の精神』では時おり風土決定論が顔を出すのであるが，それは同時に，明示的な東西比較を試みさせることともなった．その場合「東」は中国によって代表されることが多く，「西」はイングランドとフランスである．たとえば，奢侈と人びとの暮らしぶりを論じたところでは次のように書いている．

> イギリスでは，土壌は土地を耕作する人々と衣服を供給する人々とを養うのに必要とする穀物よりはるかに多い穀物を産出する．それゆえ，ここではつまらぬ技芸が，したがって，奢侈があってもさしつかえない．フランスでも，農耕者と手工製造業(マニュファクチュール)に従事する人々を養うに足るだけの小麦が産出される．その上，外国人との貿易はつまらぬものを買うために多くの必要品を提供させることがあるから，奢侈を恐れる必要はほとんどない．／これに反して，中国では，婦人が非常に多産で，人間が増加し，土地をいくら耕作しても住民を養うのにやっと足りるというほどになる．それゆえ，ここでは奢侈は有害であり，勤労と節約との精神がどんな共和国にも劣らず必要である．人は必要な技芸に専念し，逸楽の技芸からは遠ざからなければならない(Montesquieu 1748, 上, 141–42頁)．

この東西比較は，奢侈を禁止すべきか否かという問題の検討中でなされているものであるが，西ヨーロッパでは農業生産力が高いので奢侈を恐れる必要はほとんどなく，これとは対照的に中国では，土地の生産力は人口をかろうじて養える程度なため，「逸楽の技芸」に注意を向ける余裕はない

というのが，彼の考えであった．奢侈にかんする問題のたて方は別としても，当時の知識人のあいだに定着していたアジア・イメージの一端をみることができる．

アダム・スミス

　経済学者アダム・スミスとなると，より直截に賃金を豊かさの尺度に選ぶ．『国富論』の第一編第8章は「労働の賃金について」と題されているが，そこでは，労働賃金の上昇は，国富の大きさよりはそれが増加しているか否かに依存するという理論の例証として，繁栄のイングランドないし北アメリカと停滞の中国とが対比される（Smith 1776, 一, 127-31頁）．しかし，ここで比較さるべき賃金は実質賃金でなければならない．すなわち，生活を維持するために必要な物資の価格の違いも考慮に入れられなければならない．それゆえ，同編第11章の貨幣価値の変化を論じた「余論」では，生活物資の価格比較と貨幣賃金の比較という二つの尺度を明示して東西比較を行う．すなわち，

　　シナ［中国］はヨーロッパのどの部分よりもはるかに富んだ国であり，シナとヨーロッパでの生活資料（subsistence）の価格差はきわめて大きい．シナの米はヨーロッパのどこの小麦よりもはるかに安い．……／シナとヨーロッパとの労働の貨幣価格の差は，生活資料の貨幣価格の差よりもさらに大きい．シナは停滞しているようにみえるのに，ヨーロッパの大部分は改良されつつある状態であるため，労働の実質的補償（recompense）はヨーロッパのほうがシナより高いからである（*Ibid.* 330-31頁），

と述べている．ここで中国はアジアの代表であり，ヨーロッパにおける「労働の実質的補償」，すなわち実質賃金はアジアのそれを上回っていたというのである．これは，豊かさの水準よりはその変化率のほうが重要という，スミスの賃金理論の例証であると同時に，停滞の中国にたいしてヨーロッパは改良されつつあったという比較史認識の反映でもあった．そして，その認識は西欧の多くの知識人がアジアにたいしていだいてきた通念に根ざしていたのである．

スミスが選んだ尺度は，貨幣賃金と生活物資の価格，すなわち実質賃金であった．ただ，その実質賃金のアジアにおける低さを人口過剰といったような原因に求めようとはしていなかった．これにたいしてモンテスキュー自身は法学者であるが，ここでの判断を下すうえで，農業の生産性，手工製造業(マニュファクチュール)の存在，そして何よりも人口要因に言及していることは興味をひく．人口論は次の世代の古典派経済学者たち——マルサスとリカードウ——に引継がれて，実質賃金決定論の基礎として磨きをかけられることとなった分析用具であり，また永らく経済学者の歴史観を規定することになった発想法だからである．

3　古典派経済学者の歴史観

マルサスの初版『人口論』

　近代人口論の確立者はT. R. マルサスであり，彼の主著は『人口論』である．もっとも，1798年に刊行されたその著作は——サブタイトル「将来の社会改良に影響するものとして，ゴドウィン氏，コンドルセ氏，その他の著述家の議論への論評を付して」から推測されるように——もともとゴドウィンやコンドルセらの理想主義者，進歩主義者の社会観への批判として一気呵成に書かれたパンフレットというべきもので，匿名での出版であった．けっして学問的な完成度の高い書物ではなかったのである．ただ，著者マルサスは英国で初めて経済学講座の教授となった経済学者である．それゆえにであろうか，議論の運びはきわめて演繹的で，その小論の最初の部分には人口と経済の関係を定式化しようというなみなみならぬ意欲がみうけられる[2]．

　マルサスは，人口の原理(the principle of population)を定式化するにあたって二つの「公準」をおいた．

---

[2]　誤解のないようにつけ加えると，マルサスを近代人口学(demography)の祖と考えることは正しくない．彼には，出生，死亡，結婚といった変数間の数学的関係を追究する学問としての人口学への志向はまったくなく，その面での先達たち，たとえばグラントやジュースミルヒの著作からデータや推計値を援用することはあっても，彼の関心自体はより経済学的な課題，すなわち人口経済論へ向いていたのである．

> 第一，食糧は人間の生存に必要であること．
> 第二，両性間の情念は必然であり，ほぼ現在のままでありつづけるとおもわれること (Malthus 1798, 22頁)．

彼はモンテスキューの読者であったが，『法の精神』にも「二人の人間が快適に暮らすことができる場所が存在するいたるところで結婚がなされる．自然は，食糧難によって阻止されないかぎり，十分それに導く」(Montesquieu 1748, 中, 260頁) という言明がある．著者の気質の違いを反映して言葉づかいは異なるが，同じ内容ということができる．そしてそれは，生物としての人間について誰もが認めるであろう命題であるといってよい．彼はそれを公準としたのである．

マルサスは，ここから次のよく知られた次の命題を導きだす．

> 人口は，制限されないばあいには，25年ごとに倍加しつづける．すなわち等比数列において増大する (Malthus 1798, 28頁)．

25年ごとに倍加という数値自体は北アメリカにおける人口増加率の観察からえられたもののようであるが，ここでのポイントは，人口は外的な制約がないかぎり等比的に増加してゆくものだというところにある．これにたいして，人口にとって必要な生存手段の生産はそのようなテンポでは増加しえないという．仮に，最初の25年間に人口と同じく倍加しえたとしても

> つぎの25年に，生産が4倍になることができるであろうと考えることは，不可能である．……われわれが考えることのできる最大限は，第二の25年における増大は，現在の生産高にひとしいであろう，ということである．／それゆえ，生存手段は等差数列において増大する (Ibid. 28-29頁)．

このような命題の背後には，人間社会の生活水準は人口と経済のレースによって決定されるという考え方がある．人間の人口は，動物の場合と同様に，何か「制限」が加わらないかぎり等比級数的 (geometrically) に，すなわちねずみ算的に増大する．これが彼の人口原理の第一命題であり，それに食糧あるいは生活資料は算術級数的 (arithmetically) にしか増加しないという命題が対置されている．経済は，収穫逓減 (diminishing returns) 法

則に規定されているというのである．もっとも，現実には，例外的に恵まれた状況が続くことがありうる．当時の北アメリカ大陸はその典型例であった．その場合には人びとの実質賃金は増加し，生活水準は生存ぎりぎりのレベルを上回ることになる．労働賃金の上昇は，国富の大きさよりはそれが増加しているか否かに依存するというスミスの理論どおりの状況である．しかし，そのようなところでも，やがては収穫逓減が作動するにいたるであろう．そうすれば，経済の拡大率が人口の増加率を下回るようになり，実質賃金は徐々に低下を始め，最終的には生存水準に等しいところまでたっして，ようやく動きが停止するはずである．いいかえれば，経済は人口とのレースには勝つことができない．何か特別な状況から経済が成長し，人びとの生活が豊かになったとしても，この人口原理の作動によって人口数は増加し，結果的には一人当りの生活水準は元に戻ってしまう．そうすれば人口を減少させる力が働き，究極的には静止状態が訪れる．このような「陰鬱(ディズマル)」な見通しがマルサス『人口論』のメッセージであった．

　この理論はその後の経済学者と社会科学を志向する歴史家に大きな影響力をもった．しかし，それだけでは生活水準の比較史への含意は大きくない．マルサスの『人口論』が生活水準の東西比較に及ぼした影響を知るためには，その第2版とそれ以降をみなければならない．

増補改訂版の『人口論』

　初版『人口論』の出版は大成功であった．しかし，その初版は人事にたいして作用する自然法則を強調する傾向があり，結論も「苛酷」な印象を与えるものであった．その「苛酷」さを和らげようという気持と，一方では人口原理を中心においた人口経済論そのものを丁寧に論証したいという学者意識とから，マルサスの意識は資料収集へと向かったのである．初版出版後に二度にわたる長い海外旅行を行ったが，それは新たな資料と観察事実を求めての探索の旅であった．初版出版の翌年，数ヵ月にわたって北欧を旅行した際の日記が部分的に残存しているが，それをみると，地理や風土的特色，住居と食物，制度や慣習的行為などについての見聞，およびそれらが人口に与える影響の推測が記されている．たとえば，行く先々で

その地の農場がどのくらいの人数を養えるかを聞いているし，軍隊登録あるいは徴兵の制度と結婚登録の問題について，その人口増加抑制効果との関連で言及しているのである (James 1966).

これら膨大な資料を取り込んで改訂し，1803 年に出版された増補版 (第 2 版) は，本人自身がいうように「新著」であった．著者名も記され，論争的な調子は影を潜めた一方で，膨大な民族誌的資料が追加された．また，統計データを引用して観察の補強をしようとした．分量は 4 倍となった．サブタイトルも「人類の幸福に対する人口原理の過去および現在の影響に関する一見解，ならびにそれが引き起こす諸悪の将来における除去あるいは緩和についてのわれわれの見通しに関する一考察」と変った．また初版において，人口の等比級数的増加命題を導き出すために重要な役割を与えられていた二つの公準は，第 2 版で削除された．これらはマルサスが，人口の原理を実証データによって証明しようという姿勢に変ったことを示している[3]．

そして実証データが彼に教えた最大のことは，西欧社会では人口を制限（チェック）する方法として，初版では大きな役割が与えられていた「積極的制限」(positive check) ではなく，もう一つの方法「予防的制限」(preventive check) が重要な機能を果していたということであった．

積極的制限とは，増えすぎた人口を直接減らそうという是正の動き，具体的には飢饉，疫病，戦争などである．いずれも死亡率を高めることで不均衡を解消させるものである．これにたいして予防的制限とは，人口増加率が危険な高さになる前に不均衡を抑えることを指す．主として結婚にかかわることで，結婚の延期，あるいは非婚化である．これは社会の出生率をコントロールする方法である．

マルサスは第 2 版以降，人口と経済を「兎と亀」にたとえるようになった．消費者の数，すなわち人口を兎に，食糧生産を亀に見立てたのである．

---

3) 以降，第 6 版まで出版された．わが国では，最後の第 6 版が『人口の原理』というタイトルで翻訳されている (Malthus 1826)．なお，付記しておかねばならないが，マルサスは二つの公準がもはや成立たないと考えたわけではない．実際，第 2 版の文章中でも同趣旨のことを述べている箇所は見出される．変ったのは，公準から命題を演繹するという叙述スタイルである．

> 一国の消費者数に対する食料品の量の比率を引き上げようと努力する際に，われわれの注意は当然，まず食料品の絶対量を増加させることに向けられるであろう．しかし，われわれがこれを速やかに増加させたとしても，消費者の数がこれよりも急速に増加し，われわれがどれほど努力しても，やはり以前と同じだけ遅れをとることがわかるので，われわれはこの方向にのみ向けられた努力が決して成功しないと確信せざるをえない．それは亀に兎を捕えさせるようなものである．それ故，自然の法則から食物を人口に釣り合わせることができないとわかれば，われわれの次の試みは当然人口を食物に釣り合わせることでなければならない．もし兎を眠らせることができるならば，亀が兎に追いつく見込みも多少はあるかもしれない (Malthus 1826, 554-55 頁).

　もっとも，彼が渉猟した膨大な歴史データが示唆していたのは，西欧社会では兎は思ったほど速くなかったらしいということであった．予防的な抑制の効果が意外と大きかったということであった．

　西欧社会において，予防的抑制は結婚をとおして作動する．結婚を遅らせることにより，出生率を生物学的に可能な目いっぱいの高さにせず，一歩手前の水準に落ち着かせることである．たとえば，新たに加えられたノルウェーの章では，徴兵の仕組と教会での結婚登録という制度が結婚年齢を高めにしていたという観察がなされている．もちろん，スウェーデンの人口増加がときおり起った飢饉によってブレーキをかけられていたと指摘することも忘れてはいないが，全体のトーンは，北欧における出生率の水準が，異なった制度のもとにあった場合よりも低めに保たれていたということが示唆されている (*Ibid.* 186-87, 206-7 頁).

　さらに，経済的な効果が結婚を通じた人口増加の予防的制限につながる場合もある．これは，マルサスが英国について下した結論であった．たとえば商人や農民の息子は，「家族を扶養しうる何らかの商売か農場で腰を落ち着けるまでは」結婚をしないであろう．また，賃金を稼いで生活している労働者の場合は，「むざむざと子供たちを飢えさせたり，あるいは彼らの扶養を教区に委ねざるをえない」状態にならないためにも，「家族を扶養」できる見込みがたつまで結婚を延期するという傾向がみられる．そ

れゆえイングランドとウェールズでは,「ノルウェーとスイスを除く,これまで吟味してきたどの国よりも結婚率が低い」のであり,それゆえ出生率も「これまで観察してきた中では,ノルウェーとスイスを除く他のどの国に見られた値よりも小さい」のだという (Ibid. 274-75, 284 頁). そして興味深いことに,戦後の歴史人口学の研究成果はこの第 2 版以降におけるマルサスの見解を支持しているのである[4].

上の引用文からも明らかなように,マルサスは第 2 版以降でも,人口と経済のレースという歴史観を堅持していた. ただ,「もし兎を眠らせることができるならば,亀が兎に追いつく見込みも多少はあるかもしれない」と書き,人口増加を抑制して経済とのバランスをとる途を考えるようになった. 彼が考えたのは,結婚の延期という「道徳的」な抑制であって婚姻内の産児制限ではなかったが,兎を眠らせることを重視するようになっていたのである. それは逆にいえば,経済は依然として収穫逓減法則に従うと信じていたからに他ならないが,このような経済観と歴史観は他の古典派経済学者の受入れるところでもあった. マルサスはリカードウを論争相手としていたことはよく知られているが,そのリカードウも人口原理は受入れていて,賃金は生存水準によって決まるという命題の根拠としていたのであった. マルサスとは異なって,資本蓄積と投資の役割を重視することも論理的にはありえたが,とくに保護関税を撤廃して貿易を自由化すれば一時的に投資を活性化させることはでき,それが「亀が兎に追いつく」ことを可能にし,したがって生活水準を上昇させることはありうると考えられてはいたが,究極的には人口の原理が労働供給を増加させ,再び静止状態への途をたどると信じられていた. このマルサスの遺産はジョン・スチュアート・ミルまで続いたのである.

このマルサスの遺産から,経済学がいかにして脱却を図ったかは次章のテーマである. ここでは,第 2 版以降におけるマルサスの認識——西欧に

---

4) この点は,トニー・リグリィに率いられたケンブリッジ・グループ・チームの,イングランド人口史再構築への地道な実証的努力によるところが大きい. リグリィは,一方ではマルサス解釈についても論じ (Wrigley 1983, 1986), 他方ではその解釈にもとづくフランス人口史についての論稿を発表している (Wrigley 1985). ただ,これらについて詳述することは本書の範囲をこえる. Saito (1996), 58-60 頁を参照.

おいては，「過去におけるよりも，また世界のより未開な地域よりも」，人口増加の「積極的」なチェックは重要ではなく，結婚を通じた「予防的」な人口抑制が広まっており，したがって出生率の水準は高くなく，人口数も目いっぱい多くなかったという認識が(*Ibid.* 360 頁)，生活水準の東西比較論へもった意味を確認しておきたい．それは，人びとの生活水準が，生存ぎりぎりの水準よりは上のレベルで高止まりをする余地を与えていたという解釈を可能とする考察だったからである．

アジアとの対比

　同じ第 2 版以降の『人口論』では，西欧以外の諸国の記述も豊富となった．一般的にいって，アジア諸国は高出生力の社会として，それゆえ飢饉や疫病などの「積極的」制限が必然となり，結果として貧困にあえぐ社会として描かれているが，ここでは東アジアの中国と日本の章をみておきたい(*Ibid.* 第 1 編第 12 章)．

　マルサスは，両国の状態は多くの点で類似しているとみる．両国とも典型的な農業社会で，人口稠密，そして人びとは貧困にある．記述自体は圧倒的に中国について詳しく，たとえば中国農業について，「土壌は，熱く発育を促す太陽の下で，多くの場合年 2 回の収穫をもたらすが，それは作物を土地に合わせたり，客土，施肥，灌漑およびあらゆる種類の注意深く，賢明な勤労によって土壌の欠陥を補った結果である」(*Ibid.* 150–51 頁) と記すが，これは日本の稲作農業にも当てはまるであろう．この肥沃な土壌と集約農業がもたらす人口扶養力は「望ましい」ものであるが，中国の場合，結婚への「異常な奨励」はその人口扶養力をこえた人口増加をもたらし，結果として「労働の報酬をできるだけ低く保つこと」「彼らを貧乏のどん底に押し込めること」となり，したがって飢饉と疫病，とくに前者，および捨子と「一般的流行」とすらいえる嬰児殺しの盛行によってようやく人口増加に歯止めをかけることになるという (*Ibid.* 152–58 頁)．疾病と飢饉による人口増加の「積極的」制限は，両国で「ほぼ同一水準にあると思われる」(*Ibid.* 162 頁) が，嬰児殺しの人口増加抑制効果は，異常なまでの結婚奨励とともに中国の人口動態を特徴づける要因であったと考えていたようで

ある．

　結論としてマルサスは次のようにいう．西欧以外の人口稠密な諸国では，「生存資料の増加なしに人口が持続的に増加した時期があったにちがいない．……これらの国々の平均生産物は，住民の生活をやっと維持するにたるだけなので，いうまでもなく，凶作によるどれほどの欠乏も致命的にならざるをえない．このような状態にある国民は，必ず飢饉に出会わなければならない」(Ibid. 358 頁)．このように，結婚を通じた予防的制限は効かず，事後的に飢饉等によって人口を調節している貧しい社会は——のちの開発経済学の用語法でいえば——「低位均衡の罠」(low-level equilibrium trap)に陥っていたというのがマルサスの診断であった．

　この，モンテスキューやスミスの見解を人口論的に補強した非西欧社会観は，永らく識者の発想法を強く規定してきた．19 世紀末から 20 世紀前半になると，マルサスの名前は，晩婚化に力点をおいた道徳的抑制よりは婚姻内の産児調節によって出生率をコントロールしようという新マルサス主義の運動に残すだけの時期があったが，ヨーロッパ以外の地域で人口増加が顕著となるにしたがい，彼の名前を冠した人口論とともに再び人びとの脳裏に蘇った．とくに第二次世界大戦後，アジア・アフリカ諸地域における人口爆発を目の当りにして，国連とその協力者であった専門家は「マルサスの人口原理を想い起こさせる」と述べ，現在の人口加速は「生活水準が低下し，人口増加が食糧供給とその他の必要資源の限界によって抑止されるまで続くのではないか」という懸念を表明したが (UN 1953, p. 182)，それはまさにマルサス流の低位均衡の罠と低開発社会観を反映した発想であった．ここからは，一方では何が何でも人口増加を家族計画プログラムによって抑制し，他方では巨大な投資によって人口増加率を上回る所得の増加率を一気に実現させるのが開発政策だという見方が生まれることになる[5]．そして，その経済開発論には，産業革命を分水嶺とみる歴史観と相通ずるものがあったのである．

---

[5] 「低位均衡の罠」モデルがどのような開発政策と結びついたかについては，速水 (1995)，124-27 頁を参照．

4　経済史における東と西

グローバル・ヒストリィ

　経済史家にとって英国は「最初の工業国家」である．それゆえ多くの研究者は，なぜ英国で最初に産業革命が起ったのかという問題設定をしてきた．しかし，グローバルな比較経済史からみると，それは，英国の，というよりは西欧の工業化と考えるほうが問題の本質をついた問題設定というべきであろう．たしかに，19世紀の工業化の時代についていえば，たまたま英国で起った，綿糸紡績や製鉄業という生産財生産部門における革新が，ヨーロッパ全域を巻き込んでの他の部門との相互作用をひき起し，各地域の比較優位に応じた発展パターンの多様性を伴いながら全体として工業化が進展していったとみることができるからである[6]．視点を近世にまで遡らせれば，ダグラス・ノースとR.P.トマスの『西欧世界の勃興』も西欧世界全体における制度変化の経済学的解釈を提示したもので（North and Thomas 1973），マクス・ウェーバーの，なぜ西欧においてのみ合理的資本主義は成立したのかという問題意識とどこかで接点をもつ問題でもあった．

　同じく前近代世界を対象とした，エリック・ジョーンズの『ヨーロッパの奇跡』が強調したことも，ヨーロッパという場の成りたちと構造が重要だということであった．彼はヨーロッパの生態環境から政治システムまでを考慮に入れるのであるが，とくにヨーロッパで成立したのが「諸国家並存体制」（states system）という独自のシステムであって，「帝国」型の構造ではなかったことが東西の比較経済史にとっても重要という．

　その第1章は東西比較のスケッチから始まる．

　　東洋と西洋の懸隔は，工業化によって以前よりも広がったかもしれないが，工業化によってもたらされたものではなかった．両者の前工業化社会は，……経済史家や経済発展研究者の主要な関心事である投資

---

[6] O'Brien (1982), O'Brien and Keyder (1978), Pollard (1974, 1981) などがこの観点からなされた代表的な仕事である．

の構造，一人当り所得の水準，そしてそれを決定する諸要因の働きといったさまざまな特徴という点でも異なっていたのである (Jones 1981, 32 頁)．

より具体的にいえば，ヨーロッパの人が自由にできた資本(家畜という形態をとることが一般的であった)は一人当りでアジアよりも多く，平均実質所得はやがて東洋を抜きさった．そして，ヨーロッパにおける所得分配は「例外的に均等」であった．「古い時代にアジアを旅行した多くのヨーロッパ人たちがそこで遭遇した大衆の深刻な貧しさと富裕な人々の驚くべき贅沢さについて，驚愕をもって報告している」が，それとは対照的に「ヨーロッパの庶民は，アジアの庶民よりもましな衣服を着ていたし，多種類の食糧，より豊富な調度と家財道具に恵まれていた」．すなわち，アジアのローレンツ曲線よりもなだらかだったというのである (*Ibid.* 32 頁)．

ジョーンズのいう「諸要因」のなかで鍵となるのは，やはり人口要因であった．アジアの人びとは「子どもの数を最大にする」傾向があり，他方で「結婚の時期と比率を制約する条件の存在によって，ヨーロッパの人々は出生力をコントロールすることができた」(*Ibid.* 45 頁)．それゆえに，西欧において一人当り所得の水準は産業革命以前からアジアよりも高かったというのである．この判断の背景には，古典派の時代以来一世紀以上におよぶ専門的研究の蓄積があり，それを踏まえたうえで，しかし結局はモンテスキュー，スミス，マルサスがいっていたことを確認したのが，ジョーンズの言明といってよい．

ジョーンズの『ヨーロッパの奇跡』は環境要因や政治体制にかんする新鮮な論点を提示したことで大きな反響を呼んだが，経済パフォーマンスの東西比較という点では必ずしも新しい事実や論点を提起したわけではなかった．それゆえにであろうか，新しい世代の中国研究者にはヨーロッパ中心史観の再現と受取られる面もあったようである．

実際，彼らは人びとの生活水準のさまざまな側面，出生力や他の人口学的変数の水準，あるいは経済のパフォーマンスと密接に関連する市場経済のあり方について，従来のアジア社会観に見直しを迫る内容をもつ研究を発表し始めていた．その一つの総括が，1997 年に出版されたビン・ウォ

ンの *China Transformed* であった．その出版は，帝国型に分類される中国——それも 農業(アグラリアン) 帝国であった——でも近世の経済パフォーマンスは必ずしも悪くないという発見と解釈を提起した点で画期的であった(Wong 1997, part 1)．また，人口史においては，ジェームズ・リーと共同研究者たちが新しい研究手法を取入れたプロジェクトを精力的に進め，かぎられた事例からではあるが斬新な発見事実を提示しつつある．そして，これまでの成果と他の研究業績に依拠した総括の書 *One Quarter of Humanity* では，明瞭に反マルサス的な中国人口史像を描き出して話題となった(Lee and Wang 1999; 斎藤 2002d も参照)．

　もっとも，古典的な停滞史観もその後の実証研究の成果を吸収して深化した．それは，より正確にいえば，宋代にすでに科学技術の点でも市場経済化の面でも前近代の頂点に到達していたにもかかわらず，なぜか産業革命への途を歩むことなく，「停滞の 6 世紀間」(Chao 1986)を迎えざるをえなくなってしまったことを重視する見解ということができる．一般には，この考え方はジョゼフ・ニーダムの中国科学技術史論と結びつけて理解されることが多い．ベーコンのいわゆる三大発明(羅針盤・火薬・印刷術)はすべて中国起源であり，機械時計の発明も中国が先んじていたにもかかわらず，なぜ中国の科学技術はその後に成長を止めてしまったのか，という問いである．ニーダムは科学的成果の水準が中国と西欧においてどのように変化してきたかの模式図を描いているが，それによれば西欧のグラフが急に右上がりとなったのは 15 世紀末からであり，中国に追いつき，追い越したのは 1600 年以降なのである (Needham 1970, 下, 370 頁)[7]．これを経済史に翻訳すれば量的拡大・質的停滞論となる．マーク・エルヴィンの *The Pattern of the Chinese Past* において提起された「高位均衡の罠」はそのもっともよく知られた説明図式であり (Elvin 1973)[8]，ギアツのインヴォルーション概念を援用して清朝期の経済構造を説明しようとしたフィリップ・フアンもここに含めることができる (Huang 1990)．他方，人口史は

---

7) ただし，そのような「追いつき，追い越し」も数学・天文学・物理学の領域でみられたことであって，医学や生物学的な領域の場合は，西欧における科学上の革新がおこるまでにはさらに長い時間が必要だったのである．

——すでに述べたように——もっとも修正論者の台頭が著しい分野であるが，中国は典型的な高出生力志向，早婚志向社会だと，マルサスの言説に沿った解釈の妥当性を主張するアーサー・ウルフは無視できない影響力をもっている[9]．

ところで，これらはすべて中国を対象としているか，中国をアジアの代表として西欧と比較する研究であった．たとえば，ジョーンズの『ヨーロッパの奇跡』において，日本が重要な検討対象として登場しなかったのはその一例である．もっとも，彼の次著『経済成長の世界史』では，宋代中国と徳川日本がヨーロッパ以外における成長阻害要因克服例としてあげられている（Jones 1988）．ただ，前述のとおり宋代以降の中国は成長持続へのきっかけを失ったと判断されているので，結局のところ日本だけが例外と論じているに等しい．

実際，1960年代以降に日本の歴史学界にも影響と反発とを与えたアメリカ発の近代化論，とくにスーザン・ハンレーやコウゾウ・ヤマムラらアメリカの日本研究者によって徳川社会の見直しが行われたときの構図は，一種の日本例外論であった（Hanley and Yamamura 1977; Hanley 1983, 1986; ハンレー 1990）[10]．たとえば，ハンレーが徳川日本の庶民の生活水準を英国の労働者のそれと遜色ないと論じ，「1850年の時点で住む場所を選ばなくてはならないなら，私が裕福であるならイギリスに，労働者階級であれば日本に住みたいと思う」（ハンレー 1990, 46-47頁）と述べたとき，彼女は日本をアジアのなかの例外とみなしていたのである．この種の日本例外論は，高度成長の衝撃もあって海外の少なからぬ研究者がこのスタンスをとっていたといってよい．

---

8) エルヴィンは，量的には拡大を続けながら質的には停滞していた明清期中国は，高位のレベルで均衡の罠（high-level equilibrium trap）にはまり込んでいたと論じた（Elvin 1973, ch. 17）．ただし，これは低位均衡の罠にヒントをえたレトリックで，量的拡大を支えた科学技術は高度にまで進んだが，そのレベルで一人当り産出高は元々の生存水準にまで落ち込んでしまっている状態を指しているのであり，経済理論上は低位均衡と本質的にあまり変らない（*Ibid.* p. 313, fig. 4をみよ）．
9) ウルフの考えを知るには，人口史における修正論者の見解を批判した論考をみるのがよい．プリンストン・グループの出生力推計に異を唱えたWolf (1985)，ジェームズ・リーらの新しい研究への批判的コメントであるWolf (2001)などを参照．
10) なお，Yasuba (1986) のコメントを参照．

しかし，20世紀最後の四半世紀における「東アジアの奇跡」と呼ばれる成長の高まりの影響もあってか[11]，中国と日本を明示的に取上げ，その共通点を西欧と比較する試みが登場した．しかも，国家の枠組を前提とするのではなく，観察単位をいわゆるマクロ・リージョンにとり，社会経済史の事例研究の蓄積に依拠しての比較史である．杉原薫のアジア間貿易論における東アジアの位置づけと労働集約型工業化論はその一例であり（杉原 1996; Sugihara 2003），その議論と関連しながら中国史家の立場からまとめられたケン・ポメランツの *The Great Divergence* は，中国および日本の歴史的発展パターンに共通の要素を見出そうとしている点において新しい傾向——しばしばカリフォルニア学派と呼ばれている——を代表する著作である（Pomeranz 2000）[12]．

大分岐はいつ起ったのか

　ポメランツの著作の斬新さはそれにとどまらない．それら要素の点検結果として，従来は自明とされてきた人びとの生活水準にかんして東アジアのレベルは産業革命前の西欧のそれと同等であった，そして東西格差の拡大は19世紀になってからであったと主張したからである．

　彼は，ジョーンズの『ヨーロッパの奇跡』が取上げた要因リストをまず点検する．ジョーンズは，ヨーロッパにおいては家畜という形態をとった資本が重要な役割を果していたといった．それは，一方では肥料の供給源としてであり，他方では運搬手段としての役割を担っていた．これにたいしてポメランツは，たしかに人口一人当りの家畜頭数を数えあげると東アジアは見劣りするが，その結果として農業生産高に不足が生じたり，生産性の上昇を抑制したりすることがあったわけではないのではないかと，疑念を呈する．人口にかんしても，ジェームズ・リーらの研究成果や徳川日本についての若干のデータにもとづき，ヨーロッパの比較的な優位はとくになかったといい，したがって人びとの，とくに庶民の平均所得にはそれ

---

11) いうまでもなく，『東アジアの奇跡』とは世界銀行による1993年の刊行物のタイトルである（World Bank 1993）．
12) カリフォルニア学派には，ポメランツのほか，James Lee, Bozhong Li（李伯重），Bin Wong（王国斌）らが含まれる．中国経済史の文脈における展望は Ma（2004）をみよ．

ほどの違いがあったとはいえないのではないかと論ずるのである (*Ibid.* ch. 1).

　いうまでもなく，平均所得と実質賃金とは概念上必ずしも同じではない．それぞれの決定要因には重なるものもあるが，異なった要因に影響される面もある変数である．ただ，ジョーンズが『ヨーロッパの奇跡』を執筆したときはもちろん，ポメランツがこの本を書いていたときにも，まだ包括的で，東西比較の可能な一人当り総生産ないしは所得の推計統計はえられなかった[13]．それゆえポメランツも，ヨーロッパにかんしては近代以前であっても数世紀におよぶデータの存する実質賃金にまずは注目する．とりわけ近世のあいだは，第3章でより詳しくみることとなるが，ヨーロッパ全域で実質賃金が低下をしていたので，アジアの水準と動向が判明すると興味深いのであるが，残念ながら，中国にかんしては信頼するに足る推計系列がない (*Ibid.* p. 90). それに代って彼が力をいれたのは江南の繊維産業従事農家の稼得力の推計である．農業の土地生産性に加えて，男女別の糸取賃・機織賃，生産能力，製品価格などにかんする情報を集約して，商業化の進んだ地域における世帯の生活水準とそれにたいする女性の貢献を測ろうとしている (*Ibid.* pp. 98-106 and appendix E). ただ，その営為と考察と批判の矛先は，中国にかんするインヴォリューション論的な解釈に向けられていて，厳密な意味での東西比較とはなっていない．したがって，彼が比較のために選んだのは，ある程度の数量ないしは擬似数量データが得られるものであった．具体的にはサービス消費から始まり，机・椅子・箪笥といった家財用具，そして茶や砂糖，それに繊維製品の消費であった．

生活水準の比較論

　ポメランツが試みたのは，さまざまなデータからある時代の中国における特定の消費財の人口一人当り消費量を推定し，それを同時代の西欧諸国と比べるということであった．それによって，ジョーンズがいうように

---

13) 第3章で紹介をするアンガス・マディソンの1820年以前における世界諸国のGDP，人口そして一人当りGDPの推計が利用できるようになるのは，2001年になってからであった (Maddison 2001).

「ヨーロッパの庶民は，アジアの庶民よりもましな衣服を着ていたし，多種類の食糧，より豊富な調度と家財道具に恵まれていた」(Jones 1981, 32頁)と本当にいえるのかどうか，それを検討しようということであった．いうまでもなく，網羅的な生産統計も輸出入・移出入統計もないところでの計算なので，きわめて大雑把な推定となることは避けられない．ただ，このように個別のサービスや商品の消費について比較をすることにすると，ほとんどの場合，額ではなくて量での比較となるであろう．したがって，代表性と網羅性という点での難点はあるが，貨幣ないしは購買力平価換算という技術的に難しい問題を避けてとおれるという利点はある．もっとも，儀礼および娯楽については，当該期間の中国において消費が明瞭に増えていたといった性質のエヴィデンスしかないが(Pomeranz 2000, pp. 96-97)，数量的な検討がなされているいくつかの準贅沢品のうち，砂糖と綿布の消費量と家財保有量とにかんして紹介しよう．

　砂糖は，シドニィ・ミンツの表現を借用すれば，「贅沢品から必需品へと変貌を遂げたもっとも初期の商品のひとつ」である(Mintz 1985, 351頁)．最初はステイタスの象徴であったものが急速に下の階層に受容され，19世紀には労働者の食生活の一部にさえなった．18世紀の西欧においてはすでに，日常生活のなかのちょっとした贅沢品(everyday luxuries)の一つという位置づけとなっていたといえるであろう．

　中国の場合，砂糖の生産は広東と台湾を含む福建とに集中していた．これらの地方だけで砂糖黍全産出高の9割にたっしたという．18世紀における台湾製砂糖の本土への移出データと，同時期の広東地方における土地利用および単位面積当り砂糖黍産出高にかんする情報から，一人当り4重量ポンド程度という消費量が導きだされる．この水準は，1680年の英国にかんする推計値とほぼ等しく，1750年の時点でみれば，英国の10ポンドよりは少ないが，大部分の大陸ヨーロッパにおける消費水準1.9ポンドを大きく上回っていたのである．ただ中国の場合，砂糖消費の増大は1830年以前の時代に生じていたが，それ以降は，逆に西欧での消費が急速に拡大したという．いいかえれば，消費量における格差が拡大したのは19世紀以降になってからだというのである(Pomeranz 2000, pp. 118-27)．

他方，木綿の英国産業革命における役割についてはよく知られている．しかし，インド産の綿布がヨーロッパにもたらされたのはそれよりはるか以前のことであり，キャリコあるいはチンツと呼ばれて流行商品とさえなっていた．それだけではなく，西欧諸地域においては，原料綿をレヴァントからアメリカ綿に代替しての，綿糸および綿織物の域内生産が始まり，多くは典型的な農村工業となった．鈴木良隆がいうように，「西ヨーロッパがアジアを凌駕するのに，いわゆる産業革命を待つ必要はなかった」（鈴木 2006, 294 頁）のであり，綿工業は近世西欧の経済成長を支えた産業の一つであったといってよい．

中国の綿工業はヨーロッパよりは長い歴史をもつ．生産量や流通量にかんする統計はやはり少ないが，それでも砂糖の場合よりはやや立入った数量的検討がなされている（詳細は Pomeranz 2000, appendix F）．中国における織物の中心的な生産地は揚子江下流域であった．ポメランツは繰綿の産出量や実綿の移入量を勘案し，さらには綿入れの需要を控除して，1750 年ころの江南における人口一人当りの生産量は 14.5 ポンドと推計する．そのうち約 3 分の 1 が移出に回ったと推測されるので，域内の平均消費量は 10 ポンド弱であったことになる．しかし江南は，広大な中国の中でも最先進地域である．その値でもって中国全体を代表させるわけにはいかないが，同時代にはデータが存在しないので，もっと後の時代の統計から遡及推定を行う．それにはいくつかの仮定が必要であるが，低目の推定で 1750 年における一人当り 6.2 ポンド，高目の値で 8.0 ポンドという計算になる．いうまでもなく中国は絹織物も産出していたが，綿布だけでも，1800 年における英国の総織物製品消費量 8.7 ポンドと比較して，遜色ない水準にあり（英国にはアイルランドをも含み，織物は綿布・毛織物・リネンの合計である），同時代のフランスやドイツの繊維消費量と比べれば上回る水準であった．それゆえ，中国における被服消費の水準は，「18 世紀の中葉から末年にかけてのヨーロッパと十分に匹敵」するものであった（*Ibid*. pp. 138-42）．

最後に，家財の保有状況を比較しよう．フローとしての消費ではなく，耐久消費財のストックをみるのである．西欧諸国においては遺産目録が資

料として利用できるために，これまでにもベッドやカーテン，机・椅子，鏡，時計などの保有がいつどの層から進むかという研究が少なからずなされてきた (de Vries 1975, 1993; Weatherill 1988; Overton et al. 2004). それらのなかからポメランツはオランダのフリースランドの農家を選び，1930年代のバック農村調査による農家の家財保有と比較をする. 時代は下って一世紀半も後のデータではあるが，彼はいくつかの検討の結果，その間の農村における生活水準は低下したことはあっても上昇した可能性がないと述べて，比較の表を掲げる. それによれば，椅子と鏡はオランダの農家が多く，机と簞笥は逆に中国の農家のほうが多いという結果である. 個々の数字にあまり意味を付与することはできないが，それでも「質素な中国農村と対照的に新製品にあふれたヨーロッパの家庭というステレオタイプ」を覆すに十分な結果という (Pomeranz 2000, pp. 145-46).

　以上，三つの事例ではあるが，またモノの消費にかんするデータが徳川日本にかんしては少ないために中国のみの検討ではあったが，18世紀の段階では東西の生活水準における格差は意外と少なかったのではないかというのが，ポメランツの結論である. もっとも，彼が行ったような計算では，比較をしているそれぞれの国のなかでの所得分布がどのような形状をしていたかによって，結論が変ってくる可能性がある. ジョーンズがいったように，アジアのほうがより不平等であったとすると，庶民のレベルでの消費水準はやはり西欧のほうが高かったかもしれないからである. ポメランツ自身，この点は十分にわかっていて，乏しい資料から検討はしている. 19世紀中国における「郷神」(ジェントリ)にかんする研究から，彼らの人口にしめる割合は2%であったが国民所得の24%相当を得ていたという発見事実を提示する一方で，イングランドとウェールズについての同様の推計によって，上位2%の人口階層が得ていた所得割合は1759年には22%であったのが1801-3年には23%となったということを紹介する[14]. すなわち，この比較は中国のほうが平等ということを示しているわけではないが，

---

14) それぞれ，Chang (1962) と Lindert and Williamson (1982) による. 中国の数値は，1880年代の国民総所得と郷神所得の大胆な推計にもとづき，イングランドとウェールズの場合，1759年は Joseph Massie の資料に，1801-3年は Patrick Colquhoun の書物に依拠した推計である.

その不平等度の水準がイングランドよりも格段に高かったといっているわけでもない．加えて，直感的な判断ではあるが，土地の所有は西欧のほうが明瞭に不平等といえよう．それゆえ，ジョーンズが主張するようにアジアは貧富の差がはなはだしかったとはいえないのではないか，というのである (*Ibid.* pp. 136-37)．

　そうであれば，上で検討した消費にかんする結論は，そのまま庶民レベルでの生活水準にも当てはまるであろう．近代以前の東アジアにかんするかぎり，「ヨーロッパの庶民は，アジアの庶民よりもましな衣服を着ていたし，多種類の食糧，より豊富な調度と家財道具に恵まれていた」とはいえないのではないか．砂糖にかんして検討した際に触れたように，19世紀も後半になれば，生活水準一般において両者の格差が明瞭に拡大したことは事実であるが，近世においてはいまだ——スミスやマルサスやジョーンズの見解とは異なり——「大分岐」は生じていなかったにちがいないと，ポメランツは主張するのである．

市場経済の比較論
　ポメランツの議論には，生活水準論と並んでもう一つの重要な柱がある．それは，近世における市場経済の発展という点からみても，東アジアは西欧にひけをとらないという主張である．資本主義の萌芽的な形態という点では十分な展開をみなかったかもしれないが，市場に先導された経済成長という意味での発展であれば，なにも西欧にかぎっての現象ではなく，王朝期の中国や徳川時代の日本でもみられたことだというのである．

　これはある意味では，序章の冒頭で紹介したフェルナン・ブローデルの考え方と整合的である．まず，彼の語る市場経済をみよう．

> 活気にあふれた進歩の過程にある市場経済．それに一連の地理的・人口的・農業的・産業的・商業的要因が力を貸す．そのような発展が世界的規模で行なわれたことは明白である．世界の人口はいたるところで増加する．ヨーロッパ内そしてヨーロッパ外，イスラムの空間を横断して，インド・中国・日本そしてある程度までアフリカで．そしてヨーロッパがその運命をふたたびやり直すアメリカ各地ですでに．そ

> して，いたるところで，同じ事態の継起，同じ創造的進化がある．
> ……この偏在は，多少のニュアンスの差はあれいたるところで同一の
> 市場経済が，ある大きさを超えるすべての社会の必然的・自然発生的，
> 要するに平凡な基礎であることの証拠である．ある閾が到達されると，
> 交換，市場，商人の増殖は自発的に進行する（Braudel 1982, 第 2 冊, 399
> 頁）．

そのような市場からなるシステムは自動調整機能をもつが，それはけっして近代の産物ではなく，「非−経済」「非−市場」の傍らに昔から存在していたという．すなわち，

> それだけが自動調整機能を持つ市場を経験した世紀であるという 19-
> 20 世紀よりははるか以前に，市場経済は存在した．古代からすでに，
> 価格は変動している．13 世紀には，価格はすでにヨーロッパ全域で
> 一致して変動している．その後，ますますより厳密に規定される境界
> 内で，一致はより明確な形をとるであろう（Braudel 1982, 第 1 冊, 281
> 頁）．

モノの市場にかんするかぎり西欧であれ中国であれ，あるいは日本であれ，近世社会は立派な市場経済だったというのである．

　そのような近世の市場発展を「スミス的ダイナミズム」と呼んで，中国の叙述をしたのはビン・ウォンである（Wong 1997, pp. 17-22）．中国において農業の商業化と手工業生産が活発となったのは宋代においてであった．その中心は揚子江下流域の江南で，農民の副業という形態をとった綿業と絹業を中心とした発展があり，それが域内の農業の商業化を伴い，発展が生みだした江南の食糧需要は中流・上流域における米作を刺激し，また産業連関効果によって木棉，藍，煙草などの栽培が拡がり，さらに陶器や紙などの生産も周辺各地で興った．しかも，このような変化は江南地方のみにおいてみられたのではなく，他の地方――中国研究者はマクロ・リージョンと呼ぶ――においても多かれ少なかれ生じたことであった．とくに肥沃な珠江流域を擁する嶺南地方は，砂糖黍や多様な果樹などに加えて，絹や鉄製品を産出し，地域間特化の相乗作用による商業化の拡大がみられた．

　いうまでもなく，このような発展には時期と地域による変転があった．

江南，嶺南，その他の南中国地域は 16 世紀の発展が著しく，地域間交易を担う商人グループが誕生した．明末・清初の社会的混乱後は，発展の中心域が北上し，揚子江上流域や北部・北西部のいくつかの地域で生産拡大がみられた．結果として，市場によって先導された経済の拡大は，18 世紀までに中国のいたるところで観察されることとなったのである[15]．

東アジアのなかでは，日本の徳川中期以降の変貌がこのパターンに近似した性質をもっていた[16]．そして，工業原料作物生産と手工業生産の地域特化を伴うこの発展は，プロト工業化の時代の西欧で起ったことと類似した現象であったといえる．

これにたいしてブローデルの意味での商業資本主義の発達は，中国では顕著ではなかったとビン・ウォンはいう (Wong 1997, pp. 146-49)．商人個々人が官僚に取入って私的に利得をえようとしたことはあったであろう．また，例外的ではあったが塩専売のように政府と密着した事例もあった．しかし，西欧の場合のように公的な権利である「特権」――『オクスフォード英語辞典』(*OED*) によればその語源はラテン語で，privus *private* + lex *law* の意であったという――の獲得に躍起となることはなかったし，王朝国家も歳入の多くを商業や海外貿易に求めようとはしなかった．

ブローデルは先の引用に続いて，

> しかし，下に存在するこの市場経済は資本主義的過程の形成の必要条件ではあっても十分条件ではない．中国は，くり返して言うが，活発なリズムとそれが想定させるすべてのものを持つ経済から出発しても，資本主義上部構造は必然の結果としては成立しないことの完全な証明である (Braudel 1982, 第 2 冊, 399 頁)，

とも述べていたが，その言明の賛否はあるとしても，中国における政府が伝統的に市場経済の進展を規制しようとしなかったことはいえるようである．

この点にかんしては，村松裕次の観察がある．彼によれば，一見したと

---

15) 中国の農村工業研究史には日本の研究者の貢献も大きい．たとえば，西嶋 (1966) や田中 (1973) 所収の論文を参照．
16) この点にかんする文献は多数存在するが，とりあえずは新保・斎藤 (1989b) をみよ．

ころ専制的かつ介入主義的な中国国家のもとで，市場経済は「政府によって規制せられない，放任的自由を基調」としていたという．市場経済規制者としての政府が行ったことは僅かなことでしかなかった．

> 市場関係の規制を民間の自律に委ねて，最良の事態においてもこれを最小限の警察機能以外については放任すること，最悪の場合にはその中で政府―官僚の私的利益を追求すること，そのために一方では，契約的な信義の維持と，そのために必要な，私的強制力の蓄積および錬磨に務めることだけが，中央省，各県のいずれの場合にも共通な，中国の政府の行動契機をなす（村松1949, 221頁）．

ここで述べられていることは，中国の国家が，貨幣制度や度量衡の制度を含む民間経済のための公的インフラ整備を行わなかったということと表裏一体なのであるが，アダム・スミスが市場経済にとって有害と考えた重商主義的な政策は生まれようがなかったことも事実なのである．村松の結論は主として20世紀初めの調査や研究報告に依拠したものであったが，それよりはだいぶ以前の清朝がとった態度も似たようなものであった．岸本美緒によれば，清朝政府は「治安の問題のない限り，民間の貿易を阻害することはなかった」し，土地や人びとの移動にかんしても自由放任に近かった．清朝についての「柔らかくかつ専制的なこうした中国政治体制」という岸本の特徴づけは，村松のそれとまったく同一といってもよい（岸本1998b, 38, 61頁）．このような国家の下では，「交換，市場，商人の増殖」は規制を受けることなく進行しえたのであろう．

それゆえ，農業と手工業における地域間分業を核とし，地域市場を結ぶ市場の網の目が拡大するという，この東西で共通にみられた現象を，ビン・ウォンはアダム・スミス的な成長と形容したのである．そして，ポメランツが消費面から経済発展を検討し，18世紀中国の水準をそれほど低いものではなかったと述べたときには，このような市場経済の発展という認識も重要な判断材料であったとみるべきであろう．

ポメランツの見取図

もちろん，18世紀の消費社会は近代の消費社会とは異なっている．西

欧においても東アジアにおいても，消費財は基本的に土地からの生産物に依存していた．その意味では，化石燃料に依拠した現代の消費社会とは本質的に異なっていた．いいかえれば，東アジアにおいて土地制約の桎梏があったのと同じ程度に，西欧においても土地制約の重石はあったというのである[17]．この点にかんしポメランツは，薪炭，建築用材，さらには肥料のかたちをとった森林生産物の供給可能量とそれを規定した森林面積の変化とについてかなり詳細な比較を試みている．江南に次いで中国で第二の先進地であった嶺南地方（広東および江西）とフランスとを事例に，森林の減少(deforestation)はどちらにおいても進行していたが，18世紀においては西欧も東アジアもやはり共通の制約下にあったと結論づけている(Pomeranz 2000, pp. 225-42 and appendix C)．中国と日本の特徴は，土地制約下にある土地起源財への需要を「労働集約的な方法と……内国交易とによって国内的に充たしていた」(Ibid. p. 238)ところにあったが[18]，しかし他方で，西欧の場合には一般的にいって，土地起源財の石炭による代替と，より本質的には海外植民地からの資源輸入による土地制約からの解放が可能で，それが19世紀以降の「大分岐」をもたらす要因の一つであったというのもポメランツの議論の一部をなし，また「大分岐」論争の論点の一つなのである．

　しかし，本書ではそのエネルギー転換の側面を直接に取上げることはしない．近世において，本当に人びとの生活水準に東西格差はなかったのであろうか，仮に差があったとしても，それはいかなる意味をもっていたのかという，根本的な問題に固執することにしたい．人びとの生活資料において，昔に遡れば遡るほど食糧消費の比重は高まる．ほとんどの世帯において5割は超えていたはずである．しかし，ポメランツの比較検討におい

---

17) 土地制約下にある経済とは，トニー・リグリィの言葉によれば「有機経済」である．彼は，イングランドを「高度有機経済」(advanced organic economy)から「鉱物を基盤としたエネルギー経済」への転換をなしとげた社会と捉え，その転換こそが産業革命の本質であったと説く(Wrigley 1988)．いいかえれば，リグリィも産業革命前夜のイングランドは土地制約が桎梏となりつつある経済とみる点では，同じ見解といえる．
18) ポメランツは，ここでも徳川日本の事例を参照せずにこのような結論を下している．これは徳川時代の環境史研究が低調であったことを考えればやむをえないともいえるが，森林面積の歴史的変化にかんするかぎり，日本は西欧諸国とも中国とも異なって森林被覆率の急激な低下を避けることができた例外的な事例である．斎藤(2002e)を参照．

ては——砂糖や茶の消費を別とすれば——この生存を維持するための消費が明示的に取上げられることはなかった．収入面については，江南農家の女性の稼得力にかんしては興味深い観察が行われており，また後に詳しくみるように，徳川時代の日本にかんしてはさらによい数量データが存在する．しかし，それらのデータが整ったとしても，そこから「日本，中国，そして一部の東南アジアにおける平均所得は，18世紀後半においてすら西欧のそれと同等であった(ないしはそれよりも高かった)」(*Ibid.* p. 49)という可能性を，本当に検討できるのであろうか．この言明はポメランツの作業仮説といってよいと思うが，それはよりシステマティックな比較の方法が必要な「実証的問題」だからである．また，より汎用性の高い方法は，やはり中国には断片的にしか残存していないとされた賃金データの活用である．この点にかんしての進展は図れないであろうか．こういった問題に検討を加えることとする．

第2章　分業と市場と成長
―― 概念整理 ――

はじめに

　人間社会が豊かになるためには産出高が人口よりも高い率で成長しなければならない――このような認識を最初に明示的にもったのが古典派経済学者であった．産出高の成長はどうして可能か．また，人口の増加はどのようにして起るか．そして，どのような条件のときに前者の成長率は後者の増加率を上回ることができるのか．その思考枠組の基礎にはマルサスの人口論があったのである．このような発想法は経済史にも少なからぬ影響力を与え続けてきたのであるが，現実の歴史はほとんどの場合そのシナリオどおりには展開してこなかったことも事実である．

　この点で，同じ古典派に分類される経済学の父アダム・スミスは，経済の成長ということにかんするかぎり，彼に続く古典派経済学者たちとはかなり異なった発想をもっていたことを想起したい．その根幹には分業論があり，それはまた市場成長論と表裏一体の関係にあった．本章ではこのスミスの伝統に立ち返って，経済成長論としての分業論が十分に長い射程をもっていることを示す．それと同時に，低賃金の克服，所得格差の改善という成長の影にあたる問題にかんしては，分業論にもとづく成長論はどこまで有効か，有効ではないとしたら何を併せ考えなければならないかを，スミス自身の言説のなかに探る．

1　分業と市場の成長

　アダム・スミスが，西欧のアジアと比較しての富裕さの原因を必ずしも人口要因に求めなかったことはすでにみた．スミスにとって，高賃金は何よりも発展をしつつあるという状態の反映だったのであり，特定の要因か

ら一義的にもたらされるものではなかった．

　それではスミスにとって発展とは何だったのであろうか．彼の理論から論理的に導き出すことのできる答は，分業の進展であり，市場の成長であった．しかし，分業の問題と市場の働きに着目する議論とはどのように関連するのであろうか．そしてその考察は，きたるべき工業化のパターンにどのような違いをもたらすのであろうか．

　一般に，市場の成長とは，人びとの生活営為および生産活動において，市場から調達し，市場のために行う活動領域が拡がることをいう．マルクスもポラニーも，その拡大を歴史の一つの重要な側面とみたが，その画期は産業革命とその前後に求めたのであった．しかし，ポメランツらの見解はそのような意味での市場の成長は，近代以前の東アジアにあってもすでに大きな力となっていたというものであった．これはスミスの，「物を他の物と取引し，交換し，交易する」のは人間に本来的に備わった性向であり，それは何も産業革命の時代に突如として顕在化したのではなく，人間社会の長い歴史を通じて徐々に発揮されてきたものという見方に近く，さらには『経済史の理論』のヒックス，『交換のはたらき』のブローデルとも親近性を有する見解といってよい(Hicks 1969; Braudel 1982)．

アダム・スミスの分業論

　これにたいして，分業の進展にかんしてはどうか．『国富論』が分業の章から始まっていることは周知のことであろうが，冒頭で，

　　労働の生産力の最大の改良と，労働がどこかにむけられたり，適用されたりするさいの熟練（スキル），技倆（デクステリティ），判断力の大部分は，分業の結果であった……．／分業は，導入しうるかぎり，どの技芸でも，それに応じた労働の生産力の増大をもたらす．さまざまな職業や仕事の分化はこの利益の結果生じたものと思われる(Smith 1776, 一, 23, 26頁)，

と延べ，分業を生産性の上昇へ直結させる議論を展開する．よく知られているピン製造を例に，作業場内における工程の分割とその工程への特化がその工程に携わる労働者の熟練や他の能力を向上させ，労働の生産性を増大させるという効果である．熟練や，その他の面における労働者の質の向

上は生産性上昇の一つの重要な要因なのである．それも，分業はどのような場合でも同じように熟練をたかめるわけではなく，よりスキル集約的なゆき方と，相対的には熟練節約的なゆき方とに分かれるであろうから，分業の結果どの程度の熟練重視へと向かうかは発展のあり方を探るうえで一つの論点となる．

　それゆえ，一見したところ分業論は技術および組織の問題と捉えられるかもしれないが，ここでの問題意識からすれば，ピン製造の話に続いて述べられていることもまた重要である．少し長いが，引用しよう．

　　文明的で繁栄している社会の，……たとえば，日雇労働者の身体をおおう毛織の上衣は，たとえ粗末で手ざわりの荒いものにみえようとも，多数の職人の結合労働の産物である．この質素な生産物でさえ，その完成のためには，羊飼い，選毛工，梳毛工ないし刷毛工，染色工，あらすき工，紡績工，織物工，縮絨工，仕上工，その他多数が，全員それぞれの技術を結合しなければならない．そればかりか，これらの職人のうちのあるものから，しばしばきわめて遠隔な地方に住んでいる他の職人の所へ原料を輸送するのに，何人の商人や運送人がかかわらなければならなかったことだろう．とりわけ，どれほどの商業と海運が，何人の造船工，船員，製帆工，製鋼工が，染色工の使用する，しばしば世界の最遠隔地の所産である，さまざまな薬剤を集め合わせるために，従事しなければならなかったことか．それらの職人のなかでももっとも重要でない者たちの道具を生産するためにもまた，どれほど多種多様な労働が必要であることか．船員の船，縮絨工の水車のような複雑な機械はいうまでもないとして，さらに織物工の織機についてさえもそうだとして，羊飼いが羊毛を刈る鋏のようなごく単純な機械を造るのにどれほど多種多様な労働が必要であるかということだけでも考えてみよう（*Ibid.* 34-35頁）．

ここで毛織物を例に述べられているのは，個々の作業場内での分業とは異なって，明らかに社会的な次元での分業である．最初にあげられた職業のなかには，一つの作業場内で分化した場合もあったかもしれないが，遠隔な地方での生産や海外からの輸入への言及から明らかなように，それぞれ

の地域に一つの産業として成立した，独立の職業ないしは産業間の相互連関の問題なのである．引用は，毛織物生産が商業や海運業と関連していることを述べ，次いで商業や海運業も，また毛織物工業のそれぞれの工程を担当する製造部門も機械器具製造と関連するというところまでとしてあるが，スミスの文章はさらにこの産業連関の輪をたどることによって，手工業段階の経済であっても，その全体は数えきれないほどに細分化された労働の結合であったことを強調する．いいかえれば，「文明的で繁栄している社会」とはより複雑な産業連関の構造をもつ社会なのである．

『国富論』第2章は，この分業を「ある物を他の物と取引し，交易し，交換する性向」の必然的な結果と論ずる (*Ibid.* 37頁)．これはスミスの市場への信頼の表明であるが，上の引用と合わせてみれば，その交換性向とは完成品と完成品の取引を思い浮べる必要はなく，むしろ中間生産物と中間生産物の交換に比重をおいて考えたほうが，現実の経済進歩の意味を理解するうえで重要だということに気づく．すなわち，縮絨工と仕上工のあいだの取引であり，縮絨工と刃物製造工とのあいだの取引である．あるいは，染色工と織物工のあいだの取引であり，染色工と薬品問屋とのあいだの取引である．これらの取引が行われる場が市場であるが，ここで例にあげた市場はすべて中間財の市場である．いいかえれば，「文明的で繁栄している社会」はより複雑な産業連関の構造をもつにいたった社会であるが，それは新たな中間財を取引する市場が創出され，中間財の生産と市場がともに拡大したところの経済なのである．

それゆえ，分業の進展とは，中間財生産部門が分化し，その部門間に新たな市場が成立してゆく過程ということができる．この分業の進展は，労働生産性の増大をもたらす．仮に投入された労働力や資本の増加がなくとも，である．いいかえれば，アダム・スミスの分業の理論は，専門特化による技能の向上と労働生産性の増大だけではなく，中間財生産部門の分化が収穫逓増 (increasing returns) を伴って進む過程をも射程にいれることにより，市場の成長論と直接に関連を有しているのである．

これはさらに，競争の二つの意味とも関連する．スミスにおける競争というと，通常は「みえざる手」という言葉に象徴される取引当事者への利

益均霑をもたらすプロセスを考えるであろう．供給と需要のバランスをとることによって，効率的な資源配分がもたらされるところの市場競争である．「利益均霑」とはヒックスの用語で(Hicks 1969, 80頁)，彼はそのような交換経済の勃興を構図の中心において歴史を描こうとした．その意味での市場競争は，政府などによる規制が撤廃されたときに大きな利益が生ずるという場合，あるいは比較優位の原則にもとづいて貿易が行われた場合に，人びとの所得を増加させるけれども，本質的には静学的な効率性をもたらすところのメカニズムである．しかしスミスにおける競争には，G. B. リチャードソンが指摘するように，もう一つの概念がある．それは，拡大する市場や新産業の成立によって創りだされた新たな機会とそこへの参入とにかかわる競争概念であり，その動学的な効果である(Richardson 1975)．規模の経済が作動するのは，いうまでもなく後者の場合である．いいかえれば，スミスにおける市場の成長とは，まず何よりも市場の分化と拡大をとおして生じたところの経済活動の特化，すなわち分業の深化によって，収穫逓増がもたらされるプロセスなのである．

　それゆえ，スミスに長期的視点からの経済発展論があるとすれば，それは通常考えられるように，市場の調整機能によってもっとも効率的な生産の方式と組織が選択され，そのことによって人びとの所得と便益が増大するというメカニズムよりは，分業論，すなわち生産と産業と職業の特化と結びつくことによって，市場の創出と拡大が起り，収穫逓増が働くところに注目した成長論こそがふさわしい．

古典派経済学の難問
　アダム・スミスは通常は古典派に含めて考えられることが一般的であるが，スミスの成長論はマルサス＝リカードウ以降の古典派によって受容されることはなかった．マルサス『人口論』のインパクトは大きく，経済成長の径路を人口原理によって解釈することが支配的となり，それがマルサスの論敵であったリカードウによって受入れられ，その命題は経済学体系の根幹に据えられた．ある意味で，リカードウ以降の古典派経済学者はみなマルサス主義者となったのである．

その本質は、すでにみたように人口原理と収穫逓減にあった．もし賃金が生存水準を超えて上昇すると、人口が増加し、労働市場は供給超過となる、したがって、賃金は再びもとの水準へと下落し、人びとの生活水準は長期的には生存ぎりぎりの水準に釘づけされ、そこで静止する．『経済学および課税の原理』の第 5-6 章は、この論理の上に構築された賃金論および利潤論である．

> 有利な事情のもとでは人口は 25 年間に倍増しうる、と計算されている．だが同じ有利な事情のもとでは、一国の全資本はおそらく、より短期間に倍増しうるであろう．その場合、賃金は、この全期間を通じて、上昇する傾向をもつであろう (Ricardo 1817, 上, 140 頁).

リカードウの特徴は、資本蓄積を明示的に構図のなかにいれたことである．資本蓄積は賃金基金を増大させるので、「有利な事情」が働いているときには賃金が騰貴しうるのである．けれども、投下される労働については人口原理と収穫逓減が働き、また資本にかんしても収穫逓減は起る．その一方で、貨幣賃金は上昇を続けるために利潤率は低下をする．すなわち利潤率がかぎりなくゼロに近づけば、資本蓄積は停止し、経済全体が静止状態(ステーショナリィ・ステート)に達するというのが、リカードウの結論である．

もっとも、マルサス自身の叙述に比べると、リカードウの「有利な事情」への関心は強かったかもしれない．他の箇所での記述をみても、「機械の改良」や「農業科学上の発見」への言及があり、また、「文明のはるかに進んだ国々の技術と知識が導入される新植民地」でも、利潤率が一時的に上昇、ないしはその自然的低下を先延ばしさせることは生ずるであろう．さらに、

> ある国がどんなに広大であろうと、土地の質がやせていて、しかも食料の輸入が禁止されていれば、最も緩慢な資本の蓄積が利潤率の著しい低下と、地代の急速な上昇を伴うであろう．これに反して、小さいが肥沃な国は、とくに食料の輸入を自由に許可すれば、資本の巨額の貯えを蓄積しても、利潤率の著しい低下も、土地の地代の著しい上昇も、伴うことはないだろう (*Ibid.* 179 頁)

ともいう．英国が実際に穀物法を廃止したように、貿易の自由化を断行す

ることによって経済の好循環をもたらすことができるとも考えていたのである．

　しかし，これら「有利の事情」はすべて外生的に生ずるものであって，経済システムに内在的な要因によって引き起されるとは考えられていない．リカードウに代表される古典派の経済成長論自体は，マルサスと同様に，人口と経済のレース，より正確にいえば人口と資本蓄積のレースとして捉えられており，究極的には経済は人口に勝てないと想定されていた．いいかえれば，眼前で繰りひろげられていた経済的繁栄と成長を古典派経済学は内在的に説明することができなかった．「陰鬱な科学」と称されたゆえんである．

分業と収穫逓増──アリン・ヤング

　リカードウが，機械の改良や科学上の発見，それら新技術の輸入の意義，あるいは貿易障壁の撤廃の効果に触れざるをえなかったのは，18世紀から19世紀の最初の20年のあいだに英国で起った経済進歩を，人口原理を根幹に据えた論理だけでは説明できなかったからであろう．しかしその古典派的成長論自体は，J. S. ミルの『経済学原理』(最終版，1871年刊行)まで続いた．事実と論理のギャップを発想自体の転換へ変えるという知的営為は，アルフレッド・マーシャルを待たねばならなかった．彼が，人口原理と静止状態の代りに「進歩，進化という概念」を対置し，新しい経済学の体系を構築して初めてマルサス＝リカードウの枠組は放棄されたのである（西沢 2007, 19頁）[1]．

　これから述べようとする経済発展の概念枠組は，アダム・スミスによって初めて提起された分業論の上に，マーシャルの解釈と，それをさらに一歩進めたアリン・ヤングの洞察を加えたものとなる[2]．ヤングのよく知ら

---

1) より正確にいえば，古典派経済学の終焉は晩年のミルによってもたらされたというべきかもしれない．西沢保は，シジウィックの説として，ミルが亡くなる直前に書いた書評のなかで賃金基金説の放棄を表明した1869年が転換点という見解を紹介している（西沢 2007, 15頁）．
2) スミスとマーシャルのあいだの親和力にかんしては Arena (1998) を，ヤングについては Blitch (1983) を参照．

れた論文 'Increasing returns and economic progress' はマーシャルの議論を踏まえて書かれているので，学説史的にいえば，マーシャルの立論を先にみるべきであろうが，経済史の文脈からするとヤングを先に紹介したほうがわかりやすいはずである (Young 1928).

ヤングは，まずスミスの分業論がピン製造の事例から始まっているがゆえにミスリーディングであるという指摘から始める．すでにみたように，スミス自身の考えからしても，事柄の本質は産業と産業のあいだの分業が深化し，その産業と産業のあいだに新たな市場が創出されることにあり，そしてその結果として原材料の加工から最終消費財の生産にいたる工程が長くなり，中間財の生産とその市場が拡大するところにある．ヤングはこれを迂回生産 (roundabout production) と呼び，その迂回性 (roundaboutness) に収穫逓増の源泉を求めたのである．

彼自身の論文には，当時議論の盛んであった大規模生産と独占的市場論へのコメントという性格があり[3]，それゆえに経済の迂回度が高まり，生産全体の規模が拡大することを，生産単位の規模拡大と峻別することが力説されている．分散的な生産様式を維持したままでも，経済全体の規模と相互依存の度合が高まることによって収穫逓増が達成されるところに強調点がおかれているのである．ただ，その命題には歴史的な含意もある．たとえば，彼の理論の応用問題として産業革命について以下のように述べているくだりは，それ以前の時代の近世的成長とは何かを考えるうえで示唆に富む．

> 18世紀の産業革命は，産業技術における創造力あふれた改良の数々によってもたらされた激変としてではなく，過去に起きた産業組織上の変化および以前からの市場の拡大が，いわば整然と次の時代の変化へと連なり，生じたところの一連の変化とみなされるようになってきている (*Ibid*. p. 536).

ここで表明されている考え方は，井上義朗がヤングの論文を論じた際に使

---

3) この点は，彼のロンドン・スクール・オブ・エコノミクスにおける授業についてのニコラス・カルドアの受講ノートからみてもわかる (Sandilands 1990a). また，Blitch (1983), pp. 365–66 をも参照.

った「累積的因果性」という言葉で言い表すのがぴったりである（井上 1993, 60頁）．この累積的進化論からは，産業革命によって近代と前近代とに截然と区分する考え方は出てこない．18世紀末英国の産業革命は綿糸紡績と製鉄に代表される生産財生産部門の「革命」的変化をその本質とするが，それはヤングによれば，近世にあちこちの地域で自生的に生じた分業の進展と中間財市場の拡大という，長期的趨勢の延長において捉えられるべきものなのである．その累積的進化の結果，ある程度の市場規模となれば，標準化しやすい製品を生産している産業では機械化が起り，さらなる収穫逓増が実現する．消費財生産よりは生産財生産のほうが標準化しやすい部門なので，18世紀に機械化による一段の拡大が起ったのは綿糸紡績や製鉄といった産業だったということなのである．ただし，それはそれ以前の時代からの断絶ではなく，現在の変化速度に比べればはるかに緩慢な変化であった．近年の英国経済史では——第7章でみるように——産業革命を「革命」としてではなく，近世からの連続的変化の延長に位置づける見解が有力である．ヤングからの引用はその先駆的な表明とみなすことができよう．

　この累積的進化の帰結として産業資本主義が成立しても，英国における分散的な市場制度を前提とするかぎり同じ論理が働く．すなわち，ラゾニックがいうように，「縦方向の専門特化は自己実現的であった．中間財の供給者や購入者が以前にも増して得られるようになれば，新規企業は専門企業としての設立がいっそうしやすくなったからである．したがって，地域的な産業集積は既存企業の規模拡大よりは新規企業の参入によって特徴づけられることとなった．縦方向に専門特化が進んだ産業は，水平方向には分散的な産業となったのである」(Lazonick 1991, p. 26)．これがヤングのみた——そしてマーシャルの生きた——時代の英国資本主義であった．ここからは所有と経営の分離，企業の巨大化，規模の経済といった，現代の企業社会を特徴づける変容は展望できない．しかし，経済史家の観点からみれば，このヤングの見方は19世紀の資本主義から近代以前へと遡り，累積的な発展のあり方を探るうえで貴重な洞察を与えてくれるのである．

　ヤングが言及している論点のなかで，十分に煮詰まっているとはいえな

いが，本章の議論にとって重要なのは人口の役割である．古典派の理解では人口増加は経済進歩の阻害要因であったが，彼は「一人当り平均生産高の増大を伴うことのない人口増加がありうるのと同様に，……人口が停滞していても，市場の拡大と収穫逓増の実現は可能」と考えていた(Young 1928, p. 536)．彼の『大英百科事典』への寄稿をみても，古典派の経済学体系が偏屈なマルサス理論の土台の上に成立っていたこと，しかし現実の経済はその予言どおりの展開をまったくたどらず，生産増加と人びとの賃金および生活水準の向上とが両立してきたことをヤングは指摘している(Sandilands 1990b, pp. 139–40)．その上で，「すべてとはいわないが，たいていの状況下では，人口増加はやはり一人当り生産を大きくする要因と考えられるべきである」と主張する(Young 1928, p. 536)．それは――『大英百科事典』の別の寄稿のなかで述べていることであるが――人口が多くなると商品への需要が増え，需要が増えると，製造業においては分業の経済が働く機会が増加するからである．あるいは，科学的進歩の成果を産業へ応用し，結果として収穫逓増が起る可能性が大きくなるからである(Sandilands 1990b, p. 122)．この問題は，アダム・スミス分業論のもう一つの命題，「分業を引き起こすのが交換する力であるように，分業の度合もその力の程度によって，いいかえれば市場の大きさ(エクステント)によって，つねに制限されざるをえない」(Smith 1776, 一, 43頁)ということと密接に関連している．市場の大きさは，究極的には人口の規模とその人口の購買力に依存する．それゆえ，他の事情が一定であれば，人口は「一人当り生産を大きくする要因」なのである．これは，のちにボースルプが唱えた反マルサス的な言明の魁でもあった(Boserup 1965, 1981)．

　いうまでもなく，ヤングはこの人口成長命題が常に成立するといっているわけではない．実際，人口の増大が一人当りの購買力を引下げるという負の効果を生む場合，あるいは分業の結果，新たに誕生した産業が低賃金使用的な生産組織をとった場合には，人口増加のマイナス効果がプラス効果を上回ることが十分に考えられる．そのことは，彼の経済学の論理が完全に認めていたことであった．ただ，上記のように主張することによって，ヤングが古典派の支柱であったマルサス人口原理を葬り去ってしまったこ

とは明白であろう．

収穫逓増と外部経済──マーシャル

　ヤングは結局のところ，分業と市場の創出・拡大の累積的変化の結果として収穫逓増が生ずると考えた．その際，彼の考えた市場とは分散的で，個人・合名会社形態の企業からなる競争的な市場であった．ラゾニックの用語法では市場調整型の「所有者資本主義」(proprietary capitalism)である(Lazonick 1991)[4]．

　この市場認識はマーシャルのそれと同一であり，その認識はアダム・スミスにまで遡るものであった．井上の評価によれば，ヤングは，「マーシャルとスミスの市場把握における同質性を見抜き，マーシャルの市場把握の中に，累積的因果性が潜伏していることを摘出した」点で卓抜した洞察力を示したのである(井上 1993, 60 頁)．

　それでは，マーシャルの解釈上の特質はどこにあったのであろうか．彼が古典派経済学の人口原理と静止状態の代りに「進歩，進化という概念」を対置したことは前にも記したが，経済学の体系としてみたとき，それは何を意味していたのであろうか．

　この問いには，彼は収穫逓減の代りに収穫逓増を，人口と資本蓄積のレースという舞台装置の代りに，産業経済学ないしは産業組織論という枠組を用意したと応えることができよう．そして，企業組織と市場と収穫逓増の関係を分析するために案出された概念が「内部経済」(internal economies)と「外部経済」(external economies)であった(Marshall 1890, 第四編；井上 1993, 第 II 章；西沢 2007, 第 III 部第 3 章を参照)[5]．いずれも費用逓減，収

---

[4] ラゾニックの分類学は，この「所有者資本主義」をアメリカの「経営者資本主義」(managerial capitalism)およびその派生形態としての日本の「集団主義的資本主義」(collective capitalism)と対比をするものである．このうち，所有者資本主義と経営者資本主義の対比は，チャンドラーの視点と類似していることは付け加えておくべきであろう(Chandler 1993)．

[5] いうまでもなく，マーシャル自身の問題関心はこれにつきるものではなかった．より直接的な動機としては，英国の産業上の主導権が 19 世紀末から揺らぎ始めていたこと，またより根源的には，いかに労働者階級の生活水準を向上させるかという制度設計の問題(「冷静な頭脳」にたいする「温かい心」)があった．さらに，同様な問題関心をもちながらも異なった方向を目指した歴史学派への，アンビヴァレントな気持も影響していたかもしれない．これらについては，西沢(2007)が詳述している．

穫逓増をもたらす利益にかかわる概念であるが，内部経済とは個々の企業に依存する費用低減効果，外部経済とは企業の外部にある条件すべてに依存する費用低減効果を指す．

前者は，企業が自己努力で達成できるコスト削減すべてを含むが，主要なものは組織変更と技術革新であろう．これは企業間競争をもたらすが，その結果として内部経済の利益を得ることができなかった企業の凋落と，その利益を十分に享受できた企業の規模拡大・巨大化がもたらされる可能性がある．これにたいして後者は，当該産業自体の規模，川上・川下双方を含む関連産業の拡充，外部的要因による労働者の技能および熟練の向上など，さまざまな要因があげられるが，外部経済が働く場合は企業の淘汰ないしは独占化の傾向は生じない．外部性は産業内におけるすべての企業が享受できるからである．マーシャルの産業経済学とは，「大規模生産の経済はどの程度まで内部経済によらなくてはならないか，またどの程度までは外部経済によって得られたか」を問うものであった(Marshall 1919, II, 262頁)．当時の英国における分散的な市場体制を前提として，彼が収穫逓増の源泉として重視したのは後者の外部経済であり，産業革命以降における英国の産業上の主導権を説明するのもこの分業の深化がもたらす外部経済と考えられたのである[6]．

外部経済をもたらす要因はさまざまな形態をとるが，最近のマーシャル研究が強調するように，彼が『経済学原理』でとくに重視したのは「産業の地域化」(localization of industry)，いいかえれば同一業種の産業集積の効果であった(Loasby 1998)．

マーシャルは晩年の著書『産業と商業(トレード)』では産地(industrial district)という言葉を使っている．そこでは英国のシェフィールドとドイツのゾーリンゲンに言及して，その「産業上の雰囲気」に由来する利益を論じたのであった(Marshall 1919, II, 138-39頁)．産業上の雰囲気とはばくぜんとした表現であるが，彼は特定地域への産業集積がもたらす利益に経済学的な考

---

[6] それゆえにこそ，ラゾニックのように，内部経済の論点をつきつめていたら，経営者資本主義の登場を予見することができ，企業組織論の発展にもっと貢献できたであろうというコメントも成立つのである(Lazonick 1991, ch. 5)．

察を加えたのである（*Ibid.* 255-56頁）．その利益の第一は，技術の波及効果である．産地が形成されると，その内部では「その業種の秘訣はもはや秘訣ではなくなる」．「あるひとが新しいアイディアをうちだすと，他のものもこれをとりあげ，これにかれら自身の考案を加えて，さらに新しいアイディアをうみだす素地をつくっていく」．すなわち，たんに技術の波及のみならず，その改良も促進されるのである．

第二に，産地内に，あるいはそれに近接して補助産業が興り，地域に特化した投入財とサービスが得やすくなる．その地域への産業集中が進み，生産規模が大きくなると，「たとえ個別企業の資本規模はそれほど大きくなくても，高価な機械の経済的利用がひじょうによくおこなわれるようにもなろう．それぞれ生産工程の一小部分を分担し，多数の近隣企業を相手に操業している補助産業は，ひじょうに高度に特化した機械をたえず操業させていけるだけの注文があるので，たとえ機械の原価が高くその更新の時期がたいへんにはやくくるものであっても，その経費を回収していけるからである」．これは，すでにヤングのところでみた論理が一地域内で生ずるということに他ならない．

利益の第三の源泉は，その産業に特有の熟練の集積である．「地域特化産業は技能にたいする持続的な市場を提供する」ので，その特定の技能にたいする労働市場が成立するからである．マーシャルが例にあげたシェフィールドとゾーリンゲンはともに鉄加工業の産地であり，このような熟練を有した労働者の集積が顕著であったにちがいない．

これら三点はいずれも，なぜその特定の地域に産業が立地したかという問いへの答ではなく，いったん産業立地がなされると，そこでどのような利益が働くかにかかわる．すなわち，集積の利益であり，そのポイントは外部経済が働くということにほかならない．規模の経済が，個別企業が大きくなることによってではなく，同一業種の企業の集積によって働くということにほかならない．もっともこの同一業種というのは，現在の産業分類用語でいえば，四桁分類や五桁分類のことではなく，その内に多様な企業が存在するところの大きな括りの話と考えるべきであろう．そうでなければ，利益の第二の源泉，すなわち業種間の分業と業種間市場の発生から

生ずる利益は得られないであろうからである[7].

　ところで，現実の産地にはさまざまなタイプがあった．スミス＝ヤングの分業論にかんして強調したように中間財生産とその市場の生成はたしかに重要であったが，そしてマーシャルはランカシャーへの綿紡績業を地域への産業集積が「自動的」に生じた事例と評価してはいたが（Ibid. 270頁），彼のあげる産地がすべて中間財の生産に特化していたわけではまったくない．実際，シェフィールドとゾーリンゲンは刃物，バーミンガムの多種多様な金属加工，リヨンの絹織物，ジュラの時計など，消費財生産に特化した産地は枚挙にいとまない．しかし，これらの最終生産物を製造する産地でも上記の利益は発生する．すなわち，地域内における関連産業との分業，熟練の集積，そして独自の技術改良という点では共通点がみられ，しかも中小規模の企業の集積という性格は維持されたのである．ただ，中間財生産とちがって最終消費財の場合には，市場への柔軟な対応というもう一つの特質が顕著である．すなわち，「新市場を開拓するために，変化する嗜好に対応し，また嗜好をつくりだしながら，製品の質や種類を変え」，「市場の成熟に応じて，製品，デザイン，材料などを容易に転換していくこと」ができた．あるいは，そのような転換が可能であったところが地域間競争のなかで生き残ることができたのである．いいかえれば，ヤングが展望したような，機械化と大量生産への累積的発展とは異なった工業化の途をたどったともいえる．実際，マーシャルは『産業と商業』の第2編第3-4章においては，標準化された中間財を大量生産する大企業の成長がいちじるしい経済にあっても，小規模生産者がスキル集約的な専門化された消費財生産に集中することで「生き残る」可能性について触れていた．彼らはたえず「絶滅する危険」に曝されている一方で，「柔軟性と，創意心と，細部にわたる注意深い配慮が必要とされる領域」は常に存在し，そのような領域における生産が拡大する余地は残されているという（Ibid. 86-92頁）．このようにいうことによって彼は，のちにセイベルとザイトリンが

---

7) 藤井賢治は，マーシャル外部経済概念を分析した論稿において，それに多様性と標準化の相互作用の結果という解釈を与えている．生産知識の伝播をとおして達成される多様な企業同士の知識共有，すなわち標準化は，各個別企業のさらなる専門特化と連携とを可能にするからである（藤井 2003）．

「大量生産に代る歴史的選択肢」(historical alternatives to mass production)と呼んだ歴史的発展の途の存在を示唆したのである[8].

歴史的にみれば，この途は地域間分業の進展という現象となって現れることが一般的であった．産業革命以前の繊維産業を例にとれば，紡糸工程と織布工程とがそれぞれ異なった農村地域に，仕上工程は都市に立地するといった傾向があった．また，産業革命以降になると，工場制工業化し，都市立地となった紡績業と農村立地の織物業のあいだの分業へと変容するということもみられた．経済史からみれば，この途は工業化の一つの重要なパターンであったのである．

2　スミス的成長

以上の学説史的検討を踏まえ，歴史家のいう「スミス的成長」を再定義することができる．それは，人の交易本能が競争を通じて需要と供給を均衡させるという，競争的市場論のスミスというよりは，分業論のスミスに因んだ命名である．産業の分化と職業の分化が進行することにより，それぞれの産業間に新たに市場が生まれ，市場取引の規模が拡大することによって経済全体の生産性が向上するプロセス，それがスミス的成長なのである．

経済史の文脈

このように定義をすれば，近世に経済発展があったのかどうか，従来の経済史家が行ってきた研究の成果をもとに無理なく判断できる．たとえば産業革命の研究をみてみよう．産業革命の主役は常に綿紡績業であり鉄工業であり機械工業であった．しかしその「革命」性は，たんにそれらの産業の成長率が飛びぬけて高かったということにのみ存するのではない．そ

---

[8]　鈴木他(2004), 24-25頁(同書は教科書として書かれているが，その第Ⅰ部などは，日本語では他に類書のない優れた展望を与えてくれる好著である)．これら工業化の時代における西欧各地にみられる産地の事例に「柔軟な専門分化」というコンセプトから新しい評価を与えたのが，Sabel and Zeitlin (1985)である．それは同時にマーシャルの再評価でもあった．

れらはいずれも中間財生産部門であり，その部門での技術革新が他の部門への波及効果が著しく大きく，それゆえ経済全体の構造変化を促したという意味で革命なのである．アリン・ヤングの所説に関連して述べたように，それゆえ，産業革命は分業の進化と中間財市場の多様化の延長に位置づけられるべき事象なのである．

　もう一つの例としてプロト工業化論を考えてみよう．メンデルスは近世の農村工業に注目したのであったが，それはたんにある産業，たとえば綿紡糸業が農村に立地したという事実のみが単独で重要なのではなく，そのことによって近隣の棉作地域および別の地域に定着した綿織物業とのあいだに，一つは繰綿，もう一つ原料糸の市場が発生し，それらがさらに波及効果を他の産業および地域に及ぼしていったという，経済構造全体が複雑となってゆく文脈のなかで，その重要性が判断されるべきなのである．これは，メンデルスのモデルが適合するかもしれない唯一の事例である，チューリヒ地域についても (Braun 1978; Pfister 1989, 1996)，またそのモデルが当てはまらないいくつもの地域——メンデルス自身が取上げたフランドル内陸部と北フランスの綿工業地域，イングランドの毛織物産地やベルギーのリエージュ周辺地域，さらにはスカンディナヴィアやオーストリアの鉄加工業地域など，いずれの場合についても妥当することである．いいかえれば，プロト工業化論は分業と市場の発生・拡大の構図のなかに位置づけなおすことができるのである (Vandenbroecke 1996; Gullickson 1983, 1986; Hudson 1996; Gutmann and Leboutte 1984; Isacson and Magnusson 1987; Magnusson 1996; Cerman 1996)．メンデルスの立論においては，観察単位としての地域が強調されていた．彼が実際に注意を払ったのは農村工業地域と主穀生産地域のあいだの相互作用だけであったが，潜在的にはより一般的に地域間分業の網の目が拡がってゆく過程の一環として捉えなおすことができよう．その網の目は必ずしも一地域内で完結するものではなく，また一国内で完結するともかぎらない．より広い視野が必要だという点で，グローバル経済史のなかで捉えなおすことも可能となろう (以上，Saito forthcoming を参照)．

　経済史家にとって分業論的な経済発展論の意義は，それが近代的統計の

整備されていない時代にかんして，経済発展の水準を判断するために手がかりを与えるということにもある．たとえば，宋代以降の中国にかんしては科学技術の発達が止まってしまったことが「質的停滞」の一つの根拠とされてきたが，スミス的成長論からいえば，仮に新しい技術改良がなくとも，総需要の拡大によって分業の深化が起るならば収穫逓増が働き，ゆっくりとしたテンポではあっても成長が実現していたかもしれないという問題提起をすることができる．実際ポメランツらが主張したのは，江南のようなマクロ・リージョンでは分業の展開と市場の拡大があったということであった．また，近世はほとんどのところで目立った固定資本投資が行われなかった時代である．しかし，産業に前貸をしうる程度の資金の蓄積があれば，問屋制家内工業という仕組で地域間の分業を推し進めることは可能であった．そして実際，それをプロト工業と呼ぶかどうかは別として，そのような変化はユーラシア大陸のあちこちで観察されたことであった．いいかえれば，分業論的な解釈は，一人当り GDP というような尺度が得られないところでも，経済発展の程度にかんする現実的な判断基準を与えてくれる枠組なのである．

解釈と再解釈

　ところで，このスミス的成長という用語法を経済史家のあいだに定着させるきっかけとなったのは，生産性向上には四つの源泉がありうるという，ジョエル・モキアの分類学であった (Mokyr 1990, pp. 4-6)．彼は成長の源泉を整理して，資本，市場，人口規模，技術進歩と革新という四つをあげる．固定資本投資を源泉とする成長は経済学者ロバート・ソローの名にちなんでソロー的，市場メカニズムを通した成長はアダム・スミス的，そして技術進歩と革新による成長はシュンペーター的と呼んだのである（モキアは人口規模が大きくなることの効果については学者名を付したネーミングをしていないけれども，エステル・ボースルプにちなんで「ボースルプ的」と称するのが適当であろう）．この分類学が概念整理にとって有用であることは間違いない．しかし，モキアのいうところのスミス的成長と本書でいうスミス的成長とは同じではない．

この点は，この言葉を援用し始めた経済史家のあいだでも多少の混乱がみられるようなので，整理をしておきたい[9]．モキア自身の関心は経済成長と技術革新にあるのでスミス的成長の議論は簡略ではあるが，その説明には二つの異なった原理が入り込んでいる．競争市場における取引当事者への利益均霑および制度変化による取引費用の逓減がもたらす利益という静学的な効果と，分業の進展が経済全体の収穫逓増をもたらすところの動学的な効果とが混在している[10]．それだけではない．前述のように，マーシャルとヤングのスミス解釈は後者の動学的効果に焦点をあてており，ソロー的あるいはシュンペーター的な成長と峻別されるべきものとは考えられていない．古典的産業革命における機械の導入や生産体系の革新も，分業の深化と「市場の大きさ」の拡大とが相伴って進む進化の過程のなかに位置づけられているのである．いうまでもなく，革新的な技術がまったく外生的に導入され，それがその後の経済に決定的な影響を与えたということがないわけではない．けれども，多くの歴史的事例が教えてくれるのは，シュンペーター的な革新が実際に持続的な成長へのきっかけとなったか否かは，導入時の産業および市場の状況と無関係ではありえなかったということである．他方で，「分業は市場の大きさに制限される」ので，スミス的な成長が持続的であるためには，一方では海外を含む地域外市場との交易，他方では人口増加が市場の規模を大きくする効果をもつ．後者の人口増加にかんしては，マルサスが強調したような負の効果もあったが，ヤングの議論との関連で示唆したように，人口増加との相乗作用が作動した場合もあったであろう．その意味で，ボースルプ的な効果とも必ずしも背反しあうわけではないのである．

　もともとモキアのネーミングはウィリアム・パーカーからの借用である（Parker 1984, pp. 191-213）．パーカーがスミス的といったときは，モキアとは異なって明瞭に分業論のスミスを念頭においていたのであったが，彼自

9）　たとえば，前述の，中国における「スミス的ダイナミズム」にかんするビン・ウォンの議論も，基本的に，比較優位と分業の双方に言及するモキアの定義に依拠していた（Wong 1997, p. 58）．
10）　Mokyr(1990), p. 5. ただし，彼はその混在について気づいていたようで，脚注を付し，そこで分業論的な効果と比較優位論的な効果との区別を論じてはいる．

身の図式は発展段階論そのものであった．収穫逓減と人口原理が支配するマルサス的な経済がスミス的な経済によって置き換えられ，それがさらにシュンペーター的に移行すると考えての命名であった．しかし，そのような発展図式がこれまで述べてきた解釈とは相容れないことは明白であろう．

それゆえ，著者の立場はモキアともパーカーとも異なっている．分業論のスミスをマーシャルおよびヤングの解釈で肉づけした図式こそが，近世から近代の経済史の現実を統一的かつ整合的に捉えることができるのである．すなわち，農業における食糧生産と工業原料生産の分離，加工業の拡大と成熟，各工程の独立と中間財市場の登場，最終生産財の多様化とその特化，それに伴う商業および運輸・サービス部門の拡大とその内部における専門分化——これらはすべて，古典的産業革命の前に生じえたことであり，また西欧や東アジアの一部では実際に起ったことであった．

ところで，『国富論』第二編には「資本のさまざまな使用について」と題された第5章があり，それを受けて第三編第1章では，「ものごとの自然のなりゆきによれば，あらゆる発展しつつある国の資本の大半は，まず農業に，のちに製造業に，そしてすべての最後に外国貿易に向けられる」と論じられている(Smith 1776, 二, 189頁)．これは，かつて大塚久雄の『国民経済』で引用され，日本の経済史家には馴染み深い命題である(大塚1965, 第二部第1-2章)．ただ，根岸隆が述べるように，「資本のさまざまな使用」にかんするスミスの議論は「相互に矛盾しており，混乱していて，説得的であるとはけっしていえない」．それにもかかわらず，この言明は「奇妙に説得的である」．そしてその理由は，「貯えの蓄積は，ことの性質上，分業にさきだっていなければならないのであり，したがって，先行する貯え(ストック)の蓄積の増加に応じてのみ労働の細分化は増加しうるのである」という，同じ第二編の序論で提示されていた命題が明示的に使われていないからではないかという(Smith 1776, 二, 16-17頁；根岸1983, 47頁)．逆にいえば，資本の投下にかんする議論の前提となるべき，分業と資本蓄積は相伴って進むという視点を活かせば，スミスのこの経済発展図式も分業論の延長で理解することができるようになる．そこにこそ，マルサス＝リカードゥ的な歴史解釈と決定的に異なる，スミス的成長論の核心があるのであ

る[11]．

　スミスの分業論にはスキルの深化という側面と，産業の分化と相互依存の進展と経済規模の拡大に起因する収益逓増，そして地域の産業集積に起因する外部経済という三つの側面があったが，それらはスミス的成長のそれぞれのパターンを示唆している．いうまでもなく，それらも排他的な分類ではない．近世から近代における現実の成長プロセスにおいても，これら三つがさまざまに組合されて進行したのである．

3　労働市場と格差──分業のもう一つの側面

　スミスの経済学では，そしてそれに続く古典派の経済学でも，労働の賃金と雇主の受取る利潤の動きが重要な役割を演ずる．これは，スミスの時代にすでに，労働によって生活する人びとと資本を活用して経営を営む人びととのあいだで分化が生じていたことを示唆する．これも一種の分業と呼ぶことができるとすれば，そして『国富論』冒頭で展開された分業論が産業分類表に沿った，いわば水平(horizontal)方向の分業であったのにたいして，賃金生活者と資本家のあいだの分業は垂直(vertical)の分業と称することができるとすれば，後者の意味における分業は市場勃興論とはいかなる関係にあるのであろうか．そしてそれは，低賃金の再生産や貧困問題の発生，階層間格差の拡大という，自由な労働市場の作動の帰結としてしばしば指摘される現象といかなる関係にあるのであろうか．

労働によって生活する階級の成立

　経済史において，労働によって生活する階級が成立し，拡大することをプロレタリア化という．「プロレタリア」にマルクス的な意味づけをする必要は必ずしもなく，労働への対価である賃金によって生計を営む人びとが登場し，増加するという現象を指す．そのような人びととはスミスの時代

---

11)　根岸は別な論文において，スミスの成長論が，賃金の自然率が生存水準を利潤の自然率の分だけ上回るような性質をもつモデルとして定式化できることを論じた．それは，同じ古典派でありながら，マルサス＝リカードウあるいはマルクスの成長モデルと決定的に異なるところである(根岸 1985)．

にすでに多数派となっていたのであろうか.

『国富論』には,独立職人と雇職人にかんする記述がある.

> ときには単独の独立職人が,自分の仕事の原料を購買し,仕事が完成されるまで自分自身を扶養するだけの資本をもっていることもある.彼は親方であるとともに職人でもあって,彼自身の労働の全生産物,つまり,彼の労働が原料に投下されてつけ加える全価値を享受する.それは通常二人の別個の人びとに属する二つの別個の収入,すなわち資本の利潤と労働の賃金とを含んでいるのである./しかしそのようなばあいはあまり頻繁にはなく,ヨーロッパのどの地方でも,独立職人一人にたいして,親方のもとで働く職人は二〇人いる.労働の賃金といえば,どこでも,労働者と彼を雇用する資本の持主とが別々の人であるという,ふつうのばあいをさすものと理解されている(Smith 1776, 一, 120-21 頁).

すなわち,収入が利潤部分と賃金部分の双方からなっているのが自営業者である独立職人であり,利潤のみによって生活をする資本家世帯と賃金のみによって生活をする労働者世帯とに分化しているのが後者の場合である.そして,スミスが執筆をしていた18世紀後半のヨーロッパのどの地方でも,前者と後者の割合は1対20程度であったというのが彼の観察である.

この,自営業者と賃金労働者の比率にかんするスミスの数字に何か統計的根拠があったのかどうかはあやしい.仮にイングランドにおいては当らずといえども遠からずであったとしても,彼の住むスコットランドや他の西欧諸地域では,自営業の割合はもっとずっと高かったにちがいない.しかしそれでも,当時において賃金収入によって家族を養っていた労働者世帯が珍しい存在ではなかったということはいえるであろう.

次に,労働を提供するものと資本を提供するもののあいだに分業が行われている場合でも,そこに労働サービスを取引する市場が成立していることに注目したい.これは,垂直分業についても水平の分業とのアナロジーで考えることができることを示唆する[12].

---

[12] スミスの分業論には垂直的な側面もあると指摘する研究者は多くないが,リシャール・アレーナは重要な例外であろう(Arena 1998, p. 53). もっとも,彼が念頭においてい

スミスがいうように，独立職人の収入は利潤と賃金の混合所得であるのにたいして，労働者の収入は賃金のみからなっている．当然，所得水準は自営業者よりも低くなると思われるが，それでも失業をせず，生存ぎりぎりの生活水準に甘んじるのであれば，賃金収入のみで生計を維持してゆくことができる人びとが登場したということ，そして歴史的にみれば彼らの数が実際に増加してきたという事実は，重要な含意をもつ．すなわち，垂直分業の進展も経済全体の規模拡大と生産性の向上とを伴っていたと解釈できる．そしてまた，資本蓄積が進めば分業も進むという，スミスの命題もやはり当てはまるにちがいない．

これは，マルクス主義経済史家の図式と意外なほど近似した議論のようにみえる．ただ，マルクス自身は，資本蓄積と分業の，もっと特定化していえば資本蓄積と労資分離の循環論法を避けるために，「本源的」蓄積という概念を持ちだしたのであった．具体的には，古典的産業革命に先立ち，囲込運動によって「人間の大群が突如暴力的にその生計手段から引き離されて，無保護のプロレタリアとして労働市場に投げ出される瞬間」こそが，資本主義の歴史における決定的瞬間と考えたのである (Marx 1867, 三，343 頁)．

しかし，賃金労働によって生活する階級の成立にはこのような経済外的な説明しかないのであろうか．そう問う理由は，一つには，その後の実証研究の進展によって囲込の工業プロレタリアート形成への役割は大幅に割引いて評価しなければならなくなっているという事実がある[13]．加えて，

るのは土地所有者・賃金労働者・資本家という社会の階層構造 (a hierarchy of different 'orders of people') に近い概念であって，要素市場との関連という問題意識は希薄である．なお，資本家と経営者とは異なる．しかし，スミスの時代にあっては——そしてそれ以降，マーシャルの時代にいたるまで——資本を提供するひとと，提供された資本をもとに企業を経営するひととは同一であることが一般的であった．ラゾニックのいう「所有者資本主義」である．それゆえ，スミスの叙述でも，また古典派経済学の議論においても，両者が区別されることはない．ただ，ここでいう「利潤」のなかには経営者としての取り分 (給与) も含まれていることを認識しておくことは重要である．のちに，資本家と経営者の分業が進み，企業内での階層化が明瞭となれば，その区別が顕在化することとなる．

[13] 農地を囲込むことによって導入された新しい農法は必ずしも労働節約的ではなかったということ，したがって自営の家族農場の数は減少したであろうが，工業部門への労働者の供給という点ではそれほど劇的な効果をもったわけではない，というのが戦後の英国経済史におけるコンセンサスである (Chambers 1953)．それは，家族農場の衰退と農業労働者世帯の増加が以前からの趨勢だったということを含意している．

第二の理由としては，もっと経済学的な説明があるのではないかということもある．たとえば，スミス自身は，その成立をどのように説明しようとしていたのであろうか．

労働者世帯成立の経済理論

　すでに述べたように『国富論』では賃金労働者の存在を前提として議論を進めたふしがあって，自営業世帯から賃金労働者世帯への転換を明示的に考察した箇所は見当たらない．しかし，以下に引用する，農業における豊凶と住込使用人の賃金との関係を論じたところは示唆に富む．

　　食糧豊富な年には使用人（サーヴァント）たちはしばしば主人のもとを去り，自分たちの勤労で得られるもので生計をたてようとする．しかし食料品が安価だという同じことが，使用人の扶養にあてられる基金を増加させることによって，親方たち，とりわけ農業者たちを刺激してより多数の者を雇用させる．……使用人にたいする需要は増加し，他方では，その需要を満たす申し出をする者の数は減少する．そのため労働の価格は食料品が安価な年にしばしば上昇するのである．／食糧不足の年には，生計が困難で不確実なため，そうした人びとがみな仕事に戻ることを切望するようになる．しかし食料品の高価は，使用人の扶養にあてられる基金を減少させ，親方たちを，雇っている使用人の数をふやすよりはむしろ減らそうという気持にする．高価な年にはまた，貧しい独立職人たちは，自分たちの仕事の材料を自給するのに用いていたわずかな資本を消費してしまい，生計のためにやとい職人とならざるをえなくなる．雇用を求める人のほうが雇用を容易に手にいれる人よりも多くなる．多くの人びとがふつう以下の条件でよろこんで雇用を得ようとするし，使用人の賃金もやとい職人の賃金もともに，食料品の高価な年にしばしば低下することになる(Smith 1776, 一, 150-51頁).

この引用文で論じられている問題自体は，豊作で穀物価格が安いときに労働の価格は上昇し，逆に不作で穀物価格が騰貴する年は賃金が下がるのはなぜかということである．スミスはそれを，需要側の要因と供給側の要因の双方を考慮することによって統一的に理解できると述べているわけ

である.

　しかし，本節での問題である自営業世帯の賃金労働者世帯への転換という観点からみて興味深いのは，スミスの説明が独立の自営業者と賃金のために働く労働者という二つの異なった世帯が混在している経済をモデル化しているところにある．そのうえで，「貧しい独立職人」は，生計費が高騰し，したがって実質収入が減少するときには，生計のために自営業を放棄し，被雇用者とならざるをえなくなる確率が高くなるという言明を提示する．これに対応する豊作で実質的な収入が上昇する場合の命題は，被雇用者は雇主のもとを去り，「自分たちの勤労で得られるもので生計をたてようとする」ということになろう．この後者の文章はやや曖昧であるが，自らの勤労で得られるもので生計をたてるというのは自営業者になるということを意味しているとすれば，これら二つの対になったスミスの言明は，結局のところ，自営業における所得造出能力によって賃金労働者世帯への転換の確率は変化するということを主張していることになる[14]．

　スミスの設定した状況は，豊凶サイクルに規定された短期の経済である．産出高の実物的な変化よりは，それがもたらす市場における穀物価格の変動のほうが大きい状況である．それは労働市場の機能を探るには格好の事例であるが，賃金労働者の登場メカニズムを明らかにするためには，より長期の観点から検討するほうがよいであろう．

　長期的にみれば，自営業の生産能力はどちらの方向へも変化しうる．いま，自営農家と労働者を雇用して農場経営を行っている資本主義的経営者とが混在する農業部門を例に考えることにしよう．自営農家の生産力は上昇することもありうるし，また相対的に，つまり拮抗している資本主義的農場と比較して低下することもありうる．そのような変化の効果を先の命題によって読みかえれば，自営農家の農業労働者世帯への転換の確率は自営農家の生産力が上昇する場合には低下し，それが相対的に低下するときには上昇するといえるであろう．これは，小尾恵一郎が「労働供給の理

---

[14] 筆者の前著『賃金と労働と生活水準』の序章でも，スミスのこの文章に言及し，同じころユーラシア大陸の反対側で，きわめて類似した観察と推論を書き記していた三浦梅園を紹介した．斎藤(1998a), 9–11頁を参照．

論」においていうところの「自営業家計の転換法則」にほかならない．す
なわち，自営業所得——それは当該自営業の生産関数によって決定される
——が大きければ大きいほど勤労者世帯への転換の確率は低下するという
経験命題である[15]．

　自営農家の所得造出能力に影響する要因はさまざまである．そのもっと
も極端な事例の一つが，英国史で重視されてきたような地主による囲込で
あることはたしかである．しかし，そのように「突如暴力的」に抛りださ
れる場合よりは，生産性の点で資本主義的農場との競争に勝てなくなった
り，あるいはいっそう長期的な理由，たとえば人口の増加圧力によって農
業生産性の停滞がおこったりする場合のほうが，歴史的には興味深い現象
と思われる．たとえば，17–18世紀のイングランドで実際に生じていたこ
とは，資本主義的農業の着実な進展により家族農業が存立基盤を脅かされ
た一方で，前者の提供する賃金が労働者世帯の生計を支えることができる
水準にまでたっしていたということであろうし，また，人口圧力が農場の
過度な細分化をもたらし，小農家族の貧困化を招いたという話は——本当
に正しいかどうかは別として——アイルランドからインドまで，世界各地
の事例に事欠かないからである．

　ただここで，人口圧力ないしは人口密度の高低と農家の生産性のあいだ
に相関があると想定すべきではない．簡単な概念図によってみよう．人口
圧力の強弱と所得造出能力の高低とから四つの組合せが考えられるが（図
2.1），一般的な理解はB–Cの相関を想定することであろう．すなわち，
人口圧力が弱い社会では，農民の生計維持能力は十分であるが，人口圧力
が顕著で，密度が高いところでは，農業の生産性は低くなり，貧しい小農
の社会となるという考えである．しかし，すでに行ったマルサス理論の批
判的な検討からも明らかなように，そのような傾向は必ずしも普遍的では
ない．ボースルプが主張したのは，むしろA–Dの関係こそが歴史的現実
に近いということであった．彼女の意見では，人口圧力の増大は土地利用

---

15) 小尾(1971)は，個人企業にかんする調査の再集計を利用して，非農個人業主世帯の人
員構成とその就業状態から次の世代においても個人業主であり続けると予想される継続型，
次の世代は勤労者世帯に転換すると予想される転換型，および分類不明に区分し，業主所
得が少なければ少ないほど転換型が着実に増えることを見出している(9–10頁).

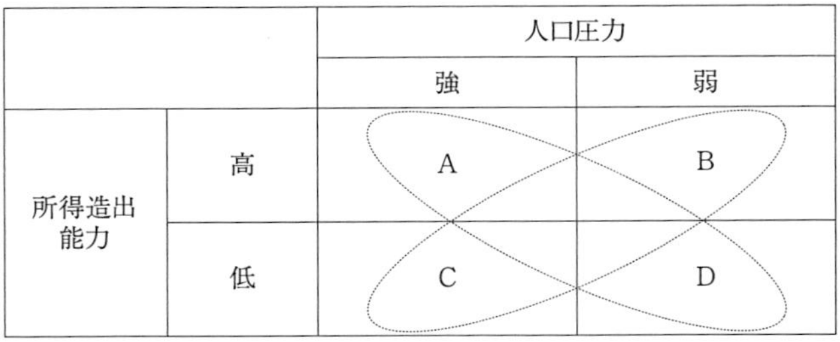

		人口圧力	
		強	弱
所得造出能力	高	A	B
	低	C	D

図 2.1　自営業農家の所得造出能力と人口圧力

率の上昇を通して集約農業を発展させるので，人口稠密で土地生産力の高い小農経済がありうるのである．すなわち，図 2.1 における A のケースである．その場合には自営業農家の労働者世帯への転換は容易にはおこらないであろう．少なくともそれが，スミスの議論を敷衍した自営業世帯転換図式の意味していることである．

理論の拡張

　先に引用したスミスの文章は自営業者と賃金労働者という二つの異なった世帯からなる状況を前提としていたが，そこではまた，世帯主の労働供給と世帯構成員の労働供給とを区別して論じていたようにも思われる．文中にあった，貧しい独立職人がやとい職人となるのは世帯主の話であるが，食糧豊富な年に主人のもとを去った使用人は世帯主ではない未婚の人たちであろう．実際，引用文の少し先を読むと，「親方のもとを去る男性使用人は独立の労働者になる．女性使用人は両親のところへ戻り，自分たちや家族の衣服をつくるための糸を紡ぐのが通例である」という記述があり (Smith 1776, 一, 153 頁)，彼らが未婚で，独立職人か農業者の世帯から供給された労働力であることは明瞭であろう．

　この区分は，図 2.1 における A の場合の解釈にとって重要である．これは人口密度が高く，したがって農場規模が零細化してはいるが，農家の生産性が高いので，世帯主が農業以外の雇用労働に変ったほうが有利となる確率が非常に小さい場合である．これが非農業的労働市場の生成と拡大にとっては抑制要因となることはまちがいなく，このような社会では雇用

労働市場の全般的な展開がみられないと考えるのがふつうであろう．しかし現実には，そのようなところでも雇用労働力は存在しうるし，その市場が機能している場合もありうる．すなわち，スミスがあげているような住込奉公人の労働市場であり，臨時雇，すなわち日雇あるいは季節雇の労働市場である．彼らは，その賃金によって家族の生計を支えているわけではないが，労働の条件(就労時間や労働形態)とともに，提示される賃金率の多寡によって就労にかんする意思決定を行うという点では，通常の賃金労働者とそれほどかわらない．異なっているのは，彼らの場合には，彼らの属する世帯の所得造出能力の如何が同時に意思決定に大きく影響するということであろう．

　ここで想定している自営業世帯の理論は，その世帯の所得造出曲線が変位した場合，あるいは外部の労働市場において条件変化が生じた場合の労働供給決定図式にまで拡張することができる．すなわち，外部就労機会がある場合の自営業世帯の労働時間の決定，外部労働市場における賃金率変化の影響，そして自営業所得造出曲線(農業生産関数)変位の影響を検討することが可能である．それらは筆者の別な著書において詳しく説明をしたので繰り返さない(斎藤 1998a, 63-66 頁)[16]．ここでは，一見したところ労働市場が未発達と思えるような小農経済であっても，十分に機能する日雇ないしは住込奉公人の市場が存在する可能性があったこと，そして少なからぬ地域の近世社会がこのような経済であった蓋然性が高かったことを確認すれば足りる．

消費のサイレンと「家計革命」

　しかし，小農世帯の労働供給行動は別な要因によっても変りうる．これまでの議論では，多くの場合ほとんどが自家消費によってまかなわれると

---

16) 最近の開発経済学においては，これはハウスホールド・モデルと呼ばれるようになっている(黒崎 2001, 第Ⅰ部)．日本におけるその理論的起源は，一つは農業経済学者の中嶋千尋や丸山義皓らの仕事(中嶋 1956; Nakajima 1969; 丸山 1984)，もう一つは労働経済学者の小尾恵一郎の仕事に求められるであろう(小尾 1971)．筆者にとっては，小尾の研究に刺激を受け，このモデルによって徳川後期の農村における賃金格差の説明を行ったことが発端となった(Saito 1978)．なお，農家経済調査からみた興味深い学説史的サーヴェイとして，尾関・佐藤(2008)を参照．

仮定してきた．あるいは消費財のメニューと価格は不変と考えてきたが，小農が手に入れることのできる消費財に変化があったときはどうなるであろうか．西欧の近世を想いうかべると，ゆっくりではあっても農村部に消費市場が浸透していったことは事実なので，その労働供給パターンへの効果を考えることは歴史的にも意味のある論点となる．

ヤン・ドゥ・フリースの「勤勉革命」(industrious revolution)論は，近世の西欧においてみられた実質賃金の長期的停滞ないしは低下という現象と，遺産目録の研究から得られる消費財購買力の拡大という一見矛盾する事象とをいかに説明するかという観点から，上記の問題に答をだそうとした試みである (de Vries 1993, 1994)[17]．彼は1993年のアメリカ経済史学会会長講演において，産業革命の前に「勤勉革命」があったという説を展開した．その議論は，近世初頭には労働市場のあまり展開していなかった社会であったという仮定と，オランダや英国のデータから観察される，農村における消費財の保有高が徐々に増加していたという事実を出発点とする．家庭内のモノが豊かとなったという現象は，世帯が市場にもたらされた消費財を購入しようとした結果であり，従来は自家生産していた消費財(Z財)を市場で購入できる商品(X財)に代替したことの反映と解釈できる．ここで当該世帯の所得造出曲線に何も変化がないとすれば，X財の購入に必要な現金を追加的に調達しなければならない．それは換金作物や農村工業的副業の導入によっても可能であるが，もっとも手取り早いのは世帯員が追加的に労働供給を行うことであろう．世帯の所得造出能力を低下させることは許されないので，それは世帯の人びとが余暇よりも労働を選好するようになったことを意味する．それは労働市場における供給過剰をもたらし，市場賃金率の低下を招くかもしれないが，当該世帯からみれば，余暇を減らした分だけ所得は増え，消費財の購入量も増えることになる．いわば勤勉をもってモノを買ったに等しい．それゆえにドゥ・フリースは，この変化を「勤勉革命」と呼んだのであった[18]．

---

17) この事象については，第II部第4章で検討する．
18) 日本の経済史家にとっては，この命名は生産サイドの議論である速水融の「勤勉革命」論と紛らわしい（速水 1979）．ドゥ・フリースの議論はむしろ「家計革命」と名づけるほうが内容に即している．

しかし、これは「消費のサイレン」への家計行動上の反応、より正確にいえば世帯の効用関数のシフトを反映した変容といえるであろう．消費市場の農村への浸透，消費財の魅力増大とZ財生産の縮小，それに伴う効用関数の変位が，労働供給の増加と労働市場の拡大をもたらすメカニズムである[19]．ただ，近世の時代状況においては，それが労働市場における賃金率の低下を招く可能性のほうが高かったという点には注意を払っておくべきであろう．

小農社会における分業と労働市場

たしかに，ヒックスやポラニーがいうように，労働のように本来は商品でないものまでも自由市場体制に包摂されることは比較的に新しい現象であった．しかし，それをポラニーのごとく，自由な労働市場という存在が「商業社会における工場制度導入の必然的帰結」と述べるのは正鵠をえていない（Polanyi 1957, 100頁）．そこには，近世以前には自由労働市場の十分な展開はありえなかったという認識があり，それは事実として正しくないからである．イングランドのように，資本主義的農業の発展と相伴って，17世紀末には賃金労働者世帯が農村社会の中核的存在となるにいたっていたところはどちらかといえば例外といえないことはないが，イングランド以外の小農社会でも，たとえば東アジアの徳川日本のように，世帯主の職業統計からではわからないかたちで労働市場の拡がりがみられたところが少なからずあったのである．

分業論の観点からみたとき，このような徳川日本タイプの小農社会の存在が示唆しているのは，迂回生産の拡大という意味での分業，すなわち水平的分業と，資本家・経営者と労働者の分離という意味での分業，すなわち垂直的分業とがいつも相伴って進むと仮定することはできないというこ

---

[19] ドゥ・フリース自身はこの点の実証を試みたわけではなかった．最近，18世紀から19世紀初頭の英国における労働時間の伸長を丹念に検討した研究によれば，「消費のサイレン」の労働時間延長への効果は認められないことはないが，明白ともいえないという結果である．その間で顕著な影響力をもっていたのは人口増加で，扶養家族の増大——他の事情が変らなければ一人当りの世帯所得を減少させる——は明瞭に平均労働時間を押上げる効果をもっていた（Voth 2000, pp. 192–215）．

とである．近世における経済進歩とは，アダム・スミスが述べたように，羊飼と選毛と梳毛と染色とが分化し，紡績と織物と縮絨も分化し，それらすべての工程から仕上の工程が独立の生業として成立するというかたちで進んだ．工場制度の導入とか機械化の進行とか，あるいは化石燃料の大規模な利用といった，のちの工業化過程を特徴づける革新が生じなかったかもしれないが，水平分業の進展によってゆっくりとした成長を実現させた．特化の結果成立した生業は独立の職人に担われたり農家の副業によって営まれたりして，それら個々の生産領域において，労働者を雇用して営む資本主義的経営と，賃金労働を供給することに特化し，またその再生産を行う家族世帯とに分離した生産様式をとることは一般的ではなかった．イングランドのように，早くからこの様式が成立したところもあったが，それは農業においてであって，製造業においてではなかった．

　このように，水平的分業は進みつつあっても，垂直的分業はいまだ行われていない社会，とくに小農社会では，一見したところ労働市場は未発達にみえる．賃金労働の供給と再生産に特化した世帯がほとんど存在しないからである．けれども，それは労働サービスの市場がまったく存在しないことを意味しない．実際，スミスの引用にもあったように，住込奉公の需要があれば未婚の期間限定の労働市場は発生するし，家族農場でも規模が大きければ臨時の日雇あるいは季節雇への需要が生ずるのが一般的である．さらに，農村工業が興れば，そこへ非農業的副業への需要も加わる．紡糸や機織などの農家副業である．それはしばしば問屋制度の下に組織されたが，問屋制下での雇用契約も一種の労働市場を形成すると考えてよい．しかも，これらの労働市場は，正規の専業職人がつくる同業組合によって支配された労働市場とは異なって，かえって通常の市場メカニズムが働くと考えられる．近世の非正規労働の市場ではあるが，価格（賃金率）による需要と供給の調整機能が作動していた場合が少なくなかったと思われる．そしてそのような場合には，ヒックスが——若干異なった文脈についてではあるが——いうように，「少なくとも自由市場がその使命を果たし，「労働」でさえも「利益均霑」原則にあずかる場合が得られた」といえるのかもしれない(Hicks 1969, 227頁)．

もっとも，それに続けてヒックスが注意を促していたように，近世に一般的な人口および経済的な状況においては，その自由労働市場の働きは賃金水準を低く抑える傾向があった．熟練と不熟練のあいだの賃金格差の存在とその再生産，あるいは格差拡大の傾向である．それゆえにこそ，プロト工業化論や無制限的労働供給論といった説明モデルが提起されてきたのである．その場合，供給主体が自営業世帯であれば，そしてその自営業の所得造出能力がある高さに保つことができれば，彼らの供給価格を切下げさせない力とはなりえた．しかし他方で，その際に外部の労働市場において得られる賃金水準が十分に高くならないかぎり，自営業農家から供給される労働力が専業化する確率をさらに低めることがありえた．

この状況下において，賃金率を上昇させる一つの方策は労働者個々の熟練を高めることであろう．しかし，「訓練というものは，自由労働市場が迅速に対処できない過程である」(*Ibid*. 231 頁)．いいかえれば，市場メカニズムだけで格差を縮小させることは難しいということである．熟練と訓練と分業論の関連を問題としなければならないのである．

4　分業とスキル

アダム・スミスが分業の利益の第一にあげたのは，熟練の向上であった．しかし，それは正しい認識であろうか．この重要なテーマについてはここまで議論を先送りしてきた．本節では，分業の進展と経済発展とスキルの関係を探ることにしよう．

すでにみたように，スミスは分業の結果として，ある工程に特化した労働者の「熟練(スキル)，技倆(デクステリティ)，判断力」が向上すると考えた．しかし，この因果関連は自明であろうか．スキルは一つの仕事を反復して行えば自然に身につくものであろうか．熟練職人あるいは熟練工とは，スキルを何らかの訓練によって獲得した人なのではないであろうか．後者の場合には，訓練を受けて職業知識とスキルを身につけようという意思が必要であり，またその訓練と教育の場と制度が存在していなければならないが，そのような意思が涵養されるということも，また訓練の制度が整備されるということも，

分業の当然の帰結とはいえないことではないであろうか．実際，スミス自身『国富論』執筆に先立って行ったグラスゴウ大学講義のなかでは，「商業的精神」から生ずる不都合は教育が閑却されることと視野が狭くなることと述べていたのである (Cannan 1896, 456 頁)[20]．この言明を『国富論』中の文章で補えば，

> 分業が進むにつれて，労働によって生活する人びとの圧倒的部分すなわち国民の大部分の仕事が，少数の，しばしば一つか二つの，きわめて単純な作業に限定されるようになる．ところが大半の人びとの理解力は，必然的に，彼らのふつうの仕事によって形成される．一生を少数の単純な作業の遂行に費やし，その作業の結果もまたおそらくつねに同一あるいはほとんど同一であるような人は，困難を除去するための方策を見つけだすのに自分の理解力を働かせたり，創意を働かせたりする必要がない．そもそもそういう困難がおこらないのである．そのため彼は自然に，そのような努力の習慣を失い，一般に，およそ人間としてなりうるかぎり愚かで無知になる (Smith 1776, 四, 49-50 頁)．

それに，分業と資本蓄積とは相伴って進むのであるとすれば，資本蓄積と熟練の関係を問わなければならないのではないであろうか．経済学では一般に，産業技術を資本と労働の組合せによって記述する．分業の進展によって経済の規模が拡大すれば固定資本投資が増加し，機械化が進む．資本集約的な経済発展である．結局のところ，分業はスキルを不要とさせるのではないであろうか．

こう考えるとスミスの叙述には混乱がみられることがわかる．本当はどちらが正しいのであろうか．分業の進展の結果，熟練は増進するのであろうか，それとも解体する方向へ向かうのであろうか[21]．

熟練と技術

最初に，熟練(スキル)とは何を意味するかをはっきりさせておかなければならな

---

[20] ちなみに，スミスがあげるもう一つの不都合は，尚武の精神の衰退であった．
[21] 以下の考察は，筆者がかつて発表した「熟練・訓練・労働市場」(斎藤 1997 所収)での議論に，若干の新たな論点を加えて発展させたものである．

い．『広辞苑』は熟練を「よく慣れていて，じょうずなこと」と説明し，『オクスフォード英語辞典』(OED) は skill を「あることがらを巧みに遂行する能力(アビリティ)」と定義している．OED ではさらに，「実践(プラクティス)あるいは学習(ラーニング)を通して獲得され，学ぶことができる」ものとも付け加えている．二つの言語における定義は，日本語が状態(「じょうずなこと」)をいうのにたいして，英語では「能力」を指している点で微妙な違いはあるが，いずれも「慣れ」，「実践」あるいは「学習」によって獲得されたということを強調する点で共通する．いいかえれば，スキルとはポテンシャルな力——「腕」といいかえてよいであろう——ないしはその結果であって，その意味において，類似の概念であり，そして労働生産性の向上に結びつくところの「技術」とは異なっている．知識と情報の集合である技術は基本的に「マニュアル化」でき，したがって移転可能であるのにたいして（清川 1987, 293 頁)，スキルは個人的に獲得するしかない性質の能力だからである．

　それゆえ，分業の結果として熟練が向上するといえるのは，分業によって分割された個々の単純な仕事が要求する，低い技能水準でのことだということがわかる．単純な作業であれば，しばらくやっていれば慣れによって仕事の速度も上がるからである．しかし，その単純労働をこなせるようになった労働者のスキルは，分業が行われる前の，「困難を除去するための方策を見つけだすのに自分の理解力を働かせたり，創意を働かせたりする」ことができた職人のスキル水準と比べればはるかに低下しているであろう．生産に直接従事する人の能力に着目すれば，明らかに熟練の解体は進んでいる．この点を考慮せずに，分業は熟練を向上させ，したがって労働生産性を上昇させると主張することは不正確であり，したがってスミスの『国富論』冒頭の文章もいささかミスリーディングなのである．

　しかし，分業の進展が労働生産性を上昇させるという命題であればかなり説得的に響くのではないであろうか．もちろん分業の進展が，労働集約的で，労働生産性の向上を伴わない低賃金使用的な工業化に帰着する場合もあったであろう．たとえば，問屋制家内工業は繊維工業などにおける分業の進展を前提として，しかし手工的な技術のまま農村の低賃金労働を利用する途の一つであったし，初期の紡績工場がもっぱら結婚前の勤続年数

の短い女工の労働力に依存して成長したのは，中間財生産が機械化を伴った場合の一例である．このような事例を一般化した議論として，アーサー・ルイスの周知の無制限的労働供給理論があり，それは豊富な不熟練労働を集約的に利用することによる成長のシナリオである(Lewis 1954)．しかし，農村の低賃金に依存した工業はそのままのかたちでは持続力のある発展をすることはなかったし，女工に依存した紡績工場の多くは，結局，労働生産性を上昇させることに成功をした．ルイスの議論でも，いずれは無制限的な段階は終って，労働供給が制限的で，かつ賃金上昇と生産性上昇が可能な段階に移行するとされていたので，より長期にみれば，分業の進展は労働生産性を上昇させたといえるのかもしれない．いいかえれば，労働生産性を上げることができなければ，生き残る確率は低くならざるをえなかったということなのであろう．

熟練と規律

　そこで，分業が進み，分割された工程に機械が導入された状況を想定しよう．ここで，投下された資本財である機械の能力を最大限に発揮させ，労働生産性を上げるために，機械を操作する労働者にかんして工場主が望むことは2つある．

　第一は，労働者が，新たな内容をもつ仕事を十分に理解し，その技術的要求に応えうる能力をもつことと，機械化に伴って生じた，新たな職務および時間規律を遵守することとであろう．単純化されたとはいえ，機械の操作にかんする説明を理解できなければ，慣れによる生産性の向上すら望めないし，また機械のリズムが要求するテンポで働くことができなければ，生産効率はかえって落ちるかもしれない．操業開始時間に遅刻する，作業中に勝手に持場を離れるということが頻繁におきれば，機械化のメリットは発揮できないからである．このような問題状況は，スミスの時代だけではなく，現在の発展途上国においてもみられるものである．実際，無制限的労働供給モデルの提案者であるルイスも，他の著作では，低賃金で長時間の労働に耐えることが経済成長の必要条件などではまったくなく，生産性向上への糸口というものは年間労働時間の水準とは無関係に存在すると

述べ，とくに労働者が「規則的な努力を進んで続けられる気質」や「柔軟性」をもっていることの意義を強調する (Lewis 1955, pp. 39-40)．すなわち，工場制がうまく機能するためには，遅刻せずに規則的な出勤をするという基本的なことが重要であり，交代制に順応できることも大切であるということである．類似の指摘は，後発国の経済成長にたいしてスミス的な成長論とは対照的なアプローチをとった，アレクサンダー・ガーシェンクロンも行っている．

> 後進国における労働の安さは工業化の過程に大いに役立つといわれている．しかし現実の状況は，単純なモデルから得られると思われるものよりも，もっと複雑である．実際には，条件は工業によっても国によっても，異なっているであろう．しかし考慮すべき圧倒的な事実は，土地と結び付いた臍の緒を立ち切った，そして工場での利用に適した，安定的で信頼しうる訓練を積んだグループという意味での工業労働は，後進国では極端に不足しているということである．真にその名に値する工業労働力の創出は，最も困難で長い時間を要する過程である．ロシア工業化の歴史は，この点に関していくつかの顕著な実例を提供している．19世紀ドイツ労働者の多くは，ユンカーの領土での厳格な訓練の中で生み出された．それがあったから，おそらく彼等は厳格な工場規則を受け入れることができたのである．それでもなお困難は巨大であった．19世紀がまさしく終わろうとしていた頃，ドイツの著作家シュルツーゲヴェルニッツが，海峡を超えてイギリスの工業労働者を瞥見した時に書いた，「……機械のために生まれ教育された者であり……過去にそれに匹敵するものはない」という賞賛と嫉妬を思い起こすことができよう (Gerschenkron 1962, 6頁)．

規律ある労働力はそう簡単に創出されるものではない，それ以前の経済発展の履歴から自然に用意されるものでもないということは，これで明白であろう．

労働者のあいだにおける規律を維持向上させるためには，二つの対処方法があろう．その一つは，経営者が工場の現場で労働者のモニタリングをしっかりと行い，かつ彼らに十分なインセンティヴを与える仕組を構築す

るという方法である．アメリカにおいて発達したフォーディズムやテーラリズムといった工場管理の技術はその一例で，それは部品の互換性を高め，大量生産のメリットを最大限追求する生産様式と分かちがたく結びついていた．これを企業経営面からみると，このアメリカ型システムは，必要なノウハウを技術者に集中させ，現場の職工にはとくにスキルを要求せず，その代りに労働も「互換性のある部品」と同じように扱うというゆき方である (Lazonick 1990)．オートメーションはこの途の延長上にある発想法であり，これが産業革命以来の資本集約的な工業化の行きつく先と考えられることが多い．

もう一つのアプローチは，就労以前の段階での教育である．この点にかんしては，現代の発展途上国を対象とした多くの実証研究が行われた．それによれば，学校教育，とくに初等教育の普及が本当に生産性の上昇に帰結するかは議論の余地があるかもしれないが，杉原が戦前日本の女工について示唆するように，規律の向上には学校教育が効果的とはいえそうである (Sugihara 2007)．基本的な読み書き算盤と，時間および集団行動にかんする規律づけが学校の場において養われるからである．もっともこれは，国家が教育制度を整備するのは当然という観念が広まってからのことなので，かなり 20 世紀的なアプローチといえるかもしれない．

実際，「最初の工業国家」である英国にかんするかぎり，古典派経済学の時代においては——スミスが憂慮したように——学校教育は十分な進展をみせてはいなかったし，また経営者は工場現場における職務規律と労務管理に直接関与することが少なかった．それゆえ，19 世紀末にかんするシュルツェ-ゲヴェルニッツの観察とは異なって，初期工場の時代においては労働者の職務規律，とくに時間規律が社会的な問題となりえたのである[22]．したがって，英国が「世界の工場」となったのは，規律ある，機械の従順な僕(しもべ)を確保しえたからでは必ずしもないと考えるべきである．むしろ，次に述べる別の途を歩んだケースとみなしたほうがよいと思われる[23]．

---

[22] 初期工場におけるクロック・タイムの導入に伴う問題状況にかんしては，E. P. トムソンの古典的論文がある (Thompson 1967)．

新たな熟練

そのもう一つの途とは，機械化された工程の作業にかんしても，労働者により高度な熟練を求めることである．もっとも，産業の歴史を繙いたときにしばしば出会うのは，分業の結果として不熟練労働が増えるという言説であろう．それによれば，分業がさらに深化し，市場の大きさがますます拡大し，その工程に機械が導入され，手工的労働が駆逐されるようになったときに起きたのは，機械による熟練の代替であった．歴史のどの教科書にもでてくる，古典的産業革命の最中に起きた手織工による機械打ちこわしは，機械化が労働者の熟練を不要としたことへの反発の現れといわれている．また，その後の工業化の過程で生じた大量生産体制の成立は労働者の仕事を反復運動からなる単純労働に変えてしまったともいわれる．このような見解が正しければ，機械化による熟練の解体 (de-skilling) とは分業が高度に展開したことの帰結だったことになろう．

しかし，英国にかんするかぎり，産業革命とそれに続く「世界の工場」の時代を担ったのが科学技術教育を受けた専門的技術者(エンジニア)ではなく，職人的な熟練をもった労働者であったことは多くの人の認める事実である．産業革命を彩る発明や改良は「素人技術者」，とくに「無数の無名の機械工」によってなされたのであり (Landes 1969, 1, 375 頁)，また大変革後のランカシァは「遥か遠くのロンドンやスコットランドから職人を呼び寄せ，そして熟練労働の堅固な伝統に依拠して，指物師を機械組立工や旋盤工に，鍛冶屋を鋳物工に，時計師を部品＝ねじ工に変貌させた」のである (*Ibid.* 75 頁)．熟練手織工の没落はたしかに厳然たる事実であったが，それが 19 世紀における熟練労働者全体の動向を現していたわけではない．英国の場合，熟練への需要は工業化とともに増大したのである．

たとえば，マーシャルは熟練工と不熟練工とのあいだの相対的な関係に

---

23) 清川雪彦は，規律ある労働力も大事であるが，ある意味では，主体性をもち，意欲的となれる内的な誘引を有している労働力の存在のほうがいっそう重要だという．本書でこの問題に立入ることはないが，これはウェーバーの『プロテスタンティズムの倫理と資本主義の精神』以来の問題群で，発展途上国の工業化にとっては，たしかにこの「意欲的労働力」の創出のほうが根源的な問題かもしれない (清川 2003)．

ついて19世紀の末にすでに次のような観察をしていた.

> 19世紀の初頭になると変化がはじまり，熟練労働と未熟練労働のあいだにはみるものを驚かせるほど社会的な階層のちがいが生まれてきた．熟練工の賃金は普通の労働者の2倍にもなっていった．金属工業を著しい例とするように，高度な熟練労働にたいする需要が激増したために，労働者とその子弟のうち最強の性格をもったものは急速に熟練工の階層に吸収されていった．ちょうどその時期に在来の職人のもっていた封鎖的な特権が崩壊して，家柄による貴族ともいうべき古い職人の代りに，才能による貴族とも呼ぶべき新しい熟練工が生まれてきた．職人から熟練工への転化が資質の向上をともなって行なわれたために，新しい熟練工は長いあいだ普通の労働者の賃金率よりはるかに高い給与を維持していけたのである．しかしながら，やがて熟練的職種のうち比較的単純なものは，その目新しさが消えてゆくにつれて，その希少価値を失いはじめた．それと同時に，在来未熟練とみなされていた職種［には］，……従来熟練的職種のものだけが使うものと思われていたところの，高価で複雑な機械をあてがわれるようになって，その実質賃金は急速に上昇していった (Marshall 1890, IV, 241-42頁).

ここで，高度な熟練をもつ労働者への需要が増大した，とくに金属工業，すなわち製鉄から機械製造までという基幹産業においてそうであったという事実に言及していることに注目したい．マーシャルは，これら熟練労働者の賃金が19世紀の初頭には不熟練のそれと比べて上昇し，世紀末になると逆に相対的に低下をし始めたという趣旨の記述をしており，これは，よく知られたクズネッツ仮説——近代経済成長の初期段階には労働者の所得格差が拡大し，やがて所得水準のさらなる上昇に伴い，その格差は縮小に転ずる——と内容上同じ言明である[24]．ただ，筆者が19世紀の職種別

---

24) 逆U字型仮説ともいう．Kuznets (1955) では，格差が安定していた中間の局面から縮小が始まった局面にかんしては英・米・独のデータにもとづいた観察がなされていたが，それ以前の時代における格差拡大は推測が述べられたにすぎなかった．これをうけて，ジェフリィ・ウィリアムソンは英国のデータを19世紀とそれ以前にまで遡り，産業革命の時代に所得および賃金の階層間格差はクズネッツの予想したとおり拡大したと論じた (Williamson 1985)．以下，本文で述べられていることは，このウィリアムソンの研究への批判的コメントである．

賃金を丁寧に検討したところ，複数の職種を平均した場合のブルーカラー内における熟練・不熟練間の賃金格差は1810年代以降世紀の変り目まで1.5倍の水準以下の範囲内におさまり，しかも意外なほど安定的であった．格差が大きく開き，そして縮小するという，クズネッツ仮説にあった変動を示したのは，技能をもつホワイトカラーとの間であった（斎藤1997, 160-63頁）．もっとも，この新たな発見事実は――賃金変化についての観察はともかく――マーシャルがいおうとしたことと整合的な事実で，英国の産業革命，すなわち中間財生産における革命の技術はクラフト的熟練に依拠したものであり，しかもその供給は潤沢であったということを示している．労働者はスキルの育成を自らの手で，より正確にいえばクラフト・ユニオンという組織を通じて行い続けたのである．企業側からみれば，ラゾニックもいうように，育成にコストをかけずに労働市場で入手可能であったという意味で，それは「所有者資本主義」を条件づける要因でもあった（Lazonick 1991, pp. 25-27）．

このことは，第一に，機械化された場合でもスキルは必ずしも不要となるわけではないということを示唆している．機械自体は――蒸気機関のような大規模な動力を必要としなければ――家内工業にも導入できたし，セイベル＝ザイトリンがいうように，それがかえって伝統的な職人タイプの生産を再活性化することがありえた（Sabel and Zeitlin 1985）．また，特別注文の機械の製作や保守は職人的な小作業場のほうがはるかに経済的で効率的であったため，機械化はかえっておびただしい手工的技術にもとづいた小経営を誕生させた（Landes 1969, 1, 133頁）．さらに，工場内においても新たな熟練が生まれた．機械の利用がさらなる精度を要求するときには，その「操作や素材のとりあつかいをめぐる新しい熟練の要求を生んだ」．それは特殊化された部分的な熟練であったかもしれないが，そのスキル水準は格段と高いものとなった（中岡1971, 78頁）．しかも，それだけではなく，近代工場においても幅の広い熟練が要求されることが少なくない．現代日本の量産組立工場を観察した小池和男によれば，「問題と変化をこなす腕」が求められる生産ラインの労働者は，いくつもの持場を幅広く経験することによってオン・ザ・ジョブでその「腕」を獲得する仕組になって

いるという (小池 2005, 第 1 章; 猪木 1996, 第 5 章).

けれども，第二に，そのスキルの育成を誰が担うかにかんしてはさまざまな仕組がありえた．ラゾニックの整理によれば，その一つは英国のように，経営者ではなくクラフト・ユニオンがその権限を事実上保持し続けるタイプである．もう一つの類型として，企業が現場でのスキルを重視し，そのオン・ザ・ジョブでの養成を内部昇進制と組合せて労働力の内部化をはかる，自動車産業に代表される日本型の仕組も存在する (Lazonick 1990)．両者はともにスキル集約型とみなすことができるが，その訓練への経営者のかかわり方は異なっているのである[25]．

以上，分業の進展は労働生産性の向上をもたらしたかもしれないが，それを実現させる仕組にはかなりの偏差がみられた．そして，その違いは工業化パターンそのものを規定したと考えなければならない．

工業化の類型学

分業が深化するということは，近世から近代への時代状況においては工業化を意味した．分業は資本蓄積とともに進むという論理からいえば，工業化には本質的に資本使用的生産様式への傾向が内在している．しかし，それは一義的に決まる途ではない．現実の経済は労働集約的な技術によっても発展することができる．投下資本量の絶対レベルが上がっても，労働をよりいっそう多く投入する技術と生産様式が選択されれば，その途は労働集約型工業化と呼ぶことができるからである．実際，経済史はそのような事例が歴史的に重要な役割を果たしてきたことを教えてくれる．とくに産業革命前の農村工業化を対象とするプロト工業化論，ルイス流の無制限的労働供給論，19 世紀以来第二次世界大戦後にいたるまでのアジアの工業化パターンを念頭においた杉原薫の議論などは，その役割をそれぞれの

---

[25] これに，先にみたアメリカ型，それにドイツ型を加えた類型学を考えることができる．田中洋子のクルップ社を事例とした克明なモノグラフによれば，ドイツは，企業が積極的に工場徒弟制を採りいれたという意味で日本のタイプに，他方でその徒弟制が外部労働市場とつながっているという点では英国のそれにちかく，したがって両者の中間に位置づけることができそうである (田中 2001)．こうすれば，ドーアらの四つの資本主義類型論と対応するといえるかもしれない (Dore, Lazonick and O'Sullivan 1999)．もっとも，後者のそれは主として企業統治に焦点をあてた分類学である．

観点から明示的に論じようとした重要な試みといえよう (Mendels 1972; Lewis 1954; Sugihara 2003, 2007).

しかし，現実の労働集約型工業化にはさまざまなタイプがあった．一般的にいえば，労働集約的産業は生産財よりも消費財の生産部門において多く見出される傾向にある．しかし，それにしても多様である．たとえば同じ最終消費財産業である縫製をとっても，市場の嗜好と流行に敏感に対応する多品種少量生産の産地(マーシャルの意味でのインダストリアル・ディストリクト)から，児童労働に依存したような低価格路線の苦汗工場(sweat-shop)まで，さらに生産財生産であっても問屋制下の農家副業としての糸取から近代紡績機械を装備した綿工場まで，性格の異なった多種多様な事例が存する．たとえば，明治日本の綿紡績業のような事例では，当時としては最先端のミュール紡績機を備えていたという意味で資本使用的であるけれども，実際には意外と労働集約的であり，しかも熟練をもったというよりは規律のある労働力の調達が業績を左右した産業であった．他方，低賃金であるがゆえに農村に立地した手紡糸は，その低賃金労働力の再生産機構が機能しなくなれば機械製との競争に敗れることとなり，またしばしば都市に定着した苦汗産業も，その労働力給源が枯渇すれば立ちゆかなくなったのである．これにたいして，労働集約型産業として成功した事例の多くは，プロト工業であれ19世紀以降の工業であれ，また金属加工であれ繊維業であれ，いずれも職人ないしは職工に何らかのスキルが要求されるタイプの産業であった．バーミンガムの銃器，ゾーリンゲンの刃物，リヨンや西陣の織物などである．以上，わずかな数の事例からではあるが，一つの明瞭な結論がえられる．すなわち，スキル形成は，分業の経済学とは別個の問題と考えるほうが歴史的な現実にあっているだけではなく，資本集約的な工業化と労働集約的な工業化という二分法とも独立の問題だということである(Saito forthcoming).

それゆえ，労働集約か資本集約かという尺度とスキル集約か否かという尺度とを組合せると，図2.2のように四つの類型がえられよう[26]．この

---

26) なお，スキル集約か否かという基準は生産現場におけるスキルのことであって，産業全体についての判断ではない．アメリカは，両者が一致しない事例である．

		労働集約	資本集約
スキル集約	高	A [日本]	B [英国]
	低	C [苦汗工場]	D [アメリカ]

図 2.2　工業化の類型: 労働集約・資本集約・スキル集約
註)　スキル集約か否かは, 工場現場(ショップフロア)における判断である.

ような模式図を描くことではっきりするように, 資本集約型の工業化であってもスキル集約的な 19 世紀英国のような場合 (**B**) も, 資本集約的でスキル節約的なアメリカ型の場合 (**D**) も, そして労働集約的でスキル集約的な日本の多くの在来産業産地のような場合 (**A**) も, いずれもそれぞれの歴史的径路に依存した発展の型なのである. そして, その歴史的径路とは市場経済の進展とも, また分業の進化とも独立であった.

　他方では, 低賃金と貧困の問題を克服できないシナリオ (**C**) も十分にありえる途であった. 放任しておけば短期的な利得に注意がゆき, 長期的に自らのスキル水準を高めようとする意欲が衰えないようにするためにどのような制度がつくられたか, 経営者側にあっても労働者のスキルを向上させる場と機会を確保するための仕組を, 自ら整備するか, あるいは経済外的な考慮によって私的経済の外側に用意するか, これらはスキル養成の制度づくりの問題であるが, それは, 自由な労働市場があるかぎり歴史のどの段階でも生じうる問題であったのかもしれない. しかし, 工業化の段階になって, とくに重要な意味をもつようになった問題とはいえるように思われる.

若干の含意

　以上, 本章ではスミスの分業論から始めて, それが一方では経済および産業構造の複雑化という意味での経済発展と, 他方では収穫逓増が働くという意味での経済進歩にどのように関連していたかをみた. さらに, 資本

家ないしは経営者と労働者という垂直的な分業の展開とどの程度テンポが一致し，また一致していなかったかを考察し，最後にそれらの変化が人びとのスキルを高めることに結びついたのか，あるいは直接結びつくことはなかったのかを検討した．

　これらの検討は基本的に概念整理を目的としたものであったが，それによって明瞭となったことはいくつかある．

　たとえば，メンデルスはプロト工業化がルイス流の無制限的労働供給の状況を内生的かつ人口学的に創りだしたと主張し，それゆえにそれが本格的工業化への第一段階としての役割を果したと述べた．たしかに，それ以降に多くの研究者によって研究された事例はほとんどすべて労働集約的な産業であったが，彼の枠組はその労働がスキル使用的であったか否かにまったく注意を払わなかったために，現実の工業化過程にみられた多様な径路を描き分けることに失敗したのである．

　また，1970年代ころまでの経済史と経済発展論は，そのような多様な途へ関心を向けることが少なかった．とくに，古典的な産業革命が石炭と鉄によって象徴され，大量生産型生産様式の歴史的出発点というイメージが強かったために，結局のところアメリカ型の製造業がその途の到着点(図2.2のD)と考えられがちであった．しかし，図2.2が示すように，現実の英国がとった途はスキル集約的な様式を保持したまま資本集約を高めることであった(図2.2のAからB)．また，程度の差はあれ，それが多くの大陸ヨーロッパの諸国の経済がたどった径路でもあった．もっとも，後者のグループ内でも，英国に近いベルギーやドイツのような国々から，より多品種少量生産タイプの産業に競争力を見出すフランスやイタリアのような国々まで，現実の差異は小さくなかったことも付記しておくべきであろう．

　最後に，前節の末尾で指摘したこと，すなわちヒックスのいう「自由労働市場」の問題点にも言及したい．彼は労働市場であっても，それが自由人の自由な契約の場であれば「利益均霑」が起ると述べた．しかし，その「利益」があまりにもわずかであれば，それを自らの人的資本へ投資することは不可能であろう．それゆえ，歴史上いたるところで低賃金労働使用

的な産業が生じた(図2.2のC).自由労働市場は訓練や教育には「迅速に対処できない」のであり，それはまた——スミスの表現では——分業の進んだ社会の不都合であった．それに対処するため，近世において「不完全ではあるが，ひろく利用された解決方法」が徒弟契約のようにスキルの育成に役立つ制度であった(Hicks 1969, 231-32頁)．一般には，徒弟制は入職規制を伴うことが多く，労働の自由な異動を妨げる制度という認識がされてきたが，ラリー・エプスタインもいうように，近世的成長における徒弟制の役割にかんしては見直しが必要であろう(Epstein 1998)．また，そのような制度化を伴わなくても，機能的にはスキル形成に帰着した慣行やシステムもあったはずである．たとえば，農業労働はふつう不熟練労働に分類されるが，農業技術のあり方によってはそれがスキル集約的な方向へゆくこともありえたのであり，その場合には農業部門がスキル集約的工業化への選考条件を用意したかもしれない．

　もっとも，近代になれば必然的に，より完全な解決方法が考案されるというものでもなかった．のちには国家による教育システムの構築が行われるようになったが，産業自体が，技術の選択とともにその問題にどう取組むかで近代資本主義にも小さからぬ違いが生じた．そして，それにかんする意思決定の過程に，近世以来の制度的径路依存がみられたとしても不思議ではないのである．

第 II 部　近世の経済成長

第3章　生活水準の異文化間比較
―― 一人当り産出高と実質賃金 ――

はじめに

　最近の「大分岐」論争は，一方では，15, 16世紀における世界経済の中心はアジアで，西欧の産業革命もアジアなくしてはありえなかったという，アジア中心史観的な議論を展開したアンドレ・グンダー・フランクの『リオリエント』，他方では，日本を例外扱いしたほかは，従来の西欧中心の経済史叙述に終始したデイヴィッド・ランデスの The Wealth and Poverty of Nations なども巻き込んでなされているともいえるが，本章では純粋にアカデミックでかつ実証的な問題にのみ焦点をあてる[1]．

　その実証的な問題とは，通常「生活水準」の尺度とされる一人当り国民所得や実質賃金を[2]，近代以前の時代において異なった地域間でいかに比較するかという問題である．アダム・スミスは西欧とアジアにおける生活資料の価格を比較し，さらに名目賃金の比較をして，前者の実質賃金は後者のそれよりも高いと述べた[3]．しかし，2つの地域間の賃金や価格はどうすれば比較可能となるのであろうか．貨幣の単位も素材も異なるときに，比較はできるのであろうか．仮に当時の為替レートにあたる貨幣の交換比率のデータがあったとしても，交易されていない財やサービスが圧倒的な比重をしめていた時代に，貨幣の交換比率で換算をしても意味のある比較

---

1) Frank(1998)および Landes(1999)．この大分岐論争の拡がりと激しさは，経済史のネット・フォーラムである http://eh.net/lists/archives/eh.res/ での "Rethinking 18th Century China" や "Frank vs Landes", あるいは Journal of Asian Studies (2002年5月号) の特集をみていただきたい．
2) 生活水準の歴史的研究にとっては，いうまでもなくいくつもの指標が考えられる．一人当り国民所得と実質賃金以外にもいくつかの重要な経済指標が考えられるが，近年ではそれらに加えて，識字率，さらには平均余命，乳児死亡率，疾病・栄養，体位という，通常「生活の質」を反映するといわれる指標の歴史的変化を重視する立場が登場した．筆者もその領域での実証研究を始めているが，本書ではこれら研究領域には触れないこととする．
3) 本書第1章, 11頁．

になるのであろうか．これは経済学の問題である．現在では，購買力平価(PPP)の推計が行われ，それによる国民所得や総生産の比較が可能となっている．しかし17世紀とか18世紀とかに，その概念自体適用可能であろうか．

本章ではまず，アンガス・マディソンの『世界経済2000年史』を取上げ，彼が一人当り国民総生産(GDP)の系列を昔にまで遡らせるためにとった方法とその結果とを一瞥する(Maddison 2001)．次いで，より長い歴史をもつ実質賃金系列の推計と比較について研究史のサーヴェイを行い，近年の新しい方法と，それによって明らかとなりつつある実態の一端とを紹介したい(この部分は，バッシーノ・馬・斎藤2005に依拠する)．

1 一人当りGDP

世界で最初に経済集計量によって人びとの所得水準を測り，他国と比較しようとしたのは17世紀イングランドの政治算術(Political Arithmetic)学派である．ウィリアム・ペティによる同名の書では，第二次オランダ戦争(1664-7)後のデータにもとづき素朴なかたちでフランスおよびオランダとの国力比較がなされたが(Petty 1690)，その推定努力をイングランドにかんしてより徹底したのがグレゴリィ・キングであった．キングの *Natural and Political Observations* には，彼自身の推計になる1688年におけるイングランドの階層別人口構成と所得，およびそこから算出される国民所得とが収められている(King 1802)．そのなかでは人口のほうが所得推計よりは正確で，後者には若干の調整が必要といわれるが，それでもそれほどの困難なしに現代の国民所得勘定表に組み替えられている(Deane 1955; Deane and Cole 1962, p. 2; Maddison 2007, pp. 264-82)．キングもペティ同様，フランスおよびオランダとの比較に関心をいだいたが，国際比較は彼の仕事のなかでは弱点であったようである．より広い地域を対象に，本格的な国際比較の努力がなされるのは19世紀末を待たねばならなかった．

それを行ったのはマイクル・マルホールであった．彼の知名度は高いとはいえず，そのキャリアは必ずしも十分にはわかっていないが，データ収

集はまったくの個人的努力によってなされたようである[4]．彼には版を重ねた *The Dictionary of Statistics* というアルファベット順に配列された統計集があるが，それはその資料収集の産物であり，同時に自身の国民総生産推計値を公表する媒体でもあった (Mulhall 1899)．それは，全ヨーロッパとアメリカなどいくつかのヨーロッパ以外の国々をカバーした，のちのコリン・クラーク，サイモン・クズネッツ，アンガス・マディソンらの仕事の先駆といえるものである．ただ，当年価格による横断面の比較にとどまったところに時代の限界があった．

クラークやクズネッツの研究成果はよく知られている (Clark 1940; Kuznets 1966, 1971)．数十年から一世紀におよぶ長さの，国民所得勘定体系に則った系列を整備し，その国際比較を行ったことによって，近代の経済史への寄与は大きかった．しかし，逆にいえば，彼らの主な関心が近代の工業化以降の時代にとどまっていた点において，これからしばらく検討しようと思うマディソンとは明白に異なっていた．

マディソンの接近法

マディソンは先駆者たちと同様に国民所得勘定の体系に則った推計を行うのであるが，彼の仕事の大きな特徴は，その対象が地理的に網羅的であること，そして歴史的に超長期におよぶことにある．第一の目標は 1820 年以降の世界各国を扱った 1995 年の書物 *Monitoring the World Economy* で結実したが，彼の学問的野心は，それをさらに近代以前へ遡らせることであった．経済史から研究者キャリアを始めたからであろうか，時代を貫いた長期の歴史的発展に関心をいだき続けてきた．たとえば，インドや中国といった古い文明国についての単独の著書も刊行しており (Maddison 1971, 1998)，世界の主要な国ごとの GDP と人口系列は 1500 年まで，地域別の系列はさらに 1000 年と紀元元年まで遡る試みがなされてきた．その成果が 2001 年に刊行された『世界経済 2000 年史』である．

---

[4] 管見のかぎり，マディソンはマルホールに関心を向けた数少ない研究者である．Maddison (2003) のプロローグは国民所得勘定による国際比較分野の先駆者たちにかんする小史となっていて，そこにはマルホールも登場する．それによれば，アカデミズムの世界に身をおいていた人ではないようである (pp. 22–23)．

それでは，マディソンはどのようにして近代統計がない時代へと遡ることができたのであろうか．いうまでもなく1820年以降の時代であっても，国によっては資料の乏しいところは少なくない．その場合でも事情は同じであるが，近代的な人口センサスが行われてからあとの時期であれば，少なくとも手がかりは存在する．しかし，人口規模も，耕地面積も，主要商品の国内流通量も，あるいは輸出総額も不明な場合に，いったいどのようにしてGDPを推計できるのであろうか．実際にとられた手続には国によってさまざまな違いが生ずることになろうが，全体としてきわめて単純なものである．

まず，マディソン推計の方法論上の特徴は，過去のすべてのGDP推計値を「1990年ゲアリー＝ケイミス購買力平価」で共通のドル(国際ドル)に換算して表示するところにある．すなわち，多国間の比較をする場合，明示的に購買力平価を考慮に入れた通貨換算と実質化を試みているということである．これは，19世紀にまでしか遡らなかったクズネッツでも明示的にはできなかったことで，これによってより安定的な多国間比較ができることとなった[5]．ただ，1990年一時点をベンチマークとした購買力平価でどこまで遡れるかという問題は残る．実際，1930年代の東アジアにおける購買力平価を別途推計して，中国・日本・朝鮮・台湾の比較をすると，これら諸国にかんするマディソンの推計値と少なからぬ相違が——とくに朝鮮の水準について——生ずることがわかっている (袁・深尾・馬 2004；Fukao, Ma and Yuan 2007)．それゆえ，このような問題点が残っているということは念頭においておかねばならないであろう．

次に近代以前への遡及法であるが，ここではイングランドと東アジアの中国と日本とにかぎって，マディソンの方法をみておきたい．

イングランド

イングランドの場合，人口についてはケンブリッジ・グループの努力に

---

5) マディソンは，この方法を1820年以降についてまず適用した (Maddison 1995)．その訳書には「ゲアリー＝ケイミス・国際ドル」(Geary-Khamis dollars)についての平易な解説が付されているので，参照されたい (同書, 241-48頁)．以下，本書では，この1990年ゲアリー＝ケイミス・国際ドルのことをたんに「1990年国際ドル」と呼ぶことにする．

よって十分に信頼に足る数値が1541年より得られるのでそれが利用できるが，生産や所得にかんする情報は著しく不足している．1688年には，すでに述べたようにキングによる当年価格の国民所得推計が存在するけれども，それ自体の正確さについては当然ながら疑問が提出されている（たとえばArkell 2006）．マディソンはキングの推計をむしろ評価するが，それを19世紀の推計値とどのようにリンクするかの手がかりが乏しいからであろうか，それを直接利用した遡及推計は試みていない．他方——これは第7章で詳しくみることになるが——産業革命と前後の時期にかんしては，かつてのように助走から「離陸(テイクオフ)」へというイメージにあったような経済成長率の加速パターンが大きく見直され，現在ではずっと低い成長率が定説となっている．それによれば，実質GDPの年平均成長率は，1780年までは0.6-0.7%，いわゆる産業革命期に入っての1780-1801年で1.4%になるという（Crafts and Harley 1992; Crafts 1994）．

この近年の定説を前提にマディソンは，それ以前の分厚い近世経済史研究の領域へ遡る．そのなかには賃金史という長い伝統のある分野があり，それによれば——次節で詳しくみるように——近世は実質賃金低下の時代なのであるが，彼はその事実を一人当り所得の低下と読みかえることはできないという．貨幣賃金率から算出された実質賃金系列は現物給付等を無視しているので労働所得の指標とはなりえず，仮にその代理変数とみなすとしても，労働者によって稼得された所得は国民所得の一部を構成するにすぎないからである（Maddison 2003, p. 252）．

そこで彼は，実証的にもっとも固い人口から出発し，都市化比率の推移をみ，貿易の成長，農業の土地および労働生産性，さらには職業構造と世帯の耐久消費財保有の歴史的変化にかんする研究を総合して，1700年から1801年にかけての一人当り所得の成長率——0.3%と計算される——は1500-1700年の時期にかんしてもやはり当てはまると考えるのが妥当と判断する[6]．これは，学識と永年の経験に裏打ちされた，しかしまったくの定性的判断である．そして結局のところ，1500年からの三世紀間，一人

---

[6] 分解してみれば，年平均GDP成長率が0.8%で（Crafts 1994, p. 47），人口の成長率は0.5%となる（Wrigley and Schofield 1981, pp. 208-9）．

当りの総生産が一定の率で成長したと仮定して，19世紀にかんする既往の推計値から近世の総生産額を逆算したというのに等しい．アイルランドの扱いやその他の若干の調整は必要であるが，基本的には18世紀の趨勢をそれ以前の二世紀にそのまま外挿したのである．方法的にはきわめて大胆かつシンプルといえよう (Maddison 2001, 286-89頁).

中　国

次に，東アジアに目を転じよう．マディソンは，第二千年紀が始まったときにはまだ，中国のほうが西欧よりは豊かだったと考え，宋代以降の王朝期は停滞期だったと想定をする．しかし，その王朝期中国の数量データはきわめて乏しい．人口系列は戸籍制度のおかげで非常に長い期間にわたって利用可能であるが，その信頼性には多くの議論がある．しかし，それ以上に頭を悩ます問題は生産の構造と変化にかんする数量情報である．14世紀以来の農業発展にかんしては，ドゥワイト・パーキンスが人口と耕地面積と単位面積当り収量と一人当り産出高の検討をしており，その検討結果に依拠することができるが (Perkins 1969)，それ以外の分野は文献サーヴェイに依存せざるをえない．そのような努力の結果はすでに別の著作のかたちで公刊されていて (Maddison 1998)，その主要な結論は，農業の商業化と都市化の趨勢は宋代にピークを迎えたこと，科学技術の発展は15世紀以降頭打ちとなったこと，そして人びとの生活水準は六世紀近く停滞をしており，人口の大きな増加を吸収することはできたが，それは内国植民を含む外延的な拡大と，耕地面積当りの収穫高を増加させることによってであったということである (Maddison 2001, 293-95頁)．彼は，自身の解釈を「ニーダムとエルヴィンのハイブリッド」と呼び，その解釈にもとづきマディソンは，1600年から1820年まで一人当りGDPは変化なしという思い切った仮定をおき，直線で近代の系列にリンクしたのである[7]．

---

[7] 中国の場合，1820年から戦後の共産党政権下の時期についても推計は不安定で，いくつもの問題が残っているが，ここでは立入らない．詳しくはMaddison (1998), ch. 2を参照されたい．

日 本

　最後に，日本の場合をみよう．明治維新以降の経済発展にかんしては，世界的にも評価の高い『長期経済統計』全14巻が存在する．マディソンも基本的にこの業績に依存するが，問題はそこから徳川時代への遡及である（正確にいえば，前著で1820年まで遡った推計をしていたので，それ以前への遡及である）．徳川日本においても他国同様，まとまった数量的情報は少ない（以下，*Ibid.* 296-305頁）．しかし，幕藩体制に固有の制度ゆえに全国の石高はいくつかの年次について得られる．太閤検地に始まる石高の調査は，検地が正確であれば，土地からの粗産出高がいかに変化したかを教えてくれる．ただ，耕地面積の増加が把握されることはあっても，石盛が再調査されることは多くなく，それゆえ年とともに現実の生産性とのギャップは拡がっていたと考えられている．幸い，明治初年における石高と農産表生産額との差と徳川時代における土木灌漑工事件数のデータとから，そのギャップを埋める努力をした中村哲の試みが存する（中村 1968, 168-74頁）．彼はその結果を「実収石高」系列と呼んでいるが，マディソンはそれを基礎に1500年から1820年への増加率を推定したのである．

　ただし，実収石高増加率をそのままGDPの増加率としたのではない．第一に，実収石高を利用すると，1600-1820年の増加は18％と計算できるが，明治初年の農産物にあって少なからぬ割合をしめていた木綿・菜種・煙草・繭などのいわゆる特有物産は，1600年には非常にわずかしか存在しておらず，またそれらの産出高は把握されていなかったはずである．しかし，この時代の経済史研究を読むと，これら工芸作物の普及と生産拡大は18世紀に著しかった．したがって，その220年間の増加は18％ではなく4分の1ほどだったのではないかと考える．第二に，非農業部門については基礎となる時系列データがまったく存在しない．それゆえ，戦国以来のさまざまな発展と制度変化の叙述的歴史研究，天保期長州経済にかんする西川俊作の優れた数量経済史研究や都市史の成果，さらには科学技術分野の発展などをサーヴェイして，非農業活動は農業よりも高い率で増加したようだと結論する．最後に，「1500年から1820年のあいだに，日本

の1人当り実質GDPが3分の1だけ増加した，……このことは，この日本の1人当り実質GDPを，中国のそれよりも，また他の大部分のアジア諸国のそれよりも，高い水準に引き上げるのに，十分であった」(Maddison 2001, 304-5頁)と述べ，その判断に合うように実収石高増加率への上乗せを行い，それによって1700年，1600年，1500年における一人当りGDP値を算出したのである．

マディソン推計による世界史像

以上の簡単な紹介からもわかるとおり，マディソンの推計方法は，基本的には，成長率を仮定することで1820年以降の系列をそれ以前に遡るというもので，けっして洗練された手法にもとづくわけでも，大量のデータの積上げによるものでもない．既存の推計値をそのまま援用することもあるし，増加率をゼロと仮定することもあれば，既往値を改定して何％ポイントか上乗せすることもあるが，その根拠が何かの数量データにあることはむしろ稀である．これまでの研究，それも非数量資料を丹念に分析した研究をも含むさまざまな研究成果を総合し，それを増加率という数字に読みかえてみるとどの程度の値となるか，その増加率にもとづき遡及推計した結果，あるベンチマーク年の一人当り実質GDPはどの水準にあったと推定されるか，これがマディソン推計の意味するところである．そして，その読みかえには経済史研究の現状とそれにかんする彼自身の解釈とが反映している．たとえば，近世英国にかんする彼の推計には，産業革命期中の低成長率は，産業革命前夜における一人当り所得水準が既往推計よりも高かったからであり，それゆえ近世の成長は従来考えられていたよりも力強かったという，多くの英国近世史家の見解が反映している．他方，日本の場合，1500-1820年の成長率に微妙な上方修正を行ったのは，徳川時代における成長の歩みが着実で，その間に中国へのキャッチアップを達成したにちがいないという判断があったからなのである．

このように各国経済史研究の成長率タームへの読みかえという性格を有するマディソンの仕事は，どのような世界経済史像を描き出しているのであろうか．それは，次の2つの図表に要約することができる．

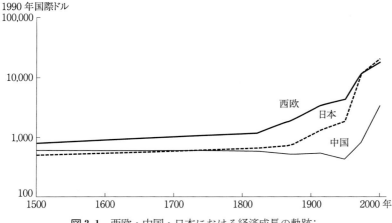

図 3.1 西欧・中国・日本における経済成長の軌跡：
一人当り GDP, 1500-2001 年
出所）Maddison(2003), p. 262.

　図 3.1 は，西欧と東アジアの中国と日本における 1500 年から 2001 年までの 9 つのベンチマーク年を結んだ，一人当り GDP のグラフである（縦軸は対数目盛なので，各グラフの傾きは変化率を表している）．

　まず 1820 年以前の水準をみよう．西欧の人びとの平均所得は明らかに中国・日本の人びとのそれを上回っている．これは，ポメランツとは異なり，ジョーンズ等の見解を支持する結果といってよい．それ以降については，予想どおり，19 世紀中に西欧と東アジアの格差は拡大したことがみてとれ，両地域の格差が縮まったのは第二次世界大戦後，日本が西欧の水準に追いついたのは 1970 年代になってからであった．

　図 3.1 はさらに，東アジア内でのキャッチアップがすでに 1820 年以前に生じていたことも示すが，この点は新たな発見事実というよりもマディソンの解釈の反映である．ただ，それ以降の時期においては，中国の一人当り所得の絶対水準が低下することで日中間格差が拡大したことに注意を払いたい．

　表 3.1 は，同じ一人当り GDP 表から世界平均を 1 としたときの各年次における比を計算して示したものである．表示するベンチマーク年は若干減らしたが，比較の対象国は 6 ヵ国に増やした．西欧からは英国とイタリ

表 3.1 西欧および主要6ヵ国の一人当り GDP 水準:
世界平均との比, 1500-2001 年　　　　(世界=1)

	1500年	1600年	1820年	1913年	1950年	2001年
西欧	1.36	1.50	1.81	2.27	2.17	3.18
英国	1.26	1.64	2.56	3.23	3.29	3.33
イタリア	1.94	1.85	1.67	1.68	1.66	3.15
アメリカ	0.71	0.67	1.88	3.48	4.53	4.62
日本	0.88	0.87	1.00	0.91	0.91	3.42
中国	1.06	1.01	0.90	0.36	0.21	0.59
インド	0.97	0.92	0.80	0.44	0.29	0.32

出所) 図3.1に同じ.

ア,アジアからは中国・日本にインドを加え,そして旧世界に属する両地域とはまったく異なった新世界からアメリカを選んである.

表 3.1 は図 3.1 でみたことを確認すると同時に,いくつかの新しい事実も教えてくれる.第一に,表 3.1 からは,近世における,たとえば 1600 年における西欧の人びとは世界の水準よりは 5 割高い生活水準を享受していたことがわかる.ただ,同じころのアジアの人びとが世界平均よりずっと低い水準に甘んじていたのではなく,ほぼ世界平均並みの所得水準にあったこともまた,この表からみてとることができる重要なポイントである.

第二に,西欧内における英国とイタリアの比較対象が興味深い.ここに示されたのは相対的な位置の変遷ではあるが,それをみただけでも 16 世紀にはイタリアが経済先進国であったこと,しかし 17 世紀のあいだにイタリアの地位が低下し,一方で英国の成長は著しく,短期間にイタリアを抜き去ったことが明瞭である.この事実だけをみても,西欧と一口にはいえないことが理解できよう.

第三に,アジアもまた一つではなかった.ただ,表示したアジア三国の関係変化は西欧の場合とは若干様相を異にしていた.16 世紀においては日本が中国・インドよりもやや低い水準にあったが,それでもその差はイタリアと英国の差よりは小さく,その後の日本の成長もとくに力強いわけではなかった.他方,インドと中国の停滞は世界経済のなかでの地位低下を意味したが,中国の場合は 19 世紀に入ってからの低落が顕著である.

最後に,アメリカについて一瞥しよう.アメリカの成長パターンはユー

ラシアのどの地域とも異なり，その世界水準への，そして旧宗主国へのキャッチアップはきわめて急激であった．18世紀末には早くも西欧並みとなり，19世紀末にはすでに世界でもっとも豊かな国となった．この背景には，マルサスが『人口論』のなかで注目していたように，土地およびその他の資源賦存の違いがあったと考えることができよう．

このようにマディソン推計は，東西比較という点では旧来の見方を補強する一方で，その比較論に従来は十分に注意が払われてこなかったいくつかの興味深い論点を提示している．

2 実質賃金

統計データの乏しい近代以前において，物価と賃金は数量情報が得られる数少ない例外であろう．マディソンは，英国あるいは西欧の経済史における賃金史研究の，国民所得推計への貢献をきわめて低くしか評価しない．だが，その成果にはみるべきものが本当に少ないのであろうか．

事実としては，伝統的な数量経済史というものがあるとすれば，その柱の一つは賃金・物価史といえるほど，その重要性を認めることができる．世紀を単位とするような長期時系列が描けるのは，事実上，物価指数と実質賃金しかないと考えられたからである．それに加えて，西欧経済史においてとくにそうなのであるが，実質賃金の時系列は生活水準のもっともよい指標の一つという想定がある．この想定は——マディソンがいうように——西欧についても，またイングランドにかぎっても必ずしも正しいとはいえないが，現在でも根強い観念としてある．それだけに研究の蓄積も厚い．

研究史——西欧(1)

産業革命期の生活水準論争が経済史という学問の成立と同じくらい古いように，この物価史と賃金史も19世紀にまで遡ることができる．とくに資料収集については，英国のサロルド・ロジャーズの仕事が先駆的とみなされている (Rogers 1866-1902)．その後，両大戦間の時期にベヴァリッジ

とポストゥムスの肝いりで国際的な(実際にはヨーロッパとアメリカを中心とした)資料収集の努力がなされ,いくつかの研究が出版された.

北西欧・北欧から中欧・東欧にかけての地域にかんしては,農産物価格と賃金の系列をサーヴェイした結果にもとづき,長期にわたる農業史を総合する試みがオランダのスリッヘル・ファン・バートとドイツのヴィルヘルム・アーベルによってなされ,記念碑的な著書として出版された(Slicher van Bath 1963; Abel 1966).

そのなかで英国にかんしては,フェルプス・ブラウンと彼の協力者たちによる南イングランド建築労働者の七世紀にわたる賃金と生計費指数の推計がある(Phelps Brown and Hopkins 1955, 1956).これについては後に詳しくみることとし,それ以外ではロンドンにおける系列の整備が進んだ(Rappaport 1989; Boulton 1996; Schwarz 1992)[8].また,それとの対比において,フェルプス・ブラウンの収集した資料のなかのオクスフォードの系列には農村部における賃金を示すものとして,近年注意が向けられている.

南欧のフランスについていえば,初期段階の努力を受け,シミアン,ラブルースの仕事が現れ(Simiand 1932; Labrousse 1934; Labrousse, Romano and Dreyfuss 1970),イタリアではジニ,スペインにかんしてはハミルトンが先駆的な仕事をした(Gini 1927; Hamilton 1934).彼らの仕事は第二次世界大戦後になって改訂されたり,原資料まで遡って再推計されたりしたのと同時に,新たな資料の発掘もなされ,これらに依拠したヨーロッパ内の物価比較研究が行われた(たとえば Braudel and Spooner 1967).しかし,歴史学界全体に強い影響を与えたのは,ル・ロワ・ラデュリの近世初期ラングドックにかんする研究であろう(Le Roy Ladurie 1974).価格・賃金史よりははるかに間口のひろい書物であるが,ベジエ,モンペリエ,ニームの諸都市と周辺農村地域のデータを渉猟して描かれたこの著作は,そのマルサス的なメッセージによってよく知られている.ただし,残念ながら,この仕事に類した他の地方の研究,それも17–18世紀まで包含した研究は

---

8) 価格史の研究は,伝統的に16世紀のインフレーションに注目が集まってきた.Ramsey (1971), Outhwaite (1982),および後者の日本語訳に付された中野忠のゆきとどいた解説を参照.

ついに登場しなかった．現在は，南欧諸国における賃金史はそれほど活発といえないのが現状である．

研究史──西欧(2)

以上のなかでもっとも影響力の大きかった研究者を一人あげるとすれば，それはフェルプス・ブラウンであろう．彼の研究チームは南イングランドについての論稿に加えて，近世初頭にかぎってではあるが，ヨーロッパ全域からデータを集めて検討した論文も公刊し，ル・ロワ・ラデュリを含む次世代の歴史家に強いインパクトを与えたからである (Phelps Brown and Hopkins 1955, 1956, 1957, 1959)．

フェルプス・ブラウンは労働経済学者であって経済史家ではなかったが，ロジャーズらがオクスフォードやケンブリッジのコレッジに残された帳簿などから系統的に拾い集めた，13世紀以来の南イングランドにおける建築労働者の七世紀間にわたる実質賃金系列を推計した論文は，歴史における長期波動の存在に歴史家の目を向けさせることとなった．図3.2がその系列の要約である[9]．

これをみれば，この七世紀のあいだに3つのサイクルがあったこと，そのうち中世のサイクルにおける峰の水準が19世紀末までこえられることはなかったこと，したがって近世のサイクル，17世紀に上昇し，18世紀前半にピークを迎え，産業革命期にむかって低下をしてゆくサイクルは力強さの欠けるものであったことがわかる．より長期の見方をすれば，黒死病後の15世紀後半を黄金期とし，それ以降の2世紀余は実質賃金の傾向的低落の時代であったといえないことはない．少なくとも，このフェルプス・ブラウンの南イングランドにかんする推計はそのような解釈を示唆していると受取られたのであった．

---

9) Phelps Brown and Hopkins (1956)．原図では基準年が1451-75年であったが，次の図との比較のためにここでは1521-30年へ移動させてある．また，原系列には少なからぬデータのない年次が存在するが，10年期の平均をとった．10年のうち数年しか数値が存在しないところも少なからずあり，またまったくデータのない10年期もないわけではないが，ここでの目的は長期的な動向をみることなので，数年しかない場合でもそれをもって当該期の代表値とし，データが欠ける10年期については直線補間によって補った．

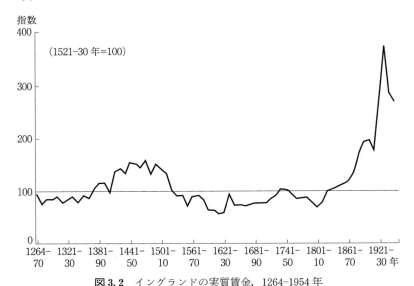

図 3.2 イングランドの実質賃金,1264–1954 年
出所) Phelps Brown and Hopkins (1956).
註) 原論文では各年値をプロットしたグラフが載せられているが,ここでは 10 年期の平均を示す.基準年を 1451–75 年から 1521–30 年へ移動させた.

　フェルプス・ブラウン自身もそのように考えたのであろう.彼は引続き,近世に時期をかぎって,他のヨーロッパ諸地方・諸都市(アルザス,ミュンスター,アウクスブルク,ウィーン,ヴァレンシア)のデータを収集し,それら推計系列と南イングランドとを比較検討した一連の論文を発表した.その結果を要約したのが図 3.3 である.明らかにどのグラフも,15 世紀前半から 17 世紀前半にかけてほぼ一直線の低下傾向を示している.これによって,南イングランドでみられた 16 世紀に始まる長期低落傾向がスペインからオーストリアまでの諸地域をカバーする汎ヨーロッパ現象であったことが明らかとなった.約 200 年のあいだに,西欧の人びとの実質賃金は半分の水準にまで落ち込んでしまったのである.

　この発見事実は前近代の経済史研究に大きな影響を与え,その原因を貨幣的要因に求めるか,人口増加に求めるかの論議を生んだ.この実質賃金低落の背景に価格革命と呼ばれるインフレーションがあったことはよく知られている.新大陸の発見と,それがもたらしたヨーロッパへの大量の銀

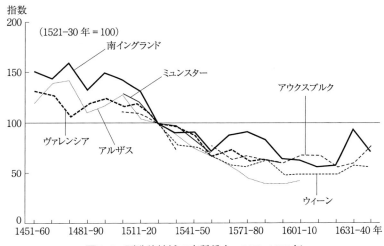

図 3.3 西欧諸地域の実質賃金,1451-1650 年
出所) Phelps Brown and Hopkins (1957, 1959).
註) 原論文ではフランスの系列も掲げられているが,時期区分が合わないので,ここでは省いてある.

流入が物価上昇を引き起したが,貨幣賃金は硬直的であったため実質賃金が下落したというのである.戦前の経済史家アール・ハミルトンは,その結果としての利潤インフレに近代資本主義の起源を見出そうとした(Hamilton 1928).この時期の価格上昇はたしかに汎ヨーロッパ的現象であった(Braudel and Spooner 1967).他方,その時代は黒死病後の人口停滞にようやく終止符がうたれ,再び人口増加の局面に入っていたことも事実であった(Helleiner 1967).すなわち,人口圧力が食糧生産を圧迫し,実質賃金を押下げたというマルサス流の解釈も成立つのである.実際,農産物と鉱産物の相対価格の動きは後者の説に適合的で,戦後の近世西欧経済史,とくに農業・農村史においてはマルサス的な解釈が主流をしめるにいたったといってよいであろう(たとえば Abel 1966; Le Roy Ladurie 1974).フェルプス・ブラウン自身の関心はマクロ経済にあった.彼も賃金の購買力低下という現象の根底には人口圧力があったと考えており,マルサス論者だったのである(Phelps Brown and Hopkins 1957, 1959).

もっとも,その後の研究は,ロンドンおよび低地諸邦における近世初頭

の実質賃金の落込みはフェルプス・ブラウンの系列ほどではなく,またその後の回復も速やかであったことがわかった[10].この事実を上記のマルサス流の解釈とどう折り合いをつけるかは,問題として残っているのである.

研究史――東アジア

　日本の場合,第二次世界大戦前の歴史学に物価・賃金史の伝統があったわけではなく,歴史家による系統的な資料収集の努力は戦後になって始まったといってよい.ただ,明治後期に金本位制への移行問題を背景に設置された貨幣制度調査会が,関連統計データを整備する一環として幕末にまで遡った資料収集を行い,それは一つの系統をなす貴重なデータ群となっている.戦後になると,三井文庫や大阪大学研究グループが整備した徳川期の経営文書による物価・賃金資料集など,基礎的なデータの刊行が本格化し,また江戸・大坂以外の――多くの場合物価にかぎられるが――データ収集の努力もなされた.徳川後半期にかんするかぎり,西欧ほどでななないにしても,かなりのデータ蓄積は行われたといってよい(個々の資料群については,斎藤1998aを参照).

　その結果,三井の資料にもとづいてなされた京都にかんする梅村又次の実質賃金系列の推計と,貨幣制度調査会データに依拠した佐野陽子の江戸・東京指数の推計が相次いで発表された(梅村1961;佐野1962).梅村推計は幕末にかけて実質系列の傾向的低下を示しているのにたいして,佐野推計は低下から回復というパターンをみせるというように,幕末の趨勢にかんして顕著な食い違いがみられる.それがデータの性質によるものなのか,推計の技法に由来するものなのか,あるいは上方と関東という地域経済の実態に根ざした違いなのかに関心が寄せられた[11].また,筆者によ

---

10) たとえば,ロンドンにかんするRappaport(1989), ch. 5, アムステルダムについてのde Vries and van der Woude(1997), ch. 12を参照.
11) どちらも,一橋大学経済研究所で行われた長期経済統計推計プロジェクトの一環としてなされた作業であった.しかし,なぜかはわからないが,外国の研究者が引用あるいは利用するときは,幕末維新期に若干の上昇傾向を示す佐野系列であることが多かったようである.

る穀物賃金の地域間比較が試みられ，また，畿内一農村の資料によって農業日雇および大工賃金系列の推計も発表された(斎藤 1973, 1975)．他にもいくつかの新しい資料にもとづいた系列が公にされたが，現在ではこれらすべての成果は斎藤の 1998 年の著作で点検され，その上で 1727-1867 年の畿内諸系列と，1818-94 年の関東諸系列に集約された(ともに欠年のある系列ではあるが，都市と農村部，熟練と不熟練の双方をカバーしている)．そして，その関東系列は，佐野推計の上昇傾向がデータ上の問題から生じたもので，やはり実質賃金の低下はあったこと，しかしその低下率は梅村推計のそれほどではなかったことを明らかにした(斎藤 1998a, 第 1 章)．

なお，これらに依拠した日本の研究の特徴としては，マルサス理論などの壮大な図式による説明への志向が強くない点があげられる．すでに述べたとおり，西欧の物価・賃金史はマルサス図式の影響下にあった．また，次に見るように，中国についても支配的なストーリーの一つはマルサス人口論のそれである．理由の一端は，徳川日本の物価・賃金系列がカバーする期間は二世紀にもならず，人口サイクルと関連させるためには短すぎるところに求められるかもしれない．しかし，賃金の研究に生活水準指標以外の意味を見出そうとしている点も指摘できる．すなわち，労働市場の働き（ワークングス）を示す指標として，賃金率の動きと水準に注目するのである．農村の農業日雇と都市の建築労働者の日雇賃金が均等化する方向に動いたか，あるいは非農業部門の賃金が農業の限界生産力に等しくなる傾向があったか，といったことを明らかにしようとする試みである(Saito 1978; Nishikawa 1978; 斎藤 1998a)．これは徳川日本が家族農業の小農社会であったがゆえの志向であったともいえ，注意しておきたいポイントである．

これにたいして中国の場合は，数量データの収集とその第一次加工の段階で見劣りがする．その理由の一端は第二次世界大戦後の学問的孤立に求められようが，現在でも，近世期の連続的かつ整合性のある物価および貨幣賃金系列は非常に乏しい．若干の例外はあり，そのなかでもっとも重要な仕事としては，1807 年から 1902 年の期間にかんする——ただしいくつかの断絶を含む——データ整備を行ったギャンブルの仕事があげられる (Gamble 1943)．全体として，中国において欠けているのは日本の三井文

庫資料のような経営文書から作成された物価・賃金データの刊行であろう．ギャンブルも歴史統計データの数少ない資料集である『中國近代經濟史統計資料選輯』(厳他 1955)の価格セクションもともに経営資料を利用はしているが，基礎データの公開はなされていないのである(これらを含む研究文献のサーヴェイは，岸本 1997 が有用である)．

王朝期の資料としては他に，官本，とくに刑科題本から雇工賃金についての情報をえることができる．この種のデータに依拠した仕事としてもっともよく知られているのは趙岡の研究であろう (Chao 1986; 劉・趙 1988)．米換算の実質賃金が長期的に低下傾向を示していたというその結論は，彼のマルサス人口論的な歴史解釈と整合的ではある．また，その賃金資料の抽出にもとづく研究が発表されているが，それらの場合も系統的な時系列推計の試みはなされていない (彭 1957; 魏 1983)．その理由は，それら研究者の問題関心がいわゆる資本主義の萌芽論争にあり，雇用契約や賃金支払の態様に「萌芽」がみられたか否かの検討に向けられていたからであろう．総じて刑科題本にもとづく研究には，時期的および地理的に散在するデータの性質，契約や支払方法の多様性(賄費の支給があったか否かは相当な違いをもたらす)，支払に使われた貨幣の多様性と交換比率への配慮が希薄であって[12]，問題が多い．とくに最後の点は，たんなる技術的問題を超えた重要性をもつ．たとえば，趙の賃金指数は全地域の雇銭を全期間単一の銀銭比率系列で換算したもので，その結果はきわめてミスリーディングといわざるをえない．彼自身のマルサス人口論的説明の根拠とはなりえないのである．

なお，従来はほとんど利用されたことのない官本資料に，1769年の物料價值則例(乾隆33年序奏)と1813年の欽定工部軍器則例とがある．後者は全国レベルの統制賃金率が主であるが，前者は政府の土木建築事業にかかわる大規模な調査結果報告であるため，残存する稿本でも15省945県をカバーし，政府が支払った賃金のほかに市場賃金率のデータも載せられ

---

[12] 17-19 世紀において銀銭比価の地域差がいかに大きかったかは，Vogel (1987) を参照．しかし，そこで示された比価にも，同一地域内における銀貨・銭貨の多様性は十分に反映されていないのである(黒田 1994)．

ていることは特記に値する(詳細は, Song and Moll-Murata 2002 を参照).

研究史──アジアの他地域

　最後に他のアジア諸国を一瞥しておきたい. かつての西欧の識者がアジアというとき, 中国とインドを一括して論ずる傾向があったが, インドの場合は植民地化される前の経済状況は如何という, 固有の問題があった. すなわち, 経済停滞の真の原因は植民地化であって, それ以前の経済発展は西欧と比べても見劣りせず, 生活水準もそれほど低いわけではなかったのではないかという主張が, 永年存在してきたのである. 実際, インド史家のプラサナン・パルタサラッティの主張はより直截であった. 彼は18世紀インドの農業および紡糸・織布における賃金データを英国のそれと比較して, インドにおける銀量換算の貨幣賃金(silver wages)は英国よりも低位であったけれども, 穀物で評価した実質賃金(grain wages)は同程度の水準にあったと主張した(Parthasarathi 1998, 2005). 彼の研究は, ある意味では, ポメランツの主張をポメランツが提供しえなかった賃金データによって補強するものと受取られ, それゆえに, 二つの賃金指標による英印比較にかんする発見事実を新たな分析枠組によって再検討し, パルタサラッティとポメランツの考え方を批判する研究を生んだ(Broadberry and Gupta 2006).

　このほか, 19世紀南アジアのジャワについても, 近年, 興味深い比較研究がなされた. オランダ植民地下の1820年代から70年にかけて賃金上昇がみられ, その結果, 不熟練労働者の実質賃金は購買力平価換算で同時代のオランダの農業労働者の実質賃金の9割以上の水準にまでたっした. しかも, 熟練労働者の場合はオランダにおける同等の職種の労働者よりもより多くの賃金所得を得ていた可能性があるという. しかし他方で, 一人当りのGDPを推計し, それをオランダと比較するとインドネシアの水準はきわめて低位となり, またそのオランダへのキャッチアップは観察されないのである(van Zanden 2003).

　わずか二つの例ではあるが, また伝統的な賃金史とは異なって長期時系列にもとづく研究ではないが, これらはいずれも大分岐論争によって生み

出された研究であり，マルサス的ではない，新しい分析視角を提示している点で興味深い．

比較賃金史の新たな動向

　ここで，伝統的な賃金史研究の問題点を整理しておこう．その第一は，伝統的な研究では比較がヨーロッパ域内にかぎられることが多く，ユーラシア規模での実質賃金の水準比較は行われてこなかったことである．それは西欧の経済史家の問題関心が狭かったからともいえるが，同時に，近世のアジアや他の非ヨーロッパ諸地域における賃金資料発掘と実質賃金系列の整備の遅れの反映でもあった．

　第二は，伝統的な賃金史研究者が，マルサス図式にとらわれてきたためそれぞれの国における趨勢と時期的変化の解明に力点をおきすぎてきたことがあげられる．その結果，これが第三の，もっとも大きな問題点であるが，水準比較を等閑視してきた嫌いがあったことである．フェルプス・ブラウンの論文からとられた図3.3をみればわかるように，それは各都市の1521-30年を100として基準化して描かれているが，もしこの基準年における西欧各地域の実質賃金の水準がかなりの差があったとすれば，実際のグラフは相当に異なった印象を与えるものとなっていたであろう．この点はマディソンの歴史統計プロジェクトと対照的である．彼のGDP値はすべて1990年基準の購買力平価換算となっており，その是非はいうまでもなく論争の的ではあるが，趨勢および水準の国際比較が当初から目論まれていたことは明白である．これにたいして，たとえばフェルプス・ブラウンの汎ヨーロッパ比較賃金史は，近世における人口増加とその圧力というマルサス的な思考枠組を念頭においての，16世紀初頭を基準年とする趨勢の比較であって，決してヨーロッパ諸地域間の絶対水準の比較ではなかった．この傾向は，徳川・明治の日本にかんする筆者の研究についてもいえることであって(斎藤1998a)，それは結果として第一の問題点を増幅させていたのである．

　ポメランツの2000年の著作自体はこれら問題点の解消に寄与することはなかったが，それに端を発した大分岐論争は――ときとして，西洋中心

史観批判とそれへの反批判という方向へ逸脱する傾向をもたなかったわけではないが——全体としてみれば，明示的な実質賃金水準の汎ユーラシア比較研究という，新たな実証的営為への努力を生むこととなった．その背景には，実質賃金は一人当り GDP に代る大衆の生活水準のもっともよい指標という，必ずしも正しくない観念があったかもしれない．つまり，家計所得にしめる賃金収入の割合が時間的にも空間的にも大きく変化するにもかかわらず，すなわち，西欧も東アジアも賃金収入のみで生活をしている人びとからなる社会とみなして比較することの意味は限定的であるにもかかわらず，その観念自体がばねとなって実証研究が精力的に推進されたということである．

　その成果は近年になって続々と刊行されてきている．すなわち，西欧概念を拡大してオスマン・トルコのイスタンブールまで含めてみたり (Özmucur and Pamuk 2002)，近世ヨーロッパにおける最先進国オランダとジャワとの対比を試みたり (van Zanden 2003)，18 世紀英国とインドの賃金水準と格差を再検討する分析枠組を提起したり (Broadberry and Gupta 2006)，ヨーロッパ内にも歴史的「大分岐」があったことを明らかにしたり，ヨーロッパ諸国とアジアのいくつかの国の直接比較を試みたりする研究が相次いでいる (Allen 2001, 2005; Bassino and Ma 2005; Allen, Bassino, Ma, Moll-Murata and van Zanden 2005)．次節では，これら実証研究の最新成果を紹介し，併せてその比較研究の前提となっている条件の吟味をも行うこととしたい．

3　概念と方法

　ここでは新たな水準比較の方法を詳しく解説するが，仮に PPP 調整が可能であっても実質賃金を生活水準の国際比較の尺度とすることには賛否両論がある．賃金データ自体に技術的問題があるからである．また一人当り所得との関係も問題であるが，19 世紀以前を主要な対象とする場合，賃金が利用可能なデータのなかでは国際比較のためにもっとも有用な指標であるとはいってよいかもしれない．いずれにせよ初めに，賃金データと

デフレータにかんするいくつかの問題点を一瞥しておきたい.

問題点

　第一は，賃金データの解釈にかかわる問題群である．その一つに現物支給(賄やビール)の有無がある．18世紀イングランドにかんする推計結果によれば，賄の価格換算額は賄なしの一日当り農業賃金率の26%であったという(山本1999)．明治日本のデータによると，その比率は農業日雇の場合は28–32%，農家年雇では50%強に達していた(梅村他1966, 101頁)．時代は下るが1930年代中国の農業日雇にかんしては40%強という調査がある(Buck 1937, vol. 3, table 12)．全体として，決して小さくない額であるといってよい．それゆえ，たとえばアレンの2001年論文におけるパリ系列を丁寧に検討すると，1886年に50%ものジャンプが生じていることがわかる(Allen 2001)．その原因は完全にはわかっていないが，他の系列にはみられないもので，賄付から賄なしへの変更があった可能性がある．また，ギルド・同業組合などの報告書中の賃金率の場合，解釈に注意を要する．「平均」「代表値」と書かれている値，あるいは「最高」と「最低」が与えられていてその平均をとったときの値は，算術平均なのか最頻値なのか中位値なのか判然としないことがあるからである．さらに，ギルド規制が機能していたところでも，たとえば南欧諸都市のように，個々のケースではそれと異なった率で契約することが可能であった場合もある(Trivellato 1999)．

　第二の問題は貨幣換算である．ヨーロッパの場合，フランス革命末期の，紙幣が発行された短い期間のような例外を別とすれば，銀の純量に換算するのが妥当な方法だということが広く認められているが，中国にかんしては——前節で述べたように——銀銭比価の地域差に大いなる注意を払わねばならない．徳川日本も複数通貨制度であったが，もう少し整然とした仕組の下にあった．一般的には，両替市場で成立した金銀比価および銭貨価格で換算することで大きな問題は生じないと考えられているが，徳川後期に進行した金本位制への志向と銀目の相対的地位低下には注意を払わなければならない．その延長には安政開港以降の銀価格の急落があり，それは

徳川時代の価格・貨幣賃金を明治以降につなげる際に，銀目から円への変換を困難にするからである．現在のところ妥当な方法は，近畿の銀建系列と関東の金建系列を1820年でリンクし，関東の金建系列を明治の円建系列につなげることではないかと思われる(斎藤 1998a, 第1章；Saito 2005a)．

　第三はデフレータである．すでに述べたように，もっとも単純で，これまでもしばしば使われてきたのは，穀物価格の系列を消費者物価指数の代理変数とみなすことである．けれども，穀物価格はあくまでも消費バスケットのなかのもっとも重要な財であるにすぎない．南欧では，主穀以外でも肉やワインが重要な支出項目であったが，その系列が入るか入らないかによって，計算される実質賃金指数には少なからぬ相違が生ずる．また，複数の品目の価格がわかっていても，個別にどれだけのウェイトをあたえるかが問題となる．それを新保博や宮本又郎のように，主穀(米)に30％，農産物全体には57％のウェイトを与え，他の品目は単純平均するという方法で回避した試みもある(新保 1978；宮本 1989)．ただ，工産物のうちどの品目にかんして価格情報が得られるかは時代と地域によって大きく異なるため，国際比較に利用できる品目は著しくかぎられるであろう．このように，完全に同じバスケットを異なった文化圏にある地域にかんして想定することは実際上不可能であるといってよい．

生存水準倍率法

　現在では消費統計が整っているので，生活水準の国際比較はPPP換算するのが常識となっているが，近世経済について直接PPPを推計することは不可能に近い．この現実を前提に，賃金所得水準の国際比較を可能とする目的で考案されたのがアレンの方法である．最初，アレンの2001年論文はヨーロッパ内の諸都市における名目賃金の実質化を行うために，共通の消費バスケットの構築を試みた．このバスケットの特徴は，たんに品目を揃えるのではなく，総栄養摂取量が一人一日1940キロカロリー，蛋白質摂取量が80グラムとなるように調整されていたところにある．古典派の生存水準の考え方に近いといえるが，近世の大多数の人びとは栄養学的ないしは生理学的な生存水準に近かったという判断があるのであろう．

デフレータはこのバスケット各品目に都市ごとの価格系列を乗じて計算される．一種の貧困線（poverty line）である．次に分子には，名目賃金率に250日という想定年間労働日数を乗じて，やはり想定家族員（大人換算）数である3で除した，一人当り年間賃金収入の推計値を使う．そして，この年間収入推計値をバスケット価格で除した値が，アレンが welfare ratio と名づけたところの想定生存水準にたいする比である．ウェルフェア・レイシオを直訳すると意味が伝わらない惧れがあるので，今後は「生存水準倍率」と呼ぶことにしよう．この倍率が1を上回れば収入が想定生存水準ないしは貧困線より上にあったことを，下回ればそのライン以下であったことを意味する．アレンは，それを中世の黒死病後から第一次世界大におよぶ期間のヨーロッパ内諸地域の都市ごとに算出をしたのである[13]．

新西欧地域史像

その結果は興味深いもので，フェルプス・ブラウンの描いたグラフ（前掲図3.3）と相当に異なった印象を与える．フェルプス・ブラウンの建築労働者実質賃金系列が西欧各地で一様に低下傾向を示したようにみえるのにたいして，アレンの生存水準倍率法によるグラフ（図3.4）では北西欧諸都市のグループ（英国のロンドンと，低地諸邦のアムステルダム，アントワープ）とそれ以外の中欧・南欧の諸都市のグループとが明瞭に区分される．すなわち，前者のグループでは実質水準の明瞭な低下はなく，むしろ停滞であり，後者のグループの場合は明白な低下によって特徴づけられる．これは，フェルプス・ブラウンが基準年とした1521-30年にすでに絶対水準の違いが各都市間であり，そのことを考慮に入れることにより2つの地域グループが明瞭に現れ，そしてその間の格差が拡大してゆく様子が歴然となったのである．これは西欧内で，近代以前に「大分岐」があったことを強く示唆する．

なお，図3.4では1500年以降を表示しているが，アレンのデータは中世にまで遡る．黒死病後の14世紀から15世紀においては，労働者の実質

---

13) 以上，Allen (2001) による．なお，大人換算で3人ということは，夫婦2人に子供2人の家族構成にほぼ対応するといってよい．

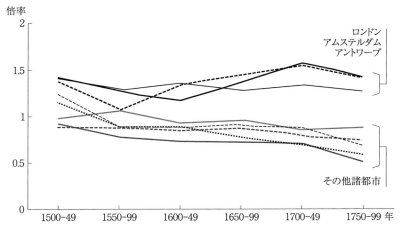

図 3.4 西欧諸都市における建築労働者の生存水準倍率，1500-1799 年
出所）　Allen (2001), p. 428.

賃金水準が非常に高かったことはフェルプス・ブラウン以来よく知られた事実であるが，アレンは生存水準倍率法によって，その時期の労働者の実質賃金が想定生存水準を明瞭に上回っていて，しかもアルプスの北とのあいだで大きな水準差がなかったことをも示した．しかし，大航海と銀の流入と人口増加とによって彩られた 16 世紀に入ると，実質賃金はヨーロッパ全域で下方へ転じた．しかし，その低下率は南欧および東欧において大きく，北西欧諸国との分岐が始まったのである[14]．

異文化間比較へ

　このアレンの 2001 年論文ではすべての地域に共通のバスケットが用いられていた．当然バスケットを固定するのは非現実的だという批判が生じうる．ただ，その仮定はヨーロッパにかんしてはそれほど大きな問題とは

---

14) アレンのデータベースにおける南欧は北イタリアで代表されているが，スペインにおいても中世末の水準は高かったであろう．さらに，他のカトリック地域からの殖民奨励もあって，17 世紀までは相対的に高水準を保った可能性がある (Alberola Romá and Giménez López 1997)．すなわち，地中海世界全域の現象であったと思われる．この英国・低地諸邦と地中海世界とのあいだの大分岐が生じたのが，なぜ 16-17 世紀であって 18 世紀あるいは 19 世紀でなかったのかは興味ある問題である．アレン自身，それへの解答をシミュレーション分析によって試みている (Allen 2003)．

ならないかもしれない．各地の食文化にある程度の共通項があるからである[15]．しかし，食文化が明白に異なる地域，たとえばアジアとの比較では，この仮定をおくことは難しい．この問題にたいしては，たとえばインドネシアとオランダを比較したファン・ザンデンのように，米をパンとジャガイモに，ココナッツ油をバターに，薪をピートに対応させるという，一種のヘドニック・マッチング法を採用する試みもある(van Zanden 2003)．ただ，それにはかなり強い前提をおかねばならないので，それよりは総栄養摂取熱量と蛋白質摂取量とを調整することによって異なったバスケットを構築する方法のほうが現実的かもしれない．実際，アレンが次の仕事で試みたのはこの後者の方法であった．

アレンの2005年論文は，アジアにかんしては総栄養摂取量約1940キロカロリー，蛋白質摂取量80グラムという基準を設定してヨーロッパとは異なったバスケットを作成し，中国・日本・インドとの比較を行った[16]．しかし，バッシーノと馬が批判したように(Bassino and Ma 2005)，そこで採用された「アジア」のバスケットは乳脂肪(ギー)の重要性が高いインドの食糧消費パターンに近似しすぎていて，日本のような東アジアの食文化には不適当であった(また，価格データを19世紀からの外挿によって求めていたために無視できないバイアスが生じていた)．代ってバッシーノと馬が提案したのは，表3.2に示したパターンである(価格も三井文庫資料から得られる18世紀の値を使用する)．そこには米と魚が主体の食生活と雑穀主体の食生活の2つのパターンがモデル化されているが，ともに総栄養摂取量1940キロカロリー前後，蛋白質摂取量80グラムの基準を充たしている．どちらを採るにせよ，ヨーロッパおよびインドとの対照は明瞭である．日本の欄には肉・パン・バターが欠けていて，ヨーロッパに魚・大豆・米はない．インドのパターンは両者の中間といえないことはないが，どちらかといえばヨーロッパ型に近いことも明らかであろう(なお，リネ

---

15) Özmucur and Pamuk(2002)は，Allen(2001)と同じヨーロッパ型消費バスケットを利用し，ほぼ同じ期間についてイスタンブールの計測を行っている．オスマン・トルコはヨーロッパの域外であるが，イスタンブールは地中海食文化の一部であったといえるであろう．

16) Allen(2005)．日本の賃金データは，Saito(1978)と大川他(1967)によっていた．

表 3.2 生存水準消費の構成比較: 日本とヨーロッパ

(人年当り)

品　目	日本のバスケット		アレンのバスケット	
	米魚型 (A)	雑穀型 (B)	ヨーロッパ	アジア
パン(kg)	—	—	208	—
豆類(除大豆, リットル)	4	4	52	52
肉類(kg)	—	—	26	26
バターまたはギー(kg)	—	—	10.4	10.4
大豆(kg)	52	26	—	—
米(kg)	114	30	—	143
大小麦(kg)	10	70	—	—
魚類(kg)	3.5	—	—	—
雑穀(kg)	16	75	—	—
食用油(リットル)	1	1	—	—
リネン類(m)	5	5	5	5
灯油(リットル)	2.6	2.6	2.6	2.6

出所) Bassino and Ma (2005).

ン類と灯油はすべてのパターンで同一量が仮定されている).

最新成果

　この方向での発展はさらに推し進められて，最新の成果であるアレン，バッシーノ，馬，モル−ムラタ，ファン・ザンデンの共同研究にまとめられた (Allen, Bassino, Ma, Moll-Murata and van Zanden 2005). 上記の技術的難点が解決されているなど多くの改善がなされているが，真の新しさは中国の賃金系列と消費バスケットが導入されたところにある．すでにみたように，王朝期の，長期にわたる利用可能な賃金データは存在しないが，この新しさは，限られた，しかも雑多なデータから一種の賃金関数を推計し，他のさまざまな要因をコントロールしたうえで求められた年次ダミーから賃金を算定しようとしたのである．結果は，その係数が統計的に有意ではなかったことから，名目賃金率は 18 世紀のあいだ不変であったとみなして 19 世紀のギャンブルの系列に接続したものである．長期間にわたって不変の貨幣賃金率を名目系列とすることはいかにも人工的な推計と映るかもしれないが，西欧の貨幣賃金データにも長いあいだ変化をしない系列が

少なからずみられるので，比較のうえでとくに大きなバイアスをもたらすことはないであろう．具体的には北京と広東の系列が整備され，18世紀から20世紀までをカバーする．

消費バスケットは，中国の場合，それぞれの都市における実際の労働者家計のデータにもとづき，1940キロカロリーと80グラムの基準にしたがって南北別に作成された．すなわち，北京では米より小麦，魚はなく，もっぱら肉を食し，広東でははるかに多くの米を消費して，肉と同じくらいの魚を食するというのが主要な相違点である．日本についても2つのバスケットが考えられるが，中国と違って地域によって変えることはせず，表3.2の米と魚のタイプ（バスケットA）を若干修正のうえ採用をした．なお，新しいバスケットにはすべて，リネン類と灯油のほかにアルコール（ビール換算で182リットル）と家賃（総額の5％）も固定項目として加えられている（詳細は，*Ibid.* tables 2-6）．これらによって，ヨーロッパの諸都市とアジアの諸都市（北京，広東，京都–東京）とが比較されるのである．

以上をまとめれば，生存水準倍率法によるアジア・ヨーロッパ比較の特徴は次の3点に要約できる．第一に，ユーラシア大陸の両端における近世期の食文化の違いを十分に考慮して消費バスケットの品目構成は変えるけれども，総栄養摂取1940キロカロリー，蛋白質摂取80グラムという同一の栄養学的水準を設定することによって比較の基準を統一したことである．第二は，衣料費，光熱費とアルコール消費をも考慮にいれたことである．これらの費目にかんしては固定量ないしは固定割合を仮定した結果，比較基準としての同一性が保持されている．第三に，栄養水準を固定した比較は近世の労働者の生活が生存水準近傍にあったということから正当化されるのであるが，他方では，その1940キロカロリー，80グラムという水準を達成する食品構成にはさまざまなパターンがありえたということである．いいかえれば，アレンら5名による共同論文での比較法はその多様性を許容できる方法になっているのである．

しかし，最後の特徴は同時に，この方法の問題点ともなりうるところであろう．表3.2に示された日本の2つのバスケットを例にみてみよう．すでに述べたように，米魚型のバスケットAも雑穀型のバスケットBも，

ともに 1940 キロカロリー，80 グラムの基準を充たしている．このうち，日本人の嗜好からみて好ましい食事はバスケット A である．しかも，それは明治以降の食生活をかなりよく反映し，また幕末であっても都市であればそれほど大きくかけ離れていなかったと思われる．ただ，徳川時代の実態に即していえば，バスケット A はかなり高くつく食生活であって，逆にバスケット B は安上がりの生活に対応する．事実，同時代の価格を使って計算すれば，バスケット B はバスケット A よりも 40％ も安価であることが確かめられる (Bassino and Ma 2005)．したがって，2005 年の共同論文 (Allen, Bassino, Ma, Moll-Murata and van Zanden 2005) では日本のカロリー摂取水準は米魚型バスケットによって計算されているけれども，仮に雑穀型バスケットで計算するとなれば，実質賃金の水準は相当に高位となり，解釈にも少なからぬ変更が余儀なくされるのである．これは，水準比較をする際にどの消費バスケットを選ぶかは，一方では当時の人びとの嗜好と，他方では彼らが現実の価格および所得制約の下で選択した消費品目の双方を尊重しなければならないということにほかならない．

4　水準とパターン

　本節では，2005 年のアレンら 5 名の共同論文の主要な結果を提示し，日本にかんしては同じ生存水準倍率法によって西欧との比較図を新たに一つ付け加える．図 3.5 が西欧と東アジアの 6 系列を一つのグラフに収め，図 3.6 で西欧内の北西と南の比較を，図 3.7 で日本と西欧の地方における水準比較を，そして図 3.8 では中国と日本の京都-東京系列とを比較している．いずれも不熟練労働者を対象とし，18 世紀から第一次世界大戦までをカバーしている．これらから観察できることは以下のとおりである．

観察結果
　まず図 3.5 をみよう．西欧 3 系列，東アジア 3 系列の生存水準倍率が描かれているが，ロンドンとアムステルダムとそれ以外に截然と区分されることがわかる．前者は北西欧を代表し，後者は南欧と東アジアである．両

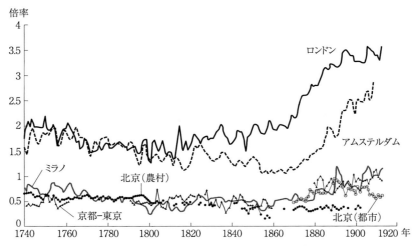

図 3.5 西欧と東アジアにおける賃金収入の生存水準倍率, 1740–1913 年
出所 Allen, Bassino, Ma, Moll-Murata, and van Zanden (2005) による.

グループのあいだには明白なギャップが存在し, 19 世紀後半以降はその格差が拡大した.

次に注目すべきは, 前者の比がほとんどの期間をとおして 1 を上回っていたことである. 18 世紀のロンドンとアムステルダムでは低下の趨勢がみられるものの, 生存水準倍率は想定生存水準の 1.5 倍前後であり, ロンドンにおいては, 19 世紀以降その水準はさらに上昇して 20 世紀初頭には 3 倍近くの水準にまでたっした. アムステルダムの場合は, 1800–10 年代そして 1850–60 年代とさらなる低下を経験し, 一時は比が 1 近傍にまで落ちる年次すらあった. これは, 19 世紀工業化におけるオランダの英国にたいする遅れと関係していたのであろうが, 1870 年以降はロンドンと同様の上昇へと転じた. これにたいして, 後者のグループではほとんどすべての期間 1 を大きく下回っていた. ミラノも, 北京の市内も周辺部も, そして京都–東京も, 1880 年までは想定生存水準の半分ほどのレベルを前後していただけであった. ミラノと東京と北京は 1880 年代を過ぎると緩やかな上昇に転じ, その結果として, ミラノと東京の場合は第一次世界大戦時にようやく 1 の水準にたっしたのである. これは, それぞれの国における近代経済成長の開始を反映していたと考えられる.

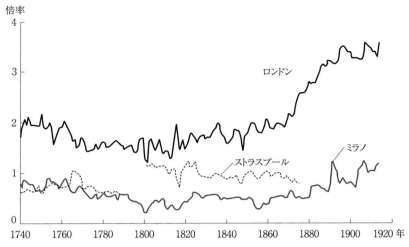

図 3.6 西欧における賃金収入の生存水準倍率，1740–1913 年：ロンドン，ミラノ，ストラスブール
出所）図 3.5 に同じ．

図 3.6 は西欧内における大分岐とかかわる．図 3.5 では，生存水準倍率が英国・オランダよりも大幅に下回るグループに東アジアとともにミラノが含まれていた．これは，西欧内でも大分岐があったというアレンの 2001 年論文を支持するものである．ただ，それがミラノ一例のことではなく，フランス以南の（そしておそらくは中・東欧まで含む）地域のパターンであった可能性を探るために，図 3.6 ではロンドンとミラノにフランスのストラスブールを加えて示す．

それによれば，18 世紀のあいだはストラスブールの水準がミラノとほとんど変らなかったこと，ロンドンのグラフが底をうった 19 世紀初頭に比が 1 を大きく超え，ロンドンの水準に近づいた時期があったこと，しかし，1820 年代以降には両グラフは再び乖離を始めて，ストラスブールはミラノの水準へ退却しつつあったということがわかる．図 3.5 のアムステルダムの 19 世紀の動きなどと考え合わせると，19 世紀の西欧各地では工業化のタイプとテンポの違いに起因する地域経済の再編成があったため，生存水準倍率の変化にも多様な動きが生じたということはあったのであろう．しかし，アムステルダムは結局ロンドンとのグループへ復帰し，他方

ストラスブールは南欧とのグループへ戻ったところをみると，中世後期以来の西欧内における大分岐はかなり根深いものがあったと推測される．

　西欧内における多様性の源は，しかし，他にもあった．地域差，とくに都市と農村の差である．ここで英国はロンドンによって代表されているが，もともとのアレンのデータベースにはオクスフォードの地方系列も含まれている．1860 年をとり，前後 5 ヵ年の平均値で比較をすると，オクスフォードの生存水準倍率は 1.22 でロンドンの 1.96 を 40% 近くも下回っていた．それでも 1 を超えた水準ではあり，かつ（図 3.7 でみるように）グラフの形状もロンドンのそれと近似した動きを示すので，西欧内における上位グループにかんする結論自体には影響しないかもしれないが，他地域とのギャップの大きさには異なった含意をもつかもしれない．

　たとえば南欧にかんしてはどうか．イタリアにかんする研究は，近世に大都市と中小都市の水準格差は縮小したかもしれないという．ミラノ，フィレンツェ，ナポリの貨幣賃金は低下をしていたのにたいして，中規模都市モデナとジェノアの系列は安定を保っていた(Vigo 1974)．また，ギルドがなかったような小都市では，問屋制家内工業が拡大したところもある．とくに北イタリアではいわゆるプロト工業の拡がりが顕著であったので，大都市との格差が縮まった可能性があるからである(Corritore 1993)．それゆえ，一国全体としてみれば，近世イタリアにおける実質賃金の低下が図 3.6 の含意するほど明瞭であったかどうかについては議論の余地があろう．19 世紀に入ると南欧全体で地域差が縮小し，この傾向は第一次世界大戦まで続いた(Söderberg 1985)．たとえば，19 世紀中葉には 100% であったパリのプレミアムは 1913 年には 50% へ低下し(Sicsic 1992, 1995)，スペインのカタロニアとバスク地方の水準は 19 世紀末から次の世紀初頭までにピエモンテと肩を並べるまでになった(Roses and Sanchez-Alonso 2004)．この格差縮小傾向は，近世と比べても力強い動きであったといってよい．

　東アジアに眼を転ずると，日本では徳川時代にすでに賃金格差縮小の傾向がみられたことがわかっている．18 世紀における動きは畿内内部における熟練・不熟練間格差が縮むというかたちをとり，19 世紀にはその動きは止まったが，代って後進地域の畿内水準へのキャッチアップという現

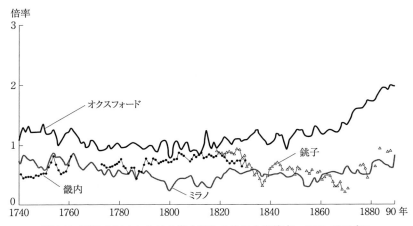

図 3.7 西欧と日本における賃金収入の生存水準倍率，1740-1890 年：
オクスフォード，ミラノ，畿内，銚子
出所）本文参照．

象が生じた(Saito 1978; 斎藤 1998a)．これは本書第 5 章のテーマであるが，社会全体でも所得格差は拡大しなかった可能性が大きく，日本における前近代経済成長の大きな特徴の一つといえる(斎藤 2005; Saito 2005b)．

そこで，日欧間の地方系列の比較，すなわち英国オクスフォードおよびミラノの系列と日本の農村地帯の系列との比較を試みる．それが図 3.7 である(日本の系列は畿内西摂の農業日雇と銚子の醬油製造業の賃金データによる[17])．これをみると，英国と日本の格差が相当に縮まったように思える．実際，アレンは 2005 年論文で徳川日本における農村の水準はイングランドの農村地方と同等と述べていた(Allen 2005)．もっとも，彼のこの日本系列にはバッシーノと馬の批判があり，次にみる新しい論文では修正されているので，その言明自体をあまり重視することはフェアでないが，図 3.7 でも格差は小さいという印象をうけるであろう．しかし，両者の懸

---

[17] 西摂の農業日雇と銚子の醬油製造業の賃金系列とオクスフォード系列を比較したこの図は本書のオリジナルで，Allen, Bassino, Ma, Moll-Murata and van Zanden(2005)にはない．西摂と銚子の賃金系列は付表 3.1 に掲げるが，それらの詳細は，斎藤(1998a)，第 1 章，付録 1-2 の賃金表を参照．なお，後者の銚子系列の 1864 年以降は鷲崎(2007)の再推計値による．実質賃金から生存水準倍率への変換にかんしては，ジャン=パスカル・バッシーノと馬徳斌の協力を得た．記して感謝する．

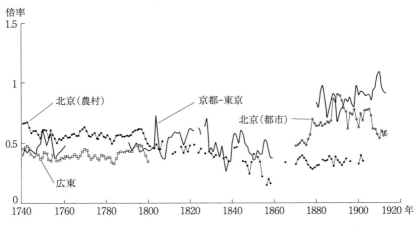

図 3.8 中国と日本における賃金収入の生存水準倍率, 1740–1913 年: 北京, 京都–東京
出所) 図 3.5 に同じ.

隔が非常に縮まった 18 世紀から 1820 年代は徳川日本の長期循環における上昇局面にあたっていた．上記の熟練・不熟練間の賃金格差が縮小したのもこの期間であり，その背景には農業生産力の上昇があった．また，1820 年代以降とは異なって物価も安定した時代であった(Saito 1978; 斎藤 1998a)．他方，その時代の英国は産業革命の開始とナポレオン戦争の影響で実質賃金は低迷を続けていたころであったので，この現象も 2 つの地域における長期波動の波長がずれたことによる一時的な接近というのが適切な表現であろう．実際，1830 年以降はミラノに代表される西欧の下位グループの水準へと退行していったのである．

最後に，図 3.8 によって日中間の比較を行う．19 世紀末まで，生存水準倍率における日中の水準差がなかったことは図 3.5 からもわかるけれども，ここでは念のため 18 世紀広東の系列を加えて確認をする[18]．すなわち，18 世紀中葉でみると日本の京都–東京は北京近郊農村と広東の系列の

---

[18] 北京と広東のあいだには小さからぬ水準差があるが，この時代の地域差を語ることは難しい．Allen, Bassino, Ma, Moll-Murata and van Zanden (2005) は物料價値則例から得られる熟練労働者賃金の省別地図を掲げているが(Map 1)，それによれば，満州などの辺境地域で高額の賃金が支払われていた．この，一見したところ不思議な現象を無理なく解釈するには，他のさまざまな要因を考慮に入れなければならないようである．

あいだに収まっていることがわかる．図3.8からわかる他の事実は，1870年代に起きた中国国内における都市・農村間の分岐と，1910年前後からの日中間の分岐である．北京市の系列は，日本と同様1880年ころから上昇を始めたが，20世紀に入ると失速，日本との乖離が決定的となった．

パターンと変化

　以上，生存水準倍率によってみた実質賃金の水準比較からえられた観察事実を，ポメランツの提起した問題，すなわち大分岐論争との関連でまとめよう．第一に，北西欧の都市における実質賃金水準は想定生存水準を上回っていたのにたいして，南欧，中国，日本のそれは全期間を通じてその水準を下回る領域で変動を繰り返していた．イングランドと低地諸邦の系列はともに18世紀を通じてゆるやかな低下傾向を示しているが，他地域との格差は明白である．両国における都市の実質賃金は近世後期においてすでに突出して高水準だったのである．生活水準における西欧の優位は近世からという，ポメランツが批判をしようとしたアダム・スミス以来の命題は確認されたのである．

　第二に，南欧と中国の水準差は小さかった．中国の農村系列が19世紀後半からミラノ系列に後れをとりはじめるが，それは中国国内における都市・農村間格差の拡がりの結果であって，中国の都市系列とミラノを比べれば全期間を通じて大きな差はなかったのではないかと思われる．徳川日本について，その農村賃金をイングランド農業州オクスフォードと水準比較するという試みをしてみると，18世紀前半に日本の実質賃金のキャッチアップがあり，世紀後半から次の世紀の初頭にかけての時代にはオクスフォード水準にかなり接近したことがわかる．その水準はイングランドの農村地方と同じとはいえなかったかもしれないが，それほど見劣りしない水準にたっしたことは事実である．しかし，より長期の視点からみるとそれは一時的現象であって，徳川日本は西欧の下位グループと同等の水準かその近傍に位置していたとみるべきであろう．これらの発見は，東アジアの生活水準が西欧と比べて見劣りしないというとき，その比較対象を西欧のどの地域にとるかによって判断は大きく変るということを意味する．す

なわち，16世紀以降に起きた西欧内での大分岐の結果，東アジアの実質賃金水準は英国や低地諸邦諸国との差が明瞭となったが，南欧，そしておそらく他の多くの西欧諸地域との格差は拡がらなかったのではないかと思われる．

いいかえれば，西欧は一つではなく，近世のあいだに南北間で実質賃金水準上の分岐があったこと，他方，東アジアと南欧は近世期を通じてほぼ同じ水準にあったこと，そして第三に，中国と日本，中国と南欧とが分岐を始めたのは19世紀末から，本格的には20世紀に入ってからであったということが指摘できるのである．

5　新たな問題

以上から明らかなように，生存水準倍率法による実質賃金の水準比較は重要な事実発見を私たちにもたらした．しかし，その真の意義はそれだけにとどまらない．むしろ，それら発見事実自体が新たな問題提起と考えるべきであると思う．新たに考えるべき問題は少なくとも3つある．

生計稼得の様式

その第一は，そしてこれがもっとも重要な問題であるが，英国と低地諸邦以外の多くの地域では生存水準を下回る賃金収入しか得られない時代が，なぜこれほど長く続いたのかという問いである．従来，賃金水準が低い，貧しいという観察はいくらでもあったが，それらはいずれも絶対的な生活水準がどの程度にあったのかを示すことはできなかった．それにたいして，この想定生存水準との倍率として定義される実質賃金収入の値はそれを明示することができる．それによれば，図3.5から図3.8でみたように，北イタリア，中国，日本などの労働者あるいは農民家族は想定生存水準を大きく下回る水準で生活をしていたことになる．しかも飢饉や大量失業の年のように一時的な現象ではなく，一世紀以上の長きにわたって続いていたということが示唆されたのである．しかし，少し考えてみればわかるように，そのようなことがそもそも可能だったかどうか疑問に思うであろう．

図3.5から図3.8でみたことを事実として受入れるとすれば,そのような生活はどうして可能だったのであろうか.

2005年論文の著者の一人ヤン・ライテン・ファン・ザンデンは日本で行ったセミナー報告において,仮説的ではあるが,この問いにたいする答を提示した.その一つは年間労働日数を想定の250日以上に増やした可能性,第二はより安価なカロリー源での代替の可能性,そして第三に出生制限の可能性である(van Zanden 2006).

最後の家族制限の有無はいまだに歴史人口学者の論争の的であるが,前二者は現実性の高い想定であろう.たとえば年間250日ではなく300日働き,かつ妻も内職ないしは副業に従事すれば,生計費の不足はかなり補える.実際,東アジアの農民は何らかの非農業的生業を営むのが通例であったし,南欧でも農村家内工業は19世紀に入ってまで重要な存在であった.とくに北イタリアやカタロニア地方ではそうであった(Colomé Ferrer 2000)[19].

また,食生活についても,安価な代替物へ切り替えるならば相当な違いが生ずる.一般的に,歴史的変化は,たとえカロリー摂取量が同一であってもより高価な内容のバスケットへと向かうと考えられている.前掲表3.2における日本のバスケットB(雑穀型)からA(米魚型)へ,というように,である.図3.5と図3.7–3.8での生存水準倍率推計にはバスケットAを全期間に適用したのであったが,それは主として都市を念頭においてのことであった.農村部であれば徳川時代の食生活は雑穀型に近く,米魚型への変化が顕著なかたちで生じたのは明治以降のことであった可能性が高い.そうであったならば,算出された日本の実質賃金水準は徳川時代において過少推計で,19世紀後半から20世紀初頭への変化を高目に見積もっていることとなる.そして,18世紀日本の真の水準がもう少し高めであったとするならば,これまでのすべての汎ユーラシア比較は影響をうけることとなるであろう.

---

19) これにたいしてフランスでは,19世紀後半ともなると工業の専業化が進行し,農村の人びとが2つの労働市場を行き来するという現象は稀となった(Bompard et al. 1990a, 1990b; Postel-Vinay 1994; Magnac and Postel-Vinay 1997).

これにたいして，逆の方向への変化はなかったのであろうか．カロリー面では同等であってもより安価な内容の食生活への変化である．中世末の西欧全域で人びとの生活水準が高かったことはすでにみたが，その食生活はかなり肉中心の内容であったようである．ヴィルヘルム・アーベルは，主としてドイツの事例によってではあるが，1400年ころの建築職人家族は肉を年間一人当り65キログラム，魚を10キログラム，乳製品と卵を7.5キログラム消費していたとみている（Abel 1981）．近世よりも中世末のほうが動物性蛋白の消費が多かったことはリヴィ＝バッチのサーヴェイからも確認できることで（Livi-Bacci 1991），肉の年間消費量26キログラムというアレンが仮定する西欧のバスケット（前掲表3.2）は，中世後期型バスケットからの安価化の帰結だったのである．類似の，しかしもう少し小規模での変容は，産業革命期労働者の食卓でも生じていたかもしれない．これもまた推計される実質賃金を低める要因であると同時に，そのような食生活の安価化自体が実質賃金の低下にたいする労働者の対応の結果であったのではないであろうか．

　このように，ファン・ザンデンの示唆は現実の歴史で何が起きたのかを考えるうえで示唆に富む．しかし，汎ユーラシア比較という観点からみるとき，それ以上に構造的な問題，生計稼得の様式自体が異なっていた可能性があったように思う．すなわち，アレンの生存水準倍率法では，家族の生計は世帯主が労働市場で年間250日働いた収入でたてるという仮定にもとづいていた．それゆえ，労働市場からの情報として得られる一日当りの賃金率に250を乗じ，想定家族員数3で除して一人当りの支出可能額を算定したのであった．しかし，そのような世帯が近世社会の下層を構成する家族の大部分であったのは西欧のなかでもイングランドと低地諸邦の諸地域にかぎられていた．近世東アジアの労働力は小農（ペザント）であって，雇用労働者ではなかった．また南欧農村では，分益小作人（sharecropper）が支配的であった．それらの世帯の生計稼得の様式は，雇用労働者の世帯のそれとは本質的に異なっていたと考えなければならない．この構造的な差異を無視して計算上求められた賃金収入ではなく，実態を反映した総世帯所得の推計をし，比較をすることが必要となる．

ただ，そのためには次の2つの課題を検討しておかねばならない．生計稼得様式の相違にもとづく構造的な「大分岐」の可能性の検討は，のちの第6章においてなされるであろう．

趨勢の問題

　第二の問題は，水準において北西欧の絶対的な優位は事実であったとしても，図3.5-3.7が示していたのは実質賃金ないしは生存水準倍率の趨勢自体は低下傾向にあったということとかかわる．イングランドやオランダにおいては，南欧などにおける趨勢とは異なってその低下率はたしかに小さかった．しかしその水準が長期にわたって低下をし続けていたということは何を意味するのであろうか．また，東アジア，とくに徳川日本においてはその長期のトレンドが上向きであったということはなかったのであろうか．そうであったとしたら，その対照は何を含意するのであろうか．

　本書では，この問題を実質賃金の動向と一人当り産出高の動向とを比較することによって解明する．この検討は次章の前半においてなされるが，そこでは，北西欧においては，一人当りGDPのゆっくりとした上昇にもかかわらず実質賃金が低下していたという事実が明らかとなり，他方で徳川日本の場合，上昇率はいっそう小さな値ではあったが，一人当り産出高も実質賃金もともに上昇していたということが示される．次章の後半ではその発見事実を，これまでの経済史的知見の蓄積に依拠しながら，スミス的成長と分業の展開という文脈で比較史的解釈を加えることになろう．

一国内における格差の問題

　そのような日欧間の対照は，一国あるいは一地域内における格差の問題を提起する．仮にある国の生活水準が平均値で他と変らなくても，最下層の人びとのレベルが比較対象国の最下層よりも格段に低ければ，あるいは逆に最上層の豊かさが他よりも劣っているとすれば，比較史的な含意はそれぞれ相当に異なるからである．第4章で検討される実質水準ないしは生存水準倍率も一人当り産出高も，いずれも生活水準の指標である．ただ，図3.5-3.8はすべて不熟練労働者の賃金収入を問題としているのにたいし

て，一人当り産出高という指標はあらゆる階層の人びとを平均した生活水準を反映する．それゆえ，この2つの指標の動きが明瞭に乖離してゆくということはその社会の所得格差が開いていたことを示し，両指標が同じテンポで変化しているところでは格差拡大が起きていなかったことを示唆するであろう．

けれども，それはあくまでも趨勢の話であって格差の水準比較ではない．生存水準倍率が2を超えていたような近世イングランド社会における階層間所得格差は，どのレベルにあったのであろうか．徳川日本において一人当り産出高と実質賃金とが同じ変化率で動いていたということは，かなりの懸隔のある格差構造が固定的であったということを物語るだけなのであろうか．

この問題は第5章において検討される．これまで徳川日本の所得分布を計測しようという研究はまったくなかったが，本書ではそれを試みる．かなりの困難は伴うが，1840年代の長州藩に残されたデータから身分階層別の世帯所得を推計し，それによって階層間格差の水準を確定し，近世イングランドなど，他の歴史的事例と比較をする．

この作業からは同時に，農家の世帯所得の推計値をも得ることができるので，それは上記第一の問題にも答える一助ともなるであろう．そこで第6章では，複数の要素所得の混合としての農家世帯所得を，垂直的な分業の展開および要素市場，とくに労働市場のあり方と関連させて，汎ユーラシアにおける構造的な「大分岐」の可能性を議論する．

付表 3.1　畿内および銚子の実質賃金系列

A　畿内農業労働者, 1741-1830年 1802-4年＝100				B　銚子醬油製造業労働者, 1818-80年 1804-44年＝100			
年次	指数	年次	指数	年次	指数	年次	指数
1741	65.5	1786	77.5	1818	125.1	1854	—
1742	58.2	1787	55.3	1819	113.5	1855	70.1
1743	58.3	1788	71.0	1820	110.4	1856	66.0
1744	59.4	1789	70.2	1821	109.5	1857	73.3
1745	59.0	1790	84.2	1822	107.2	1858	—
1746	57.9	1791	97.6	1823	109.6	1859	67.2
1747	63.1	1792	87.1	1824	112.1	1860	68.8
1748	61.9	1793	86.5	1825	109.9	1861	52.3
1749	65.5	1794	96.8	1826	107.2	1862	56.8
1750	66.4	1795	94.3	1827	117.0	1863	63.3
1751	66.8	1796	88.1	1828	115.3	1864	61.2
1752	79.9	1797	90.0	1829	99.1	1865	48.0
1753	90.5	1798	91.9	1830	103.5	1866	38.9
1754	102.2	1799	93.8	1831	79.2	1867	37.6
1755	86.8	1800	91.0	1832	86.7	1868	46.6
1756	74.4	1801	90.9	1833	74.8	1869	29.9
1757	65.5	1802	95.7	1834	61.1	1870	26.1
1758	68.3	1803	96.9	1835	67.8	1871	31.8
1759	71.4	1804	108.9	1836	54.2	1872	—
1760	87.2	1805	106.2	1837	39.9	1873	—
1761	101.9	1806	104.7	1838	50.2	1874	—
1762	—	1807	101.1	1839	58.9	1875	—
1763	—	1808	92.2	1840	75.1	1876	82.0
1764	—	1809	94.6	1841	77.9	1877	83.0
1765	—	1810	104.4	1842	86.5	1878	74.6
1766	—	1811	102.1	1843	88.2	1879	56.7
1767	—	1812	106.4	1844	82.5	1880	—
1768	—	1813	107.6	1845	73.6	1881	—
1769	—	1814	98.5	1846	—	1882	80.1
1770	—	1815	100.1	1847	75.1	1883	—
1771	—	1816	104.9	1848	78.9	1884	117.7
1772	—	1817	103.3	1849	75.0	1885	—
1773	85.8	1818	102.0	1850	62.8	1886	—
1774	83.7	1819	102.8	1851	77.3	1887	110.5
1775	78.2	1820	109.2	1852	75.5	1888	112.2
1776	78.6	1821	102.4	1853	—		
1777	79.9	1822	100.4				
1778	84.6	1823	92.8				
1779	87.0	1824	87.0				
1780	90.5	1825	90.6				
1781	95.8	1826	87.0				
1782	81.2	1827	91.7				
1783	76.7	1828	91.3				
1784	66.8	1829	80.4				
1785	77.9	1830	93.2				

出所)　Saito(2005a), pp. 90-93；斎藤(1998a), 189-90頁, および鷲崎(2007), 表3.
註 1)　畿内は西摂農業日雇の系列.
　 2)　銚子はヤマサ醬油の熟練および不熟練労働者の加重平均. ウェイトは熟練 0.15, 不熟練 0.85 で, 不熟練のウェイトが圧倒的に高い系列である.

付表 3.2　畿内および銚子における賃金収入の生存水準倍率

A　畿内農業労働者，1741-1830 年				B　銚子醬油製造業労働者，1818-80 年			
年次	倍率	年次	倍率	年次	倍率	年次	倍率
1741	0.52	1786	0.62	1818	1.01	1854	—
1742	0.47	1787	0.44	1819	0.91	1855	0.56
1743	0.47	1788	0.57	1820	0.89	1856	0.53
1744	0.48	1789	0.56	1821	0.88	1857	0.59
1745	0.47	1790	0.67	1822	0.86	1858	—
1746	0.46	1791	0.78	1823	0.88	1859	0.54
1747	0.51	1792	0.70	1824	0.90	1860	0.55
1748	0.50	1793	0.69	1825	0.89	1861	0.42
1749	0.52	1794	0.78	1826	0.86	1862	0.46
1750	0.53	1795	0.76	1827	0.94	1863	0.51
1751	0.54	1796	0.71	1828	0.93	1864	0.49
1752	0.64	1797	0.72	1829	0.80	1865	0.39
1753	0.73	1798	0.74	1830	0.83	1866	0.31
1754	0.82	1799	0.75	1831	0.64	1867	0.30
1755	0.70	1800	0.73	1832	0.70	1868	0.38
1756	0.60	1801	0.73	1833	0.60	1869	0.24
1757	0.52	1802	0.77	1834	0.49	1870	0.21
1758	0.55	1803	0.78	1835	0.55	1871	0.26
1759	0.57	1804	0.87	1836	0.44	1872	—
1760	0.70	1805	0.85	1837	0.32	1873	—
1761	0.82	1806	0.84	1838	0.40	1874	—
1762	—	1807	0.81	1839	0.47	1875	—
1763	—	1808	0.74	1840	0.60	1876	0.66
1764	—	1809	0.76	1841	0.63	1877	0.67
1765	—	1810	0.84	1842	0.70	1878	0.60
1766	—	1811	0.82	1843	0.71	1879	0.46
1767	—	1812	0.85	1844	0.66	1880	—
1768	—	1813	0.86	1845	0.59	1881	—
1769	—	1814	0.79	1846	—	1882	0.65
1770	—	1815	0.80	1847	0.60	1883	—
1771	—	1816	0.84	1848	0.64	1884	0.95
1772	—	1817	0.83	1849	0.60	1885	—
1773	0.69	1818	0.82	1850	0.51	1886	—
1774	0.67	1819	0.82	1851	0.62	1887	0.89
1775	0.63	1820	0.88	1852	0.61	1888	0.90
1776	0.63	1821	0.82	1853	—		
1777	0.64	1822	0.80				
1778	0.68	1823	0.74				
1779	0.70	1824	0.70				
1780	0.73	1825	0.73				
1781	0.77	1826	0.70				
1782	0.65	1827	0.73				
1783	0.61	1828	0.73				
1784	0.54	1829	0.64				
1785	0.62	1830	0.75				

出所）　付表 3.1 および Allen, Bassino, Ma, Moll-Murata and van Zanden (2005) による．

註）　生存水準倍率は，年間想定賃金収入の生存水準にたいする比．

第4章　二つのスミス的成長パターン

はじめに

　第3章では，近世の西欧では労働者の実質賃金が低下傾向にあったことをみた．たしかに，西欧と一括される地域のなかでも南欧諸地域でとくに下落幅が大きく，北西部ではその程度が小さかったという相違はあった．しかし，その北西欧は南欧とは異なって，近世の経済成長の足取りがたしかな地域であった．それは，表3.1に掲げたマディソン推計による英国とイタリアの一人当り GDP の対照的な推移からも明らかであろう．それにもかかわらず，英国やオランダにおける実質賃金ないしは生存水準倍率は下がり気味だったのである．これはなぜなのであろうか．

　他方，東アジアにおける近世の生存水準倍率は停滞的であった．グラフから読みとれるかぎりでは，明瞭な低下傾向も上昇傾向もなかったように思われる．それにたいして，マディソン推計の一人当り GDP は中国にかんしては微減，日本については微増であった．しかし，日本にかんしてもその増加テンポはあまりにも緩慢であったので，実質賃金の変化率といかなる関係にあったのかは厳密な検討ののちでなければ確定できない．

　そこで本章では，この一人当り GDP の推移と実質賃金の変化との関係を北西欧と日本にかんして確定する．そのうえで，両者の対照的ともいえるパターンをスミス的成長の観点から検討し，併せてその事実が所得の階層間格差の動向にたいしてもつ含意を探ることとする．

1　二つの指標，二つのパターン

　西欧経済史家を悩ましてきた問題に，なぜ近世の労働者の実質賃金は数世紀にわたって下がり続けたのだろうかということがある．16世紀から17世紀にかけて西欧全域で生じたその著しい水準低下は，価格革命によ

るのか,それとも人口増加の結果なのかという論争を呼んだが,ここで重要なのは,西欧のなかでも最先進国であったイングランドや低地諸邦(ベルギーとオランダ)においても,17世紀後半から18世紀にかけての回復力は弱かったという事実である.とりわけ,近年になって国別の産出高推計が試みられるようになり,一人当り国内総生産(GDP)の趨勢はゆっくりと上昇していたことがわかってきたため,人びとの生活水準を測定する二つの指標が相反する方向へ動いていたことをどのように説明するかが研究課題として強く意識されるようになったのである.

近世西欧のパラドクス

　図4.1は,近世西欧諸国のなかではもっとも好成績を示したイングランドと低地諸邦を取上げて,実質賃金指数とアンガス・マディソン推計の一人当りGDPとがどのように推移したかを描いている[1].この図によれば,この地域は3世紀間にわたって一人当りGDPが年率0.2–0.3%(ベルギー・オランダ0.2%,イングランド0.3%)で成長していたにもかかわらず,そしてその結果として実物的な生活水準が約2倍にまで達したにもかかわらず,それら諸国の労働者の1800年における実質賃金は1500年の70–80%の水準にまで低下していた.いうまでもなく,イングランドとベルギー・オランダのあいだにも相違がみられる.しかし,二つの指標間に対照的な動きがあったという点では両地域は共通している.近世の北西欧では,生活水準の異なった指標のあいだに大きな乖離が生じていたといってよい.

　ただ,これらの推計値にはまだ少なからぬ問題が残っていることは事実であろう.たとえば,いくつかの賃金系列は貨幣賃金が長期間にわたって硬直的で,それゆえに価格上昇期の実質賃金は著しい下落を示していて,疑念をいだかせるに十分である.しかしながら,労働者の平均賃金が実質的に目減りをしていたということであれば,デフレータとウェイトの選択

---

[1] 実質賃金指数は,第3章で紹介をしたアレンの生存水準倍率の計算に使われたのと同じデータによる.デフレータは,1745–54年のストラスブール価格を1.0とした各地の消費者物価指数である(Allen 2001, 2003).

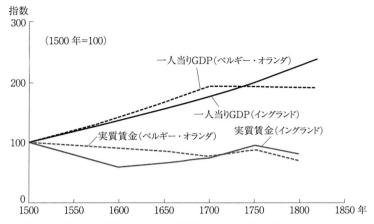

図 4.1 近世の北西欧における実質賃金と一人当り GDP(マディソン推計)の推移, 1500-1820 年
出所) Allen(2003), p. 437; Maddison(2001), 311 頁.

やその結果としての下落率の違いにもかかわらず,動かしがたい事実といってよい(たとえば,van Zanden 1998; Allen 2001, 2003).

これにたいして,前章でみたように,一人当り GDP のマディソン推計は相当に大胆な仮定にもとづいていた.とくにイングランドにかんしてはそうであった[2]. そこで,その推計がどの程度に妥当性をもつのか検討しよう.まず,他の GDP 推計をみる.マディソンのように現代までつながった系列ではないが,近世西欧の諸国にかんする GDP と一人当り GDP 値の改訂を行ったファン・ザンデンの最新推計値があるので(van Zanden 2005),それによって実質賃金との比較をしてみよう.ただ,図 4.1 では 1500 年と 1820 年のイングランドと低地諸邦の比較をしていたが,ここでは北西欧と南欧の比較を行う.比較の時点は産業革命が終りつつあった 1820 年ではなく 1750 年とし,一人当り GDP は 1820 年の英国を 100 とした指数で表現されている.実質賃金は図 4.1 と同じである.

表 4.1 がその比較の結果である.一人当り GDP 成長率は北西欧ではプラス 0.22%,南欧ではマイナス 0.04% で,マディソン推計 0.42% と

---

2) 本書第 3 章, 84-86 頁.

表 4.1 近世の北西欧および南欧における実質賃金と一人当りGDP（ファン・ザンデン推計）の推移，1500-1750 年

年　次	実質賃金 (1745-54年ストラスブール価格＝1.0)		一人当り GDP (1820 年英国＝100)	
	北西欧	南欧	北西欧	南欧
1500 年	10.2	9.2	46	59
1750 年	9.3	6.3	80	53
変化率(年率，％)	−0.04	−0.15	0.22	−0.04

出所）　Allen (2003), pp. 436-37; van Zanden (2005), table 3.
註）　北西欧はベルギー・オランダ・英国の，南欧はイタリアとスペインの加重平均．ウェイトは人口である．

0.04％ とは少なからず異なっている[3]．ファン・ザンデンの推計値のほうが全体として低めで，とくに南欧のパフォーマンスはわずかなプラスからマイナスへと変っている．しかしそれにもかかわらず，二つの指標間の関係に変化はない．北西欧における両指標の動きには乖離があって，一人当りGDPでみると成長をしていたにもかかわらず，実質賃金収入は目減りをしていたのである（南欧の場合は，一人当りGDPがわずかなマイナス成長，実質賃金収入は北西欧以上に大きな低下をみせていた．いいかえれば，乖離が生じていたという点では同じであった）．

　第二の確証は実物的なエヴィデンスから得られる．すなわち，遺産目録に依拠した，オランダやイングランドの広範な階層における「モノの世界」の研究は，17 世紀と 18 世紀とを比較すると食器，家具，内装品，衣服の保有率が確実に上昇していたこと，それもアムステルダムやロンドンのような大都市だけではなく，地方をも含む幅広い中産層の家庭にまで浸透していたことを明らかにしている．たとえば，オランダ・フリースランドの一地域における乳牛所有頭数が 10 頭未満の，しかし無所有ではない農民層についてみよう．1566-74 年における彼らの食卓と椅子の保有率は約 5 割であったが，1711-50 年になると 9 割を超していたこと，テーブルクロスは 3 分の 1 の家しかもっていなかったのが半数以上は所有するよう

---

[3]　Maddison (2001), 311 頁．ただマディソン系列のベンチマークには 1750 年がないので，ここでの値は 1500 年から 1700 年への変化率である．

になったこと，カーテンの場合は 1 軒ももっていなかった状態から 9 割もの家が保有するようになったことがわかる (de Vries 1975, pp. 246-47, 256-57)．イングランドに目を転ずると，1675 年におけるロンドンでは，すでに 6 割前後ないしは 4 分の 3 の割合で陶器，掛時計，テーブルクロス，カーテンが遺産目録に登場しており（それぞれ 64, 56, 76, 68%），50 年後には 9 割近い割合となった（それぞれ 88, 88, 82, 94%）．イングランド全体のサンプルにおける水準はロンドンよりはだいぶ低位で，掛時計の遺産目録登場率が 17 世紀後半で 9% にすぎなかったが，それでも半世紀後には 34% となり，カーテンの保有は 7% から 21% へと上昇した．陶器は 17 世紀後半時点で 27% が所有しており，1725 年には 57% に達していた．テーブルクロスの場合には目立った変化がみられなかったが，1675 年においてはすでに 43% の普及率であった．身分別にみても，全期間を通しての数字となるが，職人と小売商への普及率は陶器 43%，掛時計 19%，テーブルクロス 51%，カーテン 16% であって，ジェントリィ層の 39, 51, 60, 26% には及ばないかもしれないが，所得・身分のうえでは上位のヨーマン層の 33, 19, 35, 5% を上回っていた[4]．このように，近世西欧における家庭の消費財ストックは，世代が代るごとに都市から地方へという動きを伴いながら少しずつ豊かとなっていったのであって，それは一人当り GDP というマクロ経済指標のゆっくりとした増加傾向と完全に整合的な事実なのである．

徳川日本のパターン

近世西欧のパラドクスとは，実質賃金と一人当り GDP ないしは実物的な豊かさの指標とが趨勢のうえで乖離を示すということであった．同じ組合せの指標によってみたとき，徳川日本はどのように特徴づけられるのであろうか．

徳川時代の場合，幸いにして実収石高というマクロの数字が半世紀ほどの間隔で得られる．石高は，本来，石盛が正確に把捉されていれば米に換

---

[4] Weatherill (1988), pp. 26-27, 168, 188. 普及率のうち職人・小売商は，shoemakers, tailors, carpenters, weavers, blacksmiths, butchers, shopkeepers の加重平均である．

算された田畑からの産出高とみなすことのできる値である．しかし近世中期以降は，現実の農業産出高が成長し，幕府の公式データによる全国石高系列と実態とのギャップは開いていったと考えられている．中村哲は，明治初年の農産額と，明治以前における耕地改良・開発件数の年表データを利用して，領主が「十分把握することができなかった」農産物の実収量増加分を5つのベンチマーク年次について推計した．それを幕府データに上乗せしたのが，この実収石高系列である．この系列には，明治初年の農商務統計用語を使っていえば「特有農産物」も含まれている．それも農産加工用作物だけではなく，繭まで含んだ相当に広義の農産額であるので，その変化は徳川時代の総生産の動きをかなりよく反映するはずである（中村1968, 168-74頁）．

このように，農産額の系列が他の国のマクロ統計量と比較して相対的に固い推計値であるため，第3章でみたように，マディソンはこの実収石高系列を基礎に一人当りGDPの系列を推計した[5]．その結果から計算される1700年から1870年のあいだの年平均増加率は0.15%である．しかしこの上乗せ自体の実態的根拠は乏しく，しかも，徳川時代においてもっとも生産性の上昇率が高かったと推測される養蚕業が実収石高の値には含まれているので，その増加率はやや高目にすぎるかもしれない．ただ，その時代の総生産にしめる広義の農産高の比重が高いので，1700-1872年における（繭産出高を含んだ）実収石高の増加率1.0%と大きく異なることはないと考えられる．徳川後期におけるマクロの年平均成長率は，1.0%と0.15%のあいだに収まるとみてよいであろう．

これにたいして，実質賃金にかんしては少なからぬ問題がある．17世紀から明治まで連続した，代表性のある系列を作成することはいまだになされていない．関東と関西，金建と銀建価格，熟練と不熟練職種，幕末と明治の接続の問題など，詰めなければならない問題は少なくないからである．ただ，その作業のための素材は筆者の『賃金と労働と生活水準』にあるので，ここでは，1820年以前の実質賃金上昇期にかんしては関西にお

---

5) 本書第3章, 87-88頁．

表 4.2　日本における実質賃金と産出高の成長，1700-1870 年

年　次	実質賃金 (1700 年＝100)	一人当り産出高	
		実収石高 (石)	GDP (1990 年国際ドル)
1700 年	100	1.1	570
1870 年	118	1.4	737
変化率(年率，％)	0.1	0.1	0.15

出所）　Saito (2005a), table 3. 実質賃金系列は，斎藤 (1998a) のデータから作成．実収石高は中村推計，GDP はマディソン推計で，一人当り値はどちらもマディソン表 (Maddison 2001, 311 頁) による．なお，kg 表示の石高は石表示に戻した．

ける西摂上瓦林村の大工と農業日雇賃金を，1820 年以降の実質賃金下落期については関東の銚子醬油業の総合賃金系列を選び，それぞれを 1820 年で接続することとした．いずれも第 3 章図 3.7 で利用した系列である[6]．計算期間は 1700 年から 1870 年，それぞれの期とも熟練と不熟練の加重平均で，接続は変化率によってなされている (計算の詳細は，Saito 2005a)．計算の目的は 1700 年を 100 としたときの 1870 年の総合指数を得ることである．

こうして得られた実質賃金の総合指数は，中村推計の一人当り実収石高とマディソン推計の一人当り GDP の数値とともに表 4.2 に掲げられている．

これをみると，第一に，どの指標も増加傾向を示していたことがわかる．一人当り産出高の年平均成長率は 0.1-0.15％ で，表 4.1 に示された北西欧の 0.22％ よりもさらに緩慢な拡大率であった．ただ，マイナス成長であ

---

6) なお，銚子の指数が熟練・不熟練の総合系列なので，ここでは西摂にかんしても不熟練の農業日雇賃金と熟練の農村大工賃金の加重平均をとる (ウェイトは銚子と同じく不熟練賃金＝0.85 である)．かつての問題状況は，1820 年代以降の局面で急激な実質賃金率の低下を示す京都の建築職人系列と，幕末のインフレ期に実質賃金が若干上昇する江戸と東京の建築職人系列とのあいだで，どちらを選ぶかということであったが，斎藤 (1998a) では後者の再推計を行って新系列を提示し，問題を一つ解決した．前者の，銀遣経済圏における激しい下落という現象は幕末の貨幣要因に負うところが大きいので，関西系列の利用を 1820 年までに限り，銀建系列と金建系列を変化率で接続することによってその問題も回避することとしたのである．なお，1700 年と 1870 年をベンチマーク年としたが，1700 年にかんしては必ずしもはっきりしないものの，1870 年は循環局面のなかの谷にあたる．すなわち，両年次を結んで計算することは谷と谷の比較になり，他の年次を選ぶ場合よりも変化率計算上のバイアスが小さいと考えられる．

った南欧とは異なり，農業を核として着実に成長していたことは明らかである．第二に，一つの指標は増加を他の指標は減少を示すというような乖離現象が生じていなかったことも明白である．北西欧や南欧と異なり，実質賃金の変化率も一人当り産出高とともにプラスだったのである．しかも，実質賃金の上昇率と一人当り実収石高の増加率は 0.1％ とまったく同一であった．いうまでもなく，一人当り GDP の成長率は上乗せ分だけ高く，また誤差の範囲を考えれば，完全一致ということを強調することはできない．ただ，乖離を生じさせないような力が働いていたのではないかということを想像せしめるに十分な発見事実ではある．

2 経済史的背景

こうした，実物面からみた生活水準の着実な上昇にもかかわらず生じていた労働市場における労働の価格の低下という北西欧のパターンと両指標とも緩慢な成長を示した徳川日本のパターンとが，いずれも事実であったとすると，その対照はどのように解釈したらよいのであろうか．これは近世における成長の日欧比較にほかならないが，興味深いことにこの問題を直接に論じた論稿が一世代前の歴史家によって書かれている．トマス・スミスは 1970 年代に「前近代の経済成長——日本と西欧」と題する先駆的かつ拡がりのある論文を発表し，日本と西欧における前近代成長の異なったパターンを明示的に比較検討していた[7]．

トマス・スミスの問題提起

スミスが設定した課題とそれへの解答を要約すれば，以下のとおりである．工業化に先立つ時代において，日欧ともに農村部への工業の波及を経験し，かつ緩やかではあるが確実に一人当りの産出高は増加した．しかし，徳川日本の城下町は衰退したのにたいして西欧の大都市はさらに成長をと

---

7) Smith (1973)．日本語訳には羽賀博訳と大島真理夫訳とがある．前者は，共通論題のプロシーディングスである社会経済史学会 (1977) に，後者は Smith (1988) の日本語訳に所収．以下，引用の場合は後者による．

げた．その理由は，外国貿易，都市成長，人口成長という要因間の関連の仕方が日欧では異なっていたからではないか．すなわち，西欧は貿易も人口もともに成長し，経済全体が拡張したのにたいして，日本は貿易も人口増加も欠如していたにもかかわらず，いっそう緩やかではあったが経済成長を達成したのではないか．前者は結局のところ「都市中心的」(urban-centred)で後者は「農村中心的」(rural-centred)という発展の態様における相違が，西欧では都市のブルジョワジィが利益の大部分を手にしたのにたいして，日本の場合は農村社会を裨益するという違いとなって現れたというのが，彼の結論であった．この対比は――スミス自身は明示的に議論したわけではなかったが――所得格差の長期的動向にたいしても含意を有しており，本章ではこの面も併せて前近代経済成長論に含めて考えたい(Smith 1973, 27-37頁)．

　次節以降では，この前近代成長論を近年の実証研究の成果をもとに再訪する．検討の対象は，スミスの場合と同じく西欧と日本とにみられた二つのパターンである．ただ両者の相違は，都市化のパターンよりは，すでに前節でみた実質賃金と一人当り産出高それぞれの趨勢間にみられるパターンにより明瞭に現れる．そこで，まずこれら二つの指標の背後にあった諸要因を比較検討し，何が両パターンに共通で，何が相違をもたらしていたのかを明らかにする．

交　　易

　第一にあげられるのは，トマス・スミス論文でも重視されていた国際貿易の発展である．大航海の時代が到来，西欧諸国のアジア，アメリカ，アフリカの植民地市場との結びつきが強まり，貿易利益が西欧にもたらされた．とくにアメリカ大陸との結びつきが強まって，18世紀には「環大西洋的世界市場」の形成へと向かったことは，これまでも重視されてきたことである(松井 1991)．しかし，それに一世紀先立って西欧域内で起きた交易拡大の意義も小さくない．正確にいえば，それはレヴァント地方を含む伝統的な地中海世界とアルプス以北の地域内で生じた交易の拡大であったが，商業中心地の南欧からオランダとイングランドの貿易港への移動を伴

っていた．とくにイングランドがレヴァントへの輸出国として登場した．それが世紀後半の「商業革命」の軸となる東インド，新世界貿易にそれぞれつながる性格をもつ動きだったのかどうかは議論のあるところであろうが，地中海世界への工業製品の輸出が地域内交易拡大の一つの原動力であったことはまちがいない．イングランドや低地諸邦の毛織物工業に構造変化が起り，主力商品が薄手でファッション性に富んだ「ニュー・ドレイパリーズ」に交代したのである．このような変化を伴いつつ，商業資本主義が興隆することとなった（船山 1967；川北 1983）．

遠隔地交易は商業資本主義形成にあたって中心的な役割を演じた．その利潤の源泉には，国家から付与された特権と異なった価格体系間の差異という，二つの区別さるべき内容が含まれていた．どちらが重要であったかは国家の性格や取引対象地域によって異なったであろう．いずれにせよ，ブローデルの表現を借りれば，遠隔地交易は「自らの領分における資本主義」の中心的地位をしめ，その結果としてロンドン，アントワープ，アムステルダムなど，メトロポリスの成長があった．西欧では「資本主義と都市とはつまるところ同じもの」だったからである（Braudel 1982, 第2冊, 第4章; *ditto* 1981, 第2冊, 260頁）．

これにたいして，日本の近世は鎖国体制下にあった．それが徳川経済を制約した最大の条件であった．もっとも，鎖国と称される体制下においても，外国との交易が皆無となったわけではない．田代和生らが強調してきたように，鎖国は完全な封鎖経済化を意味しなかったし，長崎における管理貿易以外にも藩貿易というかたちで2つの海外窓口が存在した（田代 1988）．しかし，1630年代の鎖国令以降，海外との貿易総量が急速に減少し，18世紀には無視しうる額にまで落ちこんだことはまぎれもない事実である．また，トマス・スミスがいうように，異文化間における自由な交易の欠如はやはり徳川日本の重要な構造的特質であった．

その鎖された国内経済は日本列島の地理的特性から平野や盆地という小領域の複合体という性格をもっていたので，それらを結ぶ遠隔地交易としての全国流通網は存在した．17世紀の30年代に自由な国際取引が禁止された後もしばらくは，国内の遠隔地交易において異時点間価格差から大き

な利潤を得るタイプの豪商が活動する余地があったと思われる．しかし，世紀後半に大坂を頂点として成立した全国流通網の核となったのはそのような初期豪商ではなかった．新たに登場したのは，宮本又郎によれば，初期豪商とは異なり，「専門商品について大量仕入，大量販売を行い，薄い口銭を資本の回転で補うという商法に転じた」ところの問屋商人であった．角倉や淀屋，紀伊国屋などに代表される豪商から，商品ごとに特化した専業問屋と呼ばれるタイプの商人への転換である（宮本他 1995, 18-19 頁；中西 2002, 151-58 頁）．後者のタイプの商家における「薄い口銭」は利益率自体の低水準を示唆するが，本当にそうであったのかどうかを明らかにするのは容易でない．資料に恵まれた事例である，伊勢商人で江戸に出店をした木綿問屋長谷川家の場合，正味利益の純資産にたいする割合を決算帳簿から計算すると，17 世紀末から 1720 年代までは 10% を上回る水準であったのが，その後 1770 年代にかけて 5-10% の水準となり，以降は 3% 以下に低下したことがわかっている（北島 1962, 200, 387 頁）．また，問屋の利益率の水準と趨勢は利子の動向からもある程度推測することができる．問屋の取引には「先売先買・延売延買」という時間的要素が入り込んでいたがゆえに，「収得される商業利潤の利子的要素は最も大であった」からである（宮本 1951, 420 頁）．

　三大豪商の一つで大名貸へ特化した鴻池家の利子収益率をみると，最初のころは 14% 程度の水準であったが，その後下がり始めて 18 世紀後半には 6%，19 世紀にはさらに低下して 2-4% となった．19 世紀に入ってからの低利益率水準には地方商人の追上げに加えて，大坂経済圏における過剰流動性の問題もあったと思われるが，問屋体制が制度的に安定していた 18 世紀でもけっして高い水準にはなかったことがわかる[8]．これら「大店」と呼ばれた問屋は，取扱高が大きかったので経常利益額の規模は大きかったが，種々の専門業務に必要なノウハウをもった従業員を経営内部で育成し，多店舗化・多部門化した組織で商いを行うという体制をとったた

---

[8] 宮本他（1995），24-25 頁．ただし，そこに引用されているのは「貸有銀にたいする利入の比」であって，利子率とは若干異なった尺度である．同じ鴻池家の大名貸契約利子率をとると，それよりは高目の水準となる．斎藤（1976）を参照．

め，利益率は低位となる傾向があったのである[9]．これに加えて，地方の小都市との競争が大都市商人の利益率をさらに低下させた．三大豪商および近江商人を含む都市問屋商人6家の事例をみても，18世紀には10％弱の水準で安定していた利益率がそれ以降は低下するという傾向で一致している（石川・安岡1995，61-106頁）．このように近世日本の商業史が示しているのは，一方では異なった価格体系間の交易の消滅という状況に対応して生成された新しい商業システムの登場であり，他方ではのちに述べる農村部の発展との対抗において生じた困難さの現れであった．いずれも，近世西欧のそれとは対照的な方向への動きとなったのである．

都 市 化

　ブローデルがいうように商業資本主義と都市とが同じものであるとすれば（Braudel 1981, 第2冊, 260頁），交易にかんする日欧の対照は都市化にも現れるはずである．都市人口の成長はさまざまな形態をとりえた．その一つは，ブローデルがアンシアン・レジーム下の首都の社会構成について一般化した傾向，すなわち「何人かの選ばれた人たち，大勢の召使い，そして極貧層の寄せ集め」というタイプで，都市の拡大がもっぱら貧しい流入人口によって起きた場合である（*Ibid.* 320頁）．しかしこれがどの程度一般的な類型であったのかは疑問で，少なくとも17-18世紀のロンドンやオランダのメトロポリスにはこの特徴づけは当てはまらない．これら大都市の成長は，「何人かの選ばれた人たち」のすぐ下に，もう少し厚みのある富裕層の台頭をも伴っていた．海外取引拡大とともに整備された銀行，海上保険，証券取引等の新しく登場した業務に携わる人びと，法律関係の専門職，国内商業に従事する商人等々，多様な職種からなる分厚い中産層の登場である[10]．これは明らかに，イングランドや低地諸邦における一人当りGDPの水準を，平均的な労働者の所得水準よりもかなり高位に保つ要因であったといってよい．

　西欧全体でみたとき，16-17世紀を通じて都市化はゆっくりと，しかし

---

9) この結果生じた日欧の対照は，商家の雇用制度に端的にも現れている．斎藤（2002a），第3-6章を参照．

着実に進行した．いま人口1万人以上の定住地に住む人の割合でもって都市化率を定義すれば，その水準が1500年の4％から1800年の9％へと上昇していたからである．しかし，それ以上に重要なのは都市の規模分布の変化であった．この2世紀間に増えたのは人口10万人あるいはそれ以上の大きさのメトロポリスの人口であって，人口5000人ないしはそれ以下の規模の町の人口ではなかった．そして，そのメトロポリスの成長においても南欧諸都市の退潮とパリ，ロンドン，アムステルダムといった北の諸都市の台頭とがあった (de Vries 1984)．

このパターンと比べると，徳川日本は対照的であった．徳川時代における都市化率自体はかなりの高水準にあった．人口1万人以上の都市人口が総人口にしめる割合は1650年で13％，1850年は12％と推計されている．産業革命直前，1750年におけるイングランドの都市化率が17％，オランダ，ベルギーの低地諸邦が25％であったのに比べると低位であったが，先にみた西欧全域の割合と比べるかぎりはまったく遜色ない，それどころか上回るレベルにあった．徳川日本は幕府と300近い藩から構成される独特の国制をとっていたために，トップに幕府直轄の三都（江戸・大坂・京都），それに金沢・名古屋といった大藩の城下町が続き，さらに中小の城下町，港町，市場町などが厚く分布していたことが都市化の水準を高めた要因であったと思われる[11]．

しかし，上記の都市化率からもわかるとおり，1650年から二世紀間に生じたことは都市化の進展ではなく，わずかながらではあっても退行であった．トマス・スミスが観察したように城下町の多くは衰退し，三都の人口も減少した．これにたいし，小都市，それも人口数千人程度の地方の港

---

10) ロンドンについてはEarle (1989a), pp. 32-36；*ditto* (2001), pp. 81-96；オランダの諸都市はde Vries and van der Woude (1997), pp. 561-96による．中野忠は，王政復古期以後のロンドン社会構成をエリザベス朝期ロンドンと同じく「中間層の厚い西洋梨型」と形容している．これは，「極貧層」との対比で職人を中核とする中の中から下の階層がいまだ十分な厚みをもっていたことを述べているのであって，ここでの，「選ばれた人たち」との対比で中の上の階層が相対的に厚かったという主張と矛盾するものではない（中野1999, 126頁；同2000をも参照）．

11) 都市化率と都市分布，およびそれらの変化は，斎藤 (2002a), 31頁による．なお，1650年の都市化率を計算するに当たっては，分母の全国人口には従来の速水推計とは異なった値を採用している（同書, 40頁の註5を参照）．

町や在郷町は増加を示した．日本海沿岸の能代・新湊・魚津，東北の郡山，さらには関東の機業地である桐生・足利がその典型である．それは農村中心的成長というこの時代の流れを反映した現象であった(Smith 1973)．同じ農村部の発展が大都市のさらなる成長と並行して進んだ西欧の場合とは異なって，それが大中の都市の犠牲を伴いつつ進行したところに徳川日本の特殊性があった．それゆえ，第一のポイントと併せ考えれば，徳川後半の商業社会には都市間格差を縮小させる方向への動きはあっても，階層間格差を拡大させる力は働いていなかったとみることができよう．

プロト工業化

それゆえ，次に検討すべきは農村工業化，農村の発展である．先に「交易」の項でも言及した，近世西欧に登場した新毛織物，すなわちニュー・ドレイパリーズの意義もこの文脈で評価できる変化であった．徳川日本を「農村中心的」と特徴づけたトマス・スミスは，工場制以前の西欧においても「工業の歴史の多くは，農村部への工業の波及の物語である」と述べ，その現象に特別のラベルを貼ることはなかったが，ほぼ同じころに西欧史のフランクリン・メンデルスがまったく独立に提唱したプロト工業化論と同様の近世史イメージを抱いていたのである(*Ibid.* 30頁)[12]．それどころか，メンデルス以前にすでにプロト工業化を発見していたといってもよいのかもしれない(Saito 1989)．

しかし，メンデルスのプロト工業化論にはさらに二つの軸があった．その第一は「農民層分解の人口学的解釈」あるいは「人口学的に解釈された無制限的労働供給の理論」である．貧しいがゆえに低賃金の農村工業に従事し，その就業機会の存在が結婚年齢を引下げ，出生率を引上げ，人口増加を持続させ，無制限的な労働供給状態を再生産させ，それが賃金水準を低位に保つ役割を果したという．もともと近世フランドルの地域史研究から生まれたこの仮説はその現実妥当性にかんしてフランドル史の専門家か

---

[12] Mendels(1972)以来，プロト工業化については多くの文献がある．1980年代までの研究史は，斎藤(1985)および篠塚・石坂・安元(1991)に収められた諸論文を参照．それ以降の研究状況は，Kriedte, Medick and Schlumbohm(1993), Ogilvie and Cerman(1996), Saito(forthcoming)をみよ．

ら強い批判を受け(Vandenbroecke 1996),他の西欧プロト工業地域のなかではもっとも理念型に近いとされてきたスイス・チューリヒ地域においてもモデルの核心となるメカニズムは働いていなかったことが明らかとされており(Pfister 1989, 1996),現在では省みられることは少ない(斎藤1985;Saito forthcoming).しかしながら,16世紀中葉から18世紀にかけての西欧農村において土地なし農民層が拡大し,事実上のプロレタリア化が進展したということについては,多くの歴史家が認める事実である.チャールズ・ティリィのラフな推計によれば,1550年と1750年のあいだに生じた西欧人口の増加分6000万人のほとんどすべてはプロレタリア人口であり,プロレタリア人口の増分6000万人弱のうち農村での増分は5000万人,都市では650万人と,その大部分が農村部の現象であったという.それゆえ,プロト工業のすべてが低賃金使用的であったかどうかは大いに疑わしいが,市場における労働の価格を押下げる圧力は17-18世紀には傾向的に高まっていて,それも農村部においてとくにそうであったといえる[13].

第二は,地域間分業の論理である.メンデルスはプロト工業化がすぐれて地域的な現象であることを強調した.域外市場を志向する農村工業がある地域で興ったということは,同時に商業的農業に比較優位をもつ地域がどこかで発展したことを意味したはずだという(Mendels 1982).その後のプロト工業化論争と研究は特定産業,とくに繊維産業に偏ってなされる傾向があって研究史のみを追っていてはわかりにくいけれども,この論理は基本的に本書第2章で詳述したアダム・スミスの分業論のそれである.農工間の関係だけではなく,工と工,すなわち中間財生産と次の段階の中間財生産,また中間財生産と最終財生産のあいだの関係が地域間分業のかたちをとって進展したあらゆる事例に当てはまる.繊維産業における,原料作物の栽培,紡糸工程,織布工程,染色工程,仕上工程が次々に分離してゆき,仕上工程は都市に残る一方で,紡糸および織布の多くが原料生産地とは地理的に隔絶した地に立地するようになったのは,その典型的な事例

---

13) Tilly(1984), p. 33による.なお,この推計は,仮に西欧の人口がザクセンの事例研究からわかるのと同様の変化をしたとしたら,全体のプロレタリア人口比率はどのように推移したかを計算したものなので,プロレタリア化率の水準とその変化自体は,斎藤(1985),149頁で紹介したザクセンの場合とまったく同じである.

である．しかし，同様の過程は他の産業でもみられた．その結果，綿糸紡績，絹製糸あるいは鉄精錬に特化した産地が現れた一方で，綿布，羽二重，ナイフ・フォーク，鎌，銃器などの生産に専門分化する地域が発展したのである．いいかえれば，プロト工業化論はアダム・スミス的分業にもとづく発展の途が地域間分業のかたちをとって進行した歴史的過程を明示的にモデル化した点で意義を有するといえる (Saito forthcoming)．

このような地域間分業の進展は西欧だけではなく，東アジアの中国各地，とくに江南地方や日本においても起っていたことであった．日本の場合，18世紀後半から19世紀の初頭にかけて繊維産業の地方への展開が顕著となったが，その原因の一つは，中央市場において労働賃金の廉い地方の製品が競争力をもつようになったことにあった．絹業においても綿業においても，全体的趨勢は西から東へのシフトがあった．それは，一方では原料作物の栽培地との，他方では消費市場との物理的距離を長くする傾向をもっていた．とくに綿織物業の場合，棉作が不可能な東日本にも織布業が根づいていったことは，比較優位にもとづいた産業の拡散を強く印象づける．さらに，各地方は，一方では白木綿という中間生産財に特化したり，他方では色・文様・織りによって製品差別化を図り，独自の産地として発展することを志向したりするところがでてきた．特産地の多様化であり，地域間分業の進展であった．それは地方経済による「輸入」代替の過程と解釈することが可能で，各藩の政策意識としては三都市場への「輸出」振興が明示的な目標として登場することとなった．19世紀前期における長州藩および加賀藩をみてみると，製造業のなかで大きなウェイトをしめていた酒の「輸出」依存度は低いが，繊維の依存度は最低でも20％台と，「輸出」志向の高い商品であったことがわかる．それゆえ，地域外の市場に牽引された農村工業化であったという点でも，また後の工場制化された在来産業と系譜関係を有するという点でも，メンデルスのいうプロト工業化の概念に当てはまる変化が，徳川時代の後半には進行していたのである[14]．

しかしそれは，メンデルス・モデルからみれば肝心な点で西欧の型とは

---

14) このパラグラフは，新保・斎藤 (1989b), 5-26頁，および斎藤 (1985) の第II部に依拠している．

異なっていた．筆者がすでに実証したように(斎藤 1985, 第 9 章)，農村工業が定着したところでも人口学的農民層分解は起らなかった．また，それ以外のメカニズムによっても農村プロレタリアという意味での土地なし層が出現することはまったくなく，日本農村は頑健な小農社会であり続けた．日本のプロト工業化はとりたてて人口増加促進的ではなく，低賃金労働を再生産するというメカニズムは働いていなかったのである[15]．いいかえれば日欧いずれのエヴィデンスによってみても，プロト工業化論は，スミス的成長論の一つの具体的なモデルを提示したという意味では評価できる試みであったが，その理論的根拠を低賃金労働の人口メカニズムによる自己増殖に求めようとした点では失敗作であったといえよう．

農　業

　西欧の場合，プロレタリア化が進んだのは農村部門においてであった．それは富める者をいっそう富裕とする力，農業成長の帰結でもあった．とくにイングランドと低地諸邦においては農業こそが，資本主義が「生産」という「他人の領分」で初めて自己を確立した領域であった．そこでは土地所有階級の下，一方には農場経営者が出現し，他方には上記のプロレタリア層が現れて，「垂直的分業制」が成立した．それだけではなく，資本主義的な志向をもった地主と農場経営者とによって固定資本への投資が行われ(Holderness 1988; Allen 1994, pp. 108-10)，それが産出高の成長に直結する体制が出来上がったのである．

　産業革命直前の英国において，農業がいかに資本集約的であったかをみてみよう．スコットランドを含む数字であるが，1760 年における農業の家畜を含む総資本ストックは 1851-60 年価格表示で 2 億 4400 万ポンドと推計されている．同じ年次における製造業の総資本ストックは 2200 万ポ

---

[15] この点は中国でも同様であったと考えられる．中国における 18 世紀は人口成長の著しい時代であったが，人口増加の大部分は周辺および辺境の地域で起きていて，農村商工業がもっとも進んだ江南地方における人口は安定をしていた．中国家族の婚姻出生力はこれまで考えられていたよりも低位で，また，しばしばいわれるように性選択的な間引慣行も人口再生産率を抑えるように作用したかもしれない．いずれにせよ，人口学的メカニズムによるプロレタリア化という現象は中国においてもみられなかったといってよい(Lee and Wang 1999; Pomeranz forthcoming)．

ンド，交通運輸業でも3700万ポンドでしかない．当時，農業に従事する家族数は92万，工業従事家族数は29万であった．これらの値を使って資本労働比率を計算すると，農業265ポンド，製造業76ポンドとなる．農業の資本労働比率は製造業の3.5倍であった．農業資本ストックのうちの少なからぬ部分は家畜(37%)であったが，この時代には建物・農機具等もすでに重要となっていた(63%)[16]．それゆえ，仮に農業資本から家畜を除いて計算しても166ポンド対76ポンドであり，工業化以前の英国においては農業のほうが圧倒的に資本集約的であったことが明らかである．オランダにかんしては残念ながらこのような数値を示すことができないが，ヤン・ドゥ・フリースとアド・ファンデル・ウォウデの『最初の近代経済』では，18世紀オランダ経済の資本労働比率はすでに「空前の高さ」に達したと示唆されており，その根拠の一つが16世紀以降の農業への投資活動であった(de Vries and van der Woude 1997, p. 694)．両国では，近世に資本集約的な資本主義的農業が成立したといってよく，それもまた所得格差を拡げる方向に作用したのである．

　日本の農業は西欧ともっとも性格の異なる発展をとげた領域である．徳川時代の農業成長にかんしては，以下の三つがわかっている．第一は，土地面積当りの収穫量が増加したという事実，第二は，この間の技術改良は労働集約的な性格を顕著にもっていたということ，しかし第三には，先の表4.2においてみたように，マクロ次元でみると人口一人当りの実収石高も年平均増加率0.1%の成長があったということである(Smith 1959, 第7章；速水・宮本1988b, 44頁)．

　第一の反当収量の変化はもっとも固い事実で，稲作にかんしていえば，西から東へという地理的な動きを伴いながら着実に増加し，幕末－明治初

---

[16] 農業における建物・農機具等の資本ストックと製造業の資本ストックはFeinstein (1988), p. 448，家畜ストックはAllen (1994), p. 109，農工従事家族数はLindert and Williamson (1983b), pp. 396-97による．Feinsteinの資本ストック推計の対象範囲はGreat Britain，Allenの家畜ストック推計，農業および工業従事家族数はEngland and Walesのみを対象としている．当時のスコットランドは，農業関連資産では20%，人口では18%のシェアをもっていたので(Allen 1994, p. 109; Schofield 1994, p. 93)，これらの比率を利用してGreat Britain基準へと変更した．なお，農業ストック中の家屋には農業経営者の居住用部分を含むが，農業労働者用のコテージは含まず，農業従事家族にはlabourers, cottagers and paupersを含むが，vagrantsは含まない．

年にはすでに第二次世界大戦後における大部分のアジア諸国の水準を上回る土地生産性を実現していた（八木 1990, 133-40 頁；速水 1973, 48 頁）．これにたいして第二と第三の点は，相互に整合的な言明か否かを考えなければならない．労働集約ということを，資本を節約し，もっぱら労働の多投に依存した技術体系と考えるならば，第三の事実をどう説明するかという問題が生ずるからである．実際，速水融は，徳川時代のあいだに牛馬耕から人力耕へという，資本の労働への代替という「勤勉革命」が起ったと主張している（速水 1979, 2003b）．しかし，筆者が農業史研究のサーヴェイを行った結果では，牛馬数の減少はどこでも起ったわけではないこと，速水が牛馬の対人口比の激減があったとする濃尾地方ではかつて牛馬耕の行われた形跡はないこと，地域によっては牛馬使用的な農業発展もあったこと，しかしその場合でも，肥料源としての家畜利用が主であったことが判明した．すなわち，革命と呼ぶに相応しい劇的変化があったというよりは，中世末ないしは近世初頭よりすでに多肥-労働集約の径路にあったと解釈するのが妥当だということである（斎藤 2004a）[17]．

　それでは，この労働集約の特性はどのようなところにあったのであろうか．労働投入と産出量との関係からみたとき，どこにその特質があったのであろうか．石川滋の描いた図 4.2 と図 4.3 によって検討しよう（石川 1990，第 4 章）．

　図 4.2 は，耕地単位面積当りの労働投入と単位面積当りの米収穫量が，日本において歴史的にどう変化してきたかを模式的に描いたもので，開発経済学者によって「石川カーヴ」と命名された（Booth and Sundrum 1985, pp. 15-16）．この図において，右上がりの曲線は労働集約的な，左上がりは労働節約的な稲作改良を表現しており，最初の右上がりの局面が左上がりへと転換する時期は大正年間と想定されている．すなわち，徳川時代から明治時代を通じては労働吸収的な農業成長であったということである．

[17) 速水のイメージでは，かつての役畜を駆使した大経営が鍬に依存した人力耕の小経営へと替ってゆくのが近世前期の発展の方向であった．磯田道史は，この速水説とかつての太閤検地論争のきっかけとなった安良城盛昭説との親近性について言及しているが，牛馬保有の減少と小農民の鍬耕と農業集約化を結びつける図式はもはや成立たないであろう（磯田 1996, 45-46 頁）．]

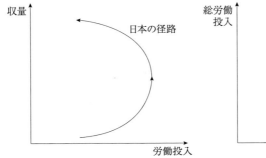 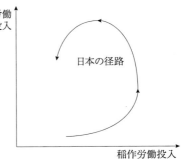

図4.2 石川カーヴ(I): 稲作単位面積当り収量と労働投入量の径路
註) 石川(1990), 106頁の図4.2による.

図4.3 石川カーヴ(II): 農家の総労働投入と稲作労働投入との関係
註) 石川(1990), 123頁の図4.8による.

これは農業史家の理解と整合的である．しかし，日本の農家の特徴は，稲作がその他の作物の栽培(すなわち二毛作)や養蚕飼育のような余業的生産活動と組合された複合経営であったところにある．それゆえ石川は，稲作の単位面積当り労働投入と農家全体の単位面積当り総労働投入との関連をも考察し，図4.3のような径路を描いた．この第二の石川カーヴの要点は，稲作において労働使用的な農事改良が進行していた局面では裏作や副業への労働投入も増加していたこと，そして稲作技術が労働節約へ転じた後も，農家の総労働投入はしばらくのあいだ増え続けていたというところにある．

　以上の検討において，労働投入は時間単位で測られていることに注意したい．農耕がいっそう集約的となり，二毛作が導入され，さらに副業をも兼ねるようになるにつれて，一人の年間総労働時間が増加したのであって，労働力の頭数が増えたわけではなかったのである．それゆえ，一人当りの産出高はまちがいなく上昇したが，投入時間当りの労働生産性が上がったかどうかは一概にはいえないのである．

　同様のことは土地の投入についてもいえる．徳川時代を通じて出来上がった農法は以上の意味で労働集約的であったが，同時に土地集約的でもあった．それは17世紀における大開墾時代の終焉とともに耕地の拡大がほとんど不可能となった状況の下で，土地利用率の上昇を図る農法であった．二毛作はその象徴であるが，それが効率的になされるためには，利水だけ

ではなく，必要なときに排水を可能とする乾田化が必須の条件であった．しかし，湿田の乾田への転換は局地的な土地条件に強く規定される．強湿田が完全に克服できたのは昭和になってからというところもあったのである．そのために乾田化および土地利用率の上昇は一挙には進みえず，世紀を単位とする非常に長い時間をかけてゆっくりと進行したのであった．

　徳川後期から明治期を通じて，農家の平均耕作規模は大きく変化することはなく，またその家族人口の潜在成長力もけっして高くなかった[18]．そのような条件下で生じた二毛作や余業の拡大は，農家が保有する耕地の利用率を高める方向への変化であり，成員一人当りの労働時間を長くすることでそれを実現させた結果とみることができる．それは，17世紀の人口増加と土地・人口比率の低下に続いて起った，土地利用率の上昇を機軸としたボースルプ的な意味での発展であった(Boserup 1965)．しかも，そこに市場の働きが介在していたことも徳川日本に特徴的なことであった．多くの農家は，稲作と換金作物である棉作や藍・紅花栽培，さらには養蚕といった市場志向的な余業とを組合せる方向へと向かい，その余業は賃金労働力化をいっそう強く抑制する効果をもっていたので，農家経済の商業化を伴った労働集約的な農事改良の途は全体として農民層の分解を抑止する力として作動していたのである[19]．

　これまでの農民層分解にかんする研究史では，手作地主の富農的発展はあったかということが論争の的であったが，その動きがみられたとされる畿内や他の西日本の村々においても，富農層の農業経営は一般の中下層農民のそれと質的に異なっていたわけではなかった．村内における所有規模の差は拡大する方向に変化したが，実際の耕作規模の違いはそれほど大きくならなかった．農家であるならばどこでも，主穀生産を主体に，土質や水利条件に合った商品作物を導入するという志向をもっていた．商業的農業の主役は，西日本なら棉作か菜種作，東日本なら養蚕である．どちらが

---

[18] 徳川時代後半の人口は，西欧の人口と比べると，相対的に低い死亡率と明瞭に低い出生力とによって特徴づけられる．とくに低出生力は，近世東アジアの人口に共通した特質であったようだ(斎藤 2002b, 2002c, 2004b)．

[19] 農業における労働時間の歴史的推移にかんしては，斎藤(1998a)の第5章を，養蚕に代表される余業の賃金労働力化抑止効果の実証的根拠については，同書，第3章を参照．

選択されるかによって農業経営のあり方は変りえた．しかし，どのような組合せとなっても，生産の主体が家族労働であることに変りはなかった．時代は下って1928年の農家経済調査によれば，年間農家労働時間にしめる外部雇用労働の比率は，自作農家でも7.6％，自小作6.1％，小作3.5％にすぎなかった．自作農家はもちろんのこと，手作地主でも農作業は家族労働によっていたのである．日本の農村においては，小作地化がいかに進行しても，農場に雇用労働を提供することによって生計を維持するという世帯が存立する余地はなかった．それどころか，友部謙一は，小作制度の存在が家族労作農家経営を安定化させ，中農標準化傾向を生ぜしめたとさえ主張しているほどである[20]．徳川時代から昭和戦前期まで，分解を阻止するいくつかの力が働いていたと考えざるをえない．

以上，北西欧地域においても徳川日本においても，農業成長は近世の経済成長にとって重要な構成因子であった．人口増加にかんするマルサス的シナリオを避けることを可能とした第一の要因であったからである．それは，一人当り食糧の分子を大きくするという直接的な効果に加えて，リグリィとスコフィールドが『イングランド人口史』において見事に示したように，総人口の増加が食糧価格を通じて実質賃金率および賃金収入へ与える負の因果連関を実質的に無効としたという意味でも，意義は大きい[21]．日本における小農経済の場合は，そのような効果のほかにさらに別のメカニズムも働いていたと考えられる．農家は生産者であると同時に労働供給の単位でもあった．農業改良の結果，彼らの農業生産関数が上方にシフトすると農家世帯員の外部労働市場への労働供給価格は上昇し，自営業世帯が賃金労働者世帯へ転換する確率を引下げる．この場合の農業には，主穀生産だけではなく商業的農業も含まれる．実際，養蚕の賃金労働者化抑止

---

20) 外部雇用の労働時間は，稲葉(1953)，48-49頁より計算．友部(2007)，とくに第4-5章を参照．エヴィデンスにもとづいた議論ではないが，Booth and Sundrum(1985), pp. 144-45 でも同様の指摘がなされている．

21) Wrigley and Schofield(1981)は，1541-1871年のイングランドにおける総人口と粗再生産率などの人口学指標を推計し，食糧価格と実質賃金との関係を分析，時代によって指標間の相関関係がどのように変化したのかを検討した．それによれば，16-17世紀には総人口が増加すると食糧価格が騰貴するという，マルサスが想定したとおりの関係が有意にみられたが，その相関関係は19世紀初頭までに消滅した．この重要な変化の背後には農業の成長があったというのが彼らの考えである(pp. 406-80)．

効果はかなりの大きさであった(斎藤1998a, 第2-3章). したがって, 日本の場合は, 農業成長がプロレタリア化を抑制したのである.

家計革命

最後に, 実物面の生活水準上昇と実質賃金の低下という, 近世西欧のパラドクスを解明することを明示的に試みた仮説がある. ヤン・ドゥ・フリースの論文「産業革命と勤勉革命」である(de Vries 1994). 本書第2章ですでに紹介したように, 彼はこの謎を解く鍵は家計行動にあると考える. 図4.1に示された実質賃金の低下という現象は, 家計が労働の供給を増加させた結果を反映しており, 他方で家庭内のモノが豊かとなったという現象は, 家計が市場にもたらされた消費財をより多く購入しようとした結果であり, かつ両者は一つの意思決定の両面である. 別な表現をすれば,「消費のサイレン」に反応して余暇よりも労働を選好するようになったということである. それゆえにドゥ・フリースは「勤勉革命」と呼んだのであったが, 内容上,「家計革命」論と名づけるほうが適当である.

近世から産業革命期を通じて労働者の年間労働時間が長くなったということは, 歴史家によって認められている事実である. とくに, かつてはいたるところでみられた聖月曜日の慣行が消滅するというかたちで人びとの総労働時間は延びていったといわれてきた(Bienefeld 1972, ch. 2 ; Tranter 1981, pp. 220-21). これらはいずれも質的な証拠に依拠したものであったが, 最近, ロンドンおよび北部イングランドの裁判記録から証人の時間への言及例を3000近く収集し, そこから年間労働時間を推計するという, 注目すべき業績が表れた. その推計によれば, 1760年には2700時間前後であったのが1830年には3300-3400時間にまで増加したという(Voth 2000, p. 126). この到達点の水準は従来考えられていたよりも高く, 英国でも顕著な労働時間の延長があったことが実証された.

同じ研究によれば, その時間増大へ, 18世紀後半の新たな繊維製品の到来とその価格低下(「消費のサイレン」)が有意に効いていた可能性はないとはいえないという. これはドゥ・フリースの家計革命論と矛盾しない議論である(*Ibid.* pp. 192-215 ; 批判的見解としては, Clark and van der Werf

1998). ただ，ドゥ・フリース自身はオランダの近世を念頭において，自家消費をもっぱらとする自営の農民世帯から賃金労働者世帯への転換があったと考えていたのであるが，そのような変化が現実に起きたのかどうかは定かではない．とくにイングランドにかんしては，グレゴリィ・キングの 1688 年表から得られるプロレタリア人口比率は 57%，農村部だけでは 60% を優にこえていたとされる[22]．しかも，16 世紀の末までに「農村部の全人口の 4 分の 1 から 3 分の 1」の水準にたっしていたと見積もられているので (Everitt 1967, p. 398)，17–18 世紀のあいだに，すでにかなりの程度プロレタリア社会であったイングランド農村でさらにプロレタリア化が進んだということはいえるが，ドゥ・フリースのいう意味での「自営業家計の転換」があったかどうかは疑わしい．プロレタリア世帯の部門内で，労働市場における賃金率の低下への対応として生じた労働時間の増大が実質的な消費水準の維持ないしはわずかな改善を可能としたというのが，実状にもっとも近いのではないであろうか．

次に，日本の場合をみてみよう．ドゥ・フリースのいう意味での「家計革命」はあったのであろうか．農業における労働投入の増加が一人当り労働時間の増大というかたちをとって進行したということ，したがって「勤勉」への志向が存在したということはすでにみた．その長期趨勢の到達点はおそらく大正期ころにあり，成人男性の農民で年間 2000 時間を農業に，1000 時間前後を副業およびその他の労働に向けるというのが一般的なパターンではなかったかと思われる[23]．

このように，日本においても労働時間は長期的に増加傾向にあったようである．けれどもその傾向が，消費面における財の自家生産から市場での購入へという転換を伴ったものであったかどうかは大いに疑問である．綿製品を例にみてみよう．谷本雅之はいくつかの観察事例から，徳川後期では購入というかたちでの衣料調達はまだ支配的ではなかったこと，幕末か

---

22) Laslett (1983), 46–48 頁の 1688 年表より計算 (labouring people, out-servants, cottagers, paupers の計)．農村部にかんする推測値は，Tilly (1984), p. 28 にある．

23) 少しのちの 1933 年調査であるが，31–50 歳の男子は 2156 時間を農業に，492 時間を兼業労働に，341 時間をその他労働に，そして 405 時間を家事労働に充てていた (帝国農会 1938, 30 頁)．斎藤 (1998a) の第 5 章も参照．

ら明治にかけて綿布市場の拡大が観察されること，そしてその動きが完了するのは大正期であったことを明らかにした(谷本 1998a, 23-35頁)．すなわち，自家生産から購入への転換は非常にゆっくりとしたテンポでしか起らなかったのである．また，最近の尾関学の研究によれば，農家にとっての衣料品はフローの消費財というよりは，ストック価値を有する財であった．したがって，彼らの消費行動にはストックを補充し，可能ならばストックを増やそうという動機が強かったと推測される．そのような場合には，自家生産品から購入財への転換が一挙に進むということは考えにくい．両者の中間段階には，古着を買って縫い直したり，糸を購入して布を自家製織したり，あるいは布を需めて自家縫製するという形態が存在したのであって，伝統的な和服の自家生産からファッション性をもった製品の購入への転換には長い時間が必要であった(尾関 2003；斎藤・尾関 2004)．いうまでもなく，このことは18-19世紀を通じて農民の現金需要が増えることはなかったといっているのではない．農閑余業の発展に伴い農家が現金を獲得する頻度は間違いなく上昇していた．しかし，副業収入は金肥の購入に向けられたという事例なら見出すことができるが[24]，その現金収入の大部分が消費財の購入へ当てられたと考えることには無理があるといえよう．

　以上の事実は，イングランドにおいても日本においても，時間で測ったところの労働供給を世帯が増加させるという趨勢があったという点では共通していたが，自家生産から購入財への効用関数上のシフトが世帯の現金需要を増加させ，それが自家労働から賃金労働への代替を促すという，ドゥ・フリース流の家計革命があった可能性は低いことを物語る．イングランドは近世初頭より基本的にプロレタリア世帯社会で，日本も近世初頭より小農世帯社会であったと考えるべきであろう．

3　対照的なパターン

　前節の冒頭でトマス・スミスの前近代経済発展にかんする古典的論考を

---

24)　たとえば，原田(1983), 198頁にみられる近江国金堂村の事例を参照.

紹介し，その後の研究の展開を踏まえて検討を行った．スミスは，日欧ともに農村工業化と一人当り産出高の増加を経験したけれども，外国貿易の有無という条件に規定されて西欧では「都市中心的」な，徳川日本では「農村中心的」な発展のパターンとなったと論じたのであったが(Smith 1973)，この議論にはいまやいくつかの点で留保が必要であろう．その第一は，成長があったということはそのとおりであっても，産出高の増加率は西欧，正確には北西欧において高く，徳川日本ではその約半分の低さであった．第二に，外国貿易と都市化以外にも考慮すべき重要な要因は少なくない．とくに，伝統的な経済システムのなかでは中核的な位置をしめていた世帯という経済主体の行動パターンの解明が，対照的な経済発展のメカニズムを探るうえで鍵となるであろう．賃金労働者世帯が中核をしめる北西欧と小農世帯からなる日本との対比である．たとえば，仕事に従事するものの労働時間が長くなる傾向にあったという点では共通していても，それをもたらした家計サイドの要因連関はかなり異なっていた可能性が高いのである．

　しかし，これらはスミスの立論と矛盾するわけではなく，彼の議論は大筋においては正しく，日欧における発展の対照的なパターンがあったということもまた確認できたことであった．

含　意

　ここでは，トマス・スミスの議論および本章第2節の比較史的サーヴェイがともに含意している一つのことに注意を喚起しておきたい．

　先にも触れたように，スミスの議論には，農村中心的な発展があった徳川日本では都市商人および武士階級が不利益を蒙ったという主張があった．それは，西欧では階層間の格差が拡大したかもしれないが，日本ではそれが抑制されたということを含意している．また，前節でみたことは第一に，西欧では16世紀から18世紀にかけて，市場が拡大し産出高が増大するのと並行して社会的不平等が拡大したということであった．農村部ではプロレタリア化が進行し，都市社会内においても商業資本主義が所得格差を拡げる力として働いていたということであった．これにたいして，第二に，

日本の農村においては土地なし層を造りだすような力は働いておらず，都市との力関係においても農村部は優位に立ちつつあった．階層間の所得格差は拡大していなかったと思われる．いいかえれば，西欧の観察結果は不平等が拡大する前近代成長パターンの，徳川日本の観察事実は所得格差が拡大しないパターンの代表例だといえよう．

　このパターンの対照と背後にあったメカニズムの相違とを統一的に理解するためには，ブローデルの枠組によって考えるとわかりやすい．前近代経済は，物質生活からなる「非－経済」と名づけられた一階部分，「市場経済」の中層部分，最上階の資本主義の領分という三層から構成されていたという図式である (Braudel 1982, 第1巻, 276-84頁; *Ibid.* 第2巻, 210-13頁)．この図式によって本章での観察事実を整理すると，日本と西欧とに共通していたのはその中層階を舞台としてスミス的成長が起ったという点にあり，顕著な違いはその一階部分と最上階とにみられるということができる．

　基層を構成する「非－経済」領域からみよう．西欧と比較すると，徳川日本では自家生産と直接消費の比重が圧倒的に大きく，市場を通じての購入へという変化は緩慢であった．家計行動の変容は革命という言葉からはほど遠いテンポでしか進行せず，その領域の中核にあった農家経済の強靭さは際立っていた．しかし，それは農家世帯が市場経済から隔離されていたということを意味せず，また市場経済化が遅れていたというのも適切な表現ではない．生産サイドでの商業化は換金作物を導入するというかたちで，緩やかではあったが着実に進んでいた．生産・消費複合体としての農家世帯は市場に背を向けたのではなく，その進展に柔軟に対応したのであり，しかも農村工業化の進展とともに，余業への従事あるいは世帯員を労働市場へ参加させるというかたちで，アダム・スミス的成長の担い手ともなった．谷本雅之は，業主とその家族労働に依拠した小経営体を生産単位とし，そのような小経営体の集積である産地を核とした近代日本における在来産業の発展パターンを「もう一つの工業化」と呼んでいるが（谷本 1998a, 1998b, 2002），その発展方向もこの文脈のなかから生じたものであったといえる．もっとも，工業化過程における家族経営体のこのような柔軟性は，日本にしかみられなかったというわけではない．ピオーリらの議論

からもわかるように，西欧においても，そのような家族経営の論理が強く出た産業集積地域は実際に存在した．ただ，農家経済という強靭な基層の上に在来産業が展開したというところに日本の特徴があったとはいえるであろう．

これにたいして，最上階部分にかんしては，ユーラシア両端でより顕著な違いがあった．徳川日本の場合，ブローデルの意味での資本主義はほぼ完全に欠如していたといってよいのにたいして，近世西欧では，商業資本主義が経済成長の重要なエンジンの一つであり，農業でも資本主義的な体制が誕生していたからである．ただ，西欧におけるこの二つの資本主義はかなり性格を異にしていた．農業における資本主義が，土地所有者および農場経営者による固定資本投下と土地および労働という生産要素市場の展開をその内容としていたのにたいして，商業資本主義とは，価格体系の異なった地域間の交易から，それもしばしば経済外的な力を利用することによって利潤を獲得するという活動様式だったからである．もっとも後者にかんしても，近世の西欧においては，経済外的な力に依拠することが少なかったヨーロッパ・地中海地域内の国際貿易と，政治的・軍事的な勢力を背景とすることが多かった異文化間交易とを区別する必要はあろう．ロバート・アレンの計量分析によれば，イングランドや低地諸邦のパフォーマンスを説明するうえで決定的であったのは，近世初頭のヨーロッパ・地中海地貿易であって，18世紀の大西洋交易ではなかったからである[25]．

いずれにせよ，近世の西欧では，国民所得勘定でいう最終需要を増加させる力が働いていたといえる．「分業は市場の広さによって制限される」というのはスミス分業論のもう一つの命題であったが[26]，商業資本主義の帰結としての海外への輸出も農業資本主義を体現していた農場への投資も，またそれらの波及効果として拡大した中間層の消費経済も，いずれも

---

25) Allen(2003), p. 432. なお，アレンのシミュレーション結果によれば，英国農業における囲込の効果も大きくはなかった (p. 430)．農業の良好な生産性成長パフォーマンスは都市化や農村工業化への反応の結果であって，その逆ではなかったという．もっとも，これは囲込のみの影響をみた結果であって，彼のモデルは農業の資本主義体制そのものの効果を測るようには組まれていない．

26) 本書第2章, 44頁．

この制限の天井を高める効果をもったからである．

　これにたいして徳川日本では，いずれのタイプにせよ国内経済における商業資本主義の存在感は薄く，農業資本主義はその萌芽すらみられなかった．小農家族経済は上半身を市場の世界に出してはいたが，下半分は基層の土壌に深く根を張ったままであった．これらの欠如は「市場の広さ」の点では制約要因となったであろう．いいかえれば，一人当り産出高の成長率が西欧の水準よりは低目であったという本章での観察事実は，日本および西欧の前近代成長は市場に牽引されたスミス的プロセスの産物であったという結論と矛盾するわけではなく，成長パターンの際立った違いはその市場経済を挟み込んでいた上階部分と基層の構造における相違によってもたらされたものであった．

西欧内の対照，東アジア内の対照？
　最後に，以上の二地点間比較がそれぞれの地域内での文脈でどのように位置づけられるかについて一瞥しよう．西欧内で中世末・近世初頭からすでに大分岐が起っていたことはすでに指摘し，表4.1はその事実を再確認した．しかし同時に，同表が所得格差の動向という点では，二つの西欧のあいだにある種の共通した傾向が存在したことにも注意を払っておいた．

　すなわち，南欧では，一人当りGDPがわずかなマイナス成長，実質賃金収入は非常に大きな低下を記録していたが，2つの指標の動きに乖離があったという点ではプラス成長の北西欧と同様の傾向にあったのである．これは経済のパフォーマンスの違いにもかかわらず，社会階層間の格差拡大ということにかんしては英国や低地諸邦と南欧諸国が共通の経験をしたということを意味するであろう．

　それでは，東アジア諸国にも共通の趨勢が見出せるのであろうか．徳川日本のパターンは東アジアの代表例でもあったのであろうか．中国にかんするマディソンの一人当りGDP推計は1600年から1820年までその値に変化がなかったという判断にもとづいていたし[27]，他方，北京および広

---

27) 本書第3章, 86頁.

東の生存水準倍率も1800年ころまでは停滞的であった(図3.8).すなわち,マクロ経済の成長という点では日本よりも若干劣ったかもしれないが,一人当りGDPと実質賃金には乖離が生じていなかったのである.また,近年の中国経済史研究をみても,日中両国で一定の類似性は認められるようである.とくに先進地江南の市場志向的な小農経営に基礎をおいた18世紀における発展パターンは,その印象をつよく与える.河川デルタにおける集約的農業,綿と絹を中心とした農村工業の展開,市場の拡がり,高い人口密度と低い人口増加率(より正確にいえば,高い人口増加率のあとの人口停滞)においてである(Li 1998).しかし,それを東アジア型と呼びかえることが可能かどうかは立入った考察を必要とする別個の問題である.それが,近年活発に論議されている東アジアにおける「近世化」問題と密接に関連すると同時に[28],王朝期中国の制度的枠組のなかで生じたスミス的な発展が階層間の所得格差にはどのような帰結をもたらしたかを——実証面での困難は大きいが——明示的に検討しなければならないからである[29].また,本書第3章の図3.8が端的に示していたように,19世紀から20世紀初頭に日中の途が分岐したことは事実のようなので,18世紀から19世紀にかけて清朝経済において何が起きていたのかを明らかにすることも重要な課題として残るであろう.

---

[28] 東アジアに共通の近世化という契機があったという問題提起は,宮嶋(1994)にみられる.その概念の中心には小農経済の成立があるが,ただ,それと人口動態の関連は日中韓のあいだで完全に同じではない(日本の大開墾と小農家族経済の成立については,斎藤1988aを参照).また岸本(1998a, 1998b)も,商業活動と商品流通の拡がりをも織り込んで同一の問題を論ずるが,商業階級と国家の関係にも日中韓の相違がみられる.この点の検討も今後の課題であろう.なお,近年の議論は国家体制やそのイデオロギー的支柱などの論点をも含んだかたちで行われているようである.

[29] その点では,18世紀中国において賃金労働者世帯の生成があったか否かなどを検討し,農工複合経営を行う小農世帯の所得造出力を論じたPomeranz(forthcoming)が今後の議論のための論点を提供している.

第5章　所得格差の動向

はじめに

　前章では，経済成長率においては英国と低地諸邦は徳川日本よりも高かったが，北西欧諸国の一人当り GDP と実質賃金の動きが正反対の方向への変化を示したのにたいして，日本ではそのような乖離がみられなかったということを明らかにした．それゆえ，北西欧諸国の階層間所得格差は拡大し，日本では格差拡大の趨勢は生じていなかったのではないかとも示唆をした．

　ここから，徳川日本における所得格差の水準はあまり高くなかったとみることができそうである．しかし，一人当り GDP や生存水準倍率といった平均値から，徳川日本における所得格差の水準が英国あるいはオランダと比較してどの程度であったのか，ジニ係数でみてどの水準にあったのかを推測することは実際にはできない．他方では，死亡率や疾病記録，都市での厨芥処理，あるいは外国人の旅行記録などから，当時の日本のエリートの暮らしぶりは相対的に質素であったが，庶民の生活水準は西欧の労働者と変らないかそれ以上であったというような観察をすることはできないわけではない（ハンレー 1990）．けれども，それはまったくの印象論的な推論にとどまる．

　本章では，まず英国およびオランダにかんして実際にジニ係数の上昇が長期的にみられたのかどうか，その絶対水準はどのくらいであったのかを紹介する．次いで，明治以降の日本にかんしてジニ係数によってみた不平等度の変化パターンを確認したあと，徳川後期 1840 年代の長州藩について格差のレベルを確定する努力がなされる．同藩の行った優れた調査記録によってもジニ係数を計算したり，所得階層別の分布を推定したりすることはできないが，他の国の格差と直接に水準比較ができるかたちで計算を行うことが不可能なわけではない．具体的には，身分階層別に世帯所得の

推計を試みることになる．そして最後に，その結果にもとづき，1688年のイングランドおよびムガール朝インドの所得階層構造との比較がなされる．

1　北西欧と日本における水準と動向

　一般に，近代経済成長の開始当初は，所得水準の上昇とともに所得の階層間格差が拡大するといわれる．その趨勢があるところまでたっするとその関係は逆転し，さらなる所得水準の上昇は所得格差を縮小させるようになることから，不平等にかんする逆U字曲線，あるいはその関係の発見者の名前にちなんでクズネッツ曲線と呼ばれている(Kuznets 1955)．本章がみようとするのは，そのクズネッツ曲線が対象としているよりも以前の時代である．近世の経済成長もまた不平等化をもたらしたのであろうか．そうであったとしたら，それは西欧でも東アジアでも共通の傾向だったのであろうか．あるいは，不平等化が進行しないところが見出された場合，それは不平等度の低い水準での現象であったのだろうか．また，格差拡大を抑制した要因は何だったのであろうか．これが本章の問題である．

英国とオランダ

　クズネッツの仮説が最初の工業国家英国についても妥当するかについては，ピーター・リンダートとジェフリィ・ウィリアムソンの検討がある(Lindert and Williamson 1982, 1983a；Williamson 1985, 1991)．彼らの研究の狙いは，クズネッツ自身がデータによって示すことのできなかった第一局面の実在を示そうとしたところにある．すなわち，産業革命以降の不平等拡大局面の存在を実証しようとしたのであり，その成果の一部は図5.1に示されている[1]．それによれば，ジニ係数は全体として高水準にあったこ

---

[1]　1867年までのジニ係数は，すぐあとで述べる「貧民を含まない場合」の推計値である．それらは当然，「貧民を含む場合」よりも低目である．他方，同じ1867年までの系列はスコットランドやアイルランドを含まないのにたいして，その年以降は連合王国の範囲となる．両系列が接続する1867年でみると，前者の水準は後者よりも若干高い．これらを勘案すれば，イングランドの不平等度は王国内の他地域よりもだいぶ高水準にあったことがわかるであろう．

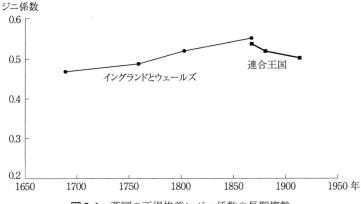

図 5.1 英国の所得格差: ジニ係数の長期趨勢
出所) Williamson(1985), p. 68.

と，その値が18世紀後半から19世紀前半を通じて明瞭に上昇をし，1867年を境にそれ以降は徐々に低下したことが明らかである．クズネッツの命題は確認できたといえそうである．

その図に示された最初の2年次，1688年と1759年は産業革命以前の格差水準を表している．それぞれ，所得の不平等度を社会階層全体にわたって計測できる数少ない産業革命以前の資料としてよく知られている，グレゴリィ・キングの1688年表とジョゼフ・マッシィの1759年表から得られた数値である．いずれも所得推計のデータとしてよく知られた資料であるが，しかし，これらデータにかんしては註釈と解釈とが必要だという．とくに「貧民」(paupers)の定義が大きく異なるために，キングとマッシィの統計は完全には比較可能ではない．表5.1には彼らが整理した結果の一端を掲げるが，両年度の所得分布が，貧民を含む場合と含まない場合とではどのように変るかが示されている．それによればたしかに小さからぬ相違がみられるけれども，ただ，格差の水準にかんするかぎりいえることははっきりしている．所得階層の上位10％にあたる富裕層が全所得の44％を受取り，下位40％の所得階層——ほとんどすべてが賃金労働者であった——のシェアはわずか10％強にしかならなかったということである．不平等度の指標であるジニ係数を計算すると0.5程度，おそらくはその水準を上回っていたと推測され，現代の南米なみの高水準である．もっとも，

表 5.1　イングランドにおける所得格差の水準，1688 年と 1759 年

	貧民を含む場合			貧民を含まない場合		
	ジニ係数	所得シェア(%)		ジニ係数	所得シェア(%)	
		上位 10%	下位 40%		上位 10%	下位 40%
1688 年	0.541	44.0	10.9	0.468	42.0	15.4
1759 年	0.509	44.4	13.7	0.487	44.4	15.8

出所）Lindert and Williamson (1983a), pp. 98-99, 102; Williamson (1985), p. 68.

表 5.2　オランダ・ホランド州における格差の水準，1561-1808 年

	ジニ係数	所得シェア(%)	
		上位 10%	下位 50%
1500 年ころ	—	40	19
1561 年	0.56	46	16
1732 年	0.63	54	12
1808 年	0.63	52	11

出所）van Zanden (1995), pp. 653-54.

1688 年と 1759 年のあいだに不平等度の上昇があったかどうかは不明確である．貧民を含めた場合ではむしろ低下をしているからである．ただ，前述の理由で，二つの時点間の比較としては「貧民を含まない場合」でみたほうがよいとすれば，その場合には 0.02 ポイント程度の上昇があったことになる．いずれにせよ，これらのデータからいえることは，イングランドは産業革命以前においてすでに所得格差がきわめて開いた社会であったということ，しかし 18 世紀中にその格差が拡大したかどうかはそれほど明確ではないということであろうか．

　近世における格差の長期趨勢という点では，しかし，オランダにかんする研究がより明確な結論を示す．ホランド州にかんしては家屋資産データが 16 世紀から 18 世紀および 19 世紀初頭の時期について利用可能で，そこからファン・ザンデンが推計した結果を表 5.2 に掲げる（van Zanden 1995）．依拠した資料がストックである家屋資産の書上であるので，ジニ係数はフローのデータにもとづく場合よりも高水準となる傾向があり，またホランドは首都アムステルダムを含む州であるため，その地域の格差水

準は若干高目であったと考えられる[2]．実際，表5.2に示された1732年のジニ係数0.63は1759年のイングランドの場合よりも一段と高い水準にある．したがって，両国の差を云々するよりは，同表から明らかになる三世紀にわたる格差動向のほうに注目すべきであろう．

　1500年の値は当て推量であるが，それ以降のトレンドは明白である．上位10%の富裕層が全所得にしめる割合は40%から50%を超えるまでになり，他方，下位50%の人びとのシェアは19%から11%へと，ほぼ半減した．ジニ係数でいえば，1561年から1732年のあいだに0.56から0.63へと上昇をした．この2つのベンチマーク年次に挟まれた17世紀はオランダの黄金時代であり，同国の近世的経済成長は不平等水準の上昇を伴っていたといえる．そしてイングランドにかんしても，仮に16-17世紀の資料が存在していたとすれば，類似の結論を得ることができたにちがいない．実際，相対価格変化が貧困層と富裕層に異なった影響を与えるということに注目してなされた最近の試算によれば，不平等化は近世における北西欧諸国に共通の趨勢であったようである (Hoffman, Jacks, Levin and Lindert 2005)．

近代日本

　ところで，本格的な工業化が始まる以前の，18世紀におけるイングランドとオランダにおけるジニ係数は0.5を上回るという高水準にあった．残念ながら，徳川日本についてジニ係数を計測しようという試みはこれまでなされていないため，その高水準と直接に比較することができる日本のジニ係数値は得られない．もっとも明治末年以降であれば，南亮進らの努力によって第二次世界大戦後までの推移がわかっている (南 1996, 2000; 溝口・寺崎 1995)．その要約が図5.2の実線で，明治以降の工業化が不平等度の上昇を伴っていたこと，それは0.4という低い水準から一世代余のあいだに英国におけるピーク時の水準を超えてしまうほど急激な変化であった

---

[2]　同じvan Zandenの論文には中世から近世の都市におけるジニ係数値にも言及があるが，それらをみると0.7や0.8という極端に高い推計値も珍しくはなかった (van Zanden 1995)．

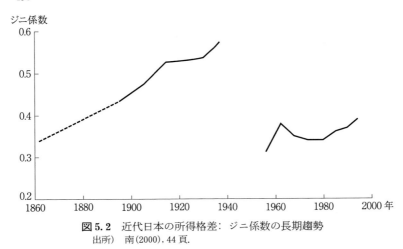

図 5.2 近代日本の所得格差: ジニ係数の長期趨勢
出所) 南(2000), 44 頁.

こと,そして戦後は,それよりもさらに急激な格差水準の低下があったことなどである.すなわち,近代日本もクズネッツ仮説が妥当する事例だといえる.

問題は,そこからどこまでジニ係数の推計を遡らせることができるかである.1895 年の推計値は 0.432 であるが,同図には,1937 年からその 1895 年までの値から計算できるトレンドを過去に外挿してみた結果をも破線によって示している.それによれば,徳川末期におけるジニ係数の水準は 0.34 程度であったと読める.安政開港および明治維新以降の情勢はおそらく所得格差を拡大させる方向にあったと思われるので,幕末の水準が 0.4 よりは下回るところにあったということはいえそうである.イングランドやオランダの水準からすれば相当に低いレベルであるが,ただこれでは十分な根拠のない推測程度の意味しかもちえないであろう.

そこで,次節以降では,徳川時代の産出および所得データとしてはもっとも詳細で包括的な調査の存する長州藩について立入った検討を加え,賃金データからではわからない世帯所得の推計を行って多少なりとも実態的根拠のある階層間格差の推定を行いたい(以下,斎藤・西川 2007 の第 2-4 節による).

2 1840年代の長州藩

 長州藩の調査データは近代以前としては例外的に情報量が多いけれども,キングやマッシィの統計表とは異なり,階層ごとの所得分布が明瞭にわかる類の資料ではない.階層間格差を明らかにするためには,最初に階層ごとの平均世帯所得を推計する必要がある.そこで,多少遠回りではあるが,本節ではまず同藩の産出構造と所得構造からみてゆきたい.

 長州藩政府は1840年代初めに『風土注進案』という,防長一円における村々の詳細な調査を行った(山口県文書館 1960-6).その産出高調査では,すべて「産業」と「物産」に区分されて書上げられている.これは農と非農の区分に近いが,後者が米麦,粟稗豆類,野菜類,菜種・実綿・果物等という,石高の付された土地からの収穫高であるのにたいして,前者はそれ以外のすべての産出高であった.すなわち「産業」の部には,製造されたモノの産額だけではなく,商人・職人等の「儲銀」をも含む商業サービスの産出高もが書上げられていた.いずれも,原則として中間投入を差引いた純生産額となっている.たとえば職人の産出高の計算は,「諸雑用引之」いたところの,900匁から1貫700匁になる軒当り儲銀に戸数を乗ずる方法でなされている.

 このように詳細で網羅的な調査記録からはすでに,農・非農二部門投入産出表(「経済表」)および地域所得勘定表が推計されている(西川・石部 1975; 西川・穐本; 1977; Nishikawa 1987)[3].それによれば,世帯の構成では農家が8割をしめていたにもかかわらず農産物の全産出高にしめる割合は6割であったこと,したがって非農産物の構成比は40%におよんでいたことがわかっている.この比率は,かつてトマス・スミス(Smith 1969)が同じ

---

3) このほかに,農業生産関数の推計を行い,そこから得られる限界生産力と非農賃金の関係を分析した論文も発表をしている(穐本・西川 1975; Nishikawa 1978).これらは改定の上,近々著書にまとめられる予定である(西川,近刊).また,共同研究者であった穐本洋哉は,農業生産,非農生産の宰判別検討,灌漑施設・新田高・船舶数などによる資本ストックの推計,藩財政の検討などを行い,単著として刊行した(穐本 1987).これら研究成果の要約ならびに長州藩経済の全貌については,西川(1985)の第3章をみよ.

長州藩内の一宰判である上関について行った先駆的な推計から得られる55%という水準からみれば低いが，それでも徳川時代は農業社会というイメージを覆すに十分な値である．そのギャップの多くは農家の副業によって説明できること，また農家副業によって生産された工産物の少なからぬ割合が域外へ輸出されており，地域総生産にしめる輸出比率は22%にたっしていたことなどが明らかになっており，興味深い．

上関と三田尻

　ここで，この上関宰判村々の所得推計をもう少し詳しくみてみよう．上関も瀬戸内沿岸の宰判で，山がちの内陸部にも村は存在したが，全体としては商業化が非常に進んでいた地域であった．港町および塩田が沿岸部に点在し，塩田の燃料に使われた石炭や薪が他所より運び込まれ，産物である塩や木綿が積み出されていた．そのような活発な生産および商業活動が牽引力となって，宰判全体の消費水準も長州藩でもっとも高いところとなっていた．そしてそれゆえにであろうか，『風土注進案』の記載のもっとも詳細な宰判の一つであった．

　スミスは，この宰判15ヵ村についての「物産」と「産業」の産出高（ともに純生産額）を集計し，その上で，(1)非農家の一人当り生産性は，別途推計によって農家の2.47倍とおき，その係数を農家の平均生産性に乗ずることによって，非農総生産中の非農家によって生産された非農産出高を推定し，次いで，(2)非農業所得のうち，非農家によって生産されていない部分はすべて農家が生産したと仮定して，非農生産中の農家による産出高を推計した（Smith 1969, 82–84頁）．そしてこれら推計値より，非農割合と農家所得にしめる非農所得比を求めたのである．

　結果は表5.3のとおりで，世帯数にしめる非農家の割合は最大56%，最小4%，平均18%，総所得にしめる非農所得の割合は最大83%，最小23%，平均55%，そして農家所得にしめる非農所得比は最大75%，最小16%，平均43%となる．明記されていないが計算のもととなった産出高・所得集計値は税引前のようで，税引後だといずれもさらに高くなり，たとえば農家所得にしめる非農所得比は50%を超える水準まで達するの

表 5.3 上関宰判における非農割合と農家所得にしめる
非農所得比: スミス推計 (%)

	世帯数にしめる 非農割合	総所得にしめる 非農割合	農家所得にしめる 非農所得比
麻　　郷	14	54	44
別　　苻	33	81	75
上田布施	4	26	21
下田布施	18	49	30
波　　野	27	54	20
大 波 野	4	23	16
平　　生	55	72	57
曾　　根	16	77	74
大　　野	7	34	25
宇 佐 木	7	43	36
伊 保 庄	9	43	34
小　　郡	8	56	51
佐　　賀	12	61	55
尾　　国	19	59	46
室　　津	56	83	64
計	18	55	43

出所) Smith (1969), 83, 85頁; 山口県文書館 (1960-6), 第5-6巻.
註1) 農家所得にしめる非農所得比の宰判計は載せられていないので,
『風土注進案』所載の世帯数で加重平均をとった.
2) 宰判内にはさらに上関の地方・浦方, 長島4ヵ村と周辺5ヵ島
とがあったが, スミスは計算から除外している. またどういう
理由からか, 彼は村の順番を変えているが, ここでは元どおり
の並べ方に戻した.

ではないかと思われる[4].

このように高水準の非農化率となったのは, 明らかに対象とした宰判が
上関という, 当時としては最先進の地域だったからである. しかし, 彼の
推計方法にも問題はないのであろうか. 具体的には, 非農家一人当りの生
産性にかんする上記の仮定(1)はどのようにして導き出されたのであろう
か.

---

4) スミス論文における表には実数値がなく, すべてパーセンテージのみしか与えられてい
ないため, 残念ながら厳密な突合せは不可能である. 推計上の問題点としては, 職人所得
の追加加算, 石炭および元綿など域外からの輸入の扱い, そして廻船儲銀の過少計上を指
摘しうるが, それらは相互に相殺しあっていた可能性があるので, 結果としてある程度妥
当な推計となっているのではないかと思われる. 数%の誤差の幅を考えれば, 農産高と非
農産高の比は5対5程度であったというのが無難な判断と思われる.

この推計にとっては2.47倍という値が重要な役割を演じている．これは，非農部門における一人の労働者が年間300日働いたときの「平均賃金送金額」を非農部門の生産性の指標とし，農業平均生産性は年間耕作日数を182日として計算，両者を比較したものである（同じ2.47という係数は，世帯統計には載っていて産出・所得の報告がない職人の所得推計にも適用されている）．「送金」という言葉から推測されるように，ここで想定されているのは出稼労働者の稼得である．この場合，非農のなかではもっとも熟練度が低い職業の生産性が比較対象となっていることになり，実際の非農部門にはもっと稼得水準の高い職業が存在したので，非農家による非農所得の稼得総額は過少となる．それゆえに，非農家によって生産されていない非農業所得はすべて農家が生産したとする仮定(2)が効いて，農家所得にしめる非農所得の割合は高目にでてしまう可能性が生ずる．それがどの程度過大であったかは，一つは年間300日という労働日数の妥当性，もう一つは非農部門内における所得分布の不平等度に依存するので，はっきりしたことはいえないが，差引きすれば若干の過大推計傾向をもっていたといえるのではないか[5]．

　ところで，西川も三田尻宰判31町村について類似の試みを行っている．三田尻は上関と下関のあいだに位置する，やはり瀬戸内の宰判である．上関に比べれば商業化の進展度は劣るかもしれないが，鄙びた農村地帯とはいいがたい地域である．この宰判について西川がとった方法は，その31

---

[5] なお，スミスの想定した，出稼の非農就業者の年間労働日数300日は不適切であろう．上関地方での典型的な季節出稼先は日本海側の鯨組行であろうが，これは晩秋から翌年春までの労働であった．近隣における雇用先では塩田がもっとも重要で，継続的な雇用が見込まれるものであったが，上述のとおり，日用挾の場合は150日の就業であった．スミスの方法の根幹には，農業労働と比較可能な非農職業の生産性ないし稼得能力をみなければならないということがあったのであろうが，西川が農業生産関数から得られる限界生産力と非農賃金との均衡を検討した際に用いた年間労働日数は，塩田150日，農業200日であり，そのほうが現実に近いということは記しておきたい（禿本・西川1975；Nishikawa 1978）．仮にこの150-200日という組合せで農・非農間の生産性比を再推計し，スミスの計算をやり直すと，農家所得にしめる非農所得の割合はさらに高目にでてしまうことになる．もっともスミスは，非農労働者の300日就業のときの収入を職人の年間所得推計にも使っていたので，もともと出稼労働者よりはやや高目の層を想定していたのかもしれない．いずれにせよ，推計方法にこのような多少の混乱があったにもかかわらず，それらは相殺しあって，推計値はかえって結果が若干の過大推計の範囲内に収まっていたとみることができる．

町村のうちから2つの町と塩田村および廻船業の島計5村とを除き，いかにも農村らしい残りの24ヵ村について税引前の純生産額を集計し，そこから総農業所得額と総非農所得額の割合を計算して，それをもって農家所得にしめる非農所得の割合とみなすというものである．その計算結果は28％となる(西川・石部 1975，720頁)[6]．予想されるように，上関の43％よりはだいぶ低い水準となる．もっとも，これら24ヵ村のなかには若干の専業の非農家が存在していたはずなので，この計算方法で得られるのはあくまでも「近似値」である．それに，これもスミス同様一宰判についての数字なので，次項では長州経済全域について異なった方法での算定を試み，それによって階層間の世帯所得格差の推計に結びつけたい．

藩全域の経済構造

　最初に長州経済全体について，産業(この場合は通常の意味での産業である)別の産出高とそれに対応すると思われる職業戸数を整理して示す．表 5.4 がその結果で，産出高の欄は中間投入を差引いた税引前の集計値である．産業は9分類，それらはさらに「農」と「工商」の2部門へ分類される．ここでは厳密な意味での農・非農ではなく，身分としての「農」か否かを基準としているため，漁業・林業・採石業はここに含めた．浜方には専業の資本家的な「漁人」がいた可能性はないわけではないが，当時の「漁人」の圧倒的大部分は自営業的な「農業ニ相添抔」していたところの漁民であったので，そしてまた，彼らは士農工商の身分体系のなかでは「農」と観念されていたので，この分類も許されるであろう．彼らを合わせると，「農」身分は総世帯数 8 万 9100 戸となる．人口は，藩全体の戸口数から計算される平均世帯規模 4.4 を乗じて 39 万 2000 人となる．

　同じく「農」部門へ分類されている製紙・木綿織・酒造・製塩は，戸数統計に対応項目のない産業である．うち製紙業は山間の農家副業として，藩政府の専売制度の対象となったために従事戸数が判明しており，その数

---

[6] 非農村グループは，三田尻，宮市の両町，新田，浜方，西浦前ヶ浜，江泊の塩田村と，廻船業の島で「産業」所得の総所得にしめる割合が圧倒的な向島村である．なお，やはり「産業」所得の割合がかなりの高さになっていた田島村は農村グループに含まれている．

表 5.4 長州藩における産業別産出高と職業戸数

	産業別産出高 (銀千貫)	職業戸数 (戸)
「士」	—	5,700
「農」部門		
農業	58,179	85,531
製紙	916	(13,300)
木綿織	2,213	—
酒造	2,526	—
製塩	3,371	—
漁業・林業・採石業	7,155	3,567
小　計	74,360	89,098
「工商」部門		
職人	3,972	5,840
商人	12,769	7,865
運輸交通, その他	3,895	4,029
小　計	20,636	17,734
合　計	98,996	112,532

出所) Nishikawa (1987), pp. 325-26, 329, 332-33; 西川・
　　 穐本 (1977), 106-8, 113-15 頁.
註 1) 産出高は付加価値額で税引前の値である. なお,
　　 Nishikawa (1987) の table 4 では若干の不整合がみ
　　 られるので訂正をしてある.
　 2) 武士には陪臣 6200 を含むが, ここでは彼らは独立
　　 の家計単位としては数えられていない.
　 3) 製紙戸数 1 万 3300 は農家戸数の内数.
　 4) 木綿織・酒造・製塩については製造戸数が得られ
　　 ない. 農家副業と考えられるため, 農家部門に含
　　 めた.

が表 5.4 の職業戸数欄に掲げられているが, これは農家戸数の内数である. 木綿織はおそらく農家婦女子の内職による産出高, 酒造は出稼杜氏, 製塩は浜子や寄せ跡突女の賃金収入であろう. すなわち, これらも農家副業だったのである.

　同表の「工商」部門は総世帯数 1 万 7700 戸の規模である. 人口数は, 全体の平均世帯規模 4.4 を一律に適用して 7 万 8000 人となる. この部門の世帯のなかには, 家事および店表の奉公人を雇用しているところがあったはずである. もし現住地主義で記録がとられていれば, 宗門改の際には家事奉公人は勤め先の世帯に含めて記載されるのが慣行であったので, そ

れらの住込奉公人が含まれた人口表が用意できたかもしれない．しかし，『風土注進案』の戸口数は本籍ベースの集計であったと思われる．加えて，各村の『風土注進案』から農・工商別の世帯規模を計算することができない．そのため，農・工商別の人口推計は断念をした．

　産出高の欄には戸数統計と対応がつく産業項目が並んでいる．これら職業に従事していた世帯の多くは世帯主がその本業者であり，職人の場合は札の持主であった．それゆえ，この部門の従業世帯からみた定義は明瞭と思われるが，問題は産出高のほうにある．すなわち，この部門の産出高とされているものがすべてこの部門に属する世帯によって生産されたものかどうかの問題である．個々の村をみると農家兼業としての諸職人，農家出稼と思われる「上荷乗」「廻船乗」，さらには「塩売日用挊」「中師」などが職業統計に登場するが，彼らの稼高は表 5.4 では工商部門の産出高に入っている．また，職業統計に登場しない非農活動も存在した．塩田の周りの村々では塩菰づくりが盛んで，これは原料の藁を購入して行われていたところの一産業であったが，それに対応する産業名も職業名も見当たらない．同様のことは蓑づくりについてもいえる．これらは「農業之間相」になされたと註記されており，農家の農閑期における余業である．それは，このような加工業から「鮒鱧どぢやう取」，「駄賃馬」(すなわち小運送による駄賃挊)，そして日用挊まで，まことに雑多な内容をもっていたが，それらの所得もまた，表 5.4 の工商部門に含まれていたのである．三田尻宰判を例にあげよう．宰判内の村で，田島村のように日用挊を職業統計に明記しているところは多くない．上右田および下右田村で 43 戸と 12 戸を計上しているだけである．しかし，職業統計ではなく「産業」勘定の部をみると，日用挊何軒でいくらという記載があり，その軒数が職業統計と一致しない，あるいはそれ以上である場合が見受けられる．具体的には，3 村の職業統計に表れた日用挊は 349 戸であるが，「産業」の部に登場する軒数を農村についてのみ集計すると 735 軒になるのである．349 戸は農家兼業と明示されていた場合であるが，これは農間の臨時雇用で稼いだ額が，職業統計からうける印象以上に多かったことを強く示唆する．もっとも，日用挊には町方在住者も存在した．農繁期には，彼らが村方に出稼するこ

ともあったかもしれない．あるいは，町方ではなくとも塩田村のようなところでも，本業が浜子・釜焚で副業が農作日用挊という者もいたにちがいない．実際，田島村の東隣にある浜方村の『風土注進案』では，彼らのことを「塩浜之蔭ニ而年分渡世仕候，尤農業相添隣村入作をも仕候」と評していた（山口県文書館 1960-6, 第 9 巻, 347 頁）．とはいえ，そのような人たちがいるところは，町場か塩田村にかぎられていた．日用挊および類似の臨時雇用の多くは，農家の成員が農間に行うところの副業であったと思われる．

最後に，表 5.4 には「士」も含めた．武士は何の生産も行わないが，平民の経済活動の成果（すなわち，産業別産出高の欄の各数字）から貢租を徴収し，そのなかから武士および陪臣の家族が養われており，彼らの世帯所得を計算することは可能だからである．武士の戸口にかんしては相当の不確かさが残るが，彼らは世帯数で 5700，総世帯数の 5％ にあたる．しかし注意しなければならないのは，第一に，この数字は直臣のみの数で 6000 を超える陪臣が含まれていないこと，そして第二に，それゆえに人口構成比では 10％ になるという点である．陪臣は家臣に抱えられた家臣で，彼らの俸禄は藩主から支払われるのではなく，彼らの主人である藩主からもらう俸禄より支払われるために，ここでは陪臣数を含めない数字が掲げられている．彼らの人口にかんしては直接知る手だてはないが，平均世帯規模を 4.25 として算出された 5 万人という数値があるので，それを採用する（西川・穐本 1977, 113 頁）．それゆえ，世帯数 5700，総人口 5 万という記載は，陪臣をあたかも譜代の住込奉公人のように扱っているのであるが，実際の奉公人自体は――工商世帯の場合と同様――この計算からは除外されている．

最後に，3 階層の戸口数を再度みておこう．すでに述べたように，戸数（世帯数）は士 5700，商工 1 万 7700，農 8 万 9100，総戸数 11 万 2500 であり，人口は士 5 万，商工 7 万 8000，農 39 万 2000，総人口 52 万である．統計の精度は戸数が高く，人口において劣る．構成比は戸数でみると 5％，16％，79％ となり，人口比では 10％，15％，75％ である．武士の構成比が戸数でみた場合と人口によった場合とでこれほど違うのは，陪臣の世帯

の扱いによる．彼らはあたかも住込奉公人のような扱いをされていて，戸数にはカウントされないが人口には含まれているからである．なお，真の住込奉公人は住込先の人口には含まれていないと考えられ，それはわずかではあるが農民人口を過大に，士および商工の人口を過少に見積もる結果となっている．

3　身分階層別世帯所得の推定

『風土注進案』に収められた統計数字は世帯調査の集計ではない．産業ごとの集計は可能であるが，各世帯が副業によってどのくらいの農外収入を得ていたかがわからず，したがって世帯所得の分布はわからない．ただ，農家兼業が広範に行われていたという事実は，農家所得にしめる非農所得の割合が無視できるような値ではなかったということを意味する．それゆえその比率が推計できれば，あるいは逆に農家以外の世帯の非農所得の稼得額が推計できれば，長州の場合，地域経済全体の集計値はすでにわかっているので，部門間の所得格差を計算することが可能となる．

当時の社会構造を前提とするとき，その「部門」を身分とすれば，推定は多少なりとも容易となる．すなわち，「士」，「農」，「工商」別に世帯所得を推計するのである．これは農・非農別とも，農村・都市別とも概念上は若干異なる区分であるが，このような階層分類であっても，その階層間格差がある程度判明すれば所得分布の一端を知る上で大きな前進となるであろう．そこで本節では，身分階層別世帯所得の推計を行う．表5.4にもとづくことになるが，表5.4と一つ異なるのは，ここでは税引後の所得による計算となる点である．それは，武士の所得が農・工商階層の世帯が納めたところの貢租から支払われるからである．ただ，政府歳出には武士給与以外の項目もあるので，表5.4の産出高の合計と，本節で推計された所得合計値は当然一致をしない．

前提と仮定

以下，計算にあたっては2つの前提をたてる．前提の第一は，『風土注

進案』の「産業」統計に登場し，それに対応する職業が書上げられていない産出高はすべて農家によって生産されていたというものである．前節での検討からみて，これには疑念の余地はないであろう．前提の第二は，工商階層の一人当り所得は武士階層のそれを上回ることはないというものである．これはきわめて当然の，常識的判断といってよいと思うが，この原則によって工商階層の推計値の上限が決まることになる．

その上で，次の3つの場合を考えよう．

仮定 I　第一前提のみを適用する場合である．表5.4に即していえば，製紙・木綿織・酒造・製塩を農家の生産物とみなし，それらを農家所得中の隠れた非農所得として計算しなおすことを意味する．

仮定 II　工商階層の一人当り所得は，武士階層のそれを10％下回っていたと仮定し，そのときに逆算によって求められる非農家の総所得を，総非農所得から差引いた残りがすべて農家による非農稼得であるとした場合．

仮定 III　工商階層の一人当り所得は，武士階層のそれを30％下回っていたと仮定し，そのときに逆算によって求められる非農家の総所得を，総非農所得から差引いた残りがすべて農家による非農稼得であるとした場合．

仮定の II と III は基本的にトマス・スミスの方法と同じ発想によっている．すなわち，何らかの仮定によって非農家による非農所得の総額を計算し，それをすでに得られている総非農所得額から差引くことによって，農家による非農所得の稼得額を求めるというものである．スミスとは，非農家による非農所得額の推定に支配者層の一人当り所得の水準を利用しようというところが異なっているわけである．

階層別世帯所得

それぞれの計算結果は表5.5に示されている．まず仮定 I のみで計算を行った場合をみると，その結果は上記の前提の第二と抵触することが判明する．行(2)をみると原則に抵触していないように思えるが，これは武士の世帯に陪臣を含めていないからで，人口一人当りでみた行(3)では工商

表 5.5 長州藩における身分階層別所得推計

	身分階層		
	士	工商	農
世帯数	5,700	17,700	89,100
人口数	50,000	78,000	392,000
仮定 I			
(1) 総所得(税引後, 貫)	11,000	20,036	43,960
(2) 世帯当り (匁)	1,930	1,132	493
(3) 一人当り (匁)	220	257	112
仮定 II			
(4) 総所得(税引後, 貫)	11,000	15,444	48,552
(5) 世帯当り (匁)	1,930	873	545
(6) 一人当り (匁)	220	198	124
仮定 III			
(7) 総所得(税引後, 貫)	11,000	12,012	51,984
(8) 世帯当り (匁)	1,930	679	583
(9) 一人当り (匁)	220	154	133

出所) 表 5.4 に同じ．
仮定 I) 表 5.4 における製紙・木綿織・酒造・製塩のみが農家による隠れた非農所得とした場合．
仮定 II) 工商の一人当り所得が武士の 90％ であったときに逆算によって求められる非農家の総所得を，総非農所得から差引いた残りがすべて農家による非農稼得であるとした場合．
仮定 III) 工商の一人当り所得が武士の 70％ であったときに逆算によって求められる非農家の総所得を，総非農所得から差引いた残りがすべて農家による非農稼得であるとした場合．

のほうが上回っていることが明らかである．これは，製紙・木綿織・酒造・製塩以外の非農産出高のうちにも農家によって生産された財およびサービスが含まれていたことを意味し，それが無視できる程度でなかったことを示している．

そこで接近方法を変え，第二前提を具体化して，工商階層の一人当り所得は武士階層のそれを 10％ 下回っていたと仮定する．具体的には行(6)にあるように，武士の一人当り所得 220 匁の 90％ である 198 匁を工商の一人当り所得とし，それに人口数を乗じて行(4)の総所得額を計算する．それを，表 5.4 の総産出高から租税分を控除した 6 万 3996 貫から差引いて，総農家所得額を得る．それを人口数で除すと，行(6)の一人当り所得 124

匁が求められる．世帯当りでは，行(5)に示されているとおり，武士1貫930匁，工商873匁，農家545匁となる．倍率をとってみると，世帯の可処分所得では武士が農家の3.5倍，工商は1.6倍である．この倍率でも格差水準は低位といえるが，一人当りでみると武士は農家の1.8倍，工商は1.6倍となって，階層間の格差はさらに縮小する．なお，すでに述べたように，武士の世帯人口にも工商の世帯人口にも住込奉公人の数は含まれていない．世帯当りの平均奉公人数は武士のほうが多かったであろうから，実際の士・工商間の一人当り所得格差は10%よりも小さかった可能性が高い．したがって，この仮定IIは両階層間の格差が僅少であった場合を示すといってよい．そして，彼ら住込奉公人の多くは農家から供給されていたので，農家部門とそれら2部門との格差も実際はもう少し小さかったものと思われる．

　仮定である工商所得の武士所得にたいする比率を90%から引下げると，農家所得との階層間格差は1.6という倍率よりもいっそう縮小する．これは非農家によって稼得された非農所得の総額が減少し，したがって農家が稼出した非農所得の総額が上昇するからである．仮定IIIはその比率を70%とした場合であるが，それによって再計算すると，行(8)と(9)にあるように，世帯所得で1貫930匁，679匁，583匁(3.3倍と1.2倍)，一人当りでは220匁，154匁，133匁(1.7倍と1.2倍)となる．ただ，農と工商の所得差が1.2倍というのは，あまりにも縮まりすぎて現実的ではない．たとえば，当時の農家は食糧を大部分自家消費していたのにたいして，都市の家族は食料品を市場価格で購入しなければならなかった．そのマージン分に対応する額を考慮に入れれば，1.2倍という違いは事実上，差がないのと変わりなかったのではないかと思われる．すなわち，表5.5のなかでは仮定IIによる計算結果が妥当なのではないか．

　厳密に比較できる分類ではないが，西川・石部の三田尻宰判にかんする推計をみてみよう．農村らしい農村24ヵ村を農家の集合，残りの7町村を非農家の集合とみなしての計算についてはすでに紹介をしたが，両グループの総所得をそれぞれ集計，租税を控除し，総戸数で除して一人当り可処分所得を求め，その倍率をとると1.4倍であった(西川・石部1975, 721頁)．

この計算では，2町5村からなる非農グループに農家が紛れ込んでいる確率のほうが農家グループに非農家が混在している確率よりも高いと思われるので，現実の倍率は 1.4 よりもやや高かったのではないか．そうであれば，この三田尻にかんする推定結果も，仮定 II の計算で妥当という想定と整合的である．

　商工業者の平均世帯所得が農家のそれの 1.6 倍程度であったということは，世帯規模は両部門を通じて同じと仮定をしていたので，非農一人当りの生産性は農家の 2.47 倍よりははるかに低い水準であったということを意味する．逆にいえば，スミスが想定したよりも農家の所得造出能力は高かったということである．これは農家の世帯所得が農・非農所得の混合であって，産業としての農業と製造業の生産性比とは異なった比較となるからにほかならない．この点は別な計算によっても確かめられる．仮定 II による推計で含意されているところの農家所得にしめる非農所得比は，税引前で 26%，税引後（可処分所得）で 42% となる．その税引前の比 26% は，三田尻の『風土注進案』から得られた前述の西川・石部推計 28% に近く，ここでも本推計の妥当性を確認できる．

　最後に，可処分所得にしめる非農稼得の貢献度が 42% にもなったということに注意をしたい．そこに農家の兼業への意欲の源泉があったとみられると同時に，その非農稼得がなければ，都市商工業者との所得格差ははるかに大きなものとなっていたであろうことは紛れもない事実だからである．

4　異文化間比較

　前節で示唆された所得分布，すなわち支配者層の一人当り所得も工商身分のそれもともに農家の一人当り可処分所得の 2 倍未満であったという徳川社会は，近世としてはどのような位置づけになるのであろうか．他の社会でも工業化以前ではやはり所得分布はかなり平等だったのであろうか．それとも，徳川日本はやや例外的だったのであろうか．

日英印比較

　比較可能な歴史的データは非常に少ない．近代以前に絞るとさらに少なく，管見のかぎりグレゴリィ・キングの推計表が利用可能な1688年のイングランドと，1600年ころのインドとが例外のようである．1688年のイングランドは産業革命よりも一世紀前ではあるが，すでにみたように近世の経済成長が進行中の社会である．その意味では徳川日本と比較をしてもそれほどの問題はないであろう．また，職業身分別を基本としているため，本章での区分法に近似した階層分けに組みなおすことができるのも魅力である[7]．

　後者の事例は最盛期のムガール王朝時代のインドである．本来であれば東アジアのなかから比較対象を選びたいところであるが，資料的な制約は大きい．ただ，アジア交易全盛期のインドは，英蘭の東インド会社の活動をきっかけとしたアジア域内交易の交流とともに工業製品輸出国の役割を担うようになっていた．1600年のインドとは，そのような変容が起りつつあった時期の社会という位置づけとなろう．ここで利用する統計表はアンガス・マディソンによる高度に定性的判断を交えた推定の結果であり，階層も4区分であって，自由な組替えはできないのが残念である．しかし，征服王朝下にあったカースト制社会の分配構造を示す貴重なデータではある (Maddison 1971, p. 33)．

　比較のために必要なことは階層分類を合わせることである．とくに支配者層をどう定義するかが難しい問題となる．徳川日本は官僚と兵士との分離がみられなかったという点において独自性を有するが，イングランドでは，将校（'naval and military officers'）はともかく，一般の兵士（'common soldiers'）は支配者層の一員とはみなされていなかった．マディソンのインドにかんする表では，'soldiers and petty bureaucracy' はエリート層とは区別され，都市部門の商工業者や専門職と一緒にされている．幸いキングの表では詳細な職業身分の区分がされているので，軍人（将校と一般兵士）を支配層に入れて徳川日本と比較可能とした場合とそうでない場合にわけ

---

[7]　キング表の数値を批判的に再吟味したArkell (2006) の訂正したデータによる．

第5章 所得格差の動向────173

て計算をすることができるので,その両者の数字を算出することとする.なお,インドの'petty bureaucracy'は平民扱いであったので,イングランドにかんしても'persons in lesser offices and places'を支配者層から除くことが考えられる.しかし,彼らの地位は下級官吏のイメージからするとかなり高かったと思われるので,その調整は行わなかった.代りに'lesser clergy-men'をどちらの場合からも外して,平民とみなした[8]).

　徳川日本のもう一つの特異性は兵農分離である.その結果,徳川時代の武士は知行はもっていても蔵米(俸禄)を受取るだけの存在となり,他の多くの国々でみられた農業経営を行う貴族・ジェントリ層が欠如することとなった[9]).イングランドの場合,これら身分のものを農家部門へいれることはできないので,彼らの直営経営からの所得分だけ日本の武士層の所得計算と合致しないことになる.ただ,彼らは大地主でもあり,そこからの地代収入が十分な大きさをもっていたので,これは大きな誤差要因とはならないであろう.インドの場合は,通常の'village economy'とは別に,人口比で10%,所得比で3%の'tribal economy'が区分されている.これはインド固有の事情であるが,ここでは農家部門に合算をした.同国の平均農家所得水準を引下げることとなるが,ウェイトが低いので比較自体に影響することはないはずである.

　最後に,家事奉公人の問題がある.前述のとおり,日本では含めないでの計算となったが,イングランドの場合,雇用者の世帯の一員に含まれていたことは明白である(インドについては不明).ただ残念ながら,この点は基準を合わせて再計算をすることはできなかった.

　以上を念頭におき,結果をみよう(表5.6).いずれも一人当り可処分所得による比較である.分類上の不一致や定義の微妙な違いがあるにしても,その影響を感じさせないほど明瞭な相違が日英印のあいだには存する.グ

---

8) この点は,聖職者のなかで「聖職禄(benefices)をもたない場合」は「ジェントリより下」とみなされることが多かったという,ピーター・ラスレットの判断にしたがう (Laslett 1983, 51頁).
9) いうまでもなくすべてが蔵米取となったのではなく,地方知行制も存在した(長州藩でも同様である).しかしその場合でも,地方に直営農場をもって経営を行っていたわけではなく,西欧の貴族・ジェントリとの違いは明瞭である.

表 5.6 階層間所得分布の日英印比較

	階　　層		
	支配者	工　商	農
人口割合(%)			
日本：1840 年代	10	15	75
イングランド：1688 年			
支配者層に軍人を含む	9	14	78
支配者層に軍人を含まない	4	18	78
インド：1600 年ころ			
支配者層に兵士を含まない	1	17	82
一人当り所得(農=100)			
日本：1840 年代	177	160	100
イングランド：1688 年			
支配者層に軍人を含む	468	205	100
支配者層に軍人を含まない	602	202	100
インド：1600 年ころ			
支配者層に兵士を含まない	2,563	372	100

出所）　日本は表 5.5，イングランドは King (1802) と Arkell (2006)，インドは Maddison (1971), p. 33 による．
註 1）　日本の値は，表 5.5 の仮定 II による．
　 2）　イングランドの「軍人」は 'officers' および 'common soldiers' の計，「含まない」場合は工商に入れた．
　 3）　インドの「農」には人口比で 10% をしめる 'tribal economy' を含む．また「兵士」は 'soldiers' で，'officers' を含むかどうかは不明．

　レゴリィ・キングのイングランドについてみれば，どちらの区分をとるにせよ支配層は農家部門の 5 倍前後，工商は 2 倍の所得を得ていた．ムガール朝のインドでは，26 倍と 4 倍であった．イングランドはインドよりは平等で，そのイングランドは徳川日本よりは不平等であった．

長州の代表性

　このように結論は明瞭であるが，長州藩を徳川日本の代表と考えられるかという疑問は残る．産出高と稼得額にかんしてこれだけ詳細かつ正確なデータは他にみられないので，その全国経済における位置を知ることはできないが，スミスがすでに述べているように，明治初年の統計などから判断すると平均以下ということはないが，際立って先進的ということもなかったようである．むしろ，これまでの検討からも明らかなように，直臣の

藩士一人が養わなければならない人数の多さ，すなわち陪臣の多さが，一人当り所得の平準化に寄与していたので，この陪臣の多さが長州藩に特有の現象であったかどうかを知る必要がある．しかし残念ながら，直臣と陪臣の藩別統計があるかどうか寡聞にして知らない．陪臣の比率が半分以下のところは少なくなかったであろうが，他方では仙台藩のようにそれが7割にたっしていたところも存する．少なくとも長州藩が極端な例外ではなかったといえそうである．

より大きな問題は，階層内の格差である．日本の武士身分は，1万石以上を取る家老から徒士・足軽，さらには陪臣まで含まれて，階層内所得格差は非常に広かった．長州藩の5700人の藩士身分にかぎれば，彼らの禄高階層別の分布がわかる．それによれば，100石未満が87%で，100石以上1000石未満12%，1000石以上1万石未満0.9%，最高の1万石余が0.04%である（西川・穐本1977, 123頁）．残念ながら100石未満の内訳はわからないが，きわめて不平等だったといってよい．ただ，陪臣を抱えていたのは禄高の多い，身分が上の藩士であったと思われるので，それをも考慮に入れると，一人当りでの不平等度は縮まるかもしれない．

他方，工商部門にかんしては，穐本洋哉が三田尻の『風土注進案』にもとづき「産業」勘定の部から集計した3557の一軒当り儲高の分布表がある（穐本1987, 206頁）．その集計からは農間挊が外されていて，それゆえであろうか，穐本はそれを非農家の「所得分布」と読みかえている．しかし，それは不正確であろう．穐本の表にも註記されているように，廻船業では艘別に稼得高を示した「産業」勘定の記載にしたがっているため，廻船軒数は実際の業主数よりも多くなってしまっている．実際，原資料の記載方法では一世帯一儲高ではなく，従事している生業ごとに儲高が記される方式なので，廻船業についての問題点は他の業種についても多かれ少なかれ当てはまるはずである．そのためであろうか，最頻階級は501-700匁という低い所得階層となっている．彼らの多くは「肴売」「塩売」のような余業を営む日用挊か日雇人で，全体の43%をしめていた．これらの人びとは税金を払わず，また平均値と同じ4.4人の家族をもっていたとすると，この501-700匁階級は一人当り114匁から159匁の所得であったことにな

る．これは124匁と推定された農家の一人当り所得と同等かやや上回っているが，前述の都市農村間の食糧価格差を考慮に入れれば，むしろ農家の水準を若干下回っているといえないことはない．彼らの少なからぬ割合の人びとは副業をもっていたか，家族の誰かが内職をしていたのかもしれない．

とはいえ貴重なデータであることは間違いないので，この最頻階級501–700匁より下の階級は世帯主の稼得ではないと考え，500匁以下を除いた分布をみてみよう．それによれば，700匁以下は全体の53％，7貫101匁以上は2％，最高稼得者は10貫余であった．これだけみれば，明らかに武士ほど格差が開いてはいないといえる．もし数百匁の儲を補い合って暮らしていた世帯が多ければ，不平等度はこれより縮まり，大口の商いを兼営していたものが多ければ逆に開くことになる．どちらも少なからず存在していたと思われるが，全体としては武士階層と比べて階層内格差の程度は大きくなかったという印象である．

いずれにせよ，仮に世帯データによって所得階層別の分布が描けるとしたら，それが身分別の数字が与える印象よりは不平等であったことは間違いない．したがって，表5.6からジニ係数のような尺度を推計するようなことは慎まなければならないが，階層内格差がもっとも大きかった武士の人口構成比は10％にすぎなかったので，徳川日本の階層間不平等の水準がそれほど高いものではなかったという結論自体を変える必要はないであろう．

対照とその解釈

このように種々の問題は残っているが，全体的な傾向は明瞭である．ムガール朝インドは西欧および日本よりも格段に不平等であった．これはカースト制に基礎をおく征服王朝であったということと無関係ではないであろう．ある意味で，西欧諸国や東アジアの対極にある社会であったといえるかもしれない．

日欧の比較にかぎっても，徳川日本における所得分布は英国よりも相当に平等であった．そして，幕末の開港まではその格差が開くことはなかっ

たのである．その理由は，第4章での経済史的検討を勘案すれば，日本の支配層および都市商人層が，他の2つの社会と比較して豊かではなかったからといってよい．徳川後半期に進行した農村地域におけるアダム・スミス的成長ないしはプロト工業化がその傾向をいっそう顕著なものとしたことはあっても，それを逆転させる力となることはなかったのである．その原因の一つには鎖国があったであろう．トマス・スミスが「前近代の経済成長」論文で強調したように，海外貿易，すなわちグローバル経済との接触は，西欧諸地域では大商人層の勃興をもたらしたし，東欧では逆に領主層がその営利機会を独占した．したがって，日本における世界経済との遮断が大商人や領主にとって不利に働いたことはたしかにあったかもしれない (Smith 1973)．

ただ本章での計算結果が直接に示唆していることは，そしてそれはスミス自身も，そして私たちがこれまで強調してきたことであったが，可処分所得の4割をも稼ぎだす農家の非農活動の存在もまた徳川日本の階層間格差が拡大しなかった重要な要因であったことは間違いない．彼らは，商業化の進展に対応するなかで小農家族経済の生産様式を維持したまま非農活動への関与を高めていったのである．これにたいして西欧，とくに北西欧の諸国における農村工業化と地域間分業の進展は労働市場のいっそうの拡大と機能分化を伴っていた．その一つの表現がプロレタリア人口の増大であり，多角的な経営を行っていた自営業世帯の縮小であった．いいかえれば，日欧のアダム・スミス的成長は根幹のところで相異なった力学が働いていたのである (斎藤 2005; Saito 2005b)．

第6章　家族経済と土地・労働市場

はじめに

　第3章における実質賃金(生存水準倍率)の中日欧水準比較からわかったことは，19世紀以前の中国と日本と南欧の間で大きな水準差はなかったということ，そしてその水準はイングランドと低地諸邦と比べると5割から7割の水準ということであった．これらの地域では賃金収入が想定生存水準を下回る状況が何世代にもわたって続いていたということであるが，そのようなことが本当に可能だったのであろうか．

　他方で，前章における農家の世帯所得の推計作業は，その世帯所得が複数の稼得収入からなる混合所得であったことをあらためて認識させた．1840年代長州藩の農家世帯所得にしめる非農稼得の比率は，税引前で26％，税引後(可処分所得)で42％だったからである．第3章における生存水準倍率の推計において前提とされていたのは，労働者はその賃金率で年間250日間働き，大人換算で2人の家族を養い，家族は就業せず，本人も賃金労働以外の生業をもたないということであった．ところが，前章の表5.4が暗に示していたように，そのような賃金労働者世帯は長州の農村には存在せず，また都市にも階層としては成立していなかった．農家の場合，賃金収入は可処分所得の42％になる非農稼得の一部をしめるにすぎなかったのである．非農稼得は文字どおりさまざまな非農活動から構成されていて，長州藩においては山間部の副業としての製紙業，沿岸部の製塩業関連の諸稼，そのほか農村部で広く営まれていた木綿織および酒造稼が主なものであったが，農民の出稼であった「廻船乗」「鯨組」行，さらには「肴売」「塩売日用挵」なども無視できない割合をしめていたものと思われる．酒造稼あるいは廻船乗などの出稼は世帯主が行った場合があったかもしれないが，織布や塩田での日雇雇用などは婦女子が圧倒的に多く，それゆえ副業収入のかなりの部分は家族員の付加的な労働に負うものであ

った．

　さらに，徳川日本の農家における農業所得もまた別な意味で混合所得であった．それは，第2章で引いたアダム・スミスの独立職人についての文章が示していたように，「通常二人の別個の人びとに属する二つの別個の収入，すなわち資本の利潤と労働の賃金とを含んでいる」からである[1]．自営農家の農業所得であれば，土地と資本と労働という異なった要素所得を含んでいたのである．

　それゆえ，これらすべての稼得源からの収入を合算すれば，世帯主が農業労働者として働き，その労働でもって一家を支えた場合よりは世帯所得が多くなったはずである．もちろん，自営農業者は賃金労働者世帯に比べれば税負担が非常に重かった．また，小作人であれば納税の義務がない代りに小作料を納めなければならなかった．それゆえ，これらすべてを考慮に入れたうえでの比較検討が求められる．そこで本章では，まずこのような混合所得としての性格をもつ小農世帯の生存水準倍率を自作農と小作農別に再推計し，徳川日本の所得格差構造において底辺に位置する農家の生活水準をイングランドの労働者世帯のそれとの比較において確定する．次いで，このような農家世帯の稼得様式を，垂直的な分業の展開および要素市場，とくに労働市場のあり方と関連させて，汎ユーラシアにおける構造的な「大分岐」の可能性を議論する．

1　賃金労働者世帯と農家世帯

　近世東アジアの労働力は小農(ペザント)であって，雇用労働者ではなかった．また，分益小作制(シェアクロッピング)が支配的であった南欧農村にもある程度妥当することといってよいであろう．この事実が生存水準倍率による比較にどのような影響をおよぼすか，日本のデータによってみてみたい．

---

1)　本書第2章, 55頁．

要素所得

　徳川時代では士農工商という身分制度の下，農家世帯の割合は8割に達していた．これはすべてが自作農で，農業以外の生業に就くことはなかったということを意味しないけれども，賃金労働者世帯，すなわち賃金労働者が戸主でその賃金収入を主な所得として生計をたてている世帯は少なく，また家族員であっても賃金労働で生計をたてる者が存在する余地はほとんどなかった．他方で，賃金のために労働市場に労働を供給する者は存在した．農繁期における田植，除草，稲刈の数日間の労働は小作農家の成員にとって恰好の賃金稼得機会であったし，戸主が冬場の出稼に行くことも珍しくなかった．彼らが賃金労働者と観念されることはけっしてなかったが，年間数日から1–2ヵ月程度であれば労働市場に登場するのがむしろ普通であった．それゆえ，労働市場で決定される賃金率は成立している一方で，年間250日も賃金労働に費やす労働者は事実上存在しないというのが現実だったのである．それゆえ，第3章において提示された日本の生存水準倍率は，仮にそのような賃金労働者世帯が存在したらという，仮想的なケースの推計値であった．

　それにたいして現実の小農家族世帯は，他の自営業世帯と同様に複数の要素所得を合算した収入を得ていた．農業労働から労働所得を得ていただけではなく，自作農であれば土地という生産要素からの所得，さらには経営者としての所得をも得ていたはずである．このような農家の生活水準と市場で成立している実質賃金の関係はどのようなものだったのであろうか．

　いま農村経済がルイス的な無制限的労働供給の状況になく，標準的な経済学が教えるとおり農業の限界生産力が外部労働市場で成立する賃金率に等しいとすれば，推計された実質賃金系列から自作農家の農業所得の水準がどの程度であったかを知ることは容易である．大正から戦前昭和期の日本農業についてはルイス的な「全部雇用」状況にあったのではないかという指摘が少なくないが，徳川時代にかんしては，むしろ限界生産力と賃金率の均等が成立していたという，1940年代長州藩のエヴィデンスが存在する(Nishikawa 1978；アジア農村をも含んだ再検討としては，尾高2004を参照)．生産関数の推計から得られる労働の生産弾力性値――一次同次が成りたっ

ているときの理論的な労働分配率――は，長州藩の場合 0.5，明治末以降の府県データでは 0.34-0.42 である[2]．弾力性値が低下した可能性はあるものの，0.34 という推計値は極端と思われる．また，ここでの目的は徳川後期の農家の農業所得を試算することなので，0.5 を採用しよう．

それを 1760 年前後の実質賃金推計値の 0.66 に適用すると，表 6.1 におけるパネル A の第 1 行目の値，すなわち 2 倍の 1.32 となる．これが，農地を自ら所有，農具・肥料等も自ら調達し，家族労働のみで経営を行っている自作農の(税込の)農業所得である．

しかし，徳川時代の農民は貢租を支払わねばならなかった．五公五民とも四公六民ともいわれた高率の貢租である．小作農家であれば貢租を納める義務は生じなかったが，さらに高率の小作料を支払わなければならなかった．幸い，貢租率は農業部門の総出来高の 41%，付加価値総額の 47% であったことが，やはり長州の藩民所得勘定からわかっている(以下，長州経済にかんする情報は，西川 1985 による)．この 47% を適用すれば，自作農の可処分農業所得は 0.70 となる．民間の契約であった小作料率にかんしては長州藩の勘定体系からは知りえないが，友部謙一の試算によると，徳川時代後半，19 世紀初頭の小作料率は年貢を含んだ値で 60-70% であったという(友部 1996)．これは田方だけの，収穫高にたいする比率である．農業における総出来高にしめる中間投入の割合は(長州藩のデータから) 11% と見積もられているので，この比率を考慮に入れ，畑方小作料をも含んだ平均の対付加価値総額比を 0.6 と仮定することとしよう．したがって，小作農家の農業からの可処分所得は生存水準倍率で 0.53 となる．仮定にもとづいた計算ではあるが，高率の貢租ないしは小作料の効果は大きく，それらを控除したあとの可処分所得でみると，自作農も小作農も，依然として 1 よりはだいぶ下回る値となっている．

この計算には制度の効果が大きいので，中国の江南農村でも南欧の分益小作制地帯でも類似の結果となるかはわからない．分益小作制を表現するフランス語 métayage も，イタリア語の mezzadria も「折半」という意

---

[2] 本章第 4 節註 27 参照．

表 6.1　18 世紀日本の世帯所得：賃金労働者と農家

(想定生存水準＝1)

	世帯所得	備　考
A 農業所得		
自作農(貢租込)	1.32	労働の生産弾力性 0.5
自作農(貢租控除後)	0.70	貢租率 0.47
小作農(小作料控除後)	0.53	小作料率 0.6 (田方・畑方平均)
B 総所得		
自作農(貢租込)	2.27	⎫
自作農(貢租控除後)	1.20	⎬ 非農稼得額, 世帯総所得の 42%
小作農(小作料控除後)	0.91	⎭
C 賃金労働者(仮想ケース)		
I	0.66	年間労働日数 250 日
II	0.79	年間労働日数 300 日

註)　生存水準倍率表示である．賃金収入 (C) の出所は図 3.7 (113 頁) に同じ．1762 年が欠年のため，1758-61 年の平均．備考欄の情報は Nishikawa (1978)；西川 (1985), 97, 106-7 頁；友部 (1996)，および本書第 5 章による．A および B の推定については本文参照．

味を含んでおり，収穫高の 50：50 の分割が通常であった[3]．徳川日本の田方小作料が収穫高の 60-70% であったのに比べるとやや低位であるが，南欧の分益小作農家が日本の小作農家よりも恵まれていたかどうかは，他の事情にも依存する．その一つは，日本の一般的な小作契約が減免措置を組込んだ定額制であったため，不作が頻繁であるような段階では定率制と類似の機能を果すが，生産性の向上がある臨界点を超えると，実質小作料率は低下してゆくからである (明治以降，このような低下が生じたことは，友部 1996 で指摘されている)．他方，これまでは南欧農村の貧困の根本的原因といわれてきた分益小作制であるが，その 16 世紀以降の拡がりは時代の環境条件の下では「合理的」な選択ではなかったか，また商品作物の導入にも必ずしも阻害要因とはならなかった可能性があるとの指摘が，最近は多く出されている．このような観点を織り込んでの比較研究は，今後の課題であろう[4]．

---

3)　50：50 分割は現代のアジア農村でも支配的で，Otsuka, Chuma and Hayami (1992) はなぜこれほどまでに普遍的かは「パズル」としている．
4)　たとえば，フランスにかんする Hoffman (1982, 1984)，イタリアについての Galassi (1986), Galassi and Cohen (1994), Luporini and Parigi (1996) などを参照．

副業所得

 次に考慮しなければならないのは,小農民は農業のみに従事する存在ではなかったということである.東アジアの農民は何らかの非農業的生業を営むのが通例であったし,南欧でも農村家内工業は 19 世紀に入ってまで重要な存在であった.とくに北イタリアやカタロニア地方ではそうであった (Colomé Ferrer 2000)[5].しかも,農村工業への課税はしばしば非常に低率であった.とくに徳川日本の場合は,もともと商工業への課税があまりなく,しかも市場税や消費税という間接税による賦課もなかったので,長州藩経済の詳細な分析からわかるように,課税は事実上ゼロであった.

 そこで,表6.1 パネル A に副業収入を加えてみることとしよう.すでにみたように,長州のデータから算出された農家世帯の可処分所得にしめる非農稼得の割合は 42% であった.これは農業所得の 0.72 倍にあたる収入が世帯所得に加算されることを意味する.そこで,パネル A の自作農および小作農の値に 1.72 を乗ずればパネル B となる.自作農の可処分所得が生存水準倍率で 1.20,小作農は 0.91 である.計算に使った倍率だけをみるとやや過大な見積りのように感じられるかもしれないが,他の藩では農村工業的な非農業部門の相対的な規模がもっと大きかった事例も存在している (新保・斎藤 1989b, 11 頁).また,手工業や手間稼は所得階層が下であるほど従事する確率が高くなる傾向にあり,とくに主穀農業の生産性が高くない地帯ではそうであったので,自作農にかんしてはやや過大であったかもしれないが,小作農にとってはこれが現実に近かったのではないであろうか.

 これらの推計値を仮想的な賃金労働者世帯の値と比較しよう.アレンらの仮定した年間 250 日という労働日数によれば,18 世紀における賃金労働者世帯の生存水準倍率は 0.66 となる (パネル C 上段).しかし,年間労働日数は歴史的に変る変数であると同時に,異文化間,階層間で異なる値で

---

 5) これにたいしてフランスでは,19 世紀後半ともなると工業の専業化が進行し,農村の人びとが 2 つの労働市場を行き来するという現象は稀となった (Bompard et al. 1990a, 1990b; Postel-Vinay 1994; Magnac and Postel-Vinay 1997).

もある．すなわち，労働集約的な東アジアの小農経済では近世の間に顕著に長くなったし，貧しい小作農家は相対的に農業よりも副業により多くの日数を割く傾向があった．たとえば，西川俊作が 1840 年代長州における農業生産関数と限界生産力の推計を行った際に前提した年間農業労働日数は 200 日であったが，トマス・スミスが同じ長州の出稼労働者について仮定したのは 300 日であった．この 300 日は 19 世紀初頭の農村としては現実的でなかったと思われるが[6]，一世紀後の農村であれば妥当な日数であったかもしれない．たとえば，1909 年の農会調査によれば，「普通農業者」の総労働日数は関東・関西平均で 314 日，「普通農家婦人」の場合は 300 日であった．後者には農業以外の兼業等の労働日が含まれているので正確ではないが，この間に農村の休日が減少し，労働日が増える傾向にあったことは，他の資料からも窺い知ることができる．少し後の調査で，時間統計であるが，1933 年の特別集計によれば，31-50 歳男性の自作農の，家事労働を含まない年間総労働時間は 2871 時間，同じ年齢階層の小作男性だと 3050 時間であった．一日の平均労働時間を 9 時間とすると，これはそれぞれ 319 日と 339 日となる．そのうち農業に費やした日数を同じように計算すると，それぞれ 237 日と 229 日となる．農業への投下労働日数は増加していたことが窺える．そして，自作よりも小作農家のほうが兼業に費やす労働時間の長いことは，1921 年以降のすべての年度の農家経済調査が示していることである (齋藤 1918; 帝国農会 1938; 斎藤 1998a, 89-95, 152-64 頁)．

そこで，日本の仮想的賃金労働者がスミスの仮定どおりに年間 300 日働くことができたとしたら，彼の賃金収入がどう変わるかをみよう (パネル C 下段)．彼らの総収入は 0.66 から 0.79 へと上昇する．しかし，これを兼業の小作農家の総所得 0.91 (パネル B) と比べても，小作農の生活のほうがまだ上であったことがわかる．すなわち，このような状況では，農業を取り巻く環境が劇的に悪化したり，あるいは労働市場における賃金率が格段とよくなったりということがないかぎり，貧しい小農民であっても離農はし

---

[6] 本書第 5 章 162 頁の註 5 を参照．

ないであろうということを示唆しているのである．

　以上の計算は，1760 年前後における畿内農村の賃金率にもとづいていた．同じ時期における英国ロンドンの不熟練労働者の収入は想定生存水準の 1.96 倍，オランダ・アムステルダムの場合は 1.79 倍であった (Allen, Bassino, Ma, Moll-Murata and van Zanden 2005)．したがって，上記のように農家の総所得を計算しても英国や低地諸邦の都市の生活水準に及ばないことは明らかである．

　けれども，英国の地方における不熟練労働者との比較では若干異なる結論となる．やはり同じ時期のオクスフォードの生存水準倍率は 1.22 であった (第 3 章図 3.7)．もっとも，英国の農業はこのころまでが好況で，世紀末となると不況に陥り，1790 年前後では 0.97 になってしまうのであるが，日本の畿内農村の実質賃金は 1790 年前後でも 1760 年前後と同じ水準のままである．このような比較の文脈でみると，自作農の可処分所得が想定生存水準を上回り，小作農でもその 9 割程度という農家の生活水準は，あまり見劣りしないものであったといえよう．自作農であればオクスフォードの水準とほぼ同等であり，小作農の場合の 1 割程度の差でも，安価でカロリーは見劣りしない食材に切り替えれば，たとえば米の割合をさらに減らして雑穀を多くすれば何とかなる範囲内だったからである[7]．

　以上，本節における検討が示唆していることは，もし 18 世紀後半のイングランド農村部における典型的な世帯である賃金労働者と同時期の東アジア農村における典型的な世帯である小農民とを，実質賃金率ではなく家計の可処分所得によって比較するならば，後者が小作農であった場合は，その水準は前者よりも 1 割程度低目，自作農であった場合はほぼ同水準ということであろう．このような総合的検討をするならば，日本農村の生活水準がイングランド農村地方と「同等」であったという，先に紹介したアレンの判断も結局は誤りではない (Allen 2005)．そして，程度の若干の違いはあっても，類似の結論を中国および南欧についても下すことができよ

---

[7] なお，同じベンチマーク年における北京農村の実質賃金 (生存水準倍率) は 0.55 と 0.56 であった．これに表 6.1 と同様の試算をするとどうなるかは現在の段階ではわからないが，イングランド農村部の水準に並ぶことはなくとも，実質賃金値よりはその水準に近づくであろう．ミラノ近郊の分益小作農の場合でも同様であったと思われる．

う．その意味で，18世紀にはいまだ「大分岐」は生じていなかったというポメランツの主張には一理がある (Pomeranz 2000)．ただそれは，北西欧とはまったく異なった生計稼得の途をたどったことの歴史的帰結であったという意味では，構造的な「分岐」の結果でもあったのである．

2　要素市場——西欧と東アジアにおける発展の途

　その構造的な分岐に，要素市場の発展とそのパターンはどのように関連していたのであろうか．小農経済という家族労働に依拠した自営農家は，一見したところ土地および労働という生産要素市場の低い発達水準の産物であるように思える．ヒックスが強調したように，土地と労働は市場経済が「比較的支配しにくい領域」であり，小農経済は市場の浸透が未発達な段階に特徴的な生産様式とみなされることが多い (Hicks 1969, 174頁)．しかし，実際はどうなのであろうか．

所有権と土地市場

　一般に，要素市場の展開は，市場の発展を促す制度，とりわけ土地および他の形態の財産所有権の定義と保護とを統治する制度の登場によって可能になると議論されており，それゆえ要素市場の未発達は所有権の未確立の指標とさえみなされることがある．

　実際，ダグラス・ノースに代表される新制度学派の経済史家は，近世西欧諸国における経済発展のパフォーマンスは「財政危機に対応して，抬頭しつつある諸国家がどういう型の所有権を創設するかに左右された」と主張してきた (North and Thomas 1973, 136頁; North 1989, 第11章)．英国とオランダの成長とスペインやフランスの停滞という対照は，国家の課税権を拡大しようと必死であった政府とその臣民のあいだの「相互作用」の結果生まれた，各国それぞれで異なる所有権確立の歴史によって説明できるというのである．このような考え方は開発経済学においても根強く，現代の開発途上国にかんする経済学者の処方箋のなかにはこの発想法を読みとることができる．ただ，歴史の場合，そのような制度整備には非常に長い期

間が必要であった．イングランドを例にとっても，ノースがいうように，土地譲渡の権利付与は1290年の不動産譲渡法を(おそらく)嚆矢とし，以後さまざまな仕組がときどきの国王や政府によってアドホックに導入され，名誉革命時に制定された権利の章典にいたる四世紀の時間を要したのである．それは近世初頭であってもまだイングランドの制度整備は不十分で，二世紀後に経済大国を歩むようになるだろうとは誰も思わなかったということである．しかし，1689年の権利の章典が，財産権を含む人びとの権利保護を実効性のあるものとしたことによって，資本市場をはじめ，要素市場の機能は格段に向上したと論じられている(North and Weingast 1989)．

　しかし，英国史を繙くと，中世においても，それも14世紀半ばの黒死病以前においても活発な土地市場がみられ，また同時に労働市場も登場していたという記述に出会うことがある．中世は記述資料が乏しいので一般化が容易ではないが，最近の成果は，その多くが自由土地保有民同士とはかぎらず，隷農身分のもの同士の取引もあったこと，土地保有の異動が相続による場合よりも市場取引による件数のほうが多い地域があったことなどを明らかにしている[8]．これらの研究が正しければ，まだ最初の法律が施行されただけで十分な制度整備がなされるよりもはるか以前に市場取引自体は活発に行われていたことになる．実際，法による制度の制定は実態の追認であったことは，洋の東西を問わずしばしば観察されることである．

　この中世英国史の事例が示唆しているのは，いかに欠陥の多い法制度であっても，状況によっては土地や労働にかんする市場が自然発生的に登場し，また実際かなりの程度機能しうるということである．中世イングランドの場合，その「状況」には国王裁判所と荘園裁判所とが分離していたというような事情が含まれるであろう．それは，権力をもつもの同士での牽制の可能性が生まれるからである．しかし，どのような状況があるときに要素市場の自然発生的な展開がみられたのかという一般化を試みることは，現段階では非常に困難である．ここでは，一見したところでは近代的な所有権が確立しているとはみえない場合でも，ある条件の組合せによって要

---

　[8]　1870年代までの一連の研究はMacfarlane(1978)の第5章に要約されており，それ以降の成果は，たとえばCampbell(1984, 2005)をみよ．

素市場の展開がみられることがあるということを確認しておけば足りる．

西　　欧

　オランダの近世史家バス・ファン・バヴェルは，最近，土地市場の発展にかんして西欧内における興味深い南北対比を明らかにした（van Bavel 2005）．彼が考察の対象としたのは主としてオランダとイタリアであるが，いずれの地域においても中世盛期までに，誰が真の土地所有者かが曖昧な重層的な土地保有のあり方は姿を消していた．そして，中世のあいだに借地市場の展開が始まっていたという．しかし，その後の発展は南北でかなり異なることとなった．イタリアでは土地所有者（とくに都市市民の地主）の力が土地市場の活性化を阻害する役割を演じたのにたいして，中世末以降のオランダでは，もともと封建制が弱く，荘園制的な要素が欠如していたこともあって（de Vries and van der Woude 1997, pp. 159-65），市場での土地売買と期限を明示した借地慣行が普及し，しかもどちらの取引にも競売や入札といった仕組が用いられるようになった．その結果は大土地所有者による借地農民の搾取といったことではなく，それとはまったく異なった方向への発展，すなわち農業に投資を行う借地農の登場であった．

　ここではさらに立入って，16世紀における低地諸邦についてのバス・ファン・バヴェルのより詳細な実証研究を紹介しておきたい．それは，ホラント，ヘルダーラント，内陸部フランドルという条件の異なった地域の人口増加と農業，そして土地および労働市場の変容を描き出したものである（van Bavel 2001, 2002, 2006）．これら三地域のなかでもっとも地味が豊かで，農業生産性が高かったのはヘルダーラントで，逆に地味が瘠せていて農村工業の展開がみられたのが内陸部フランドルであった．これにたいしてホラントでは，地域の都市化が著しく，それに付随して階層の分化が進んでいた．そして，人口増加率はヘルダーラントで低く，またホラントの農村部でもそうであったが，農村工業化が進行したフランドルの内陸部では高かったのである．

　ここまではメンデルスのプロト工業化モデルどおりである．けれども，ファン・バヴェルの論文によれば，要素市場の展開はかなり異なった様相

表 6.2　16 世紀低地諸邦における産業および労働力の構成

	地　域		
	ホラント	ヘルダーラント	内陸部フランドル
労働力構成(%)			
農　　業	40	80	57
農村工業	45	3	34
そ の 他	15	17	9
賃金労働の割合(%)			
農　　業	30	59	23
農村工業	64	33	29
そ の 他	47	53	22
全　　体	48	57	25

出所)　van Bavel (2006), pp. 45, 62.
註 1)　ここでいう労働力とは「労働可能人口」のことである．その構成は総数にたいする百分比で表される．
　2)　賃金労働の割合とは，表側に示された各部門の労働力にしめる賃金労働者の割合をいう．
　3)　農村工業とは，市場志向的な農村の非農業生産活動をいい，ほとんどは繊維産業である．その他には，伝統的な職人工芸，商業サービス，さらにはファン・バヴェルが 'para-agrarian' と呼ぶ，運河浚渫，堤防補修などの仕事を含む．

を示した．大土地所有制が定着した，しかし都市化が進行していたわけではないヘルダーラントでは，活発な土地賃貸市場の展開がみられた．1400 年において借地に出された割合はすでに 55% であったが，1570 年にはそれが 69% にまでたっした (van Bavel 2001, p. 28)．賃貸契約は長くても 20-30 年，多くは 10 年未満であったので，親から子への農場の継承が自明ではなくなり，土地の流動性が高まった．そのために家族農場が減少し，代って資本集約的な経営を行う借地農が拡大した．彼らは，賃金労働者の雇用，畜力の利用，そして肥料の多投という農法に依拠して労働生産性を上昇させることができたからである．それにともない，表 6.2 にみられるように，地域労働力にしめる賃金労働者の割合も増大，50% を超えるにいたった．正確にいえば，地域全体の有業者の 57%，農業のみをとると 59% が賃金労働者であった．これにたいして，ホラントの場合は，都市化の影響もあって農村工業での賃金労働化が進んでいて，それを反映して全体では 48% であったが，農業部門では 30% のレベルにとどまっていた．

また，フランドルのように零細農が多いところは賃金労働者の比重がさらに低く，その水準はヘルダーラントの半分でしかなかった．すなわち，全体で25%，農業で23%にすぎなかったのである．このように，西欧における土地賃貸市場および労働市場という要素市場の拡大は，何よりも資本集約的な大規模農業部門において起ったということが具体的な実証研究によって明瞭に示されたのである[9]．

ファン・バヴェルによれば，このオープンな土地市場の展開という点でイングランドはむしろオランダに後れをとっていたという (van Bavel 2005)．その言明の当否は別として，16世紀以降における発展の方向はイングランドでも同じであった．いま近世の終着点である18世紀末の，しかしまだ産業革命の影響が及んでいなかったイングランド農村の労働力構成を，例外的にデータが得られる2教区——ベドフォードシァのカーディントンとドーセットシァのコーフカースル——について示すと表6.3のごとくである (Saito 1979)．

この表は16世紀低地諸邦にかんする表6.2とは異なって，家族世帯における地位別に作成されている．最初に世帯主についてみると，ベドフォードシァのローランドにあったカーディントン教区は賃金労働者使用的な農場が支配的な農業村であり，他方コーフカースルはより多様性のある産業構造をもった村であったことがわかる[10]．総世帯数にしめる労働者世帯の割合は6割と2割で，対照的である．低地諸邦におけるヘルダーラントと内陸部フランドルとに似た対照といってよいかもしれない．ただ，農業部門にかぎって労働者世帯の割合をみると，カーディントンでは8割近くにたっし，コーフカースルにおいても約5割であった．やや意外な印

---

9) この言明が含意していることは，近代以前に賃金労働者を創出するメカニズムが働いたのは農村工業部門においてであったという，メンデルスのプロト工業化論は誤りだということである．もっとも，このようにいうためには次の時代，すなわち17-18世紀においてそのメカニズムが作動することがなかったのかどうかを検証しなければならない．これまでのところ，その実証的テストにも合格していない．

10) カーディントンは典型的な穀物栽培地帯の純農村であった．村内には大土地所有者ウィットブレッド家の館（マンション）があり，所有規模では見劣りはするが，監獄改革者としても著名なジョン・ハワードもジェントルマンとして居を構えていた．一方，コーフカースルは海岸に近い丘陵地帯に位置し，農業の規模は小さく，酪農，手工業，粘土採取など，カーディントンに比べれば多彩な生業があった．表6.3の「その他」には少なからぬ粘土切出し関連の職業が含まれている．

表 6.3　18 世紀イングランドの農村労働力構成

	構成比(%)			
	男子世帯主	既婚女子	子供	
			男子	女子
カーディントン，1782 年				
(総数)	(150)	(114)	(89)	(130)
農業				
農場主	17	—	—	—
労働者	59	—	—	—
非農業				
商人・職人	21	—	6	—
繊維産業従事者	—	77	—	55
その他	—	8	2	1
コーフカースル，1790 年				
(総数)	(213)	(172)	(194)	(192)
農業				
農場主(漁業者を含む)	21	—	—	—
労働者	20	—	15	—
非農業				
商人・職人	44	—	14	—
繊維産業従事者	—	20	—	50
その他	13	7	20	2

出所)　Saito (1979), pp. 16, 23-25 より計算.
註 1)　表側のカテゴリーからは失業者および救貧院収容者が省かれている．したがって，各欄の数字の合計を 100 から引いた値が「自発的および非自発的失業者」の割合となる．
　 2)　男子世帯主数にはジェントルマンおよび借地農を含むが，既婚女子および子供の総数からは彼らの記載が不十分なため除かれている．

象を与えるのは男子の子供の職業であろう．とくにカーディントンにおいては，農業労働者の世帯が圧倒的であったにもかかわらず，その息子で同じ農業労働者と記載されていたものは一人もいなかった．これは，調査がなされた当時のベドフォードシャが農業不況のため深刻な失業問題をかかえていたからで，そうでなければ小さくない数字が農業労働者のところに入っていたはずである．もう一つの要因は，本表が世帯にとどまっていた子供についてみているために，同じ村内であっても他の世帯に住込んでいた未婚の農業奉公人はこの表に反映されていないからである．同じ註記は女子の子供にかんしても必要で，都市だけではなく農村においても，住

第 6 章　家族経済と土地・労働市場──193

込奉公が当時の未婚女性にとってもっとも重要な雇用先であったことは疑いのない事実であった (Kussmaul 1981)[11]．

　しかし両教区では，家にとどまっていた女子世帯員に他の重要な就業機会が提供されていた．それは内職的な農村工業である．ジョオン・サースクがかつて指摘したように (Thirsk 1961)，イングランドの農村工業は農業が酪農や放牧と結合していたハイランドや樹林地帯で広まる傾向があったが，コーフカースルはそのような一例で，かなり高い割合での繊維産業従事者が記録されていた．これにたいしてカーディントンは，サースクの一般化からみれば例外的な事例である．ベドフォードシャが農村工業としてのレース編工業地帯のなかにあり，既婚者か未婚者かを問わず，多くの女性がレースづくりと糸取とに従事をしていたことがわかる．いずれにせよ，これら 2 教区がおかれていた地帯構造は異なっていたが，どちらにも農村工業が根づいていたのである．

　イングランドの農村工業については，農工兼営というイメージがあるように思う．大塚久雄がヨークシャ・ウェストライディングにおける事例に依拠して提示した「農村の織元」モデルはその典型で，牧畜を行い，また小規模な耕作地で農耕を営むと同時に，一家をあげて毛織物製造に携わっていたといわれる (大塚 1951, 上ノ二, 339-45 頁)．これを敷衍すると，イングランドでも農村工業化の端緒においては日本などと同じく農家兼業が一般的であったという解釈を生むことになるかもしれないが，しかし，表 6.3 が示す農村工業像はそれとは異なる．世帯主も農村工業に従事している例はなく，従事者は圧倒的に農業労働者の家族か寡婦であった．すなわち，世帯単位では農業と家内工業に携わるものがいるという意味で兼業といえないことはないが，個人レベルでの兼業ではなかったのである．

　要約すれば，イングランドとオランダ両国においては，きわめて早い時期からみられた土地所有および借地市場の展開が，結果として大土地所有

---

11)　都市における女性の職業についてもデータはきわめて少ない．しかし，Earle (1989b) の，法廷記録から丹念に職業情報を収集した貴重な研究は，1700 年前後の時期におけるロンドンにおいても，縫製業を主とする繊維関連産業と家事奉公とでもって書上げられた職業の約半分をしめていたことを明らかにした．いうまでもなく未婚女性にかぎると家事奉公の比率はもっと高くなり，6 割が住込奉公人であった．

者と資本集約的な農業経営者とから構成される農業システムを生み，そしてその対極には労働市場の拡大と賃金労働者世帯の形成をもたらした，いいかえれば農業資本主義の成立を促したという歴史的な関連が認められるのである．そしてそのうえで，職業の専門化が進み，とくにイングランドにおいては，工業部門の比重が徐々に高まったのである．実際，最新の研究成果では，近世の1500-1750年における第二次産業従事者の増加は，産業革命をはさむ1750-1850年のそれよりも大きかったことが示唆されている[12]．とくに大塚のみたヨークシャ・ウェストライディングでは，産業革命以前にすでに成人男子労働力の3分の2が第二次産業に従事という水準にあったことがわかっている．それは賃金労働という形態をとるとはかぎらなかったかもしれない．むしろ，工業においては伝統的な独立職人が根強く残り，プロレタリア化が顕著に進んだのは農業部門においてであったというのが，近世イングランド経済の特質であった．

中　国

それでは，東アジアの要素市場において起ったのはどのような方向への変化だったのであろうか．一般的に，西欧以外のところでは私的所有権の認定と保護の仕組が遅れて発達を始めたといわれている．ただ，すでにみてきたように，西欧においてもそのような制度整備はきわめて長い年月をへて出来上がったものであって，不十分な制度の下でも要素市場が機能し始めるということがないわけではなかった．それゆえ，王朝期中国および徳川日本にかんして問うべきは，第一に，実態として土地市場が作動するということがみられなかったのかどうかであり，第二に，もしそのような作動が確認されたとすれば，それは西欧と同じく農村におけるプロレタリア化を促す力として働いたのか否かを検討することであろう．

まず王朝期中国についてみよう．伝統中国の政府は，一方で専制的かつ

---

[12] これはケンブリッジ・グループの最新の研究成果である．洗礼記録から父親の職業が記載された個別例を収集して得られた情報をデータベース化，それを整理・分析したものである．女子の職業がカバーされていないため，農村工業の多くは過少評価となるが，それにもかかわらず，近世における第二次産業の成長がこれほどテンポで進んでいたことは注目に値する．Shaw-Taylor (2007) を参照．

威力的な様相を色濃くもっていたが，他方で，経済活動への介入は積極的ではなく，むしろ自由放任的であったとさえいわれている．この解釈は土地所有とその売買取引にかんしても当てはまるようである．村松祐次は――主として民国期の資料に依拠した観察からではあるが――土地の売買移転が取引参加者の身分的地位とは何らの関係をもたずに，「全く自由な取引関係」として行われていたことを指摘した．そのため土地の「兼併」が一般化し，一生のあいだに急激に所有地を増やす者がいると同時に，一方では均分相続のために，他方では自由な取引の帰結として急速に土地資産を喪失することが少なくなかったという(村松 1949, 297-312 頁)．けれどもその事実は，伝統中国の私的財産保護の制度が整っていたことを意味しない．村松自身は所有権をめぐる制度の実態にかんしては多くを語っていないが，「外部態制」の一環をなす規制者としての政府の行動については興味深い考察を加えている．すなわち，政府の態度は「私人的」であり，「税を取ること以外に於ては，官民の間に極めて無関心な，放任的な関係が成立」していたというのである(村松 1949, 209 頁)．これをいいかえれば，民間人の私的所有権の行使に制度的な規制の網を被せることはなかったが，「私人」として法外な要求をときとしてする官僚らの圧力にたいして私的所有権の保護を制度化したということもなかったということになろう．すなわち，制度整備の不十分さにもかかわらず，王朝期以来，中国社会における土地資産の流動性はかなり高かったということが窺えるのである．

　最近，ポメランツはこのような伝統中国の土地市場の機能を検討した論文を著しているので，その議論をみておきたい(Pomeranz 2005b)．彼によれば，大分岐論争との関連でとくに注目しなければならない伝統的制度の特質は二つあるという．その一つが「典売」慣行であり，もう一つが「田面田底」慣行である．前者は一種の質入で，買戻を前提とした所有権の移転である．この場合，買手は購入した土地の絶対的な権利を手にしたとはいいがたく，伝統中国の土地所有観念が近代的なそれから隔たっていたことを物語るように解釈される．しかし実際は，古来の慣行が近世にまで残存したものではなく，明のころより広まった売買の仕組なのである．これにたいして後者は，「二重所有権」と仁井田陞がいい，「分割所有権的形

姿」と村松祐次がいうところの特質である．地所が田面(topsoil)と田底(subsoil)に分けられ，前者の上地にかんする権利(永小作権)と底地にかんする権利(収租権)とが「並んで永続する一個独立の物権的権利」となっている．そのため，一つの地所に二人の所有者が存在し，上地所有者は底地所有者の許可なく売払いが可能であったことから，「一田両主」とも呼ばれる．この慣行も明代より始まったといわれ，農業上先進地であった華中に多くみられた．それゆえこれらの名称は華中に特有のものであったようであるが，しかし，そのような呼称がとくにない場合であっても，それらの権利が別個に売買可能という社会的通念は一般的に存在したという[13]．

ポメランツの議論のポイントは，これら一見したところ近代的な土地所有権の観念とはほど遠いようにみえる慣行でも，土地売買および賃貸市場の作動を阻害することはなかったという点にある．実際，田面田底ないしは一田両主慣行には土地所有権および賃貸権の商品化をむしろ促す契機があったとは，村松がつとに示唆していたことであった．ポメランツは，耕作規模の大きな農家と小さな農家のあいだに労働生産性の差がみられないという1920年代のバック調査から見出される発見事実を，そのような市場による資源再配分の効果と解釈するのである．この最後の解釈にはいまだ実証的根拠がないが，王朝期中国の土地制度が流動的な土地市場の存在と並存していたことは認めてよいと思う．

他方，農業において耕作規模間に生産性格差が存在しなかったという事実は，雇用労働力に依拠した大農経営と賃金労働者世帯という垂直的分業は行われていなかったということを意味する．20世紀になされたいくつかの調査によれば「傭農」の割合は無視しうるほどに小さく，王朝期にも賃金労働者の世帯が存在したという形跡はほとんどない (Pomeranz forthcoming)．それゆえ，伝統中国では土地取引および賃貸市場の存在が賃金

---

13) 村松(1949), 328–32頁；仁井田(1963), 第14章，さらに寺田(1983, 1989)による．中国法制史研究の成果を十分に咀嚼することは，残念ながら筆者の能力を超える．しかし，最近，法と経済発展という観点から伝統中国を比較史的な文脈におく試みがなされていることは指摘しておきたい．たとえば，Ma(2006)は市場の秩序にかんする興味深い論点を提供している展望論文である．また，2007年にユトレヒト大学で行われたGEHNコンファレンスへ提出されたMa(2007), Kishimoto(2007)は，ここでの議論にとっても有益な論文である．

労働使用的な，資本主義的農場の形成への途を用意することはなかった，ということができるのである．

日　本

次に近世日本の場合をみよう[14]．一般に，明治初年の地租改正に際して土地所有証書としての地券が発行され，永代売買解禁が行われるまでは，絶対的な権利としての土地所有は認められていなかったといわれる．田畑の永代売買禁止令は徳川幕府が1643年に出した法令である．その文言は徳川時代を通じて農民の土地にたいする権利は弱く，土地市場は存在しえなかったという印象をあたえてきた．

しかし，その法令が禁じたのは「永代」売買であって，期限を区切った質入を禁じていたわけではなかった．実際，1695年には手続を踏んだ質入と質流れとを幕府が公認をした．質入は書入と異なって所有権の異動を伴う契約であり，質流れも認められたことにより，それは事実上の土地売買市場の機能を果すこととなった．また，中世の土地をめぐる重層的な関係（「職(しき)」の体系）は消滅しており，土地にかんする権利者が領主と農民のあいだに存在することはなくなっていた．しかも，検地によって一筆ごとの石高が確定し，また兵農分離によって武士の土地にたいする直接支配が行われなくなったあとは，土地台帳の維持と実務のいっさいは村が行っており，藩の役所が管理していたわけではなかった．農民は，土地にたいする権利が「重畳的」な体制のなかで事実上かなりの権利を有するにいたったのであり，その権利は村当局によって保障されていた面があったということができよう[15]．

質入と質流れが認められ，農地の移動が事実上合法化されたことによっ

---

14) 以下，日本にかんしてはSaito(2006)による．要素市場論としては資本市場についての考察も要るが，これにかんしてはSaito and Settsu(2006)を参照．ただ，まだ試論の域をでず，今後の課題としたい．

15) 渡辺(2002)は，領主の権利である「領知」と百姓の権利である「所持」のどちらが真の所有権であるかについての諸見解を整理し，両者が並存する重畳的な状態であったとするのが妥当と述べている(250頁)．しかし，念のため付け加えれば，それは両者のあいだに他の所有権者が介在しているような状況は解消したことを前提とした議論である．なお，徳川時代において，都市の土地にたいしては永代売買禁止令のような制限はまったくなかったことも付記しておきたい．

て,所有地を失って小作地を耕作する農民(「水呑百姓」)の割合は上昇をし始めた.その過程はゆっくりとしたもので,経済的な後進地域であれば幕末においても水呑百姓の割合はまだ10%程度であったが,畿内のような先進地帯ともなれば30%を超えていた.この趨勢の帰結を明治初年の1872年における総耕地にしめる小作地の比率によってみると,全国平均で29%となる.これはけっして劇的な変化とはいえないが,徳川後期を通じてかなりの土地異動があったということを示す数字である.この小作地率は明治年間を通じて大きく上昇し,1908年には45%となった[16].

この傾向が生みだした農村の体制,すなわち地主制にかんしては異なった評価がある[17].地主制の発展抑止力を重視する見解は,その根幹には高率小作料と支配－隷属という経済外的な関係があったとみる.小作料水準が高かったことは事実であるが,しかし地主と小作のあいだのパトロン－クライアント的な結びつきや,質入地について無年季的に請戻しを認める村レベルの慣行などは——少なくとも明治末年ころまでは——社会問題化を抑制する方向に働いたという指摘もある.ここではその論争に立入ることはしないが,どちらの見解も,徳川から明治にかけての長い期間,地主層と小作層とのあいだには越えがたい社会的懸隔があり,しかも地主－小作関係が一対多のピラミッド型の構造を有していたというイメージを与えるとすれば,それは正しくないであろう.第一に,村内の家族を経年的に追える資料,たとえば宗門改帳をみていると家族の石高階層間の移動は想像以上に多く,安定した階層構造があったとはいいがたいからであり,第二には,両大戦間の時期についてではあるが,地主と小作は一対多の関係にあったわけでは必ずしもなかったという統計的事実があるからである.

事実,その時代の典型的な小作人は複数の地主から土地を賃貸していた.第一次世界大戦後の『帝国農会報』に載った記事によれば(有元1921),小作人が8人あるいは9人の地主から土地を借りているという事例があったという.さらに,1930年代の調査によれば(宮本1939),一人の地主からし

---

16) 以上,新保・斎藤(1989b),表1.9,52頁.徳川時代における小作人割合の元データは大内(1957)で,それを整理した山口(1976)の表による(59–60頁).また,明治の小作地率は綿谷(1961)より所引.

17) Dore(1959),大島(1996),白川部(1999),坂根(1999)などを参照.

表 6.4　小作人が土地を借入れている地主数：両大戦間の日本

	地域			全国計
	西日本	中央日本	東日本	(北海道を除く)
平均(人)				
算術平均	4.4	3.7	3.7	4.0
最頻値	4	3	3	3
一人の地主から借入れている小作人割合(%)	3	6	12	7

出所）宮本(1939), 150 頁.
註 1）調査小作人数は 436(北海道を除く).
　 2）地域区分は，西日本：九州，四国，中国，近畿，中央日本：東海，東山，東日本：北陸，関東，東北.

か借りていない小作人の割合は 7% しかなく，一人の小作が土地を借入れている土地所有者は 3 人から 4 人というのが平均であった（表 6.4）. そのうち 1 人か 2 人は村外の地主で，それも地代収入を求めての計算高い貸手であった可能性があるように思える. いいかえれば，通常の地主小作関係像である支配 – 隷属的ともパトロン – クライアント的ともちがう，かなりビジネスライクな関係が入りこんでいた印象をうける. 残念ながら，明治より前の時代についてはすべてのエヴィデンスが地主文書からしかえられず，小作人側のデータは皆無なので，複数の土地所有者から借地をしている農家がどのくらい存在したかを知る手がかりはない. 仮に，一人の地主のみから借地をしている小作人の割合が支配 – 隷属的ないしはパトロン – クライアント的関係の比重を表すとみなすと，表 6.4 が示しているように，後進的といわれる東日本では西日本よりもその比率が高かったので，時代を遡ればビジネスライクな市場型の関係は希薄であったといえよう. ただ，それでも東日本の水準は 12% でしかなかったことは示唆的である. 幕末農村でも「越石」，すなわち他村の地主が村内の石高の一部を所有するようになる現象が珍しくはなくなっていたことを考えると，複数の土地所有者と関係をもつ小作人が現れ始めていたのではないであろうか.

　いうまでもなく，これは完全な推測である. ただ，土地売買が経済外のさまざまな関係を払拭することがなかったのにたいして，その賃貸は，従来考えるよりは市場型の関係に近づくのが長期的にみたときの趨勢であったとはいえるように思う. さらに確実なのは，その土地賃貸市場は村落内

部の経済格差を拡大させたのではなく，むしろそれを抑止する力として機能したということであろう．これには，一村かぎりではあるが，友部謙一による実証が存する．羽前国桜林村には土地所有面積と耕作地面積の両方がわかる資料が残されており，そこから友部が計算したところによると，徳川後期の一世紀間において村の小作地率は20%台半ばから50%台へと大きく上昇，それに伴い所有地規模による農家間のジニ係数も0.3台の水準から0.2ポイント近く上がった．しかし，耕作規模によってみたジニ係数は同じ0.3台の水準から0.1ポイント程度の上昇しか示さなかった．農家間の格差拡大は明らかに抑制されたのである(友部2007, 154頁)．筆者もかつて強調したように(新保・斎藤1989b, 50-55頁)，人口圧力が高い日本で，小作人割合の上昇が土地なし層の登場をもたらさなかったということは，西欧との比較においても，また他のアジア諸国，とくに南アジアと東南アジア諸国との比較においても特筆すべき事実である[18]．その背景には，兼業という形態をとった小農の商品生産への参加とともに，土地賃貸市場の活用ということもあったにちがいない．小作制度も小農を農業に留める役割を果したといえるのである．

　土地所有権とその賃貸市場のあり方は伝統中国の場合と少なからず異なっていたが，その効果が小農経済の分解を抑制し，プロレタリア化を抑止するということであった点では類似の，そして西欧とは対照的な歴史的経験をしたといえるのである．

3　小農社会における労働力の構造

　日本においては小農家族経済がスミス的成長の担い手であったこと，そして彼らの世帯所得をイングランドの労働者世帯のそれと同等の水準に保

---

[18]　新保・斎藤(1989b)の表1.9(52頁)では，小作地率，耕作規模によるジニ係数，土地なし層の動向をBooth and Sundrum (1985)のtable 6.6 (p. 143)より引用し，比較をした．日本のデータは1941年のものであるが，小作地率は他のアジア諸国よりも際立って高く，ジニ係数は最低で，そして土地なし層は存在しないというものであった．その観察にもとづいて，彼らも同様の因果関連があったのではないかと指摘している(p. 145)．なお，Booth and Sundrumのサンプルには日本以外の東アジア諸国を含んでいないということを付記しておきたい．

つうえで兼業という形態が重要であったことを，本書では繰り返し強調してきた．しかし，その兼業というカテゴリーにおける雇用労働の位置づけについては明示的な議論をしてこなかった．本節では，比較的にデータの豊富な日本を対象に，賃金を求めての労働とその市場の態様をみてゆきたい．

長州三田尻宰判田島村

最初に，前章において検討をした，長州藩の『風土注進案』という資料がどのような性質の統計なのかを，三田尻宰判の一農村である田島村を例にみておきたい．ここは行政地域内に町場を有する瀬戸内海沿岸の村であった．その町場である中ノ関町について『田島村風土注進案』は，客船相手の「商人問屋・遊女屋・芸子屋・揚屋等」が数多く存在していたと記している（山口県文書館 1960-6, 第9巻, 381頁）．そのために農業以外の職業が多彩で，それらがどのように書上げられ，把握されているかをみるうえで，恰好の事例となるであろう．

各村の『風土注進案』には，土地統計などとともに「竈数」(世帯数)の内訳と産出高の項が含まれている．田島村の世帯数を職業別に書上げたところをまとめれば表6.5のごとくである．農家79％，漁人4％，職人5％，商人6％，サービス5％ という構成で，当時としてはきわめて非農化の進んだ地域であったことが瞭然である．ただ注意すべきは，これはあくまでも世帯の職業を書上げたものだということである．有業人口の職業分類がこの表のパーセンテージと同じとなる必然性はまったくない（職業別の人口統計はないので，職業階層ごとの世帯規模の違いもわからない）．いいかえれば，その世帯の成員がすべて同じ職業に従事していたことを意味しないのである．

興味深いのは農家の内訳の書き方で，原資料では「農人」303戸に続けて「諸職人」から「中師」までの計349戸を書上げ，その後一字下げて「右六廉(かど)いつれも農業ニ相添挟候」と註記されている（表では1字下げ，註記は最初においた）．この註記によって，これら349戸は農家で，書上げられた職業，すなわち職人職，海運および港湾業，漁業，そして「塩売日用

表 6.5 『風土注進案』における職業戸数の書上：
三田尻宰判田島村

	戸数 （％）
農　人	303　(36.6)
以下，「六廉いつれも農業ニ相添挊候」	
諸職人	30　(3.6)
廻船乗	3　(0.4)
上荷乗	12　(1.4)
小漁師	2　(0.2)
塩売日用挊	294　(35.5)
中　師	8　(1.0)
農　家　計	652　(78.6)
諸職人	40　(4.8)
漁　人	33　(4.0)
商　人	
問　屋	7　(0.8)
商　人（醬油屋・酒屋・綿屋・古手屋ほか）	15　(1.8)
小商人	16　(1.9)
肴　売	16　(1.9)
サービス	
質　屋	6　(0.7)
風呂屋・髪結ほか	7　(0.8)
遊女屋・芸子屋・揚屋料理屋・揚酒屋	34　(4.1)
油板場	2　(0.2)
浜　人	1　(0.1)
非農家計	177　(21.4)
合　　計	829 (100.0)

出所）　山口県文書館(1960-6), 第 9 巻, 378-79 頁.

挊」という雑業的職業までは，すべて農家兼業であることがわかるのである．ここから，「六廉」に入らない 303 戸は専業農家であったと想定できるように思われるが，実際はそうではなかったことは前章における所得面からの検討が示していたとおりである．303 戸のなかにも，ここに掲げられていない生業によって農外稼得を行っていた農家が少なからずあったはずなのである．

　次に全体の 5％ をしめる職人についてみよう．非農家に分類された 40 軒の職人は，「農業ニ相添」て営まれていた兼業職人 30 軒とは異なり，大工などの職人職を本業とする世帯であったと考えられる．その内訳はわか

らないが，『風土注進案』には職人札の枚数も掲げられていて（山口県文書館 1960-6, 第 9 巻, 380 頁），それをみると家大工 11 枚，船大工 7 枚，木挽 2 枚，桶大工 3 枚，鍬大工 2 枚，鍛冶屋 2 枚，石工 1 枚，畳刺 1 枚，屋根師 30 枚，計 59 枚が下渡しされていた．加えて，「下ケ札不被相行」と断って，紺屋 4 軒，桁細工 1 軒，瓦焼 6 軒，合わせて 11 軒の職人も書上げられていたので，おおよその分布を知ることができる．興味深いのは，これらの合計が職業戸数統計における本業職人 40 戸と兼業職人 30 戸の計 70 戸に等しいこと，しかし本業職人の戸数と札の数は一致せず，兼業職人にも鑑札が下渡しされていたという事実である．このように 2 つの数字が一致するのは宰判内の他町村でも同様で，また兼業職人に下渡しされていたことも広くみられたのである．これは鑑札の有無が，本業か否かの別とは一致しなくなっていたこと，職人の在村化が進んでいたことを示すのであろう[19]．

　最後に，商人およびサービス関連の職業について検討する．表 6.5 から商業をサービス業が若干上回っていたことがわかるが，これは中ノ関町の存在に負うところが大きい事実で一般化できるとはいえないであろう．ここで興味をひくのは農家兼業として挙げられている「塩売日用挊」と，専業とされる「肴売」の関係である．「〇〇売」は「〇〇商」あるいは「〇〇屋」とは異なり，店舗を有しない，零細ながらも自分の裁量で小売商売を行う「振売」商人を意味したので，数からいえば前者が 294 軒と圧倒的に多かったということは農商兼業の主要形態が振売であったことを物語るのかもしれない．ただ，「塩売日用挊」はやや捉えどころのないカテゴリーである．それは「日用」が被雇用者である日雇をも意味するからで，次にみる産出高の書上げでは「塩浜日用町日用共」といいかえられており，この 294 軒の大部分は塩田や町場での臨時雇であった可能性も高い．このような雑多な内容をもつ職業グループは，しばしば雑業者と呼ばれるとこ

---

19) 三田尻の記録では明示的に書かれていないが，鑑札下渡しの見返りとして水役銀が納められていた．ただし上関宰判の記録によれば，その額に多少のばらつきはあったものの，きわめて軽微な税負担であった．商人札については「右当事不被相行候事」とあり，かつては鑑札を下渡す制度があったけれども，1840 年当時にはもはや行われていなかったことがわかる．

ろの，しかし日銭を稼ぐ点で共通項をもつカテゴリーと非常に近い．当時の人たちにとっては，おそらく，日雇労働と振売商売との区別はきわめて流動的であったにちがいない[20]．

明治初年の山梨県

　幕末維新のころの職業構造をより詳細に示す最初の統計は，1879年に杉亨二が行ったパイロット・センサス『甲斐国現在人別調』であろう（統計院1882）．この報告書には本業と副業の統計が掲載され，その資料的価値は大きい．その労働経済学的な意義はつとに梅村又次によって指摘され，また兼業の経済史という観点からは筆者による観察と分析もなされている（梅村1962, 1980；斎藤1998a）．ここでは兼業と雇用労働の視点から再度検討をしておきたい．

　表6.6はまず本業者の分布をみる．最初に，まず女子有業者数11万人という数字は，15歳以上の女子人口の82%にあたるということに注意をしたい．女子有業率がこれほど高くなるということは小農家族経済の一つの特質であった．次に，本業者でみるかぎり，非常に農業的であった．男子の場合（世帯主だけではなく，すべての有業者を含む），86%が農林業に従事をしており，1840年代の長州よりも農業的であったという印象である．女子では工業従事者が2万5000人（23%）にたっしていたが，そのうち1万6000人は製糸と絹織物という絹業関連の職業をもっていた．最後に，被雇用者割合をみよう．ここでいう被雇用者には，日雇だけではなく年季奉公から官公吏まで，すべての被雇用者を含んでいる．それにもかかわらず，その割合はきわめて低い．男女とも第三次産業では若干高いが，その高さは，男子は官公吏と会社員，女子は家事奉公人によってかなりの程度説明される．しかし，第三次産業の比重は小さいので，全有業者のうちわずか4%が賃金および給料を求めての雇用だったのである．

　以上は本業者のみにかんする観察であった．ここに兼業を考慮に入れる

---

[20] 店舗をもたず日銭を稼ぐものは，当時の呼称では「其日稼之者」である．江戸を始めとする大都市にも多く，上方の商家の世界とは対照的な，不定形で流動的な労働市場を形成していた．斎藤(2002a), 122-30頁を参照．

表 6.6　山梨県の職業構造，1879 年

	有業者数(1000 人) 　　　(構成比%)	被雇用者割合(%)
男女計	239.5 (100)	4
農林業	194.3　(81)	2
鉱工業	31.2　(13)	3
商業サービス	14.0　 (6)	27
男　子	129.8 (100)	5
農林業	112.1　(86)	3
鉱工業	6.4　 (5)	7
商業サービス	11.3　 (9)	24
女　子	109.7 (100)	3
農林業	82.3　(75)	1
鉱工業	24.8　(23)	3
商業サービス	2.7　 (2)	38

出所)　統計院(1882)．
註)　有業者数のあとの括弧内は，男女計，男子，女子それぞ
　　れのなかの構成比で，被雇用者割合は表側のカテゴリー
　　の有業者にしめる被雇用者の割合である．

と，得られる像は少なからず複雑となる．まず兼業の実態をみよう．表6.7からは，有業者の約4人に1人，農業部門にかぎってもほぼ同じ割合で何らかの副業をもっていたことがわかる．当時の人びとにとって養蚕は農家の副業と観念されていたようであるが，本表ではそのような場合は除外をしてある．それゆえ，農業者の兼業の大部分は工業・商業・サービスでの副業を意味していた．表6.6では，女子有業者に第二次産業従事者が相対的に多かったということをみたが，彼女たちの半分(48%)は副業をもっていた．いうまでもなく，そのほとんどは農業との兼業であった．表6.7でより興味深いのは産業ごとの兼業者比であろう．この値は，当該産業への従事者のうち副業で携わっている者と本業で携わっている者との比である．男子の場合，第二次，第三次産業の本業従事者数は少なかったが，本表はそれらの産業では本業者の数を上回る人が副業者として働いていたことがわかる(女子の第二次産業についても，値は若干下がるが，同様である)．男女計でみるとはっきりするように，兼業者比は1.05と1.06，当時の第二次，第三次産業はその労働力の半分を農家からの副業者によってまかなっていたのが実態であった．これは第5章における所得面からの観

表 6.7　兼業の構造：山梨県，1879 年

	兼業率 (%)	兼業者比 (本業者＝1)
男女計	26	0.26
農林業	25	0.08
鉱工業	39	1.05
商業サービス	9	1.06
男　子	23	0.23
農林業	26	0.04
鉱工業	5	1.72
商業サービス	9	1.26
女　子	30	0.30
農林業	25	0.12
鉱工業	48	0.88
商業サービス	10	0.20

出所）　表 6.6 に同じ．
註）　兼業率は表側のカテゴリーの職業を本業とする者のうち兼業をもつ者の比率で，兼業者比は表側のカテゴリーの職業を兼業する者のその職業を本業とする者にたいする比である．

察と完全に整合的で，また，先にみた長州田島村において木綿織，職人的工業，海運および港湾業が「農業ニ相添挾候」と記されていたことからもわかるように，工業や商業サービスに従事していた人は本業者ベースによる数字が示唆するよりもはるかに多かったといえるのである．

　農家兼業の多くは家内で行う内職的な仕事であったから，必然的に被雇用者の数は多くならなかった．しかし，賃金を求めての労働は存在をしていなかったわけではない．表 6.8 ではその数少ない被雇用者の実数を示す．幸い，『甲斐国現在人別調』では「日雇」と「雇」とを業主およびその家族から区別している[21]．「日雇」から区別された「雇」は──近代的な就業先でないかぎり──奉公人か徒弟あるいは手代であったと思われるので，産業ごとに両形態をわけて掲げる．

---

21)　長州田島村の書上でしばしば使われていた「日用」は，雇用労働としての日雇と商業サービスにおける「其日稼之者」のどちらも含みうる用語法であったが，この『甲斐国現在人別調』ではその区別もすることができる．表 6.8 では，後者は被雇用者に分類をしていない．

表 6.8 雇用労働力の構造: 山梨県, 1879 年

	本業者	兼業者	計
男 子	6,014	2,850	8,864
農林業			
奉公人	1,623	310	1,933
日 雇	1,208	503	1,711
その他	7	2	9
鉱工業			
奉公人・徒弟	433	208	641
日 雇	—	—	—
その他	—	1	1
商業サービス			
奉公人・手代	1,463	346	1,809
日 雇	—	—	—
その他	1,280	1,282	2,562
女 子	2,862	201	3,063
農林業			
奉公人	591	31	622
日 雇	628	87	715
その他	—	—	—
鉱工業			
奉公人・徒弟	634	38	672
日 雇	—	—	—
その他	—	—	—
商業サービス			
奉公人	985	43	1,028
日 雇	—	—	—
その他	24	2	26

出所) 表 6.6 に同じ.
註 1) 本業者は雇用労働を本業とする者, 兼業者は雇用労働を兼業する者である.
　 2) 鉱工業と商業サービスの奉公人等のカテゴリーには若干の職員・吏員を含む.

　この表から，数のうえでもっとも多かったのが農業部門であるということがわかる．40％ ほどの比重をしめていた．ここで興味深いのは，奉公人と日雇とが拮抗する数字となっていることである．徳川政権成立から間もないころ，幕府は人身売買を禁ずる一連の法令を発した．土地の場合と同じく永年季の契約を制禁，以降十年季を限度とする法意識が確立をした (牧 1977, 第 2 章). 実際，戦後の近世日本経済史が明らかにしたように，村

レベルでその後に生じたのは長年季から短年季へ，年季雇から日雇への変化であった[22]．この表をみると，明治初年の山梨では人数比で半々のところまできていたことがわかる．

　この農業における被雇用者のなかには日雇を本業とする者がいる．男子で3分の1，女子で2分の1ほどである．絶対数としてはわずかであるが，日雇を副業とする者よりも多いのである（ただし，副業としての日雇稼は職業として意識されていない場合が少なくなかったと思われるので，過少と考えるべきであろう）．これらの本業労働者はどのような人びとだったのであろうか．残念ながら，『甲斐国現在人別調』は年齢あるいは世帯内の地位とのクロス表を作成していないので，彼らのどのくらいが世帯主であったのかを知ることができない．ただ，幸いにして東八代郡4ヵ村に家別表が残されていて，それをみることによって若干のことがわかる（斎藤1998a，第3章）．すなわち，男女合わせて103人いる賃金のために働く者のうち，小作農家からは44人，農作雇を戸主とする世帯からは42人，非農家からは17人である[23]．自営農家とそれ以外にわければ後者のほうが多いが，農作雇世帯の重みはそれほどでもなかった．加えて，世帯主が農作雇である場合はほとんどが老母と未婚の戸主とか，寡婦である母親と未成年の子供といった，「不完全な家族構成」をもつ世帯であった（同，89-90頁）．前者の事例で，母と未婚の戸主の他に甥も同居をしていて，戸主も甥もともに農業日雇であれば，彼らは日雇を本業とする項に分類され，後者の事例であれば母親がその項に分類されるのである．したがって，これらの人びとは直系家族周期モデルから逸脱してしまった家族であって，彼らの存在を農民階層の分解の結果として現れた賃金労働者世帯の魁とみなすことはできないのである（同，102頁，註5を参照）．

　表6.8からはさらに，第二次産業の割合が低いこと，そしてそれよりは

---

22) その研究動向はすでにSmith (1959)，第8章に反映されており，その後も個別事例が積重ねられている．
23) 小作農家には自小作を含み，農作雇を戸主とする世帯には，戸主が未成人のため不就労で，分類上は地主とされる1戸を含む．戸主の父が——病弱なためであろうか——筆耕雇に就いており，境遇的には自営農家よりも農作雇を戸主とする世帯に近いと思われるからである（斎藤1998a，91頁，註3）．

商家の奉公人のほうが比重の高かったことがわかる．男子の鉱工業641人はほとんど職人の徒弟であったと思われるが，その人数よりは商業サービスの手代などのほうが3倍も多く，女子では鉱工業および商業サービスとも業主世帯に雇われた奉公人がここへ分類されていたものと思われる．工業徒弟も商家奉公人も家事奉公人も，いずれも伝統的な雇用労働形態であるが，量的には後者の二形態が重要であった．そして，両者はともにかなりの程度都市的な職種でもあった．

4　小農社会と労働市場

以上みてきたことから，明治初年の山梨県では，製糸業に主導された急激な商品経済化にもかかわらず，雇用労働市場の大きさはかなり小さかったことがわかる．ただ，その小ささは賃金労働によって世帯を支える労働者が存在していなかったことによるところが大きく，人生の一時期における就業である奉公，副業としての賃金労働，季節的な，センサスでは職業として書上げられる可能性が小さい日雇稼などは存在をしていた．また，前節の最後に述べたように，農村の被雇用者の一部は都市の労働力と関連をもっていた．たとえば，速水融の宗門改帳研究によれば，濃尾平野の一農村(安八郡西条村)から多くの子女が京都に奉公へ出ていた．ただ，徳川時代の後期を通じて，その奉公先が京都という大都会から尾西の農村工業地帯へとシフトしていたことも明らかにされている(速水1992，第10章)．

都市の労働市場

この時期の都市における雇用の動向にかんしては，別の著作で検討を加え，変化の方向が西欧の場合と対照的であったことを論じた(斎藤2002a)．いまその詳細を繰り返す必要はないが，要点を記せば以下のごとくである．第一に，雑業者化が進んでいた．雑業というのは農工商という分類とは別の職業範疇で，日雇を含むが，それ以外にも店舗をもたない商業サービス提供者を包含する，きわめて広いグルーピングで，稼得が日単位の「其日稼之者」，あるいは「其日暮之者」の別称でもあった．もともとは年季雇

用であったものが季節雇となり，季節雇が日雇となる傾向と，店舗の購入・賃借という元手のかかる商いから振売や行商による新規参入が増加する傾向との結果として，都市の雑業者の割合が上昇していったものとみられている．第二の趨勢はそれと正反対の方向への変化で，年季雇用の長期化であった．それはスキル形成の企業内への内部化の必要という事情を反映していた，徳川日本に独特の発展であったといってよい．量的にみれば当時の労働力のなかのごくわずかな部分，すなわち大店の店表奉公人にかぎられた現象であり，地理的にいえば上方の商家とその江戸店の男子奉公人の世界で生じていたことであった．彼らは時代とともに地方から雇入れられることが少なくなり，同じ上方の商家の世界から供給されるようになっていたので，幕末には農村の労働市場との接点がほとんどなくなっていたといってよい[24]．これにたいして，雑業的な労働市場が農村との関係を失うということはなかったと考えられる．たしかに美濃国西条村のように，京都への家事奉公を減らしたところはあった．それは一面では京都における需要の減退ということの反映であったが[25]，他面では，名古屋近傍農村における織物業の興隆によるプル効果の結果でもあった．しかし，その多くは女子の雇用であって，男子の場合はもともと短年季の奉公よりも其日稼之者となることが多かったと思われる．彼らは何よりも流動性の高さで特徴づけられるので，都市農村間のパイプの太さに変化はあっても，都市雑業の労働市場が農村からの男子流入者と出稼者の受け皿であることに変りはなかった．すなわち，そのパイプを通じた労働の異動(ターンオーバー)自体は機能しつづけていたものと思われるのである．

奉公の位置

　このうち，奉公が小農社会においてもつ意味をもう少し検討してみよう．

---

24) 斎藤(2002a)においてはこの点を大坂のクロスセクション・データから検討したが(151-52頁)，西坂(2006)では三井越後屋の資料から，享保から安政にかけて入店者の出身地が本店のある京都に集中していったことが明らかにされている(101-4頁)．

25) 雑業化を象徴する都市が江戸であったのにたいして，大店の長期奉公化は大坂で顕著であった．そのなかで京都の位置づけはいま一つ不明瞭であったが，Nagata(2005)および浜野(2007)の出版によって，江戸と大坂の中間的という性格が明瞭となった．

速水は，西条村の男子で1773-1825年に生まれ，数え年11歳まで生存できた者のうち50%，女子は62%が少なくとも一回の出稼奉公を経験したという(速水 1992, 263頁)．この比率は，宗門改帳というデータの性質に規定されて奉公よりは出稼に比重のかかった指標になっているのと，大垣に近く，また名古屋・京都もそれほど遠くないという西条村の立地もあって，真の意味での奉公の経験率よりは高くでていると考えられる(同，第10章；斎藤 1998a, 110-12頁)．当時の，すなわち文明開化と工業化以前の時代では奉公経験率はどのくらいの水準にあったのであろうか．

　幸い先の表6.8から近似的な値を求めることができる．同表は，1879年の山梨県においては4383人の男子奉公人，2322人の女子奉公人がいたことを示す．あらゆる形態の，本業・副業を合わせての，しかし日雇とは明瞭に区別されたところの数字である．彼らのほとんどは未婚者であったので，15-24歳層を奉公人輩出人口集団と考え，同じ調査からわかる未婚人口と比較をする．結果はそれぞれ15%と13%となる．18世紀のイングランドについて同様の計算がなされており，それによればイングランド青年の奉公人経験率は60%にたっしていたと推定されている(Kussmaul 1981, p. 3)．これは奉公という現象が幅広い階層の人たちに経験されたことであったことを意味する．下層の青年のみが家庭の経済事情からやむを得ず選択しただけではなく，中から上層の人でも，もし技術や技芸を習得したいと思えば，家を離れて他の世帯に住込んで修行期間を過ごさなければならないという社会観念があったのである．ピーター・ラスレットが，ライフサイクルの一環としての，それゆえ単純核家族型の世帯形成システムの一環としての奉公(life-cycle service)と特徴づけたゆえんである(Laslett 1972, p. 82; *ditto* 1983, 34頁)．それと比べれば，山梨青年の経験率はだいぶ低い水準にあったことになる．しかも下層の小作農家に集中したことが特徴である．

　しかし，15%前後という数字は無視できる経験率でもない．とくに小作農家の場合はもっと高い確率で奉公に出ていたので，奉公人の労働市場は下層の農家経済にとって一定の意味が与えられていたにちがいない．したがって，日本の伝統的な奉公という形態が北西欧諸国のそれと異なって

いたのはその経験率の水準差というよりは，むしろ人びとのライフサイクルのなかでの位置づけの違いであろう．たとえば，イングランドの青年が農業奉公人として何年かを過ごしたあとは，結婚をし，農業労働者あるいはその妻として一生を送ることが一般的であったといわれる．これにたいして日本の場合は，そのようなライフコースは用意されていなかった．家事奉公であれ農作奉公であれ，結婚後は自営業の世帯に入ることがもっとも確率の高い選択肢であった．それがどのような自営業であるかは，男子であれば長男か次三男によって，女子であれば親の意向によって異なったであろう．しかし，農家の跡とりとなるのも養子として他の農家に入るのも，また町場で何か商いを始めるのも職人渡世を送るのも，いずれも自営業の世界という点では共通をしていた．ここへ賃金労働者世帯という選択肢が加わるのは，明治以降，工場制工業が導入され定着してからのことなのである．

労働市場の機能

　小農経済における家族労働の圧倒的重要性は，労働市場の規模は小さく，その役割が限定されていたことを意味する．以上みてきたことからすれば，農業における季節需要，そして家事奉公の需要を満たすためと，後者をも含む都市農村間の需給バランスを調整するためにほぼ限定されていたといってよい．徳川時代設立当初の法令をみると，農家は五人組などを通じた相互監視体制の下にあり，離村は難しかったという印象をうけるかもしれないが，村外への移動も，納税単位としての本百姓の数の減少にならないかぎり禁圧の対象とはならなかった．

　実際，直系家族システムにあった農家においては，跡とり以外の男子がいれば彼は必ずどこかで家を離れなければならなかった(斎藤 1988a, 1992b; Saito 1998)．分家の可能性が残っていれば村を出てゆく必要はなかったが，その可能性は徳川後期となるとずいぶん少なくなっていた．それゆえ，家を出ることが村を出ることになる確率は高くなっていたのである．他方，移動者の少なからぬ割合のものは帰村をした．当時の死亡率水準を前提にすれば，跡とりの座に空ポストが生ずることは避けられないことであった

ので，次三男であっても長男が早死にをすれば帰村し，近隣で養子あるいは縁組の話がもちあがれば家にもどったのであった[26]．それゆえ，農家世帯の数自体が大きく動くことはないが，婚姻出生力と出生後の成人になるまでの死亡確率とによって移動労働市場へ参入する者の規模が決定され，それら人口学的要因の短期および長期的変動によってその需給関係に変化が生じるというのが，都市農村間労働市場の作動様式であった（斎藤 1998a, 60-63 頁）．

このような部門間労働移動については，これまでルイス流の無制限的労働供給モデルとの関連において議論され，イメージされることが多かったように思う．そのモデルの前提は農家の全部雇用で，それゆえに，農業における賃金率は労働の限界生産力というよりは平均生産力に等しいところに高止まりをしていた一方で，外部からはとくに賃金率を上げることなくほぼ無制限で労働力を調達できるというものである．明治以降の戦前農村が全部雇用の状態にあるということは大川一司の古典的な著作以来，多くの人が主張してきたことであるが（大川 1955; 野田 1959; 南 1970），最近，尾高煌之助のこの問題を再訪し，1906-40 年のデータにもとづき農作年雇と農業の平均生産性との近似を確認した．とくに 1920-30 年代では年雇賃金が限界生産性値の系列を大きく離れ，平均生産性の系列に近づいている（尾高 2004）．しかし同時に，徳川時代にかんしては 1840 年代長州のデータによる西川俊作の，農業限界生産力と農外日雇賃金との均等とが実現していたという発見事実が存することにも注意を向けている（穐本・西川 1975; Nishikawa 1978）．尾高自身は結論を保留しているが，この一見したところパラドクスとみえる観察上の齟齬には小農社会における労働市場の機能を考えるうえで重要な論点が含まれている．そこで，それらいくつかの論点についてコメントをしたい．

第一は実態的な問題で，農業における賃金率を誰のどの賃金率によって代表させるかにかかわる．南とそれに依拠した尾高が引くのは農作年雇の

---

[26] この跡とりに生ずる空ポスト，すなわち養子の座が農家次三男にとって無視できない「就業」機会となっていたことは強調されてよい．逆にいえば，死亡率が改善するとその機会は失われ，農村からの労働供給圧力はそれだけ高まるのである（斎藤 1992b; Kurosu and Ochiai 1995）．

年間賃金である．農作年雇を取上げるのは，記載された給金額がそのまま年間賃金とみなせるという実証面での利便性のほかに，年雇は住込のため「家族従業者と生活を共にするから，その賃金は家族従業者の理論的賃金にきわめて近い」という想定からである (南 1970, 98 頁)．それに加えて，住込奉公人という存在についてのイメージ，労働市場でその価格が決まる労働力というよりも「擬似家族構成員の一種」であったという想定のゆえでもあったかもしれない (尾高 2004, 302 頁)．すなわち，全部雇用という状態では，その給金は限界原理ではなく平均原理ないしは「社会福祉」原理に則って支払われていたにちがいない，それゆえにこそ農作年雇の給金が比較の対象としてふさわしいという判断が入っていたのではないか．しかし，この判断には2つの問題がある．一つには，すでに述べたように，徳川時代より年季奉公から日雇へという変化が進行していたので，明治ともなれば前者の形態をもって農村雇用労働力の代表とはいいにくくなっていた．そしてもう一つは，農作年雇の雇入れにかんしても社会福祉原理を考えるのが現実に合っていたのかどうかという点である．これらについては谷本雅之による批判的検討があるので，紹介をしよう (谷本 2006b)．

　谷本は天明期の南山城と天保期の和泉地方の村方データにもとづき，いくつかの興味深い観察を提示する．最初の論点にかんしては，南山城の浅田家が雇入れた農作日雇のなかに一人，月に15日前後，年間200日から235日も同家のために働いていた五兵衛という男がいた事実を提示する．1773年を例にとると，同家が年間に雇用した日雇は27人，204日労働した五兵衛を除くと平均12.9日，中央値7日で最頻値1日，年間人日合計で550日余であったので (同, 249頁)，彼はその家の農業経営にとっては年雇的な存在であったことになる．しかし，給金の支払い方や他の状況から判断すると，契約は通年で「固着的」な，給金計算は日雇ベースであるが，しかし実際の支払いは一般の日雇いとは異なる，年雇と日雇の中間的な形態であった．それゆえ，この「日割奉公人」と呼ばれることもあった雇用形態は，雇主側からすれば必要に応じてきてもらうことができる基幹労働力であり，他方，日雇の側からすると月の半分を別な仕事をすることで生計の足しにすることができるという点で有利な契約だったのであろう．他

方，和泉地方の村々のデータからは，年季奉公人を雇入れている世帯の年雇一人当り経営面積が，雇入れていない世帯の家族労働力一人当り面積よりも統計的に有意に大きかったという観察がえられる．谷本は，この事実を平均労働生産性の差とみなしてよいかどうか，さらには限界生産力の差といえるかどうかの考察をしている．その考察には確定的な結論はないのだが，雇用者が一種の社会福祉原理に則った雇入れをしていたと想定する必要がなくなることははっきりしている．すなわち，その地方の年雇は通常の家族労働よりも効率がよいから雇入れられたのか，あるいはより長時間働いたのか，どちらにしても経営上プラスがあったから雇用されたと解釈できるからである．

このような批判を受けて尾高は，その英語版において計算を大幅に見直し，年雇を日雇に代替，その賃金率に労働日数を乗ずることによって再計算を行った (Odaka and Yuan 2006)．その結果は，農業の限界生産性との乖離はいっそうはなはだしくなり，平均生産性との近似はより明確となった．すなわち，パラドクスはいぜんとして解決されていないのである[27]．

ところで，尾高の2度にわたる計算結果の微妙な違いは，日雇賃金率のほうが年雇賃金の日給分よりも高かったことに起因する．この点で，農業における日雇は季節的な労働需要を充たすための雇用であったことに注意したい．尾高自身も指摘するように，田植および刈入といった繁忙期における追加的労働はその限界的な貢献度が高く，それゆえに賃金率が高目だったのである (*Ibid.* p. 62)．したがって，そのような賃金率で一年をとおして働くということはありえなかったという意味で，日雇賃金率に労働日数を乗じた値を限界生産性と比べるのも適当とはいえないのである．その意

---

27) 戦前の1906-38年についての計算にはもう一つ問題点が残っている．尾高 (2004) が援用した南の弾力性推計値 0.34 は低すぎるという可能性である．速水佑次郎が 1930-35 年について報告している 0.396-0.423 と比較しても，また西川の 1840 年代長州にかんする 0.49-0.54 という推計値と比べるとなおのこと，過少推計の感が否めない．三推計はいずれもコブ＝ダグラス型の生産関数を仮定している点では共通しているが，西川と速水がクロスセクション・データによっているのにたいして，南の計算は全国時系列データに依拠している．また，前二者が肥料投入を慣行的生産要素として考慮に入れているのにたいして，南は含めていない(しかも，多重共線性を回避するために土地資産額と固定資本額の合計値が使われている)．仮に妥当な労働の生産弾力性は 0.4 から 0.5 のあいだであったとすれば，推計された限界生産性の値はその分だけ高くなるであろう．以上，穐本・西川 (1975)；Nishikawa (1978)；南 (1970), 124-28 頁；速水 (1973), 86-88 頁による．

味では，西川のように非農賃金率に農業の年間想定労働日数(200日)を乗じて比較をするほうが望ましいのかもしれない．

いずれにせよ，農業の労働限界生産力＝農業日雇賃金＝非農不熟練日雇賃金という等式が成立していたか否かを厳密に論証するのは技術的にみて容易ではない．けれども，少なくとも農業部門と非農部門の不熟練労働とのあいだで賃金率を均衡させる力が働いていたということを示唆するエヴィデンスがないわけではない．筆者が以前に摂津国上瓦林村岡本家の帳簿から明らかにしたように，第一に岡本家が雇入れていた日雇の賃金率は18世紀を通じて上昇をした．同じ時期における他地方，たとえば信州諏訪の農村と比べると明らかな格差があり，その差は拡大ではなく縮小の方向にあったが，水準差がなくなることはなかった．これは両地域の労働市場が分断されていたことを意味するが，他方で，上瓦林村から50キロほど離れた京都における日雇賃金と比較すると，世紀の変り目にはほぼ均等の水準となったのである．これは，畿内の都市農村間の労働市場が一体化の方向にあり，しかもその市場がよく機能したことを示すといえないであろうか(斎藤1998a, 30頁; Saito 2005a, p. 80)．同じ岡本家のデータは，同家の手作地における土地の平均生産性がやはり18世紀を通じて上昇をしていたこと，そして同家が雇用した農作日雇賃金の村内大工賃金にたいする格差が縮小していたことをも示す．これは，農業の生産力上昇が農家の労働供給価格(すなわち留保賃金率)を押上げた結果と解釈できる発見事実である(斎藤1998a, 56頁; Saito 1978, 144頁)．すなわち，一定の地域内であれば不熟練労働をめぐる市場の力はそれなりに作動していたと考えられる．非経済的な慣習などによって市場の動きを抑制しようとする力が働いたり，人口学的な事情によって過剰労働力の滞留が生じていたりということは，少なくとも徳川後期においてはなく，さらに推測を交えていえば，1920年以前の時代にはなかったのである[28]．

---

28) 尾高(2004)およびOdaka and Yuan(2006)は，日本について行ったのと同様の計算を台湾，朝鮮，フィリピン，タイにかんしても実施し，台湾，フィリピン，タイでは限界生産力説が成立していたのにたいして，日本と朝鮮ではそうではなかったという，重要な事実発見を報告している．本文で日本について述べたのと同様の指摘が戦前朝鮮にかんしてもできるのかどうか，興味あるところである．

結　語

　小農経済とは，労働市場の規模は小さい経済であった．土地が家族内で世代から世代へと受継がれたことに対応して，家族労働は家族内で再生産され，その耕作が外部の労働力に委ねられることは多くなかった．そして，これは第8章でみることになるが，スキルもまた多くの場合，職人世帯内で世代から世代へ継承されたのである．それゆえ，労働市場は存在したが，それは農業における季節的需要に応ずるためと，都市農村間の労働異動（ターンオーバー）のためにのみ存在したといっても過言ではない．

　しかし，その市場の調節機能自体は十分に働いていたと考えてよいであろう．徳川日本では同時代の西欧と比較して，おそらく政府による労働市場規制は弱かったと考えられる．藩政府が人びとの移動を制約することは，農村の本百姓の数が減少しないかぎり，基本的になかったといってよい．商取引から税金を徴収しようという発想がほとんどなかったので，農村の次三男が都市や在郷町で小商や小運送を始めることは容易であり，またギルドによる入職規制もきわめて弱かった．賃金の上昇を抑えようという動きは常にあったし，組合村レベルでは給金規制の申合せがなされることもあったが，先に畿内についてみたように，それが長期的にどれだけ効果的であったかは疑問である．

　しかし，そのような市場の力は労働をするものにとって不利に働くこともあった．競争が彼らの賃金を抑制していたということは十分に考えうることである．実際，第4章でみたように，徳川後半の一世紀半にわたる実質賃金の増加率はわずか0.1％であった．それも19世紀初めまでのもう少し高い率での成長と，それ以降の幕末に向かっての低下とが合成した結果であって，実質賃金の水準低下がマーケットで続く事態を食い止める力は働かなかったのである．

　ただ，それでも全体としては長期的な下落とはならずに，また産出高の成長率とほぼ歩調を合わせて推移することができたことも事実である．その背後には，農民の労働供給価格すなわち留保賃金率を規定するもっとも大きな要因が自営農業の生産力であり，またその世帯所得造出能力であっ

たという，小農社会に独特のメカニズムがあった[29]．

　本章の第1節では，18世紀後半のイングランド農村部における典型的世帯であった賃金労働者と同時期の徳川農村における典型的世帯であった自作農とを，実質賃金率ではなく家計の可処分所得によって比較するならば，ほぼ同水準にあったことを指摘した．ただ，貢租よりも高率の小作料を支払わなければならなかった小作農の場合には，世帯所得の水準は少なくとも1割程度は低目であった．その差は，食生活の切りつめによって埋めようとすることもあったかもしれない．しかし他の方法は，さまざまな種類の副業と日雇稼に加えて，さらに日雇労働を何日か行うことであったのではないであろうか．先にみた南山城の浅田家の27人の農作日雇のように，年間労働日数が1日から61日，さらに日割奉公人の204日——それは住込奉公人の農作労働日数と変らなかったと思われる——まで，極端なばらつきを示していたのは，同家の農作業上の都合に加えて，小作農家それぞれのおかれた経済事情が多様であったからであろう．小農社会の農業における日雇労働市場の位置づけはこのようなところにあった．

　以上，徳川農民が同時代の西欧における農業労働者とどのような点で異なっていたかをみてきた．それは，ユーラシア両端においてたまたま観察された生活水準上の収斂という発見事実の背後には，構造的な分岐があったということを物語っているのである．

---

29) このメカニズムについては，本書第2章, 61頁．斎藤(1998a), 63-66頁をも参照．

第III部　近代の分岐と収斂

第7章　産業革命──工業化の開始とその波及

はじめに

　岩倉具視を特命全権大使とする明治新政府の遣外使節団が英国を訪れたのは，産業革命より4, 50年たち，後の経済史家によって大不況と呼ばれるようになった長期の経済停滞が始まる直前の年であった．すなわち，英国が「世界の工場」(Workshop of the World) として繁栄の絶頂にあったときのことである．岩倉大使の下，木戸孝允，大久保利通，伊藤博文，山口尚芳を副使とする一行は，1872年8月17日より12月16日までの4ヵ月間，英国各地を見学して回った．彼らは，アメリカおよびヨーロッパ諸国の文物・制度などの実地見聞と調査に多くの時間を割いた[1]．

　とくに英国では，彼らが精力的に見て回ったのは各地の産業とその工場であった．岩倉使節団の4ヵ月間におよぶ英国滞在は，事実上の産業視察旅行であった．どこの誰を訪問するかという具体的な旅行日程をたてたのは受入側の担当者であったかもしれないが，日本側に，英国が富国となった秘訣を知りたいという強い希望があったためにそうなったのであろう．ロンドン，リヴァプール，マンチェスター，グラスゴウ，ニューカッスル，シェフィールド，バーミンガム等の都市を訪れたが，そのほとんどは産業革命を担った工業都市であった．さらにそれらの都市でも，宮殿，市庁舎，商人集会所(ロイヤルエクスチェンジ)を訪れただけではなく，少なからぬ数の工場や造船所を見学して回った．その工場見学こそが彼らに強烈な印象を与えたのであり，近代資本主義についての理解を深めさせた契機となったのであった．

　本章では，その岩倉使節団に加わった人びとの記述を手がかりの一つとして，英国の産業革命とは何であったか，いかなる意味で「革命」だった

---

1)　岩倉使節団の本来の目的はアメリカや英国，他の各国政府と(いわゆる)不平等条約の改正交渉に入ることであった．しかし，この点ではほとんど相手にされることなく，それゆえ必然的に視察のウェイトが増したのかもしれない．

のかを考察することとする[2]．岩倉使節団がみなかった側面にも注意をむけ，また産業革命の結果として人びとの生活水準はどの程度に向上したのかという，古典的な「生活水準論争」にも若干の新しい解釈をつけ加える．

1 英国の産業革命

　岩倉使節団は世界の工場をどのように描いたのであろうか．彼らがみたもの，彼らがみなかったものは何だったのであろうか．本節では，それらを念頭におきながら，研究史の現在が明らかにする産業革命像と19世紀英国経済の実像を描きだす．それは，産業革命とは何にかんする革命であったのか，工業化に「世界の工場」型とは異なったシナリオはなかったのかを考察することでもある．

産業革命
　最初に，本書第2章の考察から導かれる産業革命論を手短に述べておきたい．
　近代資本主義には二つの側面がある．その定義にはこれまでにもさまざまな見解が出されてきたが，イデオロギー上の含意に深入りしなければ，多様な見方も大きく二つに分類することができる．資本主義の生産力に注目する視角と，その成立に先だつ，あるいはそれがもたらした市場経済化を重視する立場とにである．カール・ポラニィの『大転換』は後者の流れを代表し，古典派経済学以来の資本蓄積論や，資本形成比率の上昇に力点をおくウォルト・ロストウの「離陸（テイクオフ）」論は前者の系譜に属する．しかし，本書における筆者の立場は両者を対立的に考える必要はないというものである．

---

[2]　この明治政府の実力者による欧米諸訪問の記録は久米邦武の筆による報告書『米欧回覧実記』に収められ，また大久保らが英国から出した書簡も残されている．そのとき大使岩倉47歳，副使の大久保39歳，伊藤31歳，書記官久米は33歳であったが，伊藤を除けば，大使副使のなかで海外経験をもつ者はいなかった．したがって，彼らの書き残したものには，十数年前までは鎖国下にあった一後発国の若き指導者が文明国を実際にみて受けた衝撃と，彼らが理解したところの先進資本主義経済像とが表現されている．

第2章では分業と市場を中心に考察を進めたが，市場経済という概念はかなり抽象的なものであるから，もう少し目にみえる制度，たとえば工場制度を取上げよう．工場の本質にかんしても論争があるが，その存立に機械の存在と組織的労働という二つの要因が必要であったことは多くの人の認めるところであろう．近代資本主義を規定する要因である固定資本において中核的な位置をしめるのは工場の機械設備であるから，これまでの歴史叙述において機械の発明と動力革命が主役を演じてきたのは不思議ではない．しかし，工場をそれだけでは定義できない．工場制度とは組織面での特質をも有している．組織的労働の形成（集中作業場の成立といってもよい）とは，作業場内分業の登場を意味していた．複数の工程からなる生産を一つの作業場に集中させ，同一の動力源で一貫した操業を行おうとするとき，そこには何らかの組織化が必然となることは自明の事実だからである．スミスの分業論は後者にかんする議論から出発するが，それは，分業というかたちをとった組織的労働が機械化とは別の要因であるということを意味している．

　他方，スミスの分業論では社会的分業についての命題も重要な位置をしめていた．作業場の外で進行する産業と産業の分化，生産特化の過程にかんする議論である．この生産特化の結果，新たに中間財の生産部門が独立した産業として成立し，中間財の取引市場が生成することとなる．迂回生産である．スミスはこの分業の深化と資本蓄積とが相伴って進むと考えたので，筆者がスミス＝マーシャル＝ヤングの解釈と呼んだ，経済発展を分業と市場の累積的進化とみる見方は，結局，産業革命をもこの枠組のなかで解釈することを可能とする．

　すなわち，産業革命とは，資本蓄積と分業とが相乗的に進んだ結果生じたところの産業構造上の革命的変化とみることができる．生産工程の特化が中間財生産部門の独立をもたらし，産業相互間に市場が発生し，その結果，収穫逓増が実現する．それゆえ，資本蓄積が可能となり，製品の標準化が容易な中間財生産における機械設備への投資が誘発され，資本蓄積がさらに進む変化過程である．それは中間財の大量生産が可能となる産業体制の確立であったといってもよい．さらに，交通手段という固定資本への

投資によって市場が拡大し，それら中間財が主要な輸出品となることを可能にした変革であったともいえる．英国の産業革命が，綿紡績，鉄鋼，機械器具製造，造船を主導(リーディング)産業としていたのは偶然ではなかったのである．

このように考えれば，産業革命によってすべての工業部門で資本集約的で大量生産志向的な生産様式が採用されると考える必要のないことも理解できる．機械化と大量生産への投資が生じたのも，18-19世紀の中間財生産部門においてはそれが生産性を高めるもっとも有効な途だったからであり，手工的な技術がいまだに比較優位をもつ部門，たとえば最終消費財生産部門では，中間財における革命のおかげで部門間の相互依存が進み，かえって職人的な技能が存続し，また新たな発展を遂げることもありえた．実際，産業革命に続く時代において，そのようなタイプの工業化がみられた地域があったことはのちにみることになるであろう(以下，第4節までは斎藤1998cによる)．

岩倉使節団のみた「世界の工場」

この産業革命の二側面を念頭に，岩倉使節団の英国見聞記をみてみよう．たとえば，鉄鋼町シェフィールドの「カメロ」氏所有「鋼鉄製造所」を訪れた際の印象を，久米邦武の筆になる報告書『米欧回覧実記』は次のように記している．

> 此場ノ盛大ナルコト，一区ノ広域中ニ，大小ノ煙突，参差トシテ天ニ朝シ，石炭ノ煙ハ，墨ヲ撥クカ如クニ，大空ヲ滾シテ蕩起スルハ，暴風大雨ノ至ラントスル気色ヲナス，外ヨリ望ミテモ，已ニ人ノ心胆ヲ驚カス，前後ノ製造場ニ，如此キ壮大ナル場ヲ見ス(久米1878, 二, 300頁)．

「カメロ」とはCammell'sのことで，同社の工場はシェフィールド市の数多い企業のなかでも最大規模の工場の一つを誇っていた．久米自身がこの文章に註をして「而来日耳曼(ゲルマン)「クロップ」ノ場ヲ除ク外ハ其比ヲミス」と書いているとおり，ヨーロッパ全体をみてもクルップ社の工場を除いて比肩できるところは他になかったのであるから，この驚きも尋常のものではなかったにちがいない．しかし，当時の製鉄業における高炉は，一基でも

高さ30メートルあった．他産業でもそれほどでないにしても，鉄製の機械を備え，石炭を動力とし，多くの職工を使役する製造所の規模は，どの都市にいっても使節団一行を驚かすに十分であり，それは『回覧実記』の随所から読みとることができる．それも，記録作成者久米個人のというより，使節団の一行全員が共有した経験の反映であったにちがいない．実際，英国滞在中に大久保利通が大山巌に宛てた書簡中に「製作所ノ盛ナル事ハ曾テ伝聞スル処ヨリ一層増リ 至ル処黒烟天ニ朝シ大小之製作所ヲ設ケサルナシ」と書き，同じく西郷隆盛と吉井友実に出した手紙のなかでは，シェフィールドの製鋼所のほか十数ヵ所を「分テ巨大ニシテ器械精工ヲ極」むとして列挙したあと，「之ニ次クニ大小之器械場枚挙スルニ遑アラス 英国ノ富強ヲナス所以ヲ知ルニ足ルナリ」と記されているのである．

大久保の大山宛の書簡では，英国経済の別の側面にも言及されている．すなわち

> 何方ニ参リ候テモ地上ニ産スル一物モナシ 只石炭ト鉄ト而已製作品ハ皆他国ヨリ輸入シテ之ヲ他国江輸出スルモノヽミナリ…… 貿易或ハ工作ノ盛大ナル五十年以来ノ事ナルヨシ 然レハ皆蒸気車発明アッテ后ノ義ニテ 世ノ開化ヲ進メ貿易ヲ起スモ半ハ汽車ニ基スルト相見得候ナリ (大久保 1927-9, 四, 468頁).

引用中の前半にある「製作品」の典型は木綿糸で，原料を輸入してそれを機械制工場で糸に紡ぎ，大半を輸出するというように，英国が鉄と石炭を活用した加工貿易立国であったことを，後半の文章は，100年ほど以前に始まり50年ほど前の鉄道建設時代をもって終った産業革命の本質は蒸気機関の発明とその実用化にあったと，大久保は理解したことを物語る．英国で最初の鉄道が敷かれたのは1825年，ニューカッスルから遠くないストックトンとダーリントンのあいだであり，リヴァプールとマンチェスター間に敷設されたのが1830年であったからである．

結局のところ，英国経済の富強の理由として彼らが気づいたものは，第一に工場制度，第二に「世界ノ貿易」と，第三に「五大洋ニ航通」する蒸気船網，第四にそれらの基礎にあった「鉄炭力」であったといえる．この認識は，通常の産業革命の定義を構成する蒸気機関の登場，工場制度の確

立，工業化の開始をすべて含んでいる．彼らの観察力はなかなかのものであったというべきであろう．実際，「鉄炭力」という要約は，彼らより一世代後の経済学者マーシャルが「イングランドは石炭と鉄の助けによって強力な先駆者となった」と述べていたことを想起させる点でも，興味深い．マーシャルがそれによって意味していたのは収穫逓増だったからである (Marshall 1919, 一, 78頁).

『回覧実記』の「英吉利国総説」では，英国の経済力を順次解説したあとで次のようにいう．

> 此記述ヲミレハ，人ミナ想ハン，英ノ全国ハ，黄金花ヲ結ヒ，百貨林ヲナシテ，貴賤上下，悉ク皆昇平鼓腹セント，夫然リ，豈夫然ランヤ，抑安楽ハ艱苦ノ結ヒシ果ニテ，富貴ハ勉強ノ開シ花ナリ，英国ノ富庶世界ニ冠タルハ，其人民ノ営業力他ニ超過セルニヨル(久米 1878, 二, 39頁).

「安楽ハ艱苦ノ結ヒシ果」とはいかにも明治人らしい表現であるが，「人民ノ営業力他ニ超過」のほうに力点があることは明らかであろう．他国に勝る「人民ノ営業力」とは，製造業の生産力と海外貿易の支配力にほかならない．久米は，前者については端的に「英国ノ製作ニ於テ，其基本トナリタルハ，炭銕ニアリ」(同，31頁)と述べ，後者にかんしては英国を離れるにあたっての感想として，「英国ハ商業国ナリ，国民ノ精神ハ，挙テ之ヲ世界ノ貿易ニ鍾ム，故ニ船舶ヲ五大洋ニ航通シ，各地ノ天産物ヲ買入レテ，自国ニ輸送シ，鉄炭力ヲ借リ，之ヲ工産物トナシテ，再ヒ各国ニ輸出シ売与フ，是其三千万ノ精霊カ，生活ヲナスノ道ナリ」(同，381頁)と記した．「世界の工場」英国の強さは蒸気力に依拠した製造業と，やはり蒸気力を駆使した交通・通信のインフラストラクチュア基盤の整備とに還元できると考えたのである．この後者の認識は，福沢諭吉の

> 千八百年代に至て，蒸気船，蒸気車，電信，郵便，印刷の発明工を以て，此交通の路に長足の進歩を為したるは，恰も人間社会を顚覆するの一挙動と云ふ可し……蒸気船車，電信，郵便，印刷と，四項に区別したれども，其実は印刷も蒸気機関を用ひ，郵便を配達するも蒸気船車に附し，電信も蒸気に依て実用を為すことなれば，単に之を蒸気の

一力に帰して，人間社会の運動力は蒸気に在りと云ふも可なり(福沢 1879, 259 頁)

という，『民情一新』で表明された歴史観に通ずるものがある．福沢も三度の洋行経験をもっていたことを想えば，それは，渡欧した経験をもつ幕末維新の知識人が共有した文明観・歴史観の一部であったのであろう．

結局のところ，岩倉使節団の人びとが理解したのは，産業革命の一側面，固定資本設備とそれを作動させるエネルギーの大量投入，そして大量生産と収穫逓増こそが近代資本主義の生産力基盤という点だったのである．

しかし，19世紀の英国資本主義の隆盛を目の当りにした彼らも，もう一つの側面，分業と市場経済のなりたち，およびそのダイナミズムにかんしては考えが及ばなかったようである．ただ一箇所，例外的に分業の存在に触れた一節がみられる．リヴァプールの造船所を訪れた際に久米邦武が書いた次の文章である．

船ヲ造ルハ，高夏ヲ造営スルト同シ，一匠工ノ能クスル所ニアラス，造船場ヲ設クルニ，若干場宇アリテ，各其業ヲ分ツ，船幹ヲ作ルハ，終身鉄材ノ屈曲ニ従事シ，車輪ヲ造ルハ，終身輪ノ周環ニ従事シ，或ハ木ヲ斲リ，或ハ鉄ヲ釘固シ，ミナ一門一科ノ職人，集リテ一船ヲ構ヘナス，……／分業益分レ益多クシテ，諸器益精緻ヲ致ス(久米 1878, 二, 140頁).

その後段の命題は，まさにスミスを想いおこさせる洞察である．しかし，彼はそれに続けて「惟之ヲ総フルハ，図ト雛形トニアリ」と書き，注意を産業技術における設計者とエンジニアの役割の大きさに向けた．使節団の一行がアメリカのボストンや英国のマンチェスターの綿紡績工場を見学したとき，本国の日本では絹業がすでに製糸と織物とが分かれ，工程特化していたけれども，木綿の紡糸と織布は同一の産地内で行うことがまだ一般的であった．しかも，それらの技術的基礎がいまだ手工的であったことを想えば，経済構造全体の把握よりは技術面の理解に大半の精力を傾注したのも無理ないことといえる．全体としてみれば，明治初年に英国を訪れた岩倉使節団の一行は，たんに「英国ノ富強ヲナス所以」を実感しただけではなく，その半世紀以前に起った産業革命の革命性がどこにあったかはほ

ぼ理解できたと評価してよいであろう．

2 英国経済のパフォーマンス

　しかし，現代の研究状況をみると，産業革命と呼ばれる現象がどこまで本当に革命的であったのかには強い疑念が出されている．とくに，18世紀から19世紀にかけての国内総生産や他のマクロ経済諸指標の推計が始められてからの経済史は大きく変わった．そのような数量経済史的な研究は第二次世界大戦後，1960年代になってからの新しい潮流であるが，その成果と解釈は，それ以降も変化してきている．そのなかで蒸気機関と工場制度という古典的な産業革命観はどこまで成りたつのか．修正されねばならないとしたら，それはどの点においてであろうか．以下，研究の到達点を概観しておこう．

ディーンとコール

　国民所得統計の長期時系列を整備しようというのはもともと経済学者の発想であったが，数量データに裏づけられたその試みは，歴史学における産業革命研究にも新たな光を投げかけることとなった．アーサー・ルイスやウォルト・ロストウの問題提起を受け，産業革命という現象は，資本形成比率，すなわち固定資本投資の国民総生産にしめる比率が5％未満の低い水準から10％かそれ以上に上昇し，結果として製造工業の成長率が急上昇する過程というように，経済学用語を使って再解釈されたのである (Lewis 1955, p. 208; Rostow 1960).

　初期の工場は，水力を動力としていた場合でも煉瓦造りで5, 6階建であった．ロンドンの科学博物館に収められているワットの回転蒸気機関は高さが11メートルもある巨大なものである．アークライト式の水車工場は7, 8年のあいだに，全国で143も建設された．また，18世紀中に販売されたワットの機関数が約480，他のタイプまで含めると2200位は製造されたと推計されている．これらの機械と工場に資金を沈めることは，一国全体の総所得から莫大な投資額が控除されなければならないことを意味した

表7.1　名誉革命時の英国国民所得の構成：
イングランドとウェールズ，1688年　（100万ポンド）

1.	地代所得	13.0	9.	民間最終消費支出	46.0
2.	賃金・報酬所得	17.7	10.	政府最終消費支出	2.4
3.	小屋住農・被救済民所得	2.6	11.	国内固定資本形成	1.7
4.	利潤，利子，その他所得	14.7	12.	輸出	5.1
	間接税：		13.	［控除］輸入	-4.4
5.	国	2.1			
6.	地方	0.7			
7.	うち被救済民への移転所得	(0.6)			
8.	国民所得	50.8	14.	国民支出	50.8

出所）　Deane and Cole (1962), p. 2.
註1）　King (1802) より，ディーンが現代の国民所得勘定体系にあうように整理し，若干の補足推計したもの．その詳細は Deane (1955), pp. 6-12 をみよ．
　2）　「賃金・報酬所得」には官職に就いている者，聖職者，陸海軍の士官を含み，他方，商店主や商人の所得は「利潤，利子，その他所得」の項に含まれている．

ので，経済学者の考えは妥当な解釈といえないことはない．そのような意味での製造工業が全産業にしめる比重を増加させること，すなわち工業化は，結局のところ国内総生産の高い成長率に帰結し，長期的には国民一人当りの所得水準も増大すると予想されたのである．しかし，この解釈が歴史の現実に合っていたかどうかは実証を要する問題である．マクロ経済諸指標を過去に遡って推計しなければ答えられない問題である．そのような仕事はサイモン・クズネッツによって本格的に始められた．そして，彼の近代経済成長の実証研究プロジェクトにおいて17世紀末以降の英国を担当したのはフィリス・ディーンであった．

　彼女の地道な作業の集大成は，W. A. コールを共著者として出版された著作に収められた (Deane and Cole 1962)．彼らが17世紀末を出発点としたのは，いうまでもなく，1688年イングランドとウェールズについてのグレゴリィ・キングによる国民所得とその社会階層別表が残されているからである．

　表7.1にその要約を示す．本表からはいくつかの興味深い数字が得られるが，ここでは資本形成率のみに注目しよう．支出項目の一つである資本形成額より，それは3.3%となることがわかる（項11÷項14）．もっともディーンは，キング自身の資本形成値170万ポンドは少なすぎ，資本減耗

分を含む通常のグロスの勘定というよりは，それを差引いたネットの資本形成に近いのではないかという．したがって，通常はグロスの数値で表される資本形成率はもう少し高く，5% に近い値であったかもしれない．しかし，仮にその水準だったとしても国民所得の成長率が目にみえて高かったとは考えられない．ルイスやロストウの基準によれば典型的な前近代の経済であった．

問題はそれ以降の 19 世紀前半にかけての時代である．18 世紀にはいると変化のスピードが速まり，とくに 18 世紀末からの，一般に産業革命の時代といわれる期間に急成長が起ったと考えられている．しかし，真の問題はこの成長がどの程度急であったのかである．これに答えるためには国民所得の成長率が推計されねばならないが，その問題にたいして，ディーンとコールは生産からのアプローチをとった．といっても，実際の生産データは多くない．そのために，人口一人当りの穀物消費量を仮定し，輸出入の差額と種子用とを考慮に入れて農業算出量を推計したり，貿易統計を利用して輸出産業の，物品税データから国内市場向けの製造業の生産指数を計算したり，まったく手がかりのないサービス生産にかんしては人口増加率に等しいと仮定したりというように，乏しいデータを補う大胆な工夫がなされている．したがって，生産量の数値を積上げたわけでは必ずしもないが，計算結果は総生産の変化率を示すものとなっている．

その時期別推計値を要約した数字が表 7.2 の第 3 欄に示されている．それによれば英国内の総生産高の成長は，1700 年から 1780 年までは年率で 0.6% 台と緩慢であったが，18 世紀の最後の 20 年間に 2% へと飛躍し，19 世紀にはいってからはさらに上昇して 3% 成長となったというものである．表 7.2 には示さなかったが，これに対応する 1780 年から 1831 年の工業成長率は 3.4% から 4.4% であった．成長率の水準からいえば，現代人の目には驚くほどのものではなく，その点はディーン自身が述べているとおりである．さらに，表 7.2 には示していないが，その総生産成長率に対応する資本形成比率の値も思ったよりは低位であったと想定されている．ディーンとコールは慎重な検討をしての結論として，18 世紀初めから 1780 年代の水準は 5 から 6% のあいだで，その後，19 世紀初頭にかけて

表 7.2 英国の国内総生産成長率と人口増加率，1700-1831 年

(年率，%)

期　間	国内総生産(GDP)成長率諸推計			人口増加率
	クラフツ＝ハーリィ(1992年)	クラフツ(1985年)	ディーン＝コール(1962年)	
1700-1760 年	0.69	0.69	0.66	0.38
1760-1780 年	0.64	0.70	0.65	0.69
1780-1801 年	1.38	1.32	2.06	0.97
1801-1831 年	1.90	1.97	3.06	1.45

出所) 国内総生産(GDP)の値は，Crafts and Harley(1992), p. 715; Crafts (1985), p. 45; Deane and Cole(1962), pp. 78, 166 による．人口増加率は，Wrigley and Schofield(1981), pp. 208-9 より計算．

註) 国内総生産成長率は，1801年まではイングランドとウェールズ，1801-31年はグレート・ブリテン．人口増加率は，イングランドのみを対象とした推計．

の20年ほどの期間中に7%となったのではないかと述べている(Deane and Cole 1962, p. 263). この程度の資本形成比率の水準ではルイスとロストウの基準に合格しないかもしれないが，しかし，その変化の年代記は従来の経済史と産業革命論の想定してきたところと必ずしも矛盾するものではなかった．

主な技術革新の日付を追ってみよう．まず産業革命の主導産業といわれる綿工業である．ハーグリーヴスのジェニィ紡績機が特許をとったのが1769年，1771年にはアークライトが共同出資者ストラットらの協力をえてクロムフォードに，水力駆動の，梳綿から精紡までの全工程を一貫生産する工場を建設した．クロンプトンのミュール紡績機が1780年に登場して，綿糸大量供給の技術的基礎はほぼ確立した．これにたいし織布部門では，1784年カートライトによって力織機が発明され，1803-4年に付随的な発明がなされるに及んで普及が始まった．このような綿工業における「過程連繋的」発展の到達点がミュールの自動化で，それは1830年であった(中川1986, 第1章).

動力革命に目を転ずると，ワットの蒸気機関のうち第一の機関(単働機関)が完成したのが1772年，複働・回転機関である第二の機関が特許申請されたのが1781年から84年，ワットと回転機関の企業化に努力したマシュー・ボウルトンとがソホウ鋳造所を完成させ，蒸気機関の一貫量産体制

を整えたのが1795年，ワットの特許失効によって蒸気機関が急速に普及を始めたのが1800年，トレヴィシックの蒸気機関車が1804年，最初の鉄道敷設は1825年というように，1780年以降の経済成長率が高まった時期に集中していることがわかる．それだけではない．このような技術を経営に持ち込めば固定資本が一挙に増大する．とくに蒸気機関の導入は，企業における固定資本のウェイトを急激に高めたといわれる．紡績業の場合，最初に工場制度が登場してから本格的な大規模工場が成立するには四半世紀以上の年月が必要であったが，その際に決定的な役割を果したのが大型ミュール紡績機と蒸気機関であったといわれる(鈴木1982, 第4章)．固定資本の増大は必然的に，減価償却概念を企業会計に持ち込むことを意味した．実際，蒸気機関の一貫生産を始めたボウルトン＝ワット商会が，会計上減価償却と呼んで差しつかえない処理を行った先駆者だという．この点でも，この時期に固定資本の役割が高まったことがうかがえる(大河内1978, 第2部)．

　この大きな変化の帰結は石炭消費量の増大であった．消費データは1840年からしかないが，産出高は1800年から1840年のあいだに3倍となり，1870年までにさらに3倍の増加をみた．そして1840年における国内消費の内訳をみると，約3分の2が鉱工業での消費で，そのうち製鉄業だけで4分の1をしめていたのである(Deane and Cole 1962, pp. 216, 219)．久米邦武が「英国ノ製作ニ於テ，其基本トナリタルハ，炭鉄ニアリ」と述べたとおりだったのである．

クラフツ以降

　それゆえディーンとコールの推計値は，水準の低さは意外の念をもって受けとめられたが，産業革命の日付と年代記にかんしては従来の見方と大きく異なるものではなかった．しかし，彼らの研究から20年以上たって，その計算を批判的に再検討する試みがなされた．ニック・クラフツは1985年に出版した著書のなかで，決して豊富とはいえない数量データを再び精査し，産業革命期間中の成長率を大幅に下方修正する結論に達したのである(Crafts 1985)．その後，彼はハーリィとの共同論文においてさら

にその修正版を提示したが(Crafts and Harley 1992)，それらを要約した表7.2の最初の2欄は，1780年から1831年までの成長率が年率2-3％というディーンとコールの水準から1％台まで低下してしまったことを示している．

　クラフツが行ったのは，新たな資料群を発掘，新しい発見事実を得たというタイプの研究ではない．新たに製鉄や建設業の系列を追加したり，その他いくつかの細かな点でデータ上の改善を行ったりはしているものの，基本的にはディーンらが使ったデータに依拠して，ディーンの推計方法がもつ統計学的な問題点を洗いだし，訂正をしたというものである．

　そのうち致命的であったのは，ディーンらの価格指数の扱いにおける問題で，名目価格系列をデフレートするために選んだ物価指数が適切でなく，実質成長率が過大に評価されてしまったという点であった．経済統計の技法について多少なりとも知識がある読者であれば，綿工業のように40年ほどのあいだに十数倍の産出量増加があり，それにもかかわらず大量生産の効果として単価は下落したような産業と，他方ではゆっくりとした成長と平均的な価格上昇によって特徴づけられる多くの産業とを集計しなければならないとしたら，難しい指数問題に直面することはおわかりであろう．そして，まさにそのような変化が生じたのが産業革命であった．いうまでもなく，ディーンとコールはそれを，産業革命開始時点の物量ウェイトによるラスパイレス価格指数一本でデフレートしたわけでも，逆に革命終了後のウェイトによるところのパーシェ指数を単純に適用したのでもなかった．時期と産業ごとにさまざまな工夫をしていたことは事実である．けれども，アドホックな取扱が累積して過大な成長率の推計となってしまうことは十分に考えられる．それゆえクラフツは，十年期を単位とした連鎖指数(離散型のディヴィジア指数)を作成して，それによって集計量の成長率を計算したのであった．この点にかんするクラフツの説明を読むかぎり，彼の解決法のほうがディーンの選んだ方法より優れていることは明白である(Crafts 1985, pp. 17-44)．

　表7.2の欄3から欄2および欄1へという，国内総生産成長率推計値の大幅な低下は，大部分この指数問題への対処の仕方から生じている．それ

表7.3 英国の国内総生産成長の要因分解, 1700-1831年 (年率, %)

期　間	国内総生産成長率	投入増加率		総要素生産性上昇率
		資本	労働	
1700–1760年	0.7	0.35	0.15	0.2
1760–1801年	1.0	0.5	0.4	0.1
1801–1831年	1.9	0.85	0.7	0.35

出所）Crafts(1994), p. 51. Crafts and Harley (1992) および Crafts (1985) にもとづく，クラフツ自身の推計結果．

註1）国内総生産成長率を，生産要素投入の増加率と総要素生産性の上昇率に要因分解したもの（すなわち，欄1＝欄2＋欄3＋欄4）．欄1は表7.2のクラフツ＝ハーリィ推計に等しい．

2）Crafts(1985), p. 81には，表7.2の欄2に対応するやや異なった結果が掲げられていて，その総要素生産性上昇率は本表の値より若干高いが，それでもそれ以前のいくつかの推計値よりは低目となっている．

ゆえ，今後よほどの新資料が現れないかぎり，産業革命期間中の成長率が再び高目に修正されるという事態は起らないであろう．

　同じ表7.2は，この1780年からの50年間には，人口の増加率も上昇したことを示している．その年率約1％から1.5％というその値は，決して低い水準でない（欄4）．それを差引いて国民一人当りで考えると，成長率はたかだか0.4％にしかならない．これは，現代の基準からいえば低成長の部類にはいる値であって，画期的な変化とはとてもみなしえない．もっとも，欄1に対応する工業の成長率は2％と2.8％である．年率2％の増加率が50年間続けば，初期時点の工業生産規模は2.7倍に拡大するので，これはたしかに無視してよい数字ではない．しかし，それが革命と呼ぶに値するかどうかは別問題であろう．

　革命性を強調した伝統的な見解の根拠は，この時期に活発となった固定資本投資には蒸気機関の工場への導入といった新しい技術が体化しており，その成長促進効果が革新的であったということがある．この点も，クラフツの新推計によって検討することができる．表7.3が，クラフツ自身が新推計にもとづいて国内総生産成長率の要因分解を行った結果である（表

7.2のクラフツ=ハーリィ推計に対応していて，1760-80年と1780-1801年の二つの時期は合算されている）．これをみると，たしかに資本投入は増大しており，1801-31年には年率で1760年以前の倍以上の水準に達した．しかし，人口増加率が加速したことを背景に労働投入もまた同様の速度で増大したのであって，全体としては生産要素投入の寄与が圧倒的に大きい．いいかえれば，最後の欄4に示された総要素生産性（TFP）の貢献はあまり高くなかったということである．1760-1801年の上昇率は年率でわずか0.1%と，それ以前の時期よりも低い値となっており，1801-31年でも0.35%にすぎない．比較のために，ディーンとコールの推計値にもとづいて同じ計算をすると，1760-1801年は1.3%，1801-31年が0.8%となり，相当水準の技術進歩があったかのごとくみえる．逆にいえば，固定資本投資に体化されたところの高い技術進歩率が産業革命の核心にあったという古典的な解釈は，クラフツの新推計では成立たないのである（Crafts 1994, p. 51）．

それゆえ，その後の研究史では，この新推計値に依拠して産業革命という概念自体を歴史叙述から追放しようという動きすら生じたのであった．

3 産業革命と構造変化

しかし，これだけが新しい経済史研究の結論ではない．たしかに，18世紀末から19世紀初頭にかけて起きた変化は革命というほど急激なものではなかったかもしれない．しかしクラフツ自身は，その1985年の著作のなかで産業革命期に何の構造変化も起らなかったといってはいないのである．

産業構造

まず，産業構造からみよう．すでに述べたように，新しい産業が登場し，確立したところに産業革命の革命たるゆえんがあるからである．表7.4は，その変化がどこで生じたかを示している．これは，1770年から1831年にかけて付加価値ベースの生産量の変化がわかる13の産業それぞれについ

表7.4 英国産業の構造変化, 1770-1831年

産 業	生産高の合計にしめる割合(%)		価格変化 (1770年価格=100とする 1831年の指数)
	1770年	1831年	
羊毛製品	30.6	14.1	113.4
リンネル	8.3	4.4	99.3
皮 革	22.3	8.7	123.8
木綿製品	2.6	22.4	66.2
鉄製品	6.6	6.7	30.1
石 炭	4.4	7.0	133.3
建 築	10.5	23.5	178.8
その他産業	14.8	13.3	173.5

出所) Crafts(1985), pp. 22, 25.
註1) その他は、絹, 銅, ビール, 石鹸, 蠟燭, 紙の6産業.
2) その他産業の価格変化指数は, 1770年ウェイトによる指数と1831年ウェイトによる指数との幾何平均(フィッシャーの理想式)によって算出.

て，全体にしめるシェアがどう変ったか，また製品価格がどう変化したかを，いくつかのグループに分類して要約している．シェアといっても，この13産業の(当年価格表示の)生産高合計にしめる各産業の割合であって，国内総生産にたいする割合でも第二次産業全体にたいする割合でもないので，パーセンテージの絶対水準にはあまり意味がないが，変化の傾向をみるためには十分であろう．

　羊毛・リンネル・皮革製品という第一の産業グループは，シェアが大きく低下した伝統産業である．これにたいして，第二の木綿と鉄製品，第三の石炭・建築は，逆にシェアを拡大させた産業である．第二グループは産業革命の主導部門で，本来なら造船とか機械工業も欲しいところであるが，データの制約上いたしかたない．第三グループは，その拡大する製造業を支えた産業部門である．第一グループのうち，かつての花形産業であった毛織物は，31%から14%へと縮小し，皮革製造も22%から9%へと落ち込んだ．これにたいし，第二グループの綿工業が全体にしめる割合は2,3%の水準から22%へと劇的な拡大を示した．製鉄業の割合には変化がみられないが，これは銑鉄と棒鉄の合計のみを反映した数字であって，鋼鉄など他の製品の生産量はまったく含まれていないからであろう．第三

グループの石炭業は 4% から 7% へ増大し，1770 年時点ですでに 10% のシェアをもっていた建設業はさらに 13% も拡大をした．このように，マクロ経済の成長速度は緩やかであったにもかかわらず，この 60 年のあいだの産業構造の変化は急激だったのである．

　これは，従来の研究が説いてきたストーリィとあまり変らない．表 7.4 中の最後の欄に示された価格変化をみれば，それはいっそう明瞭となろう．綿紡績と製鉄業という産業革命の主役となった中間財生産部門では大幅な価格の低下が実現している．全体の物価水準は上昇していたにもかかわらず，綿製品の価格は 3 分の 2，銑鉄の価格は実に 3 分の 1 にまで低下した．この目を見張るような価格下落は，機械化と動力化による大量生産体制成立の賜物といって間違いあるまい．この価格低下は生産力を反映したものだったのである．シェアを縮小させた第一グループも，生産性向上の努力がなされなかったわけではないようである．実際，毛織物工業では，紡績業と比較すればゆったりとした速度でではあったが，機械化への動きは紛れもなく起った．それが，この第二グループの価格上昇率が相対的に小さな値に留まった一因であろう．その点では，同じ成長産業といっても，第三グループの石炭業や建設業は見劣りがする．ともに，規格化された製品の量産体制をとることができない，労働集約的要素の強い産業だからであろう．もともと，蒸気機関の発明は鉱山における排水の必要から生まれたのではあるが，革命的な技術革新が起きていたのは，やはり中間財である綿と鉄という特定の産業においてであった．

長期の構造変化

　表 7.5 は，より長期の，より広い視点から経済の構造変化をみる．最初に固定資本投資額の国内総生産にしめる割合，すなわち資本形成比率の変化を，一人当り産出高の推移とともに観察しよう．この指標にかんするかぎり，ここで依拠した新しい推計でもディーンとコールの数値と大きくは異ならない．ルイスとロストウの基準を援用して，5% 未満の水準から 10% 台に達する過程が産業革命ということであれば，英国の国内経済全体の変化は実にゆったりとした速度で進行し，1840 年代にようやく

表 7.5 英国経済の長期的変容, 1700-1870 年

年次	一人当り国民総生産 (1700=100)	構造変化指標(%)		
		農業従事者割合	工業従事者割合	都市化率
1700 年	100	61.2	18.5	17.0
1760 年	120	52.8	23.8	21.0
1800 年	128	40.8	29.5	33.9
1840 年	170	28.6	47.3	48.3
1870 年	271	20.4	49.2	65.2

出所) 18世紀中の2年次, 1700年と1760年の都市化率は Wrigley (1993), p. 170 による. それ以外はすべて Crafts (1985), pp. 62-63 より.

註 1) 農業従事者と工業従事者の割合は, 男子労働力にしめるそれぞれの割合.
2) 都市化率は, 人口 5000 人以上の町に住む人口の総人口にたいする割合. 1760 年は 1750 年の推計値を援用.
3) 1700 年と 1760 年はイングランドとウェールズ, 1800 年と 1840 年はグレート・ブリテン, 1870 年は連合王国. ただし, 1700 年と 1760 年の都市化率はイングランドのみ.

10.4% に到達した. しかし, その後は再び低下し, 7, 8% 台で推移した. 産業革命期の緩やかな進行速度に対応して, 国民一人当りの総生産(すなわち総所得)も緩やかにしか増加しなかった. 18 世紀初頭の所得水準と比べて大幅に上昇したと実感できるようになったのは, おそらく 1830 年代の鉄道建設ブームの後になってからではないだろうか.

これは, マクロの経済成長率にかんする観察を裏書するだけであるが, 表 7.5 の他の 3 つの欄に目を転ずると異なった側面がみえてくる. 農業従事者の割合は 1700 年ですでに 70% を切っており, 工業従事者の割合が 18.5%, 都市人口の割合は 17% であった. 農業と工業の割合を付加価値総額にしめる比率でみると, 農業のシェアはより低く, 工業は逆に数ポイント高くなる. 同じ年次の大陸ヨーロッパでは農業人口の割合が 70% 程度, 明治維新前後における日本の値は 80% であったこと, またロシアにおける都市化率は第一次世界大戦時にようやく 18% に達したことを想えば, 英国は産業革命の一世紀前でも相当に「進んだ」レベルにあったといえる. ケンブリッジ・グループの最新成果は, 工場制工業がまだ誕生していなかった 1500-1750 年における第二次産業従事者の増加が産業革命をは

さむ 1750-1850 年のそれよりも大きかったことを強く示唆しており，クラフツの想定は実証的根拠をえたのである (Shaw-Taylor 2007)．

このことが含意しているのは，第一に，伝統的な形態の工業がすでに広範な分野で発展をとげていたということである．産業革命以前の時代の工業活動は，ほとんどすべて手工業であった．すなわち，専門職であれば職人的，そうでなければ家内副業的であった．いわゆるプロト工業化の時代に増加したのは後者の，とくに問屋制によって組織されたタイプと考えられているが，鉄加工業のように，専門職人が有するのと基本的には変らないクラフト的な技術による生産が農村部の副業として拡大した場合もあった．どちらの場合にせよ，これら工業村落の拡がりを量的に捉えるのは容易でないが，総人口から都市人口と純農業村落居住人口とを差引いて非農業村居住人口を推計したリグリィの仕事によれば，1520 年には 19％ であったその割合は 1750 年には 33％ にまでなった (Wrigley 1993, p. 170)．また，教区教会の結婚簿から結婚の季節性に穀作村落型と牧畜村落型，それに工業村落型が存在することを明らかにし，379 教区のデータベースによって，16 世紀末から 19 世紀初頭にかけての趨勢をみたアン・カスモールの研究は，工業村落タイプの結婚の割合が統計学的に有意な傾向線をもって増加していたことを示している (Kussmaul 1990, ch. 1)．紛れもない農村工業化の進展があったのである．ただ，フランクリン・メンデルスらは，農業的には恵まれない地域で進行した農村工業化と人口増加とのあいだに相乗作用が生じ，経済全体にダイナミズムを与えたと主張したが，英国の場合，そのモデルとは異なり，農村工業の長期的な発展を支えたのは農業の高い生産力であったようだ．

クラフツの新推計は，1760 年以前における農業産出高の成長率について既往推計と顕著に異なっていた．ディーンとコールの 1700-60 年における年平均成長率がわずか 0.2％ であったのにたいし，クラフツの再計算はそれを 0.6％ に引上げた．農地の囲込に象徴される，産業革命と同時に進行した農業上の変革は農業革命とも呼ばれてきたが，クラフツの推計結果は，その時期よりも以前における着実な農業進歩の存在を示唆している．トニィ・リグリィも強調するように，「16 世紀後半から 19 世紀初頭にか

けてのイングランドの経済史でもっとも顕著なのは，農業における一人当り生産高の上昇であった」(Wrigley 1988, 62頁). この言明は家畜エネルギーに注目した考察の結論であるが，クラフツのマクロ新推計と矛盾せず，また農業史の個別分野における近年の研究動向とも矛盾しない．たとえば，イースト・アングリア地方における遺産目録等の記録から判明する収量データも，17世紀から18世紀にかけての伸びが顕著であったことを裏書する．さらに，パトリック・オブライエンのフランスとの比較史論考は，フランスの小農農業に比して優位にあったのは，とりわけ労働生産性であったことを印象づける (O'Brien 1996). すなわち，資本とか労働という投入量(フロー)の増加なしに，さまざまな工夫による農事改良の積重ねが，イングランドの農業をヨーロッパのなかで抜きんでたものとしたのである．

これは従来の農業革命論とは異なった解釈である．古典的な解釈によれば，18世紀後半に始まった囲込に象徴される大土地所有者の投資が農業に革命的な変革をもたらし，増大する人口と成長する工業部門を支えたとされる．岩倉使節団が英国にて聴かされた解釈もこれであったようだ．すなわち，『回覧実記』は「土壌ハ，概シテ肥沃ナラス，耕種ニ適セス，然レトモ近年国民ノ農業ヲ勧奨スルコト甚タ厚ク，現今欧洲ニテ，一区ノ地ヨリ，収穫スル量，最モ多分ナルハ，英国第一等ナリト云」と記し，「近年国民ノ農業ヲ勧奨スルコト甚タ厚ク」という点については，さらに「其農業ニ進歩ヲ著シタルハ，亦貴族勧奨ノ力ニヨル」と明言しているからである．このうち，18世紀後半における固定資本ストックの増加が著しく，またその多くが地主によるものであったことは最近の数量的研究によっても確かめられているが，その「貴族」の営為が直ちに収量の増加につながったわけではないようである．むしろ，英国農業史全体の流れからすれば，それ以前の局面がはるかに重要であった．

いうまでもなく，旧来の農業革命論を退けるということは，英国の農業が資本集約的であったということを否定するわけではまったくない．むしろ，資本ストックが必要で雇用労働力に依存する農業という意味では，16-17世紀から通俗的な農業社会のイメージとは大きく異なっていたのである．極度に労働集約的な小農の農法とは無縁の社会であった．たとえば，

1760年における国富の74%，土地を除く固定資本のみでも42%は農業資本ストックで，その半分以上は地主が囲場整備や農道敷設に投下したもの，残りの投資を負担した農場経営者の資本ストックのうち80から90%が家畜保有であった (Feinstein 1988; Allen 1994). 16世紀以来の英国農業は，第6章でみたように，すでに十分に資本主義的であった．ただ，近代の工業資本に基盤をもつ資本主義経済と異なるのは，それらが土地という有限の生産資源に依存せざるをえなかったところにある．それは穀作のみならず，家畜飼育にあっても同様であった．というよりも，両者を結びつけた混合農業の発展によって，そのような制約にもかかわらず有機的資源からの生産性を高度に高めることができたのである．その意味で，産業革命以前のイングランド経済は，リグリィのいう「高度有機経済」の特徴を備えていた．18世紀末に始まる産業上の変革は，このような歴史的背景のなかで生じたのである．

構造変化は，国際的な文脈のなかでも生じた．産業革命期英国の綿と鉄は，二つの点で際立った特徴をもっていた．第一はともに最終消費財ではなく，他産業の原料となる中間財であること．第二は，技能集約というより石炭という資源を集約的に投入した産業だということである．

中間財一般の最終消費財と比較しての特徴は，規模の経済が働きやすいという点にある．英国は石炭という化石燃料の賦存状態において恵まれていたので，蒸気機関という石炭集約型の技術は規模の経済を活かす有効な選択であった．その有利さは，決して一国内だけのものではなかった．中間財生産において他国に先駆けて技術革新を行ったことに加え，国内に豊富な石炭供給源をもっていたことは，国際市場において綿と鉄鋼に比較優位を与えることとなった．17-18世紀より始まった世界市場の再編と拡大のなかで，19世紀になると英国は石炭集約型の中間財の生産へと大きく特化する．

この点を同時代の経済学者によって証言してもらおう．1865年，石炭消費が現在のスピードで増大したとき国の繁栄はどうなるか，という問題関心から書かれたスタンレー・ジェヴォンズの『石炭問題』は，端的に，石炭とは英国経済にとって「他のすべての商品をこえた」重要性をもつも

のだという．彼によれば，英国は「当面，石炭の使用に依存したあらゆる生産物を限りなく生産することができる」のにたいして，ヨーロッパ大陸の諸国は工芸品や贅沢品といった「精巧な手のこんだ種類」の製品を限りなく生産することができる．しかし，一国経済としては「石炭の相対的欠乏のゆえに」英国が強い分野では競争にならないのである，と．別ないい方をすれば，英国は石炭を使用する産業に比較優位をもっていたのにたいして，大陸諸国はスキル集約的な産業に比較優位をもっていたわけである．結果は，英国は，消費財産業にとっては原料である中間生産物を大陸ヨーロッパへ輸出することとなった．これにたいして，食糧および原材料供給地となったアジアや世界の他の地域とは，食料生産物と工業原料を輸入し「機械制下の労働」の産物を輸出した．1830年には綿と鉄鋼製品（それらのほとんどは中間生産物である）だけで英国総輸出額の61％に達し，その後40年間は両産業のみで50％のラインを維持していたのである（Jevons 1865, ch. 16）．

　国際貿易におけるこのような比較優位の構造は，まさに英国産業革命が生み出したものであった．

4　「世界の工場」の実像

　しかし，産業革命とその後の英国経済を「鉄炭力」に依拠した大量生産で語りつくすことはできるであろうか．岩倉使節団がみなかったものにも目を向ける必要があるのではないか．実際，英国経済は多面的であった．ここでは，そのうち以下の二つの側面に触れておきたい．

クラフト型産業

　その第一は，上記の第二点と関連する．産業革命の時期とその後の時期においても，クラフト型産業，すなわち伝統的な手工的技術による職人タイプの工業活動のうち少なからぬものが存続したことが推測できる．クラフツ推計によるマクロの数字が示していたことは，綿と鉄という中核的な製造業への急激なシフトと一部産業の衰退が起っていた一方で，全工業

の成長率はきわめてゆったりしたものだったという対照である．これは，それら新産業のウェイト自体は極端に大きくなったわけではなく，19世紀の中頃においても依然として伝統的な工業部門が厚く存在していたことを窺わせる．実際，クラフツが推計の根拠とした産業の数は，資料的な制約から表7.2に掲げられた13産業のみであった．その表をよくみれば一目瞭然であるように，そこには，シェフィールドの食卓ナイフとフォーク，バーミンガムの猟銃やボタン細工・塗細工，さらにはウェッジウッドの陶磁器など，当時の英国産業を彩る諸商品の生産高はいずれも反映していないのである．これらの諸工業の生産量がどのくらいのウェイトを占めていたか，どのくらいの成長率で伸びていたかはわからないが[3]，それらをも含んだ全製造部門の相当部分は十分に伝統的ないしはクラフト的であったと考えられる．バーグのいう「小生産者資本主義」である(Berg 1993, 1996)．あるいは，マイクル・ピオリ，チャールズ・セーブル，ジョナサン・ザイトリン等のいう伸縮的専門特化の途である(Piore and Sable 1984; Sabel and Zeitlin 1985)．そして，マーシャルがシェフィールドの鉄加工業について述べたように，それらは「イギリスの縮図」とすらいえるのである(Marshall 1919, 三, 252頁)．

　手工的な技術の重要性は，産業革命後の19世紀後半になっても必ずしも低下しなかった．紡糸工は機械紡績に，手織工は力織機にとって替られた．しかし，工場制工業の周辺には，苦汗労働とも呼ばれた低賃金の家内縫製工などが新たに創り出されることが少なくなかった．その担い手は，最初は女性，そしてエスニック・マイノリティである移民労働者であった(奥田 1998)．一方，少なからぬ数の熟練職人も生残った．それは，建設業，ガラスや陶磁器製造に代表されるように，技術的に大きな変化を経験することのなかった職種ではもちろんのこと，変化のなかで形を変えながら生き延びた職種もあった．その顕著な例として，工場制の形態をとりながら，

---

3) マキシン・バーグとパット・ハドソンは，クラフツらのマクロ経済分析による産業革命論を批判する論稿を公にし，女子労働の評価についてのコメントのほか，データのある13の産業以外における成長が考慮されていないという批判も加えている(Berg and Hudson 1992)．たしかに，それらクラフト型の伝統産業における技術変化とそれによる生産性の伸びが予想以上に急激であった可能性は否定できない．

その内部においては伝統的な熟練とその育成方法である徒弟制が根強く残った造船や機械器具製造があげられる．それだけではない．機械制大工業の基幹工程ですら熟練の解体が一挙に進んだわけではなかった．綿工場のミュール紡績工，製鉄所のパドル工や圧延工は高い熟練が要求される職種だったのである．それゆえ，ラファエル・サミュエルはいう，「［機械制大工業という］もっとも目新しい，顕著な特徴に注目するのではなく，経済全体をみて絵をかくとすれば，描かれるカンバスは，あまりすっきりしたものとはならないであろう．幾何学的な規則性がかった近代抽象画よりはブリューゲルの作品に，いやヒエロニムス・ボスの絵にすら似ているのではないだろうか」，と (Samuel 1977; 斎藤 1997, 152 頁)．

世界の工場の背後にあったこれらの諸側面も，岩倉使節団の見逃したところであった．たとえば，一行がシェフィールドを訪れたときの見聞記をみよう．当時のシェフィールドには，新興産業である鉄鋼業(重工業)と伝統的な産業であった刃物製造とその銀鍍金細工業(軽工業)とが併存していた．彼らの工場見学先として市当局が選んだのは両者からそれぞれ二社ずつであったが，「カメロ」社のような重工場に費やされた頁数と軽工場に充てられた頁数とには雲泥の差があった．「軽」とはいえ，選ばれた二社はそのなかでも例外的に規模の大きな工場であったのであるが，一行がそこでの生産組織や技術に強い印象を受けたという節はまったくみられない．それどころか，「当府ニ於テ高名ナル刃物製造所」にかんする記述中には「大抵人力ヲ用ヒ，蒸気ノ輪ハ，只其及ハサルヲ助クルニ過キス」という文章すらある．蒸気機関こそ文明開化の証と思っていた一行には，クラフト技術はそもそも興味の対象外であったのかもしれない．

金融部門

第二は，工業以外の側面である．とりわけ見落としてならないのは，英国経済におけるロンドンの特異な位置，とくにそのシティの役割である．ロンドンはたんなる大都市ではない．一国の首都，貿易港というのも不十分なレッテルである．そのシティのもつ金融機能，とりわけその国際的ネットワークにしめる位置こそが重要である．

ロンドンのシティがこのような特異な経済機能をもち始めたのは 17 世紀末からであった．イングランド銀行の設置とそこを引受人とする英国国債の創設がきっかけとなり，証券市場とマーチャント・バンクの発展，株式取引所や各種商品取引所の成長，海上保険業務の拡大が続いた．『回覧実記』の著者がヴィクトリア朝ロンドンの「繁盛」について，「其主トシテ奔注スル所ハ，達迷斯河港ヨリ，「ロンドン，シチー」ニアリ，此府ノ繁華ニツキテ，其最モ注目スヘキ所モ，亦此ニアリ，「ロンドンドック」「コストンハウス」〈運上所〉「バンク」「エキステンヂ」〈相場会所〉「メンションハウス」〈市庁〉「マーケット」〈市場〉及ヒ電信，駅逓局ノ類，ミナ此府ノ大貿易，人ノ耳目ニ発顕スルモノタリ」と書いたのも，その発展上にあった状況といえるかもしれない．しかし，彼らはこのシティの力が，目にみえる貿易だけではなく，目にみえない貿易外収入を生みだす力，すなわち運輸・海上保険・海外証券投資，それらのための金融とコンサルティングにあったことには気づかなかったようだ．他の箇所の記述を読んでも，筆者久米邦武の関心がもっぱら商品の輸出入に向けられていたことがわかるからである．

マクロの所得・生産統計において，このような貿易外収入を生みだす金融サービスの比重を計算することは非常に難しい．狭義の金融業は別としても，あるものは商業の一部，他はサービス，場合によっては専門職の項に含まれているからである．しかし，商品貿易の収支は赤字であるのにたいして，海外投資と他の貿易外収支は黒字というパターンは，19 世紀初頭以来一貫してみられた事実であり，英国経済の構造的な特質であった．

英国経済のこの側面は，近年，P. J. ケインと A. G. ホプキンズのジェントルマン資本主義論との関連で議論されることが多い (Cain and Hopkins 1993)．彼らの議論は，金融・サービスの分野における諸活動は産業諸部門よりもはるかに大きな富を生みだしたという認識にたち，国内における支配と所有の構造上にみられるジェントルマン利害の連続性という問題と，19 世紀における英国の帝国主義にかんする問題という二面をもっている．とくに後者，すなわち英国の海外膨張と大英帝国の形成は，国内（とくに北部）における産業革命とその後の工業成長の必然的帰結などではなく，

シティにおけるこのようなジェントルマン利害膨張の結果なのだという。産業革命と工業化がもたらした富の大きさを過小評価する点には実証上の問題があるし、またその帝国主義論にも少なからぬ批判的論評がなされている。ただ、彼らの議論当否は別としても、このシティの力が、19世紀において他の国民経済にはない独自のものであることは紛れもない事実といってよい。

5 生活水準

それでは、産業革命は人びとの生活水準にどのような影響を与えたのであろうか。古典的な生活水準論争は、18世紀末から19世紀初頭の産業上の変化が労働者の生活水準を向上させたのか、それともむしろ低下させたのかというかたちで始まった。第二次世界大戦後になってからの論争は、いわゆる楽観説がマクロ経済上のパフォーマンスを重視するのにたいして、悲観説は生活の多面的な指標、とくに質的な面を強調する傾向があった[4]。しかし、産業革命についての新しい推計は、そのマクロ経済的パフォーマンスを「革命」とはいいがたい程度の成長しかもたらさなかったとする。とすれば、この新推計は生活水準論争にたいしてどのような含意をもつのであろうか。

実質賃金の新推計

この問題を考えるためには、マクロ経済指標だけではなく、実質賃金にかんしても近年の推計結果をみておかなければならない。筆者が前著『賃金と労働と生活水準』を著した際、1980年代になされたリンダートとウィリアムソンの仕事を紹介して、若干の重要な問題を残してはいるが「男子ブルーカラー労働者の賃金収入面からみた生活水準の指標としては、従来指摘されてきた問題点を克服しようとした、その意味で評価できる試み」と述べた（斎藤1998a, 4頁）。彼らの推計は、産業革命の最中における

---

[4] 生活水準論争にかんする文献は膨大である。研究史の簡単な流れと関連文献は、斎藤 (1998a) の序章第1節をみよ。

物価の高騰——その後半はナポレオン戦争による大陸封鎖の時期と重なる——によって生じた急激な実質賃金の落ちこみを経験したあと，労働者の生活水準は顕著な上昇をみせたことを示していた (Lindert and Williamson 1983b). すなわち，それまで問題とされたさまざまな問題，とくに失業率を明示的に考慮に入れても，男子労働者の実質賃金は 1820 年から 1850 年のあいだにほぼ倍増したことが明らかになったので，それにより長いあいだ決着のつかなかった生活水準論争も解決をみたと，彼らは主張したのであった．

けれども，リンダートとウィリアムソンの仕事はすぐに新たな批判の的となった．それも厳密な意味での数量データの吟味という，推計の根幹にかかわる点にかんしてである．とくにチャールズ・ファインスタインの再吟味は物価指数の調整に向けられ，その成果は 1990 年代後半に新しい（おそらくは決定版となるであろう）推計の刊行となった．彼の推計はリンダートとウィリアムソン同様，失業率などを考慮に入れ，かつアイルランドの系列をも明示的に取入れた．すなわち，グレート・ブリテンと連合王国双方の指数を別途推計したのである (Feinstein 1998).

悲観説再び

その結果は図 7.1 に描かれている．グレート・ブリテンの系列でみても，1820 年から 1850 年のあいだの上昇幅が小さいことがみてとれる．それは 2 割強の改善にすぎず，18 世紀末からの一世紀間というもっと長い期間をとっても所得「倍増」は実現をしていなかった．リンダートとウィリアムソンの主張は大幅に誇張されていたことになる．この構図にアイルランドをいれると，結論はさらに陰鬱となる．1840 年ころまでの実質賃金上昇率はさらに押下げられ，明瞭な上昇が始まるのは世紀の後半となってからであった[5]．

---

5) 図 7.1 は，1860 年以降，アイルランドを含む連合王国の系列がグレート・ブリテンのそれを追い抜くことも示している．アイルランドにおける実質賃金上昇率がイングランドとスコットランドのそれよりも高くなったことを意味するが，それは，供給過剰状態にあったアイルランドの労働市場が 1840 年代の大飢饉による大量死とその後の海外移住とによって，世紀後半には縮小均衡へと向かったことの反映であった．

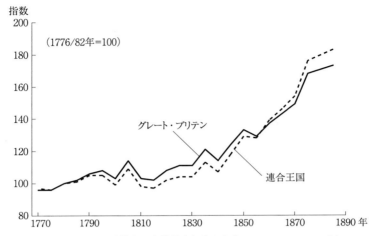

図 7.1 英国における労働者の実質賃金収入の変化，1770/72–1878/82 年
出所） Feinstein (1998), p. 648.
註 1） 失業率調整の系列である．
2） 当時の連合王国は，グレート・ブリテンと北アイルランドではなくグレート・ブリテンとアイルランド全域とからなっていた．

　ここで，近世についてみたように，実質賃金の変化率と一人当り GDP の変化率の関係を産業革命とそれ以降の時期についても検討しよう．表 7.6 にその対比を時期ごとに示すが，すべての時期で実質賃金の増加率のほうが一人当り GDP のそれを下回っている．産業革命の期間中は，GDP 推計が大幅に下方修正となったために両指標の差があまりなくなっているが，1800–40 年にはギャップが大きく拡大した．次の 1840–70 年は，大英帝国がその鉄炭力とシティの力とによって繁栄をきわめた時代であり，一人当り GDP の成長が加速していることをみることができる．それにともない，労働者の所得増加もかなりのテンポで進んだが，ギャップはまだ完全にはなくなっていない．

　本書の第 4 章でみたように，このギャップは所得格差の拡がりを意味していた．実質賃金変化率と一人当り GDP 成長率の乖離と拡大は近世の初めからの趨勢であった．たしかに，産業革命とともに実質賃金が長期的に低落するということはなくなった．表 7.6 における実質賃金の欄の値もすべてプラスとなっている．しかし，近代経済成長の果実が社会のなかにお

表 7.6　英国における実質賃金と一人当り GDP の推移，1760-1870 年　　　　　　(年率，%)

	実質賃金収入の成長率		一人当り GDP 成長率
	グレート・ブリテン	連合王国	
1760-1800 年	0.2	0.1	0.2
1800-1840 年	0.3	0.2	0.7
1840-1870 年	0.9	1.2	1.6

出所）　表 7.5 および Feinstein (1998), p. 648.
註 1）　最初の時期の実質賃金収入成長率は，1770 年から 1800 年にかけての計算である．
　 2）　1760-1800 年と 1840-70 年の一人当り GDP 成長率は，対象範囲の異なる数値から計算されている．表 7.5 の註 3 を参照．

ける労働者階級のレベルの底上げというかたちで実現するのは，もう少しあとの時代を待たねばならなかったのである．その意味では，ファインスタインの論文タイトルが示唆するように，生活水準論争における悲観説はいまでも「不滅」というべきかもしれない．

第8章　諸国民の工業化

はじめに

　前章では，経済学者ジェヴォンズが『石炭問題』において，英国経済が「石炭の使用に依存したあらゆる生産物」に比較優位をもっていたのにたいして，大陸ヨーロッパの諸国は工芸品や贅沢品といった「精巧な手のこんだ種類」の製品に比較優位を見出すと述べたことをみた[1]．マーシャルも『産業と商業』のなかで，フランス産業は「個人的な熟練」に基礎をおき，ドイツ産業は「訓練された能力と高度の組織」に基礎をおいていたのにたいして，英国は大量生産と収穫逓増が働く産業を発展させたとみていた．ただ，マーシャルの場合，そこに「大量生産の組織のもっとも顕著な例は［英国ではなく］合衆国」と付け加えることを忘れなかった（Marshall 1919, 一, 138-39頁）．

　英国の産業革命に端を発した工業化は世界経済に大分岐（グレート・ダイヴァージェンス）をもたらし，先頭をゆく英国と他の国々，とくにヨーロッパ以外の国々との格差を拡大させる原因となった．しかし同時に，工業化現象は英国から独立したアメリカと大陸ヨーロッパ諸国，さらには東アジアの日本へと波及し，それは曲がりなりにも工業化を成功させた国々のあいだにおいては収斂（コンヴァージェンス）への力となった．

　このうちアメリカの工業化パターンは，英国とも大陸ヨーロッパ諸国とも異なる独特の途をたどることとなった．経済史上におけるアメリカの特徴は，非常に豊富な資源と稀少な人口という要素賦存の特異なあり方である．同じ文化・制度上の背景をもつ人びとが異なった要素賦存に直面することによって，北アメリカ大陸におけるその後の発展パターンは独特の色彩を帯びることとなった．ある意味では，英国以上に大量生産と収穫逓増

---

1)　本書第7章, 241-42頁．

が働くシステムを創りあげることに成功したのである．これにたいして19世紀西欧を英国と分かつのは，要素賦存の相違というよりは時間的なものである．すなわち，ヨーロッパ諸国がいだいた経済的後進性の意識と先進国に追いつきたいという願望——明治の日本がいだいたのも基本的にはこれと同一であった——が西欧諸国の工業化の径路と性格にどのような影響を与えたか，という視点からみることになる．国ごとの歴史的経験を追うのではなく，一つの歴史的な場としての西欧の特質を浮び上がらせることに力点がおかれる．

本章の後半では，岩倉使節団以降の日本をキャッチアップの文脈において考える．しかし，日本はいかにして先進国の仲間入りを果たしたかという観点からではなく，収斂に潜む分岐の要素を見出すことを試みることになろう．そこでは，部門間生産性の格差，在来的経済発展論，労働集約型とスキル集約型の工業化などの検討をとおして，ガーシェンクロン的な意味での西欧諸国へのキャッチアップとは異なった途があったのかどうかが検討される．すなわち，近代における収斂と分岐が本章のテーマとなる．

1　後進性

世界の工場といわれた19世紀の英国経済は，実のところは複数の顔をもつ多様体であった．しかし，岩倉使節団の一行にとっても，他の国からの訪問者にとっても，あるいはフリードリヒ・リストのような政治経済学者にとっても，英国民の豊かさが工業生産の特定の様式が直截に反映したものと写ったことは事実であろう．それが彼らの認識だったのであるが，それは実態を忠実に観察した結果であったかどうかは別問題であった．

こういった英国観は，経済発展における後進性の問題とみなすことができる．英国経済の実態とも，英国経済史が体現していると——正しいかどうかは別として——想定される発展段階の問題でもなく，諸国民の経済力を横並びで比較したときに観察される先進-後進の関係は，19世紀以降の経済史においては無視できない要因であった．たとえば，19世紀ヨーロッパの地図を経済的後進性の度合によって色分けすることはできよう．

重要なことは，その後の工業化が常に経済的後進性の解消をまって始まったのではなく，後進性の水準がさまざまである国々において起ったという事実である．こういった後発国における工業化のその後の径路と性格は，開始時点で存在した後進性の関数だと考えるのがアレグザンダー・ガーシェンクロンである．

彼によれば，後進性の度合が高いほど，(1)工業化は過去と不連続的なかたちで始まり，(2)企業と工場規模は大きくなる傾向をもつ．さらに，(3)消費財より生産財が重視され，(4)貯蓄‐投資の総所得にたいする割合が上昇しなければならないので国民の消費水準に圧迫がかかり，かつまた，(5)資本の供給にかんして制度的な力の役割が高くなる傾向が生じ，(6)農業が資本蓄積や国内市場拡大のうえで積極的な役割を果すことが少ない，という．このうち，消費財より生産財という第三命題は，後発国が，英国の成功が綿糸紡績や鉄鋼という中間生産財の大量生産体制にあるとみていたことと無関係ではない．それに加えて，第五，第六命題，すなわち後発国が農業の水準向上といった初期条件が十分に整わないうちに工業化を開始させることが可能であった理由として，先進国の技術借用という便宜，および先進国で役割を果した要因を代替する制度的工夫をあげる．英国産業における資本蓄積は主として企業の利潤再投資によってなされたが，後進的なドイツでは銀行が積極的に関与し，より後進的なロシアとなると国家の役割が重要となるというようにである (Gerschenkron 1962)[2]．

ここから予想されることは，後発国の先進国へのキャッチアップ過程で

---

[2] 国家および政府の役割は，経済史においても開発経済学においても常に論争の的であった．しかし本書ではこの問題に立入ることはしない．別稿が必要な大テーマということが主要な理由であるが，国家がいまだ経済の実態を把握する尺度をもたず，マクロ経済運営の手段も未発達な時代にあっては，国家が実際にやれたことは意外に多くなかったという事実もあるからである．たとえば，明治の日本は殖産興業をスローガンとし，また岩倉使節団に参加した大久保利通などは――19世紀英国が自由貿易の旗手であったことからみると意外であり，牽強付会に近いのであるが――富国の達成が「政府政官ノ誘導奨励ノ力」にかかっているということも英国史からの教訓としたのであった．しかし，その大久保が実際に立案した経済政策をみると，その一般論から官営事業の拡大と重工業基盤の構築による輸入代替工業化路線へと短絡的には進まなかったことがわかる．政府が実際の事業をどのように遂行するかという段階ではきわめて柔軟な考え方をとり，むしろ（意に反してであったのかもしれないが）輸出主導型工業化の途を選んだことを意味する．当時，輸出品はすべて在来の物産であったから，大久保の「民業」依存とは在来産業依存ということにほかならなかったのである (斎藤 1992a)．

ある.そして,それは一人当り所得水準におけるキャッチアップを意味するだけではなく,産業構造における一つのモデルへの収斂をも含意している.すなわち,先進国における最先端の生産技術と組織——19世紀から20世紀初頭においては中間財生産における資本集約型の技術とその組織であった——を導入することによる産業構造の高度化が目的とされたのである.そのためであろうか,第二次世界大戦後の第三世界開発論にも影響を与え,議論された[3].ただ,ガーシェンクロン自身の基本的な問題関心は19世紀のヨーロッパ,北欧,中欧,南欧,そして東欧を含むヨーロッパにあった.彼が整理した諸命題は,その後の研究によって批判的に検討され,少なからず修正をうけており,対象がヨーロッパ以外の国に拡がるとより大きな修正が必要となることもわかっている.しかし,その時代のヨーロッパ地図を経済的後進性の度合からみるという発想と,工業化という現象を発展段階の階梯を登ってゆくような過程と考えてはならないという批判的見方とは,いまでも一つの意味ある視点とはいえる.

2 19世紀後半のヨーロッパ

そこで,19世紀後半におけるヨーロッパの経済地図を描いてみよう.諸国の経済力の格差がどのように分布していたかを,国民所得と蒸気機関の馬力数と鉄鋼消費量と貿易のウェイトでみるのである.ヨーロッパを,英国と,英国を除く北欧,中欧,南欧,ロシアに区分し,比較のためアメリカを加えることとする.

比較統計(1)——一人当り国民所得

表8.1がその比較表である.依拠したデータは,同時代人マイクル・マルホールの推計値である.ここで国民所得というのは比喩的な意味ではなく,基本的には現在の経済学で使われている概念と同じ内容をもつ.一人

---

[3] 戦後のキャッチアップ型工業化論のすべての源泉がガーシェンクロンに遡るわけではない.また,どの地域の発展途上国を念頭におくかでその枠組も変りうる.アジア諸国の経済を対象にキャッチアップ型工業化論を構想した試みとして,末廣(2000)を参照.

表 8.1 19 世紀末の経済力格差: 国民所得・蒸気力・鉄鋼消費量・輸出比率, 1888/89 年

	国民所得 (1人当りポンド)	蒸気力 (100人当り馬力)	鉄鋼消費量 (100人当り 重量ポンド)	輸出比率 (輸出額の国民 所得比, %)
英　　国	34	25	4.0	24
北欧 7 ヵ国	25	12	1.7	16
中欧 2 ヵ国	16	6	0.5	11
南欧 3 ヵ国	14	3	0.3	11
ロ シ ア	11	3	0.2	8
アメリカ	39	24	2.9	7

出所）　Mulhall(1899), 各項目による.
註1)　ここでの英国は連合王国である.
　2)　北・中・南欧の数値はいずれも加重平均値. 蒸気力と鉄鋼消費量は 1888 年, 他は 1889 年の数値.
　3)　北欧とは, フランス, ドイツ, スウェーデン, ノルウェー, デンマーク, オランダ, ベルギーを指す(ただし, 鉄鋼消費量の計算ではノルウェーとデンマークを欠く). オランダの貿易額の「半分以上」は通過取引と註記されているので, 40% を「真」の輸出額と仮定して計算した. 国境線は当時のもの.
　4)　中欧は, オーストリアとスイス(ただし, 鉄鋼消費量の計算ではスイスを欠く). このオーストリアは帝国領土を意味するので, ボヘミアからハンガリー・トランシルヴァニアまでを含む.
　5)　南欧は, イタリア, スペイン, ポルトガル(ただし, 鉄鋼消費量の計算ではポルトガルを欠く).

当り国民所得という尺度が発展の度合を示す言葉として採用され, したがって経済政策思想に強い影響をもち始めたのは第二次世界大戦後のことであるが, その国際比較の本格的な試みはマルホールにまで遡ることができる. 彼は 19 世紀末における多くの経済指標について国際比較統計を整備・出版した. 国民所得だけではなくさまざまな統計が項目別に収録されていて, まことに有用なのである[4].

---

[4]　マディソンが述べているように, 国民所得統計の国際比較という点ではマルホールが最初の実質的に意味のある試みをした人として評価されるべきであろう (Maddison 2003, pp. 22-23). 彼の方法は単純明快で, 国民所得値はすべて英国ポンド表示となっている. これは購買力平価ないしはそれに類したことを考慮に入れてなされたわけではなく, たんに為替レートを使っての換算である. それゆえ, 今日からみればある程度のバイアスは避けられないところの推計値である. もっとも, 戦後の本格的な国民所得の長期時系列統計整備を行ったのはサイモン・クズネッツであるが, 彼はその著書のなかで長い補註をつけ, マルホールの推計値と自身の補外値が「たいへんに近い値をとっていること」を確認している. すなわち, 表 8.1 よりも若干後の年度にかんするマルホールの推計値と, 自身の推計系列をマルホールのそれと比較可能なかたちに直した数値とを比べ, スウェーデンとスイスを除けばすべて 10% の誤差幅に収まっているという (Kuznets 1971, 28 頁註 7). 全体としては十分に利用可能な推計なのである. その後は, クラフツが 19 世紀ヨーロッパ

表8.1をみて最初に気づくのは，一人当り国民所得でみる経済力の格差が英国の34ポンドを先頭に，北欧・中欧・南欧・東欧の順に整然と並んでいるということであろう．英国を100とすると，それぞれ73, 47, 41, 34である．最後発国ロシアの水準は最先進国の約3分の1で，最先進国英国とのあいだにはかなりの懸隔があったようにみえるが，本表では北欧に含まれているドイツは英国の4分の3の水準であり，フランスはその中間である．英国とのあいだに極端な格差があったというよりも，緩やかな傾斜がついた序列というほうが実態に近いであろう．

比較統計(2)――鉄炭力と貿易

しかし第二に，100人当りの蒸気力と鉄鋼消費量――岩倉使節団の用語では「鉄炭力」――を先進‐後進の尺度とすると，格差は著しく拡大する．北欧7ヵ国における蒸気力の水準は英国の約半分，南欧・ロシアにいたっては10分の1強である．鉄鋼消費量でみると，北欧は英国の5分の2，南欧は13分の1，ロシアにいたっては24分の1でしかなかった．もっとも，北欧のなかではベルギーが英国型の産業構造に近かったことがわかる．蒸気力と鉄鋼消費量は北欧7ヵ国のなかではドイツを凌駕して最高であり，また国民所得でもドイツを上回っていた．しかし，そのような国の存在は，鉄炭力で劣れば国民所得を向上させることができなかったということを意味するわけではなかった．フランスは，蒸気力でも鉄鋼消費量でも北欧の7ヵ国の平均を下回っていたが，一人当り国民所得ではベルギーと比肩できる程度のレベルにあったからである．いいかえれば，英国型とは異なったタイプの産業を発展させてそれなりの国民所得水準を達成しているところもあったということである．英国とフランスの比較工業化研究によれば，両国の労働生産性格差は通常考えられているように大きくはなかった．1905‐13年における労働の付加価値生産性を産業中分類別に比較すると，

諸国の国民所得比較を試み，その数字によれば，またフランソワ・キャロンの研究を参照すると，マルホールとクズネッツのフランスにかんする数字と順位は高すぎるようである（Crafts 1983; Caron 1981）．このような事情を考慮し，表8.1においては英国と2つの大国（ロシアとアメリカ）以外の国々を個別に掲げることはやめ，地域に括って示すこととした．

英国がフランスを 50% 以上上回っている工業はセメント,製粉,醸造,木工などであり,逆にフランスが英国を 50% 以上上回っているのは窯業のうち磁器・タイル,ゴム,木綿,リンネル・麻類,繊維のうち漂白仕上,皮革,建設,パン・ビスケット,チョコレートであった.繊維の仕上工程やチョコレートというのは,マーシャルのいう「個人的な熟練」の必要な工業の典型であろう.興味深いのは木綿が,英国のほうではなくフランスのリストに入っていることである.しかし,綿工業のうち中間財生産工程である紡績と織布における物的生産性では明らかに英国が優っていたので,この事実は,フランスのほうが高かったのは他の,おそらくはより個人的熟練のいる,付加価値の高い部門での生産性であったことを物語っていよう (O'Brien and Keyder 1978, pp. 152-60).明らかに,両国では産業発展の途が異なっていたのである.

ところで,表 8.1 でいう蒸気機関には,据付型の工業用のみならず機関車とか船舶に使われたものも含まれ,鉄鋼をもっとも需要した産業の例が機関車製造や造船業であったので,これら感覚的にわかりやすい指標を後進性の尺度とすると,意識された後れの感覚は増幅されたであろうことがわかる.実際には,一人当り国民所得といった概念のもつ意味を理解し,かつその推計値に接することのできた同時代人はごく僅かしかいなかったであろうから,後発国の指導者は実態以上に危機感を募らせることが多かったものと推測される.

第三に,この比較にアメリカを加えるとおさまりが悪くなる.一人当り国民所得でみればすでに英国を凌駕する水準にあり,鉄鋼消費量ではまだ少し劣るが蒸気力はほぼ対等であった.世紀前半のアメリカは英国に一歩後れをとった国と考えられていたが,労働力が希少という特異な条件の下で,英国以上に石炭集約的な生産様式と大量生産体制を確立した.マーシャルのいうように,「大量生産の組織のもっとも顕著な例」は英国ではなくアメリカに見出されるようになり,それに依拠して 1880 年代までに英国へのキャッチアップを実現していたと読めるのである.

第四に,最後の欄に示された輸出比率をみると,アメリカは最低である.一般に経済発展と貿易の拡大は相伴って進むと考えられており,英国とヨ

ーロッパ大陸のあいだには期待されるような相関関係がみられるが，ここでもアメリカをいれて考えると対応関係は崩れる．もっとも，ここで国の大きさの影響を無視するわけにはゆかない．小国であれば，すぐ隣りの地域との交易であっても外国貿易扱いであるが，逆に，米露のような大国ではかなり遠くの地との交易でも国内扱いとなるからである．表中における北欧・中欧・南欧の値はいずれも国ごとの比率の加重平均であるが，北欧のなかのベルギーが30％と高いのはそれも一つの要因である．しかし重要なことは，そのことが同時に，ヨーロッパの域内で貿易を通じた相互依存関係が緊密であったことを含意する点である．アラン・ミルワードとS. B. ソウルは，1880年において英国を含むヨーロッパ内の交易は世界全体の貿易額にたいして3分の1のウェイトをもっていたという．その比率は1913年には27.5％に低下するが，それでも域内貿易の緊密さには目を見張るものがある．ドイツ・フランス・オランダ・スイスにおける輸出の3分の2はヨーロッパ向けであり，ベルギーとオーストリア＝ハンガリー帝国ではこの数字が80％に，スウェーデン84％，デンマークでは実に95％に達していたのである．この間，ヨーロッパ経済における成長のエンジンが英国だけであった時代から，ドイツの台頭によって二極化するパターンに変化した．また，時代風潮も変化し，各国で保護主義が勢力を増した．もっとも，資金の決済機構における英国シティの地位が揺らぐことはなかったが，いずれにせよ相互依存関係の緊密さはヨーロッパ経済の特徴であり続けたのである (Milward and Saul 1977, ch. 9)．

3　ヨーロッパ域内の地域連関

それゆえ，表8.1からは，ガーシェンクロンのとは少しく異なった歴史地図を描くことが可能であろう．それは，東欧を除くヨーロッパは一つのまとまった経済圏をなしていたという可能性である．その域内では，交易を通じて相当に緊密に結ばれた経済のネットワークがあり，その交易ネットワークはヨーロッパ全域を一つの単位とした迂回生産の表現とみることができる．それゆえ，ある国（たとえば英国）の工業化はそのネットワーク

を通じて波及し，全体のまとまりをいっそう強める働きをもった．たしかに，一人当り国民総生産と所得の水準をみると英国を頂点に緩やかな傾斜をもった格差が存在したが，それは機械制工業と動力化のレベルのみに注目したときに感じられる後進性の感覚とはかなりずれがあった，というものである．実際，シドニィ・ポラードは，それが19世紀ヨーロッパ特有の状況であったとして次のように述べる．

> この世紀全体をみると，工業化以前にはなかったほど，また思い及びもつかないほど，ヨーロッパの経済的統合は進んだ．イギリス産業革命の影響を受けた国々は，別々の鉢に植えられた植物が育つように独立した工業化を達成したのではなかった．それは一つの過程であり，それぞれの変化は互いの発展段階や，原材料の供給，技術，近隣の市場，さらにはヨーロッパ以外の世界の発展に依拠していた．……その全過程は世界の歴史のなかでも特異なものである(Pollard 1974, 41頁)．

地域連関の条件

このような「特異」な過程が成立するためには，いくつかの条件が必要であったはずである．第一に考えられることは，表8.1自体が物語っている事実と関連する．人口当り蒸気馬力数や鉄鋼消費量を尺度としたときの経済力格差と比べて一人当り国民所得を尺度としたときの格差がはるかに小さかったということは，鉄炭力を基盤とした生産様式以外の伝統的経済も相当な所得創出能力を有していたということを意味する．

この伝統部門を構成していたのは主として農業とクラフト的技術にもとづく工業とであろうが，英国の資本主義的な農業に比べて大陸諸国では小農が支配的であったから，前者は英国と他の諸国の格差を拡げる方向に作用した可能性が高い(O'Brien 1996)．それゆえ，ここでの文脈からすれば後者のクラフト型産業が重要である．実際，英国の小生産者資本主義が意外と強靱であったのと同様に，あるいはそれ以上に，大陸の職人たちの変化対応能力には侮れないものがあった．たとえば，伸縮的専門特化の重要性を主張したセーブルとザイトリンの論文であげられている実例には大陸の産地のほうが多く，フランスのリヨン(絹織物)，アルザス(キャリコ)，

ルーヴェ(毛織物),ドイツのゾーリンゲンとレムシャイド(刃物)などである (Sabel and Zeitlin 1985).

これらの産地は,第一に,旧来の技術を死守することによって市場における地位とブランド名を維持したのではなく,19世紀初頭にリヨンの織物業者たちによって改良・完成されたジャカード織機にみられるように,(専用機械使用による大量生産ではなく)汎用機械の伸縮的な利用というタイプの技術改良の途を選択し,自己革新をすることができた.

また,第二に,技術革新がそれほど重要でない分野でも,消費者の好みの変化にすばやく反応して製品を転換したり,あるいは逆に,新しいデザインや新しい素材の製品を開発することによって市場を開拓することもあった.英国のウェッジウッドや日本のノリタケを想えばわかるように,陶磁器はその典型的な事例であろう(鈴木1998).しかも,それはけっして工業化以降の経済に固有のことではなかった.たとえば,英国では近世においてすでに一種の消費社会が成立しており,そうした需要に対応するために「製品に新奇さを与える」といったことが求められていたのである(草光1988).工業化は消費市場に新たな刺激を与えることによって,手工業者のこの対応パターンを活性化させたのだということができる.

たとえば,19世紀のフランスといえば,「世界の工場」英国の繁栄との比較において,工業成長の停滞と「本来的」工業と小規模手工業の併存(「二元的性格」)によって特徴づけられることが多かった.しかし,企業規模の小ささは直ちに生産性の低さを意味しないということはこれまでも指摘されてきたし,先にみた英仏の労働生産性比較からも明らかなように,1860年以降においてもそのようなクラフト型技術依存の小規模工業セクターの成長力を過小評価できないことが確認されている(Caron 1981, ch. 8; Crouzet 1996, pp. 54-55).クラフト型産業を前近代の遺物と片づけるわけにはゆかないのである.

セーブルとザイトリンの論文で強調されているもう一つの点は,そうした工業活動が産地を形成して行われる傾向があったということであった.右の事例がすべて産地名をもつ場合であったのはその表れであるし,先に引用したポラードの文章が前提としていたのも,国よりも小さな単位であ

る地域の重要性である．プロト工業化の時代は紛れもなくそうであったが，19世紀の工業化もまた，すぐれて地域的な現象であった．その象徴的な証拠には，ヨーロッパ大陸では国境にまたがる工業地帯がいくつか存在したという事実がある．たとえば，オランダとドイツの国境にはトゥエンテ・西ミュンスターラント綿業産地があり，北フランスとベルギー，フランス・ルクセンブルク・ベルギー国境，フランスとスイス国境にもまとまりのある工業地帯が識別できる(石坂 2003；黒澤 2002)．

特定の産業が特定の地域に根づくには，歴史的にみてさまざまな理由があった．水運の便，原料栽培地の近接，石炭や他の鉱物資源の有無，領邦の境界線の位置，領主の種々の施策などである．しかし，ひとたび定着すると，その産業はその地域に集中する傾向が認められ，その理由は経済学的に理解可能である．すでにみたマーシャルの産地論（インダストリアル・ディストリクト）がその先駆的なものであるが[5]，重要なことは，技術の段階が手工業であれ工場生産であれ，この地域集中の力は作用するということであって，そこにヨーロッパの工業化が歴史的に地域的現象であり続けたことの根拠があるのである．19世紀においても，それゆえ，イングランド北部からボヘミアまでの各地にこのような産地が点在し，より広範な取引ネットワークのなかに位置づけられていたのである．

このネットワークの基礎には比較優位の原理が働いていた．たんに第一次部門に特化した国と第二次部門に特化した国のあいだにみられた関係というより，技術と産業地理にもとづいて個別産地間に働く力であった．ポラードも述べているように，

> 交易（トレード）の多くは村と村，町と町，地域と地域のあいだで行われており，それが「外国」貿易（トレード）と変るところは基本的に何もない．政府統計によって把捉され，それにもとづいて多くの人が熱心に論じてきたところの貿易（トレード）とは，それゆえ，複雑な取引ネットワークの一部を恣意的に切り取ったものにほかならない(Pollard 1981, p. 164)．

その典型は，綿紡績と織物業のあいだでみられたパターンである．英国ラ

---

[5] 本書第2章, 46-48頁.

ンカシャー産の安くて良質の綿糸は産業革命の産物であり,非常に高い国際競争力を有した.それゆえ,各地で競争に敗れる紡績業産地が続出したのであるが,しかし,なかには原料を英国糸に転換して綿織物やレース編に特化する産地が出てくる.安価で均質な機械糸を使用することで,より広範な市場を獲得することが可能となるケースである(*Ibid.* pp. 110–11).ランデスの表現を借りれば,ある地域の機械化によって,「逆説的ながら」家内制手工業の拡延が加速され,その市場は東欧のように後進性の度合が高い地方へ向かって拡大をしたのである(Landes 1969, 1, 207頁).このことは,いうまでもなく,機械制綿紡績業が大陸ヨーロッパで育たなかったことを意味しない.英国産の紡績機械もまた輸出されたからである.それゆえ,マンチェスターの紡績業にとって競争相手が現れることは,オールダムのプラット社にとっては販路拡大のチャンスが増えることを意味したのである.さらに,地域の経済発展の段階が進むと,ドイツが英国に電気機械を売り,英国はドイツに農業機械を販売するといったレベルの連関が発生する.こういった交易の活発化で豊かとなった地域は,デンマークの農民にとって良い市場となり,また,聖職者と貴族を顧客としていたリヨンの絹織物工業がアングロ・サクソン人と大陸諸国のブルジョワジィへと販売先を変えたように,上質の消費財を生産している職人的な生産者にとってもそうであった(Cayez 1981).見方を変れば,産業革命がプロト工業システムに永続性を付与したともいえる(Deyon 1996, p. 46).こうして,英国の諸地域における機械制工業の発展を軸として,大陸ヨーロッパの(より広い意味での)工業化が地域連関を深めながら進展したのである.

　この過程を促進した歴史的要因として,少なくとも次の二点には触れておかなければならない.その第一は,鉄道網建設の意義である.ヨーロッパ大陸における鉄道敷設と蒸気機関車製作は,当初は英国からの輸入と技術者の招聘によって行われた.それは,一面では蒸気力経済の進展にほかならず,またガーシェンクロンのいう借用技術と国家の役割が明確な好例であるように思える.しかし,19世紀初期の段階でみると,政府の建設計画や技術者招聘に先駆けて,あるいはそれらと並行して,企業家の自発的なイニシアティヴによる英国からの技術移転があったことがわかる.よ

く知られた名前をあげれば，トマス・ブラッシィやコックリル父子がそうである．これはベルギーにおける工場建設についていわれたことであるが，当時の人の文章に，「コックリルは馬車に乗って，主要な街道を旅してまわっていた．……蒸気機関は彼の行くところどこにでもついていくかのように設立されたのである」とある．そのジョン・コックリルは，ベルギーにおける鉄道事業にも深くかかわったのである (Henderson 1954, pp. 130, 135-37)．このようにして始まった鉄道網の整備は，伝統的な産地のあいだの時間的な距離を縮めることにより，ローカル市場をこえた製品の販売がいっそう容易になったことをも意味していた．

　第二は，旧来の狭隘な地方市場を存立せしめていた種々の障壁をとりはらう制度改革である．農奴身分からの解放，あるいはそれ以前における小農の存在形態が径路依存的な効果をもっていたことは，歴史家だけではなく，現代の開発経済学者によっても主張されている．しかし，ここではそれより後の段階に行われた諸改革のうち，ドイツ関税同盟にのみ言及したい．これは，かつての諸領邦間にあった関税を廃止して，域内諸地域を単一の関税領域とするものである．その完成には1818年から1884年までを要したが，一般には1834年が発足の年とされる．本同盟をめぐる同時代人の議論は著しく国家主義的なトーンをおびており，またその条約締結過程には財政的な考慮が強く働いていたため，しばしば保護主義的な措置と考えられてきたが，実際の効果はかなり様相を異にしていた．それは，対外的には関税共同体の結成によって，領域以外の諸国との交渉力を高める効果をもつ一方，対内的には，同盟締結以前より格段に広い領域で交易が自由化されることであったからである．それゆえ，従来は関税障壁によって保護されていた地域同士の産地間競争を誘発したという議論が成りたつ．実際，同盟成立後，地域所得の格差は拡大した．しかし，関税同盟の結成は上に述べた鉄道建設を促進させる効果をもち，かつまた貨幣・金融上の統合を促したがゆえに，地域経済の再編を伴いながらも，長期的にはドイツ領域の工業化を促進した (Tilly 1996; 高橋 2003; 鳩澤 2006)．キーゼヴェターの言葉を借りれば，「地域こそは，経済成長の固有の原動力であり，今日まで無視しがたい地域間の富裕格差……を創り出してきたのである」

(Kiesewetter 2004, 323-24 頁).

　以上みてきたことは，ヨーロッパの場合，個々の国の政策や対応を詳細に分析するだけではなく，ヨーロッパという場のシステム性に注目する必要があるということである．英国の産業革命を契機に，ヨーロッパ域内の諸地域間でアダム・スミス的な意味での分業が進展してゆく過程こそが重要だというのである．その過程の行きつく先に現在の欧州連合 (EU) があると単純にはいえないけれども，少なくとも EU を成立せしめる歴史的根拠があったことは確かであろう (Pollard 1974; Ambrosius and Hubbard 1989; Kaelble 1987)．そこにヨーロッパの工業化の独自性が認められる．

4　キャッチアップと径路依存

　次にキャッチアップ，すなわち収斂の過程に目を転じよう．ガーシェンクロンの議論に立脚すれば，後発国の成長率は押しなべて高くなる傾向があり，結果として一人当り産出高や労働生産性の収斂が観察されるはずである．

キャッチアップ

　英国へのキャッチアップ過程を，アメリカ，ドイツ，フランスに日本を加えてみよう．図 8.1 は，アンガス・マディソンによる推計から，これら 4 ヵ国について労働者一人当りの国内総生産の長期的な変化を英国との関係においてみている．労働者一人当り国内総生産は，国民一人当りとは違って労働生産性をより直截なかたちで表現しており，英国を 100 とする指数となっているので，100 に近づけば英国との労働生産性格差の縮小を，100 の線を超えれば英国を追い抜いたことを意味する．そして図 8.2 は，労働時間を単位とした労働生産性について同じ比較をしたものである．

　両図は，基本的には同じといってよい．ただ，日本のみが二つのあいだで若干のずれを生じさせている．そのずれは第二次世界大戦後においてとくに目立ち，労働者一人当りでは 1998 年に英国へのキャッチアップが達成できているのにたいして，労働時間当りで計測すると，その時点におい

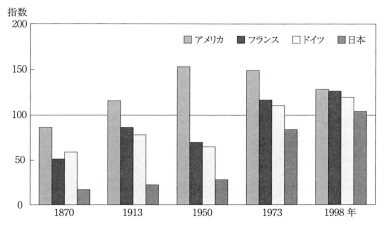

図 8.1 英国へのキャッチアップ：アメリカ・フランス・ドイツ・日本の労働生産性（一人当り），1870-1998 年
出所）Maddison(1995), 358-59 頁より計算．
註）英国労働者一人当りの実質 GDP を 100 とする指数．

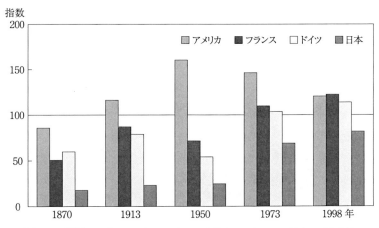

図 8.2 英国へのキャッチアップ：アメリカ・フランス・ドイツ・日本の労働生産性（時間当り），1870-1998 年
出所）Maddison(1995), 359 頁．
註）英国労働者一時間当りの実質 GDP を 100 とする指数．

ても英国の水準よりもいまだ低位であることがわかる．労働者の労働時間はどこにおいても，20 世紀に入ってから低下の傾向にあったが，日本ではその低下の速度において他の国に後れをとっていたからである．

そこで，図8.1によってみよう．1870年における労働生産性は三国とも英国より低位にあった．しかし，アメリカの指数は86で英国との差は小さかったが，ドイツは60，フランス51である．国民一人当りのときよりも若干差が拡がっているように感じられるが，それでも極端に大きな格差ではない．日本にいたっては17，約6分の1の水準でしかなかった．そのことを反映して，アメリカの場合，早くも第一次世界大戦前には英国を上回り，1973年には英国を50％以上も上回る水準にたっする．フランスとドイツは，20世紀になってゆっくりと差を縮小し始めたが，第二次世界大戦時に足踏みをし，1973年にそれぞれ117，112と，ようやく英国を凌駕する[6]．日本の場合はさらに時間がかかり，戦後になってから急速に差を縮めたが，1973年が85，1998年になって105となる．最初の工業国家であった英国へのキャッチアップが完了したのである．

このようにキャッチアップのスピードという点では4ヵ国に大きな違いが認められる．そのために，世紀の半ばまでは5ヵ国間の格差が拡大をした．1950年には，英国を100とするこの指数は29から154まで非常に大きなばらつきを示していたが，その後は縮小に向かった．近年は，むしろ（英国を含む）他の国々のアメリカへのキャッチアップが進行する過程であったともいえる．実際，アメリカと英国の相対的な関係もそれまでとは逆に変化し，1998年には英国を100とする値は129にまで低下をし，5ヵ国すべてが100から129のあいだに収まることとなった．どの国をとっても，この一世紀間前後の期間は工業化におけるキャッチアップの過程であった．それは資本集約的な産業構造への変化の過程ともいいかえることができよう．主導国（リーディング・ネーション）は英から米へ交替し，鉄と石炭から石油とコンピュータへと機軸産業は変ったが，最終的には先進国間で労働生産性における収斂が実現をしたというように読める．

---

[6] このグラフから独仏の違いが非常に小さいことがみてとれる．フランスは——フランス人にもまた西欧の隣人からも——異質論（exceptionalism）の目でもってみられてきたが，経済のパフォーマンスをみるかぎり，むしろドイツとあまり変らない途をたどったといえそうである．20世紀のフランス経済異質論の多面的再検討としては，Dormois (2004)を参照．

単線か複線か

しかし,それは完全に一つの物語なのであろうか.これら5ヵ国がたどったのは単線的な径路だったのであろうか.そのようなことを検討するために,表8.1を産業部門に分割する.この作業は想像以上の困難を伴うので,表8.2は,スティーヴ・ブロードベリの推計結果に依拠して英国とアメリカとドイツについてのみの表となっている(Broadberry 1997a, 1997b, 1997c).すべての部門を掲げるのは煩わしいので,主要な四つの部門のみを示す.やはり,英国を100とする労働生産性の値となっている.

これをみると,一見したところ,通説を裏書するかのごとくである.製造業における格差指数は時期とともに上昇している.アメリカでもドイツでそれは明瞭である.他方,19世紀における流通・金融・サービス分野での英国の優位は圧倒的で,ようやく1973年になって,アメリカが追い抜くことになったが,その差は大きくない.これは,ロンドンのシティの強さを反映していると解釈できる.

しかし,少し丁寧にみると,通説とはだいぶ異なった事実発見が明らかとなる.第一に,図8.1を読むときに暗黙のうちに前提されていた,労働者一人当り国民総生産の違いは工業(すなわち製造業部門)における労働生産性の差による,という考えの正しくないことがはっきりする.1870年時点でもすでに,アメリカ製造業の労働生産性は英国の8割以上高い水準にあり,ドイツの製造業でもそれほど見劣りしない値であった.しかも,製造業における格差指数の時間を通じての上昇幅はあまり大きくない.アメリカでもドイツでも20,30ポイント程度の上昇で,一世紀間の変位は50ポイントも60ポイントも変化をした図8.1の場合と比べて僅かであった.

第二に,19世紀の段階で英国が他国よりも際立って労働生産性の高い分野が,金融以外にも存在した.それは農業である.英国農業はその時点ではアメリカよりも生産性が高く,ドイツのそれよりは2倍近く高水準であった.

第三に,アメリカの労働生産性急伸の原動力となったのは,製造業以外の部門であった.とくに流通・金融・サービスでの生産性向上が著しい.

表 8.2 アメリカ・ドイツの英国との生産性格差：部門別，1870-1973 年

(英国の労働生産性を 100 とする指数)

		1870年	1937年	1973年
アメリカ	農 業	86.9	103.3	131.2
	製造業	182.5	208.3	215.0
	流通業	66.9	119.8	149.6
	金融・サービス	64.1	96.1	118.0
ド イ ツ	農 業	55.7	57.2	50.8
	製造業	92.6	102.0	118.6
	流通・金融	70.7	54.3	88.0
	専門・サービス	89.7	105.6	98.4

出所）Broadberry (1997a), p. 251; ditto (1997b), p. 7.
註 1) 英国は連合王国である.
　　2) 1870 年のアメリカは 1869/71 年，ドイツは 1871 年.
　　3) 1937 年のドイツは 1935 年.

これは，英国シティの優位がアメリカの金融・サービス業によって追い上げられていたことを意味する．

　第四に，ここに示された 4 部門だけをみるかぎり，ドイツの英国へのキャッチアップは明瞭なかたちでは生じていない．農業での格差は縮まらないままであるし，流通・金融・サービス分野でも変化はない（ドイツ金融業で目覚しい生産性向上がみられるのは 1980 年代にはいってからである）．製造業においては上昇が生じていたが，そのテンポは緩やかであった．

　それでは，第五に，経済全体をみたとき，なぜ図 8.1 に示されているような右上がりの傾向線が描けるのであろうか．その理由の一端は，構造変化の効果である．英国の製造業のシェアは 19 世紀中葉にはすでに高かったが，ドイツの場合，観察期間中に大きく拡大した．生産性の低い農業から製造業などへの労働力の移転が起ったのである．それゆえ，表 8.2 にみられるような製造業のゆったりとした変化でも，経済全体では相対的に大きなキャッチアップ効果をもった．さらに，本表に掲げられていないいくつかの分野で目覚しい格差縮小が観察される．運輸・通信・公益事業の分野である．とくに電気やガスの公益事業においては，1871 年に格差指数 31 であったのが，1973 年には 139 にもなっている．それぞれの部門の雇

用におけるシェアは数％でしかないが，その変化の激しさが合算されると無視できない違いを生んだのであろう．

最後に，再び製造業についてみる．時間を通じての格差指数の趨勢に大きな変化はなかったが，そのレベルには国々で特徴的な違いがあった．アメリカの水準は英国のそれと本質的にかけ離れていたのにたいし，英国とドイツはきわめて近似していた[7]．アメリカの製造業を労働節約・資源集約型，ドイツのそれを労働集約・資源節約型と特徴づけることに異論はないと思うが，表 8.2 が示しているのは，英国の製造業はどちらかというとドイツと類似した特徴をもっていたということである．

スキル集約とスキル節約

ここで労働をスキルと読みかえると，その含意がいっそうはっきりする．これまでみたように，英国産業革命の中核的な産業である綿紡績や鉄鋼業は資本集約的で石炭使用型であった．しかし他方，英国にはクラフト型の産業が厚く存在していた可能性も指摘した．さらに重要なことには，綿紡績工場や製鉄所の基幹工程ですらスキル節約とはいいきれない面があった．同じく工場制をとった造船や機械器具製造においても，設備投資よりは職場レベルでのクラフト的技術が重視され続けた．熟練労働者はスキルを彼らのプロパティとみなす伝統を継承していたともいわれる (Rule 1987)．いうまでもなく，これらの産業に新しい機械設備が導入されなかったわけではない．ただ，その労働力の構成が伝統的なクラフト区分に沿ったままであったため，新しい技術を体現した設備が導入されるときでも，既存の熟練職種の枠内で使われることが前提されていたという．逆にいえば，これら産業の成長はかなり熟練労働者使用的で，それゆえスキル形成のための工場徒弟制度が重視され続けたのである (Pollard and Robertson 1979; More

---

7) 第二次世界大戦前の英独比較にかんしてはブロードベリの推計にも若干不確定な点が残っていたが，より洗練された手法と若干の新データによる最近の再検討によれば，二国間の生産性格差が小さかったという結論はおおむね支持されるようである (Broadberry and Burhop 2007; Fremdling, de Jong and Timmer 2007)．ただ，製造業を重工業と軽工業に分割すると，2007 年時点ですでに重工業はドイツ優位，英国の比較優位は軽工業にあったことがわかる．表 8.2 に示された結果は，そのような重要な違いを内包しているということは認識しておく必要があるであろう．

1980).それは熟練の供給が相対的に潤沢であったということを意味し(Harley 1974;斎藤1997,第5章),クラフト・ユニオンの規制力という,英国的な特質を生み出したが(小野塚2001),そのようなスキル使用的な途は異なった労使関係を成長させたドイツで大企業においてもみられたことでもあった.たとえばクルップ社などは,工場マイスター制というかたちで伝統的な職人の技能養成システムを企業内に取り込んだのであった(田中2001).それゆえ,表8.2で示唆されているのは,産業革命から半世紀以上経過した19世紀末であっても,英国におけるスキル集約型のウェイトは想像以上に高く,それ以降であっても,ドイツに代表されるヨーロッパ諸国との対比でみた製造業の基本性格に大きな変りはなかったということではないであろうか.

実際,これはブロードベリ自身が提示するところの解釈でもある.彼はスキル集約度の一つの指標として工場徒弟の比重を使って,英国とドイツとアメリカ3ヵ国の比較を試みる(Broadberry 1997c, pp. 110-18).伝統的な職人の技能養成システムである徒弟制は,工場制度が確立しても,英国の造船業やドイツのクルップ社のように「工場徒弟」というかたちで近代産業のなかに再編されることが珍しくなかったので,そのカテゴリーの雇用数が総雇用数にしめる割合の3ヵ国比較ができれば,それぞれの国の産業におけるスキル集約度の違いがある程度判明するであろう.表8.3は,ブロードベリが集めた国別データをまとめたものである.

英独では比較する産業が必ずしも同じでなく,また「徒弟」の定義も国によって微妙に異なるらしいので,厳密な比較はできないであろう.しかし,趨勢と水準の違いとははっきりしている.どこにおいても,長期的には工場徒弟の比重は下がるのが趨勢であった.低下のスピードは英国において速く,第二次世界大戦直前には4ポイント程度も低い水準になったのにたいして,ドイツの場合には——よく知られているように——戦後になってもこの工場マイスター制を重視しているせいであろうか,ゆっくりとしか低下をしていない.しかし,ここで重要なのは水準の比較である.一般には,英国における徒弟制の伝統は長いが,工業化と機械化が進展するなかで熟練は解体をしていったというイメージがあり,どちらかというと

表 8.3 英国・ドイツ・アメリカの製造業における徒弟の割合, 1880-1940 年

	徒弟の雇用総数にしめる割合(%)			
	英国	ドイツ		アメリカ
	機械工業	金属・機械工業	製造業	製造業
1913年以前	—	13.3	8.0	1.1
1914-29 年	12.6	11.5	7.4	1.1
1930-40 年	8.5	11.0	6.6	0.6

出所) Broadberry(1997c), pp. 110, 113, 116.
註 1) 英国の対象は engineering で,データ年次は 1914, 1921, 1928, 1933, 1938 年.期間の平均をとるときは雇用数による加重平均(以下同様).
2) ドイツは metals and engineering および manufacturing で,データ年次は 1895, 1907, 1925, 1933, 1939/40 年.
3) アメリカは manufacturing and mechanical で,データ年次は 1880, 1900, 1920, 1930, 1940 年.

ドイツよりはアメリカの型に近いという解釈があったように思われる.しかし,表 8.3 が示しているのはそれとは逆の解釈である.すなわち,英国は徒弟の割合でみるかぎりアメリカ型からは遠く,むしろドイツに近かった.たとえば,第一次世界大戦直後で比べると,機械工業における工場徒弟の割合は 12% 強,ドイツを若干上回っていた.製造業一般での比較はできないが,英国の数字がドイツの 6-7% という水準を大幅に下回っていたということは考えにくい.このような発見自体はやや意外かもしれないが,その背後には,産業革命以降の英国産業が工場の現場(ショップフロア)でのスキル養成に深くコミットしてきたという,すでに言及をしたところの実態があるのである.

表 8.3 からわかるもう一つの事実は,アメリカの製造業では 19 世紀より徒弟の比重が無視しうるほど少なかったということである.これはアメリカ型製造システム(American system of manufactures)と呼ばれている,19 世紀にすでに成立していた生産様式と密接な関連がある(Rosenberg 1969; Hounshell 1984).アメリカでは初期条件の大きな相違によって,労働集約的なクラフト的生産システムが根づかず,代りに資本集約的で,しかもスキル節約と大量生産に立脚した方式が支配的となった.それは,たとえば綿紡績業のように,同じミュール紡績機を使用し,ときには同じ英国系の移民熟練労働者が労働力の中枢にいたにもかかわらず,スキル節約

へと向かったのであった(Lazonick 1990)．このアメリカ型の根幹には互換性原理がある．互換性という観念の新しさと重要性を物語るエピソードとしてよく知られているのが，1851年のロンドン万国博覧会において互換性のある部品を駆使して造られたアメリカ製品の与えた衝撃と，それをうけて英国議会調査委員会がアメリカへ派遣した調査団の報告書である．調査団が発見したのは，アメリカの銃製造工房には仕上げ(fitting)という工程がなく，代りに組立(assembling)があるという事実であった．英国人からみれば，仕上工はヤスリを使って微妙な調節をする，製品の出来不出来を左右する仕事を任された熟練工というイメージをもっていたのが，ネジ回し一本で互換性のある部品をあっという間に「組立」てしまうのをみて衝撃をうけたのであった(Rosenberg 1969, introduction)．のちに大量生産システムの基礎を築いたヘンリー・フォードがいうように，「大量生産には仕上げ工は存在しない」のであり(Hounshell 1984, 10頁より引用)，フォードが工場に持ち込んだものは組立ラインであった．もちろんアメリカにも伝統的な職人はいたし，職人技に依存したような工業も存在した．フィリップ・スクラントンがいう「専門生産」の系譜である．しかし，彼があげる例は家具や宝飾品，あるいは非常な精巧さが要求される工作機械など，どの国でも職人技が残る分野である．そして，それらの分野が成立し続けることができたのも，標準化された部品を安価にかつ大量に供給できる巨大中間財生産企業が存在していたからである(Scranton 1997)．要するに，アメリカ型の大量生産システムは本質的にスキル節約的であり，それゆえ工場現場でのスキル養成など必要ないのである．

　もっとも，それら中間財生産や組立型製造の現場からスキルが不要になったということは，アメリカの製造業においてスキルがいっさい重要視されなくなったということを意味しない．より高度な技術が導入されれば，新しいスキルは必要となる．英国やドイツと異なるのは，その新しいスキルを工場の現場に求めず，生産工程を再編し，労務管理を組織化するマネジメント層へ集中しようとした点にあった(Lazonick 1990, p. 229; Broadberry 1997c, p. 127)．技術者の活用という点ではドイツは英国に一歩先んじていたが，マネジメントのスキル形成にかんするかぎり，アメリカと英

独の企業文化のあいだで際立った相違があったのである．

　両者は，19世紀の状況では必ずしも優劣を意味したわけではない．アメリカ型製造システムは品質の揃った中級品を安く大量に供給できるところに特徴があり，他方ヨーロッパのゆき方は高級品をつくるのに向いていたことは事実であろうが，熟練が相対的に安く調達できれば中級品の市場でもそれなりの競争力をもちえたであろう．両者の力関係が明瞭に傾き始めるのは第二次世界大戦後のことであり，それゆえにこそアメリカナイゼーションが新たなキャッチアップの目標となった．

径路依存

　こうしてみると，前節で言及したジェヴォンズの，「石炭に依存した」英国と「工芸品や贅沢品」を生産する大陸諸国という対比は，そのかぎりでは間違っていなかったのかもしれないが，やや誤解を招く言明であった．その点では，マーシャルの観察のほうがより実態に即していたといえる．英独あるいは英仏の違い以上に，アメリカ型の生産システムとの相違のほうが大きかったという事実があるからである．スキルを節約しようとしたアメリカの製造業は必然的にエネルギー多投となった．それゆえ，資源集約型産業への傾斜が明白となるという意味での工業化は，英国の産業革命に起源があるとはいえ，よりアメリカ的な現象であったというべきであろう．

　英国の産業革命に端を発したキャッチアップという現象はたしかに存在した．国民一人当りの所得ないしは産出高でみるかぎり，いま先進国と呼ばれている国々のあいだにおける収斂への動きは存在した．しかし，それはガーシェンクロンが想定したよりははるかに複雑で，多様な，そしてそのキャッチアップをもたらす仕組においてはなかなか収斂をしないところの過程であった．スキル形成一つとっても，徒弟制のような養成システム，職場における位階制と賃金構造，それらと同業組合（トレード・ユニオン）との関係など，過去に生成された制度から強い影響を受ける．また，企業組織の構造も国によって異なる．すでに触れたように，アメリカは企業の垂直統合が進んだ経営者資本主義であるのにたいし，英国では経営者資本主義と大企業体制への

発展が遅れ，所有者が支配力をもつ分散的で競争的な企業が地域的に集積する傾向が顕著であった．このような企業の構造上の違いも，マーシャルが英国における産業集積について述べたように，熟練労働の供給体制といった労働のあり方と無関係ではなかった[8]．すなわち，根底には径路依存の問題があり，それは初期段階における構造的分岐の結果でもあった．

5 日本の経験

19世紀ヨーロッパの経済地図において，ロシアは最後発国であった．ロシアとほぼ同時代に近代化への途を歩み始めた国には日本があるが，日本の相対的な位置はさらに低かったと考えられている．クズネッツはかつて，1874–79年における日本の一人当り国民所得初期水準を推計して，1965年の価格で74ドルと見積もった(Kuznets 1971, 27頁)．ただ，これは購買力平価を考慮にいれていない計算であったので，それを修正した西川俊作の再計算によれば，1874–79年の値は110ドルに上方修正され，安政開港直後の1965年にまで遡及して得られる値は80ドルとなる．後者の値は，同様にして求められた英米の一人当り国民所得の約10分の1であったことから，西川は，福沢諭吉や岩倉使節団のみた西洋は「まさにわれに10倍するまばゆさであった」と述べた(西川 1985, 220頁)．ただ，最近のマディソン推計によって1870年の比較をすると差は4分の1程度にまで縮まる(Maddison 2001, 311頁)．10倍は過大評価であったかもしれないが，GDP統計といった数字の得られないときに蒸気機関や工場の大きさをみた同時代人には，「10倍するまばゆさ」と感じられたのであろう．

その後における発展の軌跡は周知のとおりである．繊維から始まって重工業へ，中間財から耐久消費財の生産へと，順次近代工業の移植に成功し，高度成長を実現，先進国の仲間入りを果した．脱工業化(ポスト)の時代に入った現在でも，製造業の生産性においては世界で抜きんでた地位を保っている．キャッチアップの成功例とみなされるゆえんである．もっとも，西欧に追

---

8) 本書第2章, 47頁.

いつけたのは，初期時点における先進国との格差が数倍程度ですんだから といえないことはない．大分岐の結果として，第二次世界大戦後に発展を 開始させたアジア・アフリカの国々では最先進国アメリカとの格差が 20 倍にも 30 倍にもなっていたからである．とはいえ，ガーシェンクロンの 枠組自体が 19 世紀的な後進性の傾斜秩序を前提としていた．典型的成功 例という日本のイメージが妥当か否かを検討するためには，別の面をみて みなければならない．

戦前のキャッチアップ

　第 3 章の図 3.1 でみておいたように，国民一人当りの GDP が先進西欧 諸国に追いついたのは 20 世紀の後半になってからであった．図 3.1 の元 データであるマディソンの推計値によって計算すると，1870 年から 1950 年における西欧諸国の年平均成長率は 1.1％，日本のそれは 1.2％ であっ た．したがってこの 80 年間に格差そのものはあまり縮まらず，水準差が 消滅したのは 1950 年から 1973 年にかけてのきわめて短い期間中であった． その 20 年余の期間は世界的にも成長の時代であり，西欧諸国の成長率は 4.1％ へと上昇したが，日本ではそれよりもはるかに高い年率 8.1％ の高 度成長が実現し，1970 年代には一人当り GDP の水準でも西欧と肩を並べ ることになったのである．別ないい方をすれば，戦前のキャッチアップは きわめてゆっくりとした速度でしか進行していなかったのである．

　その戦前の成長過程は，しばしば二重構造的な成長と特徴づけられる． 生産性の低い農業部門と海外から移植された近代部門とのあいだに隔絶し た開きがあり，その並存がしばらく持続したという意味においてである． この現象の解釈にかんしては，農村には旧い(「半封建的」な)体制が残っ ており，それが経済発展の制約条件となったとみる講座派の議論から，廉 くて豊富な労働力をうまく利用した成長路線が功を奏したと考える立場ま で，かなりの違いがみられる．また，二つの部門の違いを異なった行動原 理にもとづく質的なものとみる見方と，両者を連続的で傾斜的な構造と考 えるかの相違もある．しかし，相異なった二つの部門が上下に重なりあっ たような状況がかなりのあいだ続いたということが戦前日本の発展過程を

特徴づけるという点では，一定の合意があるように思われる[9]．それは，後進性の程度が高い国がキャッチアップのために先進国から技術や組織を借用すれば必然的にそういった構造が生まれるという意味では，ガーシェンクロン的な状況といってもよいかもしれない．

　この考え方を一歩進めると，後進性の度合が高ければ高いほど二つの部門間における生産性の格差は大きく，しかもその格差はしばらく続くという仮説が成立つ．生産性の指標をもっとも素朴な労働者一人当り産出高としよう．先進国から移植された工業からなる近代部門の生産性水準は当初より伝統部門に比べて格段に高かったであろうから，この命題は直感的に成立しそうだと思われよう．しかし，実際にはどうであろうか．どのような意味で正しく，どのような意味で正しくないのであろうか．

部門間の生産性格差

　サイモン・クズネッツの『諸国民の成長』には，成長の過程で部門別の平均労働生産性がどのように変化をしたかを検討した箇所がある (Kuznets 1971, 292-307 頁)．ブロードベリの英米独生産性比較に比べればだいぶ大づかみとはなるが，それ自体は興味深い観察である．彼が検討した国々にはアメリカとオーストラリアといった，初期時点における要素賦存の状況が旧世界とまったく異なっていて，しかも現在は大規模農業が世界市場で強い競争力を有しているところが含まれているために全体の傾向がみにくくなっている．そこで，ここではユーラシア大陸の両端，西欧諸国と日本とに限定し，比較の年次を 19 世紀の一時点と 20 世紀中葉の一時点としよう．すなわち，英国，フランス，ドイツ，デンマーク，ノルウェー，スウェーデン，イタリア，そして日本にかんする 2 時点観察である．英国の 19 世紀は 1801/11 年，他の国はすべて 19 世紀の後半期となる．部門区分は農林業と非農林業(鉱工業と商業サービス)とする．産出高は GDP の場合も

---

[9]　マルクス主義経済学の語彙で記述された講座派の分析枠組と，二重構造的成長論，とくにルイス的な無制限的労働供給論という，思想的な系譜を異にするモデルのあいだに，かなりの共通点がみられるという説得的な指摘がある(安場 1968; Yasuba 1975)．いいかえれば，二重構造モデルにはいくつかの類型が考えられるのである．安場(1980), 128-33 頁をも参照．

NDPの場合もあり，また地代あるいは金融資産からの所得を控除した場合もそうでない場合もある．さらに，労働力のデータ年次が一致していないケースや，部門間比率を当年価格によって求めた場合も不変価格系列から計算した場合が混在している．したがって，計算された倍率の小さな変化に拘泥するのはあまり意味がないであろう．

　図8.3は，これら8ヵ国の初期時点における労働力にしめる農林業の比重を横軸に，2時点における非農林業の農林業にたいする労働生産性倍率を描いたものである．一見して，右上がりの関係があったことがわかる．それは黒丸で示した19世紀の場合でも，白抜きの四角で示した20世紀中頃の場合でもいえる．少し詳しくみると，英国における倍率が非常に低いこと，19世紀初頭で1を割っていたこと，そしてその後も1を大きく上回るような変化をしなかったこともわかる．いいかえれば，産業革命の最中にはまだ農業部門の生産性のほうが優位にあり，その後の工業化によっても非農部門の生産性が突出して高くなるということはなかったということである．これは，前章でみた産業革命期における英国経済の特質とその後の変化方向とまったく整合的な事実である．他方，中進国ドイツは1.3程度の倍率から出発し，戦後には2倍を少し超える水準となった．このグループ内での最後発国日本の場合，1880年にすでに倍率が3と非常に高く，1960年には3.05であった．もっともノルウェーやスウェーデンのように，初期時点での倍率は2を超えるような水準であったが観察期間中に低下したところもある．ただ，これら北欧の国々は，厳密な意味での工業化によって経済を発展させたわけではないので，水産業をも含む第一次産業の生産性上昇率が製造業や商業サービス部門よりも高いということがあってもおかしくない．そう考えれば，この図が示唆しているのは，後発国であればあるほど農林業の生産性は低く，移植技術に負うところの大きい鉱工業部門における生産性は相対的に高水準にとどまる傾向が続いたといえそうである[10]．

---

10) 日本の『長期経済統計』プロジェクトを主宰した大川一司は，このような部門間生産性格差を二重構造——大川の用語法では「格差構造」(differential structure)——論の観点から解釈しようとした(Ohkawa 1979; 大川・ロソフスキー 1973, 42–48頁)．

278

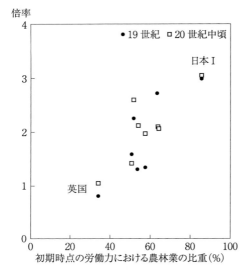

図 8.3 非農林業の農林業にたいする労働生産性倍率：西欧諸国と日本，19–20 世紀中頃

出所) Kuznets(1971), 252–56, 293–96 頁.
註 1) 英国の 19 世紀は 1801/11 年，他の国はすべて 19 世紀の後半である.
 2) 英国と日本以外は，フランス，ドイツ，デンマーク，ノルウェー，スウェーデン，イタリアが含まれている.
 3) 産出高は GDP の場合も NDP の場合もあり，また地代あるいは金融資産からの所得を控除した場合もそうでない場合も混在している. さらに，産出高のデータ年次と労働力のデータ年次も必ずしも一致していない.

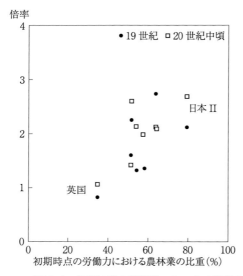

図 8.4 非農林業の農林業にたいする労働生産性倍率：西欧諸国と日本，19–20 世紀中頃（日本の値を改訂した場合）

出所) 日本のケース II は表 8.5 による. 日本以外は図 8.3 に同じ.
註) 図 8.3 をみよ.

しかし，この解釈は本当に正しいであろうか．あるいは，その解釈でどこまで日本の経験を語ることができるのであろうか．そう考える理由はデータにある．クズネッツが示す日本の統計は，85％もの人が農林業に従事という数字となっている．これは明らかに本業者の職業にもとづく統計をそのまま援用したからである．しかし，本書の第6章では1879年の『甲斐国現在人別調』によって，鉱工業と商業サービスでは兼業者比が1を上回っていた，すなわち本業者として非農の生業に従事する人よりも副業者として携わっている人の数のほうが多かったということを指摘した（表6.7）．これは，製造業や他の非農部門における労働の平均産出高を本業者のみをカウントして測れば，実際の生産性より過大となってしまうであろうことを意味する．兼業が一般的であった社会の労働力統計は本業とする職業によって分類された統計であることが多く，それをそのまま労働投入の指標とするわけにはゆかないのである．

このような社会の場合，すべての兼業パターンを考慮にいれて労働力の部門別構成を算出するためには，本業と副業のマトリクスがわかっていなければならない．幸い『甲斐国現在人別調』には本業と副業のクロス表が掲載されている．それを三大部門別に集約したのが表8.4である．横行は表側に示された部門の職業を本業とする有業者を，まず副業をもつ者と本業しかもたない者に区分し，前者を副業の部門ごとに分類している．

最初に，1879年における山梨県の実態を示すパネルBをみよう．農林業を本業とする人びとについてみると（行1），鉱工業へ副業労働を提供しているものは11％，商業サービスへは7％である．他方，鉱工業を本業とする人びとのうちで農林業に副業をもつ者は38％，商業サービスでは2％である（欄1）．副業労働投入の流れとしては非農から農業部門へであったとの印象を与えるが，本業者の絶対数は農林業が圧倒的に大きいので，現実には農から非農への流れのほうが格段に大きい（[0.11×194.3]＞[0.38×26.2]；[0.07×194.3]＞[0.02×14.0]）．ただ，小農社会では副業労働投入の方向は常に農から非農へであったわけではなく，逆の流れも無視しえない規模で存在した．とくに鉱工業の場合は，工から農への投入規模が農から工へのそれの半分にたっしていたことは強調しておく必要があろう．

表 8.4　兼業マトリクス：山梨県，1879 年

A. 本業者の配分係数

本業分類		本業者計	副業者			本業のみの本業者 (4)
			農林業 (1)	鉱工業 (2)	商業サービス (3)	
農林業	(1)	N_1	a_{11}	a_{12}	a_{13}	a_{14}
鉱工業	(2)	N_2	a_{21}	a_{22}	a_{23}	a_{24}
商業サービス	(3)	N_3	a_{31}	a_{32}	a_{33}	a_{34}

B. 山梨県(1879年)の場合

本業分類		本業者計 (1000人)	副業者			本業のみの本業者 (4)
			農林業 (1)	鉱工業 (2)	商業サービス (3)	
農林業	(1)	194.3	0.10	0.11	0.07	0.72
鉱工業	(2)	26.2	0.38	0.03	0.01	0.58
商業サービス	(3)	14.0	0.13	0.09	0.06	0.71

出所)　統計院(1882).
註1)　各行とも，$a_{i1}+a_{i2}+a_{i3}+a_{i4}=1$.
　2)　パネルBの数値は男女計.

　この表は，したがって，表側の各部門から副業労働がどこにどのくらい投入されているかを示す，一種の投入マトリクスと読むことができる．パネル A の各セル a_{ij} は投入係数とみなせるのである．そこで，1979 年の山梨県における兼業マトリクスが全国経済にも適用できると考え，その投入係数から，明治初年における真の労働力割合を推計してみよう．そのためには，本業者として当該部門に従事している人と副業者として従事している人の労働投入量がどれほど異なっていたかの情報が必要であるが，残念ながらそれを明らかにすることは不可能なので，簡単化のためにそれぞれ 2 分の 1 ずつの投入であったと仮定する．したがってそれぞれの部門への労働投入は，パネル A の記号によって表せば，

$$L_1 = (a_{11}+a_{14})N_1 + 0.5([1-(a_{11}+a_{14})]N_1 + a_{21}N_2 + a_{31}N_3) \quad (1)$$

$$L_2 = (a_{22}+a_{24})N_2 + 0.5(a_{12}N_1 + [1-(a_{22}+a_{24})]N_2 + a_{32}N_3) \quad (2)$$

$$L_3 = (a_{33}+a_{34})N_3 + 0.5(a_{13}N_1 + a_{23}N_2 + [1-(a_{33}+a_{34})]N_3) \quad (3)$$

という 3 つの式によって計算することができる．L_i が求めようとする各部門への人単位で測った現実の労働投入量である．本業者数である N_i は全国値でなければならないが，これはクズネッツが使った値をそのまま援

用する．ただし『諸国民の成長』からではなく，それより前に出版された『近代経済成長の分析』の表からとる（Kuznets 1966, 88-90, 103-4 頁）．両者は基本的には同じデータと思われるが，非農林業部門を鉱工業と商業サービスとへ分割できることと，戦後の時点として1960年代だけではなく1950年もとれるので，後者の表を利用することとする[11]．

このようにして計算された L_i にもとづき再推計された明治初年における部門間の労働生産性格差倍率は，ケースIIとして表8.5に示されている（ケースIとは，労働力を本業ベースで部門分割した場合である）．ケースIとケースIIを比較すると，鉱工業も商業サービスもともに倍率が3分の2くらいの水準に低下をしている．非農林業の労働生産性は農林業の――3倍を上回る水準ではなく――2倍強であったことになる[12]．この改訂には，分母の農林業の生産性が変ったことによるよりも，鉱工業と商業サービスにおける生産性の値が大きく低下したことによる効果のほうが大きい．副業労働投入を考慮することによって，農林業の割合は85%から79%に低下しただけであるが，鉱工業の割合は6%から9%へと5割も増加し，商業サービスの場合は9%から12%へと3分の1上昇したからである．労働投入がそれだけ増加すれば生産性はその分だけ大きく低下するのは当然といえよう．

いうまでもなく，この計算結果が現実の忠実な再現というつもりはまったくない．きわめて粗い統計と大胆な仮定にもとづいた試算の域をでないものだからである．ただそれでも，表8.5が示すその後の趨勢は妥当とい

---

11) クズネッツはどちらも，『長期経済統計』以前の刊行であるOhkawa et al.(1957)と大川らから提供された未発表データに依拠したようである．なお，『長期経済統計』第1巻にあたる大川他(1974)では国民所得の各系列が1885年以降となった．クズネッツが利用した1870年代のデータは，「現在までのところ商業サービス部門についてデータ・ネックが強く，いかんともなしがたい」という理由で採用されなかったのである（大川他1974, vii頁）．なお，同じ『長期経済統計』シリーズの労働力巻である梅村(1988)では，副業を考慮に入れた産業分類は将来の課題とし，有業者の産業は本業者の職業のみで行う旨が明言されている．

12) 興味深いことに，この2倍強という倍率は，トマス・スミスが長州上関判計について計算した非農の農にたいする一人当り生産性倍率2.47に近い（本書第5章，161-62頁）．ただ，スミスがその倍率を農家と非農家の所得について想定したのは誤りで，純粋の農業活動と非農活動のあいだの生産性格差と考えるべきであった．現実の農家は――第5章で詳しく検討したように――多くの非農活動に従事していたので，世帯単位の所得格差ははるかに小さかったのである．

表8.5 非農林業の農林業にたいする労働生産性倍率: 日本の場合，2つのケース

	労働力にしめる農林業割合(%)	農林業の労働生産性にたいする倍率		
		鉱工業	商業サービス	非農林業計
明治初年(1870年代)				
ケースI: 労働力は本業者のみ	85	3.6	3.1	3.3
ケースII: 労働力に副業者をも考慮	79	2.1	2.2	2.2
戦　　後				
1950年	48	2.7	2.6	2.6
1962年	33	3.3	2.7	3.0

出所) 部門別の数値はKuznets(1966), 89-90, 103-4頁. 原データは基本的にOhkawa et al.(1957)によっている.
註) ケースIIの計算については本文を参照.

ってよいであろう．仮にケースIが正しいとすると，非農林業の農林業にたいする労働生産性倍率は明治初年から1950年にかけて一度はっきりと低下をし，そのあと1960年代に向かって再び上昇したという軌跡を描くことになる．1950年から1960年代はちょうど高度成長の立上がりの時期にあたっているので，そのような急激な変化もありえないことではないが，1950年にかけての低落は，戦前日本の工業化と農業にかんして私たちがもっている知識からすると考えられない変化である．とくに両大戦間の時代には本格的な重化学工業化が始動した．第一次世界大戦後，ブームの影響で海運－造船－鉄鋼という連関効果が働き，鉄鋼業への投資の結果，資本集約度が高まった．また，労働集約な方法で生産されていた在来肥料から硫安などの化学肥料への転換といった，産業構造に影響する変化も起きたので，生産性倍率を押上げる方向に作用したことはあっても，その逆に動いたとは考えにくい(岡崎1993a, 1997)．ケースIIによって示唆される同期間の緩やかな倍率上昇のほうが，常識に合致するといえよう．

　もっとも，この期間とその後の発展過程における部門間生産性格差の変化を丹念に跡づけることは今後の研究に俟たねばならない[13]．この試算でわかったことといえば，日本のように小農社会から工業化を開始させたところにおいても，初期時点における農工間の労働生産性の格差は従来想

---

[13] 新たな推計にもとづいたというわけではないが，暫定的な長期見通しについてはFukao and Saito(2006)に提示してある．

定してきたような水準よりはだいぶ低く，それは副業的に営まれていた労働集約的な工業生産の規模が従来考えてきたよりも大きかったということであり，それはこれまで本書でみてきたことと完全に整合的なのである．

　図8.3に戻って，そこの日本の値をケースIIの修正値によって置き換えてみよう（図8.4）．大陸ヨーロッパにも，程度の差はあれ，日本と同じように農民の兼業が広まっていたところがあったかもしれないので，英国を除く西欧諸国の分布も本来は変るはずであるが，いまのところ兼業を考慮に入れた推計の試みは見当らない．しかし，日本の値を置換しただけでも印象が変り，英国を除いた中後発のあいだでは右上がりの相関がみられなくなっている．それは，キャッチアップの過程がたんに後進性の関数ではなかったこと，別ないい方をすれば個々の国における発展のパターンは要素賦存と制度的環境とによって少なからず変りえたということであろう．ここでいう「制度」には徒弟制や取引の制度だけではなく，市場をも含めて考える必要がある．パトリック・オブライエンが英国とフランスにかんして述べたように，産業革命以前における生産物と労働の市場がどのくらいの比重をしめるようになっていたかが，工業化における英国経済と小農の国であったフランスとの違いに反映したという意味においてである（O'Brien 1996）．スミス的な分業の展開が中間財生産部門の革新を呼んだとすれば，小農家族経済には独自の発展の論理があったかもしれない．実際，フランスのアルザス地方についてそのような在来的な発展パターンの存在が指摘されている．人口稠密で，集約農業と家内工業からなるアルザスの地域経済は手工業従事者でもある農民に自己規律の大切さを教え，その結果として，19世紀になって繊維から靴製造や金属加工に及ぶ広範な産業に支えられた地域工業化の進展をみたとき，生産者には商人資本家のさまざまな注文と要求に応えることのできるスキルが蓄積されていたというのである（Hau and Stoskopf forthcoming）．このいかにも大陸ヨーロッパ的な事例は，径路依存の問題が無視できない重みをもっていたことを端的に示している．

近代と在来

　前項でみた部門間の生産性格差は，農林業と非農林業に区分したときの関係であった．しかし，この時代の日本を分析する場合は在来と近代という区分もまた重要である．それは，非農林業の内部にも分厚い在来部門が存在していたからである(中村1971；同1993，第Ⅰ部第2章；西川1990)．そしてその在来部門には固有の発展の論理があった可能性が示唆されている．

　明治における近代部門の中核をなしていた綿紡績業が，ガーシェンクロンの命題から予想されるように労働節約的とはならず，最先端の技術(すなわちリング紡機)を導入したにもかかわらず，ミュール紡機に依拠していたときよりも労働集約的となったことはよく知られている(清川1987)．官営として出発した八幡製鉄も第一次世界大戦前までは労働多投型であった(岡崎1993a)．すなわち，近代部門でもかなり労働集約的な工業化の途を歩んだのである．これにたいして在来部門は，当然のことながらその近代綿紡績業よりもさらに労働集約的であった．そこにおける発展の論理を検討した例として，谷本雅之のいう在来的経済発展論がある(谷本1998a，1998b，2002)．

　谷本の議論にはいくつかの柱がある．第一は家族経済の論理，第二は産地論，そして第三が産地の生産組織としての問屋制度論である．在来部門を構成する産業は多様であって，清酒や醤油といった醸造業，陶磁器のような台所用具から輸出品までを生産した産業，安政開港による国際貿易開始の影響を被った繊維産業などである．そのなかでもっともダイナミックな変貌をとげた繊維産業，とくに綿織物業は谷本の立論を支える中核的な事例となっている[14]．そこでは，在来織物業への労働供給が農家世帯の家族戦略の枠内にあったことが強調される．織布反数や工賃の季節変動パターンなどの分析から，農業経営との関連の強さが明らかにされ，その家族経済特有のあり方は，本書第Ⅱ部でみたところの徳川農家の兼業パターンにまで遡ることが示唆される．いいかえれば，第一の柱は工業化パターンに径路依存的な影響を与える問題である．

---

[14] 絹織物業にかんしても類似のパターンが観察されている．とくに産地論からの分析として，橋野(2007)を参照．

第二に，これら在来産業の多くは産地を形成した．同一産業の，消費財産業であれば産地名をブランド化した産業集積は，本書第2章でみたところのマーシャル的効果が働くという点で在来的経済発展の一つの特徴をなす．この産地形成には市場条件も存在した．その一つは，ヨーロッパ全域において観察された工場制工業化とクラフト型発展との連関に類似したものである．すなわち，日本の綿織物業が明治初期の輸入品に対抗できた理由の一つは，国産の手紡糸から英国産の安くて良質の洋糸に切り替えたからであった．そして，日本国内で移植技術にもとづいた工場制の紡績業が根づくと，その製品が国内綿織物業産地への原料供給者となったのである（阿部 1990；牛島・阿部 1996)[15]．

　第三に，谷本の立論は，問屋制を工場制に先行する工業発展の一段階とは捉えない点に特徴がある．旧来の経済史でも，またプロト工業化論においても，問屋制は生産拡大を続けると，集荷圏が空間的に拡散して管理上のコストが急増するという固有の内部矛盾をかかえていると考えられ，それゆえに発展がある段階に達すると必然的に集中作業場に移行すると想定されてきた．しかし，幕末明治の現実はそうではなく，織物業の場合，出機制とか賃機制と呼ばれる問屋制度の拡がりはかなり新しい事象，具体的には松方デフレと呼ばれる1880年代の不況期以降の現象であった．しかも，谷本があげる埼玉県入間地方の経営事例では，織元が賃織就業者にたいして原料と製品の重量管理と納期の管理の強化をはかったという事実が発掘されたのである（詳細は，谷本 1998a，第7章)．これは，従来の議論が暗黙の前提としてきた認識を覆すもので，日本における工業化を生産組織の面からみたときに重要な含意をもつ発見である．すなわち，第一に，問屋制の拡がりは発展の後れを反映したもの，あるいは機械化前の手工業段階

---

15) この連関効果は，ヨーロッパと異なって国内の産地間でみられたのであるが，そのような相互依存関係は，アジア規模でもある程度は機能していた可能性がある．杉原薫は，日本からインド洋までのアジア域内交易の場が，ヨーロッパの工業化とそれを背景としたインパクトを契機に活性化し，日本の工業化がそれをさらに後押ししたとみる．日本の綿紡績業は輸入－輸入代替－輸出という転換を短期間に遂げた典型例であるが，その輸出先はアジア諸国であった．それは，欧米諸国への第一次産品輸出を拡大することができるということに条件づけられてはいたが，域内に原綿の産地と機械制紡績業と手織綿布生産者をともにかかえていたがゆえに，最終需要連関効果の大部分が圏内に落ちることを可能とした，という（杉原 1996）．

にしか存在しえない組織ではないという点である．第二は，問屋制の下でも賃織にたいする規律づけとその強化が可能であったという事実である．それは，問屋制の存在基盤はその低賃金利用にあったという，プロト工業化論者らの前提と相容れない．熟練の程度は相対的に低い労働力にかんしても，仕事の質を上げることを求めたことが日本の在来的発展の一つの要因であった可能性を示唆している[16]．先に紹介をしたフランスのアルザスにかんする発展のパターンとの類似性がうかがえて興味深い．

労働の質

前項での検討は，戦前日本の工業化が近代部門・在来部門を問わず基本的に労働集約的であったことを示している．杉原薫の労働集約型工業化論は，この日本——および潜在的には他の東アジア諸国の——発展過程を西欧型の資本集約的な工業化の途に対置するものとして提示する．彼の問題提起の背景には，工業化現象のヨーロッパ外への，すなわち労働が相対的に過剰な諸国への普及にとって重要な媒介項という認識があるのであるが，同時に，資本集約的な途が低賃金労働の段階にとどまらず，持続的な成長へと離陸するためには労働の質の向上が不可欠との見解をも示している（Sugihara 2007）．リング紡機を装備した綿工場の労働力は圧倒的に女工となったが，彼女らの賃金は低廉であった．「インド以下」的ともいわれる．しかしそれ以上に重要な事実に，農村出身で寄宿舎住いの彼女らはそこで初めて工場の規律を学んだということである．同じく，製糸女工も諏訪に代表される製糸場において工場の時間と労務管理の厳しさに触れたのであった．しかも彼女らは，その規律に比較的容易に順応することができただけではなく，工場が提示するさまざまなインセンティヴを高めるための仕組——その典型的な例は諏訪の等級賃金制度であろう——に反応した[17]．

---

16) かつて斎藤・阿部（1987）は，泉南の綿織物業産地における織元データを分析し，問屋制下における賃機の不正と監視コストの増大が農村家内工業の工場制への移行の要因となったと論じた．谷本の発見事実は，その解釈に修正を迫るものである．絹織物業産地である桐生の事例にかんしても，橋野（2005）が斎藤・阿部（1987）の仮説とは異なる展開があったことを報告している．

17) この点については，中林真幸の製糸業にかんする実証研究と議論とが参照されるべきである（中林 2002, 2003）．

近代部門だけではなく，上述の入間地方にみられたように，在来産業の労働者の多くも効率を上げようとする経営者の努力に反応したのである．さらに，明治を通じて女工の教育年数は着実に伸びた．教育面でのキャッチアップは経済のそれよりもずっと短期間に達成されたのである (Godo and Hayami 2002)．このような事実にもとづき杉原は，明治日本の主導産業であった繊維の労働者はたしかに低賃金であったかもしれないが，彼女らの達成した「効率に比して低廉」であったということのほうを重視するのである (Sugihara 2007, p. 132)．

杉原が注目する労働者のこの資質は，規律ある労働，工場労働力の適格性の問題に相当する．明治の工業化を支えた女工に工場の規律を教えたのは新たに登場した工場であったかもしれないが，規律面での適格性自体は学校や家庭の場において培われた可能性が高い (Ibid. p. 138)．その意味でそれは，徳川農村の世帯にまで遡ることができるにちがいない．

しかし，労働の質にはもう一つ，スキルという側面がある．労働が相対的に豊富で，しかも労働保護的行政が未発達な工業化の初期局面では，自由な労働市場の機構は労働者にとって不利に働くことが少なくなかったにちがいない．スキル節約的な志向が経営者に強まった場合はなおさらである．けれども，第2章において示唆しておいたように[18]，結果的にみれば，日本の工業化は労働集約かつスキル集約的とみなすのが適当と思われる．以下，その根拠を述べよう．

戦後日本の製造業は工場現場にさまざまな形態のアメリカナイゼーションを持ち込んだけれども，アメリカ本国とは異なってスキル節約的な途をとらなかった．大企業でも中小企業でも工場内における人材育成に力を注いできたが，その基本はオン・ザ・ジョブでの訓練である．とくにトヨタに代表される大企業の生産システムは，従業員に幅広い熟練を獲得させることで効率を追求するものであった（猪木 1996；小池 2005）．それは内部昇進制と長期雇用とセットになっていることから，日本型の雇用システムとも呼ばれ，その源流は両大戦間の時代にまで遡ることができる（尾高 1984,

---

[18] 本書第2章, 76頁.

1993).しかし歴史をさらに遡ると，ブルーカラーの世界で淵源を見出すことはできず，徳川時代のホワイトカラーの雇用制度へとゆきつく．大店の商家奉公人制度である (斎藤 2002a, 第 4 章; 猪木 1996, 21 頁)．丁稚から手代へ，手代から役付へと内部昇進するこの仕組は，企業規模の拡大と業務構造の多部門化から生まれたのであって，スキルの育成を内部化したところにその本質がある．三井や住友などの大商家は明治以降に近代企業へと脱皮したので，その奉公人制度も修正と微調整をへてホワイトカラーの雇用制度となり，そして基幹労働力を内部化する必要が生じたとき，ブルーカラーにも適用されることとなった．これが日本の工業化をスキル集約的とした一つの要因である．

　第二に，近代工業部門で労働力が内部化される以前の伝統的職人の世界をみておかねばならない．伝統的なアプレンティス制度は，日本でも西欧でも，また職人の場合でも商家の場合でも，オン・ザ・ジョブでの技能養成と養成期間終了後の外部労働市場との組合せからなっていた．しかし，これも前著で強調しておいたように (斎藤 2002a, 第 6 章)，伝統的制度の衰退と発展のパターンは日本と西欧では正反対であった．西欧では，商業におけるアプレンティス制度が早期に衰退し，製造業における徒弟制度（アプレンティスシップ）は長く機能し続け，近代工業が興隆してからも工場徒弟制度へと脱皮をした．これにたいして徳川日本の場合は，職人の仲間組合は制度としての実態が弱まり，その代りに商家奉公人制度が内部化を伴いつつ拡充をみた．それゆえ，明治の初めには職人の下での徒弟修業は十分に機能していなかったのではないかと思われるが，制度が明確に存在していない状況における技能の伝達がいかになされていたのか，実態はわかっていない．しかし，幸い『甲斐現在人別調』から若干の観察はできる．大工・左官・石工・指物師・桶工・鍛冶職を事例に行った検討結果からは，「弟子及雇」と記された徒弟と雇職人の数はきわめて少なかったことがわかる．職人にたいする「弟子及雇」の比率をみると，たとえば鍛冶職で 8 人に 1 人，大工では 14 人に 1 人である．この大工の比率は甲府市の場合で，村の大工はほとんど徒弟をとらなかったのである．他方，石工と雑鍛冶の場合には手伝を含むことがわかっているので，職人の数字には家族縁者の従業員が含まれてい

るとみたほうがよいであろう．たしかに，仲間組合のような組織化はないにもかかわらず，徒弟は存在した．しかし職人的な生業の場合，そのルートで技能を習得した者よりは，職人である父親から直接に見習った者が圧倒的に多かったと推測できる．いいかえれば，職人の家族世帯がスキル伝承の場となっていたらしいのである（斎藤 2006）．

　第三に，家族世帯が技能伝承の場となっていたとすると，その少なくとも半数は農家兼業であったから，農家もまた労働の質の向上に何らかの役割を果していたのかもしれない．そうであるとすれば，この点での徳川時代の遺産はどこにあったのであろうか．たしかに，農耕自体が労働集約だけではなく，スキル集約的となっていた．田中耕司が稲作における移植や本田準備作業について指摘しているように，「技能性」への志向も芽生えていた．たんなる「刻苦精勤」をこえて，「労働の効率や作業の精緻さを重視する気風が近世期を通じて広がっていた」のである（田中 1987）．それに加えて，トマス・スミスの「農民の時間と工場の時間」にかんする論稿が興味深い指摘をしている．彼は農民の日記や農書の記述を丹念に読んで，日本における稲作農業では圃場の土質や水利条件，栽培する作物とその耕作時期の違い等から生みだされる多様な作業を前提とした日程調整の必要が生じ，本書でも強調をしてきた農耕と副業とのあいだの人でのやりくりの重要性と相まって，「工場の時間」が導入される以前に農家に時間規律とそのやりくりのスキルを教えたという（Smith 1986）．この能力は生産活動に内在的なスキルとは異なる．それは，時間規律が課せられたときにそれを大事と思える理解力を植えつけたという意味で，明治の近代部門を担うこととなる女工への重要な遺産となった．しかし，農家が遺したものはそれにとどまらなかった．農家は自営業であるがゆえに，その「農民の時間」には時間と人手をやりくりする技能も含まれていたと解釈すべきであろう．それは谷本のいう家族経済の論理の一部をなす．その工業部門への寄与は主として男子の系統を通して伝わっていたのかもしれない．そうであるとすれば，その流れのゆきつく先はどこであったのだろうか．

　この点では，農村からの労働移動には大きく分けて 2 つの流れがあったことを想い起す必要がある．一つは女工となる太い流れであるが，もう一

つは(主として次三男からなる)雑多な職業への流れである(斎藤1998a, 116-20頁).後者のなかには新たに登場をした工場も含まれていた.その工場の多くはけっして近代的な大工場ではなかったが,しかしいちおうは機械と集中作業場としての組織を備えた工場である.伝統的な職人の工房とは断絶しているが,細々とした連続性もあった職場である(尾高1984, 2000).その職場からの流れはさらに分岐をして,そのまま職工としてとどまる場合と,どこかの時点で町工場の主となる場合とがあった.それぞれの量的比重はまったくわからない.しかし,農村工業とは異なった都市の中小工業という新しいカテゴリーが戦前の工業化過程で誕生したことは事実であり,しかも谷本雅之が近年,農村工業について成立すると考えられているところの在来的経済発展の論理は都市型中小工業にも当てはまるのではないかと論じているという意味でも(谷本2006a),この流れは無視できない重みをもつ.その理由は二つある.

　第一に,谷本は,その農村織物業との相違点の一つとして,一般の職工とは異なった,徒弟という言葉で表現するのが相応しい労働者カテゴリーが存在していたことをあげる.すなわち,工業化の過程のどこかで新たに,工場徒弟をへて別の工場へという,西欧の技能養成システムを思わせる仕組が自生的に出来上がったことをうかがわせる.オン・ザ・ジョブによる技能の伝承と外部労働市場による技能修得者の配分とを組合せたシステムである.農村出身の次三男は,その仕組をへてスキルを修得し,町工場の職工へと転身したと考えられる.第二は,同じ家族経済の論理の転用可能性の問題である.その世界の家族企業的工場経営者も多くは農村出身で,同じ徒弟から職工というコースをたどった可能性が高い.この場合にはおそらく,農家において培われた,時間と人手のやりくりについてのスキルが役立ったであろう.筆者が小学校しか出ていない発明家の伝記資料という,技能をもつ成功者のデータベースを整理した結果は,戦前の町工場における技能形成には,町場の自営業出身者が自家修業をへた径路と,農村から工場見習ないしは徒弟奉公をへてスキルを身につけ,職工として工場を転々としたのちに起業にいたる径路とがあり,量的には後者のほうが重要だったことを示唆している.いいかえれば,近代日本の工業化を支えた

労働集約的な中小企業をたんに低賃金の職場としなかったのは,「農家から工場の世界を経由して町工場へというサイクル」であったのかもしれない(斎藤 2006, 329 頁).

第Ⅰ部の図 2.2 において,産業革命の成果である石炭および資本集約的な生産体制にスキル集約的な伝統を接合した英国,および英国以上に資源集約かつ資本集約的でスキル節約的なアメリカ型製造システムに対比させて,日本のパターンを労働集約かつスキル集約的と位置づけたのは,以上のような見通しからであった.

分岐と収斂, 収斂と分岐

英国の産業革命はいまからみればまことにゆったりとした経済変化であり,またそれ自体は近世以来のスミス的な意味での分業進化のなかから出てきたものであったが,その歴史的意義はけっして小さくなったわけではない.それによって,中間財生産の分野が技術革新の舞台となり,技術革新によって機械と工場設備と動力により多くの投資がなされ,産業の資本集約度が高まったからである.この中間財生産部門における技術革新と資源集約かつ資本集約型の生産システムの成立が世界経済に大分岐を引き起す原動力となった.

長い 19 世紀,すなわち第一次世界大戦までを含む 19 世紀においては,英国の工業化はガーシェンクロン的状況を生み出し,後発国では英国へのキャッチアップのための意識的な努力がなされた.その努力のすべてが成功したわけではなかったが,全体としては分岐から収斂へという流れをつくりだしたのである.

けれども,現実のプロセスは英国の生産様式の単純な模倣の連続ではなかった.後発国が英国の生産技術と組織を移植したことは事実であるが,多くの場合そこには資本節約的な工夫が挿入されていた.しかも,それらの国々では移植された産業の周りに分厚い伝統に根ざした産業部門が残った.たんに残存をしただけではなく,少なからぬ産業は独自の発展の途を模索した.もう一つの工業化,杉原薫のいう労働集約型工業化が並存したのである.そして,そのもう一つの工業化の性格はそれぞれの国がもつ過

去からの遺産にかなりの程度規定されていたとみられる．キャッチアップという収斂のなかには構造的分岐の傾向が潜んでいたのである．

　杉原説は，工業化のグローバルな展開過程で，西欧型にいかに収斂させるかという対応以外にもう一つの別な途があったこと，とくに東アジアにおいてその途がもった意味を明らかにした点で，「大分岐」論争にたいする重要な貢献である．しかし，杉原自身が強調する労働の質にかんしてはまだ十分に詰めきった議論とはなっていないと思われる．第一に，教育や規律づけのみが取上げられていて，「質」のもう一つの側面であるスキルへの言及がないからである．第二は，企業側の誘因システムづくりや公的な教育に注意が集中し，規律への動機づけやスキル養成の仕組のように制度設計の容易でないことがらにかんする検討が少ない点である．前項でみたように，熟練ということへの社会的認知とその養成システムとは，かなり社会に埋め込まれた制度という側面が強く，しかもその後の産業発展に及ぼす影響は大きいのである．そして第三に，スキル集約度に注目することによって，杉原が労働集約型を対置した資本集約型工業化にも，スキル集約的な途とスキル節約的な途があったという重要な事実を浮び上がらせることができるからである．いいかえれば，スキル集約概念を明示的に取入れたほうが，東西それぞれにおいて収斂への動きに潜む分岐の現実をよりよく理解できるはずなのである (Sugihara 2007; Saito forthcoming)．

　20世紀末から21世紀にかけて，新たに韓国や中国のキャッチアップが始まった．それがグローバルな生活水準における収斂への第二波をつくりだすことになるのかどうか，それを見極めるにはもう少し時間が必要であろう．ただ，そのキャッチアップの動きが一段落したときには，やはり収斂のなかに構造的分岐の諸相が少なからず見出されるにちがいない．東西の比較においても，また東アジア内における比較においても，である．

終章　工業化の帰結

はじめに

　工業化を核とした近代経済成長は人類史のうえで画期的な出来事であった．近代を前近代から峻別する極端な二分法は採るところではないが，近代と称される時代が，工業化とそれに伴う生産力の飛躍的な向上によって画されていることは事実である．それだけに，工業化は影響範囲の大きなインパクトを人間社会に与えた．しかし，これまで近代的な現象とされてきたもののすべてが工業化とそれに牽引された経済成長の帰結であったのかどうかは，再検討の必要があろう．何が真の帰結であったのかについて私見を述べて，本書の結びとする．

生活水準

　工業化の帰結は何であったか．誰しも思うのは，生活水準の目覚しい向上であろう．マディソンによる世界全体の総生産(GDP)の推計値によれば，1820年から2001年までのあいだに一人当り値は1990年価格表示で667ドルから6049ドルへと，9倍になった．19世紀の先進国(西欧諸国と北米・オーストラリア・ニュージーランド)のみをとれば，実に16, 17倍である(Maddison 2003, p. 262)．これは人類史上かつてなかった出来事であるといってよい．
　生活水準の指標がどう変化するかは，その分子と分母の関係によって決まる．マルサスは『人口論』の第2版以降，人口と経済の関係を「兎と亀」の話にたとえた(Malthus 1826)．人びとの生活水準は人口増加と資本蓄積のレースの結果というのはリカード経済学が教えるところであったし，その観念はマルサス以後の古典派経済学者に共有されていたものだといえよう．彼らが論理的に導きだした予測は人口増加も経済発展も止まってし

まう定常状態といういささか陰鬱なものであったが，現実はそれに反して，人口増加とそれを上回る経済成長となった．それは，いうまでもなく「亀」の活動量が活発となった，すなわち産業革命と工業化があったからであった．

しかしその事実をもって，産業革命以前の経済は収穫逓減に支配され，以後は収穫逓増へと変ったと解釈するのは正確ではない．本書で繰り返し強調してきたように，個々の産業では収穫逓減が妥当しても，市場規模と分業による迂回生産の進展は収穫逓増をもたらしえたからである．実際，きわめて遅いペースではあったが近世のあいだにも人口一人当りの産出高は増加をしたことが明らかとなっている．その意味で産業革命もそれ以前からの成長の延長上にあり，本格的に資本集約的な産業の登場はそれを加速させたというほうが事実に即している，というのが本書で主張してきたことであった．また，「亀」の性質も国々によって異なり，19世紀以降でも速度を上げたのは確かでも，比較的にゆっくりとしたペースを守っていた地域も少なくなかった．

他方，「兎」のスタミナ切れも近代以降の目覚しい生活水準向上に寄与した．人口転換(demographic transition)である．古典的な人口転換論は，死亡率の傾向的低下，それによって引き起された人口増加，そして出生力の低下という段階をへて，多産多死から少産少死の社会へ移行したと説く．たしかに，7, 8人の子供を産んで成人に達するのが3, 4人程度，そして大人になってから飢饉や疫病で命を落とすものが1, 2人という社会と，出生数と子供の死亡確率はあまり変らないけれども飢饉や疫病の頻度が少なくなった社会と，2人産んで2人とも大人になることが(ほぼ)確実な社会では，それぞれずいぶん異なる．人口転換後の社会では，経済活動の成果が人口増加によって喰われてしまうことなく，そのまま人びとの生活向上につながるからである．

この見取図は大きな流れの記述としてはまちがっていない．しかし，その古典理論が前提としていた，近代以前の多産多死社会はマルサス『人口論』，それも初版のイメージそのままであった．しかし，リグリィと彼のケンブリッジ・グループにおける共同研究者が永年にわたって行った研究

の成果によれば，英国の場合，産業革命以前における「兎」にも一種の自己抑制機能が内蔵されていた．工業化以前の社会では，人口は食糧生産と違って幾何級数的に増加するので，農業の生産がそれに追いつかなくなった時点で飢饉あるいは疫病による死亡率が上昇し，人口増加にブレーキがかかるという，通常「マルサス的」と呼ばれるメカニズムが支配していたと考えられがちである．けれども，ケンブリッジ・グループの実証分析は異なったメカニズム，すなわち労働市場における賃金率が人びとの結婚年齢を通じて出生率に影響を与え，予防的制限が効いていたことを明らかにした．興味深いことに，この可能性はマルサスが『人口論』第2版以降になって気づいたことであった(Wrigley and Schofield 1981 ; Smith 1981)．ここには家族構造とも関連する文化固有の要因が働いており，この人口－経済システムが普遍性をもっていたということはない．英国の枠をこえるとしても，それは北西欧諸国どまりで，ヨーロッパの枠をこえてみられたということはなさそうである．換言すれば，それは他の文化圏では異なった人口－経済システムが機能していたということであり，それゆえまた，結婚と家族形成にかかわる文化の違いによって人口学的帰結も多様でありえたのである．たとえば，東アジアの出生力水準は西欧よりも低く，その水準に影響を及ぼす家族システムは北西欧型と異なると同時に，東アジア内の中国と日本においても異なっていた．その違いは，人口転換に付随した近代人口増加局面に影響するだけではなく，転換後に到来する少子化社会のあり方にも影を落とすことになるであろう(斎藤 2002b, 2002c, 2002d)．

　近代人口増加についてはさらにもう一点注釈を加えておかねばならない．ケンブリッジ・グループの仕事は，実現した出生率が常に生物学的に可能な高水準にあったわけではないことを明瞭に示したのであったが，そもそも人間社会の出生力がつねにその高水準に張りついていたわけでもない．その，自然出生力と呼ばれる水準は社会のおかれた状況によって変りうる値だということが明らかとなった．いいかえれば，自然出生力が相対的に低い社会では，近代の人口増加が始まる前に出生力の上昇する局面が存在したことを意味し，実際，英国を始めいくつかの国について確認をされている．問題はそれがどの時期にどのようなテンポで起きたかである．英国

のように,近代よりはるか以前に一世紀もかけて起きた場合と,第二次世界大戦後の発展途上国のように死亡率が外生的に低下をしつつあるなかで生じた場合とでは,人びとの生活にあたえる影響は非常に異なった.後者の場合には,途上国がキャッチアップの遂行をいっそう難しくする人口爆発の様相を帯びたからである(斎藤 2004b).

最後に,分子と分母が独立ではない可能性も指摘しよう.ボースルプに代表される筋金入りの反マルサス論者だけではなく,アリン・ヤングのような経済学者にも緩やかな人口増加であれば経済成長にプラスと考える人はいた.分業と迂回生産の進展は市場の大きさに制約されるという,アダム・スミスのもう一つの分業論命題があるからである[1].いうまでもなく,分母である人口が大きくなればなるほど,分子である生産の増加率が高くなるということはできない.第二次世界大戦後にアジア・アフリカの少なからぬ数の国が経験した年率増加率3%にもなった人口爆発は,紛れもなく経済成長にとって障害となった.しかし,何%以下であれば正の効果が見込めて,何%以上になればマイナスの影響となるかを先験的に示すことは不可能である.ただ,産業革命とそれに続く工業化がその閾値を少し押上げることになったことはたしかであろう.それだけに,工業化の初期段階で急速に人口が減速する場合があれば,その後の経済成長への抑制効果も小さくなかったにちがいない.この点で,少子化と人口減速が他の先進国よりもずっと早く始まったフランスの経験は文字どおりにユニークであった.

平等と不平等

本書では,生活水準の比較史には平等と不平等の問題も重要と考え,近世にかんしてその東西比較を試みた.それでは,工業化はこの問題にどのようなインパクトを与えたのであろうか.

一般的には,工業化の最初の段階で所得格差の拡大傾向が観察され,そ

---

1) 本書第2章,44頁.

の後，成長がさらに進むと所得の平準化がみられるようになるといわれている．縦軸に不平等度，横軸に時間をとると，逆U字型の曲線として表現できるこの仮説は，サイモン・クズネッツの提唱以来，かなりの妥当性を有する命題とみなされている．もっとも西欧の場合，図5.1においてみたように，近世の初めから格差拡大傾向が生じており，クズネッツ・カーヴの右上がり局面は工業化によって初めて始動したのではなかった．産業革命はさらに数十年間にわたってその右上がり傾向を後押しただけであった．英国での転換点は1860年代に訪れたが，それが体制上の変化や制度改革の結果であったという形跡はない．この所得平準化には，熟練および不熟練労働者間の賃金格差縮小が寄与していたといわれることからわかるように，労働市場での需給関係の変化が直接の原因であったようだ．20世紀の福祉国家が成立する過程で導入された税制やさまざまな所得移転政策は，それ以前に始まった平準化傾向をいっそう推し進める役割を担ったのであった．

　日本の歴史的経験も，クズネッツ・カーヴの妥当性を裏書するかのごとくである．第5章では，天保期長州藩のデータから身分階層間の格差が非常に小さいことをみた．武士および商工階層内における格差はけっして小さくなかったので，所得階層間の格差は身分別の値が示唆するよりは開いていたはずであるが，それでも西欧の水準と比べると相当に低い水準にあったと思われる．しかし，それは開港によってグローバル化の波の影響を受け，工業化が始まると拡大をした．明治からジニ係数は趨勢的に上昇を示し，最近の研究によれば，1940年までに「驚くほど高い」水準に達したことが明らかになった．それを一挙に引下げたのは敗戦直後の制度改革で，そのあと高度成長の初期段階にかけて開きかけた不平等は，成長が加速化すると一転して平等化の方向に向かった(図5.2)．

　それでは，なぜ工業化の初期局面で不平等が拡がるのだろうか．英国では，古典派経済学の時代が終るころ，産業革命が労働者の生活水準を向上させたのか否かという生活水準論争が生じた．19世紀末から20世紀初頭にかけてと第二次世界大戦後の二度にわたっての活発な論戦がくりひろげられた．超長期的にみれば誰の目にも生活水準向上という帰結は明白であ

るにもかかわらず，論争がいまだに終っていないとみなされるのは，一つには労働者階級内部における需給のバランス変化がある．すなわち，工業化に必要な新しい熟練が不足しがちとなり，彼らの賃金がその技能をもたない人びとに比べてより急速に増加したということが考えられる．日本の両大戦間期における賃金格差の拡大には，この説明が妥当する．日本的雇用慣行といわれる長期雇用と内部昇進が確立したのも，オン・ザ・ジョブで訓練した労働力を企業内へ囲込むため，すなわち人的資源を内部化するためであった（尾高 1984）．しかし，これはすべての事例に当てはまるわけではない．最初の産業革命を経験した英国についても同様の説明がなされたこともあったが，データを丁寧にみると，その説の正しくないことが判明する．不平等となったのは熟練ブルーカラー労働者の賃金がますます高くなったからではなく，ホワイトカラーの給与所得が極端に高くなったからであった．英国では産業革命中も熟練の供給はスムーズに行われたので，熟練工の不熟練労働者にたいする平均賃金倍率は 19 世紀中 1.2 から 1.4 倍のあいだで安定していたのである．これにたいして，ホワイトカラー給金の不熟練労働者にたいする倍率は，1830 年代にかけて急激に増大して 5 倍を超える点まで達した．そのあと，4.5 倍程度の水準に高止まり続けたが，1890 年代にはいると急に低下し始め，1911 年には 2.8 倍まで下がっていた．すなちち，英国の産業革命において不足していたのは技術者や測量技師，あるいは資本計算や経営管理を担当した人びとだったのである（斎藤 1997, 第 5 章）．

　第二に，不熟練労働者の側も考慮にいれなければならない．それも近代的な工場部門における労働者ではなく，その外側に創りだされた労働者群である．アーサー・ルイスが無制限的労働供給論を発表したとき，多くの人はその供給源は農村と思い込んだ．しかしルイスの論文を丁寧に読むと，不完全就業が目立つのはむしろ都市インフォーマル・セクターと考えていたようだ．膨大な家事使用人や小商と臨時雇の群，そして最後に農業をあげていたからである（Lewis 1954, p. 141）．私たちはこれに苦汗労働を加えることができよう．たとえば，既製服製造は豊かさの大衆化が生み出した産業であるが，こういった消費財産業の多くは低スキルの労働集約型なの

で，下請制が利用される．たとえば19世紀の中頃，英国北部の都市リーズで紳士用既製服業を始めた経営者が低賃金の下請先として見出したのは，まず女性，次いで東欧からのユダヤ系移民であった．これはロンドンでも同様で，ロンドンのユダヤ人が社会的上昇を達成したあとに，代って入ってきたのはバングラデシュやパキスタンからの移民者であった．こういったことは，現在，ほぼすべての先進国の都市で起っていることである（奥田1998）．また明治日本では，移民労働者が無視できない規模の人口集団となることはなかったが，緞通織やマッチ製造業が都市の児童労働使用産業として阪神地方に根づいた（斎藤1995）．これら事例は，途上国はもとより先進国においても，新たな不平等が社会のなかのどこに創り出されたかを示している．そして，もともと存在したスラムの存在と合わせて，その人口規模が十分に大きくなればそれは社会の不平等度を高める，ないしは平等化を抑制する力として作用したであろう．

　スラムや移民コミュニティ，あるいは児童労働は公衆衛生の歴史からみても負の遺産となりうる，工業化のマイナスの側面である．しかし，その歴史が教えてくれるのは，制度づくりによってその負の効果を弱めることができる領域でもあるということである．とくに不衛生な住環境，上下水道の不備，劣悪な食糧保存設備などにより疫病流行や慢性的な栄養障害の危険にさらされていた都市において，行政や地域に密着した中間団体が役割を果しうる分野は少なくなかった．工業化の過程で生ずる負の影響を軽減し，生活の質を向上させるために，どのような組織が何をしたかによっても，その帰結は変りえたのである．

　最後に，もう一つの問題群をみておかねばならない．第4章，5章では，近世の文脈ではあるが，グローバル経済との接触あるいはそこからの撤退が国内経済における格差水準に影響した可能性，すなわち徳川日本で身分階層間の格差が小さかったのは，利益を排他的に享受できる海外との取引という領域を支配者と商人層が失ったことが遠因となっている可能性を指摘した．ここから推測できるのは，開港とそれに続く経済変化はエリート層を利し，それが観察される所得不平等度の上昇を招いたということであろう．これは近年のグローバル化をめぐる論議からみても興味あるテーマ

であるが,残念ながら,現在の研究の蓄積ではこの問いに答えることはできない.

ここでは,その後の,とくに1920年以降におけるジニ係数の加速的上昇がグローバル経済に背を向けたブロック経済化の時代に起きたことを指摘しておきたい.この事実自体は開港直後の動向について決定的な手がかりを与えるものではないけれども,その不平等化は高所得層,とりわけ都市の富裕層がいっそう豊かとなった結果という事実がある.そしてまた,それを抑制するような制度づくりが欠如していたこととも無関係ではないようだ(谷沢 2004; Moriguchi and Saez 2006).この時代,累進課税やその他の所得再配分的な制度設計への志向はまったくみられず,まして福祉国家的な発想は皆無であった.想像をたくましくすれば,徳川時代にこのような格差問題が知識人や為政者に意識されなかったがゆえに,現実の急展開に制度設計思想が追いつかなかったのであろう.近世におけるプラス要素が近代ではマイナスに作用した一例かもしれない.この解釈が正しければ,適切な制度設計ができるか否かのほうが,グローバル化自体の良し悪しよりも重要であったというのが歴史からの教訓ではないであろうか.

市場経済化と社会変容

かつて近代化論者は,市場の勃興を社会の近代化推進のエンジンとみなした.ゲマインシャフトからゲゼルシャフトへ,帰属原理から業績原理へ,家族主義から個人主義へ,等々の変化が市場経済化の進展によって促進されると考えたのである.たとえば,産業革命以前には複合大家族が支配的で,市場関係は希薄であり,経済活動の多くは帰属原理にもとづいて行われていたが,18世紀以降,複合家族の解体が進行,業績原理にもとづいた経済活動が全面展開する,と.しかし,このような二分法的歴史叙述が問題をかかえていることは,実証研究の進歩によって明らかとなりつつある.英国史についていえば,近世の初頭においても,市場経済が農村社会のなかに深く浸透していたことはすでにみたとおりである.社会構造にかんしては,ピーター・ラスレットとケンブリッジ・グループの実証研究が,

データの上で遡りうるもっとも以前の 16 世紀以降,イングランドの家族構造に大きな変化はなかったことを明らかにした.ラスレットの名著『われら失いし世界』は,タイトルが示すとおり,英国社会史において何が変ったかを明らかにしようとした本であるが,それと同時に,何が変らなかったかを解明することにも同じくらいの力点をおいたのであった.「1600年にひとつ屋根の下で一緒に眠ったのは,核家族を構成する人びとと,必要な場合には使用人とだけであった……この点では,わが祖先たちは,われわれとそんなに違っていたわけではない.まったく同じだったのである」(Laslett 1983, 378 頁;斎藤 1988c).このような発想法は,他の文化圏における工業化の社会史にとっても必要であろう.

さらにいえば,市場経済化を,近代を準備するものとか近代とともに進展する変化とみなすことにも問題がある.歴史家ブローデルは,近世経済の三層構造のうち中層をなす市場経済をもっとも普遍的な部分と捉えた.自動調整機能をもつ,売り手と買い手の連鎖からなる市場経済は進化の尺度ではない,興隆する資本主義はたんなる市場原理以上の力が働く世界だというのである.また,経済理論家ヒックスも,近代の「行政革命」と大企業体制の成立,そして両者に共通する官僚制化の進行とともに,自動調節機能をもった市場は背後に退き,新しいかたちの非市場経済が登場したと考えた.いいかえれば,近代は市場経済に何か新たな要素が付加された時代なのである.

ただ,ヒックスが注意していたように,モノの市場経済化と生産要素の市場経済化とは同じようには進展してこなかった.とくに,ヒトの市場の発展には少なからぬずれが観察された.それはたんなる進歩の遅れではなく,日本の歴史的経験が示していたようにずれ自体が独自の途を用意したのである.

管理と規律の時代

それでは,その「新たな要素」とは何なのか.工業化以降に本当に変ったものは何であったか.その手がかりの一つは新たに登場した工場のなか

にある．工場は機械の存在と労働の組織化とによって特徴づけられる．そこから必要となるのは複雑な資本計算と生産管理・労務管理である．マクス・ヴェーバーは「合理的資本計算」が近代資本主義を特徴づけると捉えた (Weber 1923, 下, 120頁)．シドニィ・ポラードは，英国産業革命において工場は新たな作業規律を創出しなければならなかったこと，固定資本の重要性が会計業務と企業管理を難しくしていたこと，逆にいえば「大規模で，しかも中央集権的に統括された工業」の登場がいかに新しい問題を経営者に突きつけたかを論証した (Pollard 1965)．また E. P. トムソンは，工場制度がいかに人びとの時間観念を変化させたかを論じ，時計による時間管理に近代の労働規律の象徴をみた (Thompson 1967)．生産の場だけではない．一企業一工場の時代から一企業複数工場，一企業複数事業所の時代へと，企業規模が大きく，複雑になるにつれ，ホワイトカラー労働者の数が著しく増え，彼らにも同様の規律が課せられるようになる．課業の管理と並んで時間の管理も組織的に行われるようになる．ラインハルト・ベンディクスのいう企業の官僚制化である (Bendix 1956)．官僚制化に随伴するところの計算可能性と没主観性(ザッハリヒカイト)は市場経済の「合言葉」でもあるが，同時に市場とは異なった原理を組織内に持ち込んだのである (Weber 1922, I, 93, 116頁)．

こういった規律の徹底が進行したのは仕事の場だけではない．学校でもそうであった．学校教育とそこで実現することが期待されるリテラシィは，誰しもプラスの価値をおく社会的目標である．そして，それは国家の「社会政策」的任務の一つとなった．しかし，学校とは知識の伝習とともに，精神の規律化が進むところであった．宿題，試験，朝礼，運動会，表彰式などを通じてである．そして，少なからぬ場合，身体検査や栄養・保健管理を通じて身体の規律化も図られた．さらに，どこの国でもみられる義務教育年限の延長と中高等教育の拡充は，「教養と教育の「合理化」」の途でもあったのである (*Ibid.* 135-39頁)．

しかし，工業化の先進国英国は，その学校化が著しく遅れたところであった．また，ラゾニックが指摘していたように，経営者資本主義ないしは大企業体制の成立と進展が遅れたケースでもあった．他方，かつては「工

場の時間」とは無縁の小農社会であった日本は，いまは世界でもっともパンクチュアルな国の一つとなった．その理由の一端は明治以来の政府が学校教育への投資を早くから行ったからであるが，同時に，「農民の時間」，すなわち人手と時間のやりくりのスキルを身につけた小農家族経済の伝統と，同じく徳川時代以来の「商家の時間」，すなわち早くから内部労働市場を取入れた組織化へ動いた商家の伝統も無視できない．現代日本の企業社会は独特の体質をもった大企業体制を創りあげたのである[2]．

管理と規律の時代の到来，社会全体の官僚制化は，たしかに工業化がもたらした一つの普遍的な事象であった．しかし，そこへの途は一本道ではなかった．そして，おそらく，その到達点である脱(ポスト)工業化社会のあり方も一様ではないであろう．

---

[2] 19世紀以降，人びとの労働時間は短縮傾向にある．第4章で紹介した推計によれば（本書145頁），産業革命直後のイングランドでは年間総労働時間は3000時間を上回っており，19世紀末でもほとんどの国で3000時間近い長さであったが，現在では，先進諸国であれば2000時間を切るのが普通となっている．しかし，この短縮傾向には労働立法の効果が反映している．企業の官僚制化が働く人の拘束時間に与えた影響は，法規制の影響を取り除いた純粋の効果としてはどうだったのであろうか．人びとの労働時間を長くする方向に作用したのではなかったであろうか．これは今後の研究に俟たねばならない問題であるが，しかし，企業の官僚制化の働き方への影響が国によって多様であったことは想像に難くない．

参 考 文 献

1 配列は著者名の ABC 順.
2 本文中で文献に言及する場合は著者名と刊行年のみを示す．翻訳がある場合でも原著の刊行年のみが記されている．
3 引用ページが示されているとき，p. 125 とある場合は欧文文献からの，125頁とある場合は和文文献からの引用であることを示す．したがって，著者名がローマ字表記で 125 頁となっている場合は翻訳書からの引用であることを意味する．

阿部武司(1990).「綿工業」, 西川・阿部(1990)所収.
Abel, W. (1966). *Agrarkrisen und Agrarkonjunktur : eine Gschichte der Land- und Ernährungswirtschaft Mitteleuropas seit dem hohen Mitelalter*, Hamburg; 寺尾誠訳『農業恐慌と背景循環：中世中期以来の中欧農業及び人口扶養経済の歴史』未来社，1972 年.
Abel, W. (1981). *Stufen der Ernährung. Eine historische Skizze*, Göttingen; 高橋秀行他訳『食生活の社会経済史』晃洋書房，1989 年.
穐本洋哉(1987).『前工業化時代の経済：『防長風土注進案』による数量的接近』ミネルヴァ書房.
穐本洋哉・西川俊作(1975).「19 世紀中葉防長両国の農業生産関数」『経済研究』第 26 巻 4 号, 302-11 頁.
Alberola Romá, A. and E. Giménez López (1997). 'Antecedentes colonizadores en la España del siglo XVIII : proyectos y realidades en las tierras de la antigua Corona de Aragón', *Revista de Historia Económica*, vol. 15, no. 2, pp. 269-94.
Allen, R. C. (1994).'Agriculture during the industrial revolution', in Floud and McCloskey (1994).
Allen, R. C. (2001). 'The great divergence in European wages and prices from the middle ages to the first world war', *Explorations in Economic History*, vol. 38, no. 4, pp. 411-47.
Allen, R. C. (2003). 'Progress and poverty in early modern Europe', *Economic History Review*, 2nd ser. vol. 56, no. 3, pp. 403-43.
Allen, R. C. (2005). 'Real wages in Europe and Asia : a first look at the long-term patterns', in Allen, Bengtsson and Dribe (2005).
Allen, R. C., J.-P. Bassino, D. Ma, C. Moll-Murata and J. L. van Zanden (2005). 'Wages, prices, and living standards in China, Japan, and Europe, 1738-1925', paper presented at the GEHN Workshop on the Rise, Organization, and Institutional Framework of Facter Markets, Utrecht, June 23-25.
Allen, R. C., T. Bengtsson and M. Dribe, eds. (2005). *Living Standards in the Past : New Perspectives on Well-Being in Asia and Europe.* Oxford : Oxford University Press.
Ambrosius, G. and W. H. Hubbard (1989). *A Social and Economic History of*

Twentieth-century Europe, Cambridge, Mass.; 肥前榮一他訳『20世紀ヨーロッパ社会経済史』名古屋大学出版会, 1991年.

Arena, R. (1998). 'The nation as an organized system of production: Smith Marshall and the classics', in Bellet and L'Harmet (1998).

有元英夫 (1921). 「小作の属する地主数について」『帝国農会報』第11巻10号, 9-14頁.

Arkell, T. (2006). 'Illuminations and distortions: Gregory King's Scheme calculated for the year 1688 and the social structure of later Stuart England', *Economic History Review*, 2nd ser. vol. 59, no. 1, pp. 32-69.

Austin, G. and K. Sugihara, eds. (forthcoming). *Labour-intensive Industrialization in Global History*, London: Routledge.

Bairoch, P. and M. Lévy-Leboyer, eds. (1981). *Disparities in Economic Development since the Idustrial Revolution*, London: Macmillan.

鳩澤歩 (2006). 『ドイツ工業化における鉄道業』有斐閣.

Bassino, J.-P. and D. Ma (2005). 'Japanese unskilled wages in international perspective, 1741-1913: a comparison with Europe', *Research in Economic History*, vol. 23, pp. 229-48.

バッシーノ, J.-P.・馬徳斌・斎藤修 (2005). 「実質賃金の歴史的水準比較: 日本・中国・南欧」『経済研究』第56巻4号, 348-69頁.

Bellet, M. and C. L'Harmet, eds. (1998). *Industry, Space and Competition: The Contribution of Economists of the Past*, Cheltenham: Edward Elgar.

Bendix, R. (1956). *Work and Authority in Industry: Ideologies of Management in the Course of Industrialization*, Berkeley; 大東英祐・鈴木良隆訳『労働と権限: 工業化過程における経営管理のイデオロギー』東洋経済新報社, 1980年.

Berg, M. (1993). 'Small producer capitalism in eighteenth-century England', *Business History*, vol. 35, no. 1, pp. 17-39.

Berg, M. (1996). 'New consumer industries in eighteenth-century England: products, markets and metal goods', in Leboutte (1996).

Berg, M. and P. Hudson (1992). 'Rehabilitating the industrial revolution', *Economic History Review*, 2nd ser. vol. 45, no. 1, pp. 24-50.

Bienefeld, M. A. (1972). *Working Hours in British Industry: An Economic History*, London: Weidenfeld and Nicolson.

Blitch, C. P. (1983). 'Allyn Young on increasing returns', *Journal of Post-Keynsian Economics*, vol. 5, no. 3, pp. 359-72.

Bompard, J.-P., T. Magnac and G. Postel-Vinay (1990a). 'Emploi, mobilité et chômage en France au 19ème siècle', *Annales ESC*, vol. 45, pp. 55-76.

Bompard, J.-P., T. Magnac and G. Postel-Vinay (1990b). 'Migrations saisonnières de main d'œuvre: le cas de la France en 1860', *Annales d'Economie et de Statistique*, vol. 19, pp. 97-129.

Booth, A. and R. M. Sundrum (1985). *Labour Absorption in Agriculture: Theoretical Analysis and Empirical Investigations*, Oxford: Oxford University Press.

Boserup, E. (1965). *The Conditions of Agricultural Growth: The Economics of*

Agrarian Change under Population Pressure, London；安澤秀一・みね訳『農業成長の諸条件：人口圧による農業変化の経済学』ミネルヴァ書房，1975年．

Boserup, E. (1981). *Population and Technology*, Chicago: University of Chicago Press.

Boulton, J. (1996). 'Wage labour in seventeenth-century London', *Economic History Review*, 2nd ser. vol. 49, no. 2, pp. 268-90.

Braudel, F. (1981). *Civilization and Capitalism, 15th-18th Century*, I: *The Structure of Everyday Life*, London；村上光彦訳『物質文明・経済・資本主義15-18世紀：日常性の構造』みすず書房，1985年．

Braudel, F. (1982). *Civilization and Capitalism, 15th-18th Century*, II: *The Wheel of Commerce*, London；山本淳一訳『物質文明・経済・資本主義15-18世紀：交換のはたらき』みすず書房，1988年．

Braudel, F. and F. Spooner (1967). 'Prices in Europe from 1450 to 1750' in Rich and Wilson (1967).

Braun, R. (1978). 'Early industrialization and demographic change in the canton of Zurich', in C. Tilly, ed., *Historical Studies of Changing Fertility*, Princeton；高橋秀行訳「チューリヒ州におけるプロト工業化と人口動態」，篠塚・石坂・安元 (1991) 所収．

Broadberry, S. N. (1997a). 'Anglo-German productivity differences, 1870-1990: a sectoral analysis', *European Review of Economic History*, vol. 1, no. 2, pp. 247-67.

Broadberry, S. N. (1997b). 'Forging ahead, falling behind and catching-up: a sectoral analysis of Anglo-American productivity differences, 1870-1990', *Research in Economic History*, vol. 17, pp. 1-37.

Broadberry, S. N. (1997c). *The Productivity Race: British Manufacturing in International Perspective, 1850-1990*, Cambridge: Cambridge University Press.

Broadberry, S. N. and B. Gupta (2006). 'The early modern great divergence: wages, prices and economic development in Europe and Asia, 1500-1800', *Economic History Review*, 2nd ser. vol. 59, no. 1, pp. 2-31.

Broadberry, S. N. and C. Burhop (2007). 'Comparative productivity in British and German manufacturing before World War II: reconciling direct benchmark estimates and time series projections', *Journal of Economic History*, vol. 67, no. 2, pp. 315-49.

Buck, J. L. (1937). *Land Utilization in China*, Shanghai: University of Nanking.

Cain, P. J. and A. G. Hopkins (1993). *British imperialism*, 2 vols. London；竹内幸雄他訳『ジェントルマン資本主義の帝国』2冊，名古屋大学出版会，1997年．

Campbell, B. M. S. (1984). 'Population pressure, inheritance and the land market in a fourteenth-century peasant community', in R. M. Smith, ed., *Land, Kinship and Life-cycle*, Cambridge: Cambridge University Press.

Campbell, B. M. S. (2005). 'The agrarian problem in the early fourteenth century', *Past and Present*, no. 188, pp. 3-70.

Cannan, E. (1896). *Lectures on Justice, Police, Revenue and Arms: delivered in the University of Glasgow by Adam Smith, and reported by a student in*

1763, Oxford; 高島善哉・水田洋訳『グラスゴウ大学講義』日本評論社, 1947年.
Caron, F.(1981). *Histoire économique de la France, XIXe–XXe siècles*, Paris; 原輝史監訳『フランス現代経済史』早稲田大学出版部, 1983年.
Cayez, P. (1981). 'Une proto-industrialisation décalée : la ruralisation de la soierie lyonnaise dans la première moitié du XIX siècle', *Revue du Nord*, no. 248; 見崎恵子訳「19世紀前半リヨン絹織物工業の農村への拡散: プロト工業化モデルからの「ずれ」」, 篠塚・石坂・安元(1991)所収.
Cerman, M.(1996). 'Proto-industrial development in Austria', in Ogilvie and Cerman(1996).
Chambers, J. D.(1953). 'Enclosure and labour supply in the industrial revolution', *Economic History Review*, 2nd ser. vol. 5, no. 3, pp. 319–43.
Chandler, A. D., Jr.(1993). *Scale and Scope: The Dynamics of Industrial Capitalism*, Cambridge, Mass.; 安部悦生他訳『スケール・アンド・スコープ: 経営力発展の国際比較』有斐閣, 1993年.
Chang, Chung-li(1962). *The Income of the Chinese Gentry*, Seattle: University of Washington Press.
Chao, Kang (1986). *Man and Land in Chinese History: An Economic Analysis*, Stanford: Stanford University Press.
Chevet, J. M.(1996).'National and regional corn markets in France from the 16th to the 19th Century', *Journal of European Economic History*, vol. 25, no. 2, pp. 681–703.
Clark, C.(1940). *The Conditions of Economic Progress*, London; 大川一司他訳『経済進歩の諸条件』勁草書房, 1953-5年.
Clark, G. and Y. van der Werf(1998). 'Work in progress? The industrious revolution', *Journal of Economic History*, vol. 58, no. 3, pp. 830–43.
Colomé Ferrer, J.(2000). 'Pequeña explótacion agrícola, reproducción de las unidades familiares campesinas y mercado de trabajo en la viticultura mediterránea del siglo XIX : el caso catalán', *Revista de Historia Económica*, vol. 18, no. 2, pp. 281–308.
Corritore, R. P.(1993). 'Il processo di "ruralizzazione" in Italia nei secoli XVII–XVIII : verso una regionalizzazione', *Rivista di Storia Economica*, vol. 10, no. 3, pp. 353–86.
Crafts, N. F. R.(1983). 'Gross national product in Europe, 1879–1910', *Explorations in Economic History*, vol. 20, no. 4, pp. 387–401.
Crafts, N. F. R.(1985). *British Economic Growth during the Industrial Revolution*, Oxford: Oxford University Press.
Crafts, N. F. R.(1994). 'The industrial revolution', in Floud and McCloskey (1994).
Crafts, N. F. R. and C. K. Harley(1992). 'Output growth and the British industrial revolution: a reassessment of the Crafts-Harley view', *Economic History Review*, 2nd ser. vol. 45, no. 4, pp. 703–30.
Crouzet, F.(1996). 'France', in Teich and Porter(1996).
de Vries, J.(1974). *The Dutch Rural Economy in the Golden Age, 1500–1700*,

New Haven: Yale University Press.
de Vries, J. (1975). 'Peasant demand patterns and economic development: Friesland, 1550–1750', in W. N. Parker and E. L. Jones, eds., *European Peasants and their Markets: Essays in Agrarian Economic History*, Princeton: Princeton University Press.
de Vries, J. (1984). *European Urbanization, 1500–1800*, London: Methuen.
de Vries, J. (1993). 'Between purchasing power and the world of goods: understanding the household economy in early modern Europe', in J. Brewer and R. Porter, eds., *Consumption and the World of Goods*, London: Routledge.
de Vries, J. (1994). 'The industrial revolution and the industrious revolution', *Journal of Economic History*, vol. 54, no. 2, pp. 249–70.
de Vries, J. and A. van der Woude (1997). *The First Modern Economy: Success, Failure and Perseverance of the Dutch Economy, 1500–1815*, Cambridge: Cambridge University Press.
Deane, P. (1955). 'The implications of early national income estimates for the measurement of long-term economic growth in the United Kingdom', *Economic Development and Cultural Change*, vol. 4, no. 1, pp. 3–38.
Deane, P. and W. A. Cole (1962). *British Economic Growth 1688–1959*, Cambridge: Cambridge University Press .
Deyon, P. (1996). 'Proto-industrialization in France', in Ogilvie and Cerman (1996).
Dore, R. P. (1959). 'The Meiji landlord: good or bad?' *Journal of Asian Studies*, vol. 18, no. 3, pp. 343–55.
Dore, R., W. Lazonick and M. O'Sullivan (1999). 'Varieties of capitalism in the twentieth century', *Oxford Review of Economic Policy*, vol. 15, no. 4, pp. 102–20.
Dormois, J.-P. (2004). *The French Economy in the Twentieth Century*, Cambridge: Cambridge University Press.
Earle, P. (1989a). *The Making of the English Middle Class: Business, Society and Family Life in London, 1660–1730*, London: Methuen.
Earle, P. (1989b). 'The female labour market in London in the late seventeenth and early eighteenth centuries', *Economic History Review*, 2nd ser. vol. 42, no. 3, pp. 328–53.
Earle, P. (2001). 'The economy of London, 1660–1730', in P. O'Brien et al., eds., *Urban Achievement in Early Modern Europe: Golden Ages in Antwerp, Amsterdam and London*, Cambridge: Cambridge University Press.
Elvin, M. (1973). *The Pattern of the Chinese Past: A Social and Economic Interpretation*, Stanford: Stanford University Press.
Epstein, S. R. (1998). 'Craft guilds, apprenticeship, and technological change in preindustrial Europe', *Journal of Economic History*, vol. 58, no. 3, pp. 684–713.
Everitt, A. (1967). 'Farm labourers', in J. Thirsk, ed., *The Agrarian History of England and Wales*, IV: *1500–1640*, Cambridge: Cambridge University

Press.

Feinstein, C. H. (1988). 'National statistics, 1760-1920', in Feinstein and Pollard (1988).

Feinstein, C. H. (1998). 'Pessimism perpetuated: real wages and the standard of living in Britain during and after the industrial revolution', *Journal of Economic History*, vol. 58, no. 3, pp. 625-58.

Feinstein, C. H. and S. Pollard, eds. (1988). *Studies in Capital Formation in the United Kingdom, 1750-1920*, Oxford: Oxford University Press.

Floud, R. and D. McCloskey, eds. (1994). *The Economic History of Britain since 1700*, 2nd edn, vol. 1, Cambridge: Cambridge University Press.

Frank, A. G. (1998). *Reorient: Global Economy in the Asian Age*, Berkeley; 山下範久訳『リオリエント：アジア時代のグローバル・エコノミー』藤原書店, 2000年.

Fremdling, R., H. de Jong and M. P. Timmer (2007). 'British and German manufacturing productivity compared: a new benchmark for 1935/36 based on double deflated value added', *Jounal of Economic History*, vol. 67, no. 2, pp. 350-78.

藤井賢治(2003).「マーシャルの生産知識論：標準化と外部経済論」『経済学史学会年報』第43号, 11-22頁.

Fukao, K. and O. Saito (2006). 'Japan's alternating phases of growth and outlook for the future', Hi-Stat Discussion Paper Series, no. 196, IER, Hitotsubashi University (http://21coe.ier.hit-u.ac.jp/research/discussion/2006/196.html).

Fukao, K., Debin Ma and Tangjun Yuan (2007). 'Real GDP in pre-war East Asia: a 1934-36 benchmark purchasing power parity comparison with the U.S.', *Review of Income and Wealth*, Series 53, no. 3, pp. 503-37.

福沢諭吉(1879).『民情一新』, 富田正文・土橋俊一編『福沢諭吉選集』第4巻, 岩波書店, 1981年.

船山榮一(1967).『イギリスにおける経済構成の転換』未来社.

Galassi, F. L. (1986). 'Reassessing mediterranean agriculture: retardation and growth in Tuscany, 1870-1914', *Rivista di Storia Economica*, vol. 2, no. 3, pp. 91-121.

Galassi, F. L. and J. S. Cohen (1994). 'The economics of tenancy in early twentieth-century southern Italy', *Economic History Review*, 2nd ser. vol. 47, no. 3, pp. 585-600.

Gamble, S. D. (1943). 'Daily wages of unskilled Chinese laborers, 1807-1902', *The Far Eastern Quarterly*, vol. 3, no. 1, pp. 41-73.

Gerschenkron, A. (1962). *Economic Backwardness in Historical Perspective: A Book of Essays*, Cambridge, Mass.; 部分訳, 絵所秀紀他訳『後発工業国の経済史：キャッチアップ型工業化論』ミネルヴァ書房, 2005年.

Gini, C. (1927). 'Sui confronti internazionali dei salari reali', *Rivista di Politica Economica*, vol. 17, no. 1, pp. 10-14.

Godo, Y. and Y. Hayami (2002). 'Catching up in education in the economic catch-up of Japan with the United States, 1890-1990', *Economic Development*

and Cultural Change, vol. 50, no. 4, pp. 961-78.
Gullickson, G. L. (1983). 'Agriculture and cottage industry: redefining the causes of proto-industrialization', *Journal of Economic History*, vol. 43, no. 3, pp. 831-50.
Gullickson, G. L. (1986). *Spinners and Weavers in Auffay: Rural Industry and the Sexual Division of Labor in a French Village, 1750-1850*, New York: Cambridge University Press.
Gutmann, M. P. and R. Leboutte (1984). 'Rethinking protoindustrialization and the family', *Journal of Interdisciplinary History*, vol. 14, no. 3, pp. 587-607.
浜野潔(2007).『近世京都の歴史人口学的研究: 都市町人の社会構造を読む』慶應義塾大学出版会.
Hamilton, E. J. (1928). 'American treasure and Andalusian prices, 1503-1660: a study in the Spanish price revolution', *Journal of Economic and Business History*, vol. 1, no. 1; reprinted in Ramsey (1971).
Hamilton, E. J. (1934). *American Treasure and the Price Revolution in Spain, 1501-1650*, Cambridge, Mass.: Harvard University Press.
ハンレー, S. B. (1990).『江戸時代の遺産: 庶民の生活文化』指昭博訳, 中央公論社.
Hanley, S. B. (1983). 'A high standard of living in nineteenth century Japan, fact or fantasy', *Journal of Economic History*, vol. 43, no. 1, pp. 183-92.
Hanley, S. B. (1986). 'Standard of living in nineteenth-century Japan: reply to Yasuba', *Journal of Economic History*, vol. 46, no. 1, pp. 225-26.
Hanley, S. B. and K. Yamamura (1977). *Economic and Demographic Change in Preindustrial Japan, 1600-1868*, Princeton: Princeton University Press.
原田敏丸(1983).『近世村落の経済と社会』山川出版.
Harley, C. K. (1974). 'Skilled labour and the choice of technique in Edwardian industry', *Explorations in Economic History*, vol. 11, no. 4, pp. 391-414.
橋野知子(2005).「問屋制から工場制へ: 戦間期日本の織物業」, 岡崎(2005)所収.
橋野知子(2007).『経済発展と産地・市場・制度: 明治期絹織物業の進化とダイナミズム』ミネルヴァ書房.
Hau, M. and N. Stoskopf (forthcoming). 'Labour-intensive industrialization: the case of nineteenth-century Alsace', in Austin and Sugihara (forthcoming).
速水融(1979).「近世日本の経済発展と"Industrious revolution"」, 新保博・安場保吉編『近代移行期の日本経済』数量経済史論集2, 日本経済新聞社; 速水(2003a)所収.
速水融(1992).『近世濃尾地方の人口・経済・社会』創文社.
速水融(2003a).『近世日本の経済社会』麗澤大学出版会.
速水融(2003b).「産業革命対勤勉革命」, 速水(2003a)所収.
速水融・宮本又郎編(1988a).『経済社会の成立: 17-18世紀』日本経済史1, 岩波書店.
速水融・宮本又郎(1988b).「概説17-18世紀」, 速水・宮本(1988a)所収.
速水佑次郎(1973).『日本農業の成長過程』創文社.

速水佑次郎(1995).『開発経済学：諸国民の貧困と富』創文社.

Helleiner, O. (1967). 'The population changes of Europe from the Black Death', in Rich and Wilson (1967).

Henderson, W. O. (1954). *Britain and Industrial Europe, 1750–1870: Studies in British Influence on the Industrial Revolution in Western Europe*, Liverpool: Liverpool University Press.

Hicks, J. R. (1969). *A Theory of Economic History*, Oxford; 新保博・渡辺文夫訳『経済史の理論』講談社学術文庫, 1995年.

Hicks, J. R. (1977). *Economic Perspectives: Further Essays on Money and Growth*, Oxford; 貝塚啓明訳『経済学の思考法：貨幣と成長についての再論』岩波書店, 1985年.

Hoffman, P. T. (1982). 'Sharecropping and investment in agriculture in early modern France', *Journal of Economic History*, vol. 42, no. 1, pp. 155–59.

Hoffman, P. T. (1984). 'The economic theory of sharecropping in early modern France', *Journal of Economic History*, vol. 44, no. 2, pp. 309–19.

Hoffman, P. T., D. S. Jacks, P. A. Levin and P. H. Lindert (2005). 'Sketching the rise of real inequality in early modern Europe', in Allen, Bengtsson and Dribe (2005).

Holderness, B. A. (1988), 'Agriculture, 1770–1860', in Feinstein and Pollard (1988).

法政大学比較経済研究所・尾高煌之助編(2004).『近現代アジア比較数量経済分析』法政大学出版局.

Hounshell, D. A. (1984). *From the American System to Mass Production, 1800–1932*, Baltimore; 和田一夫他訳『アメリカン・システムから大量生産へ：1800–1932年』名古屋大学出版会, 1998年.

Huang, P. C. C. (1990). *The Peasant Family and Rural Development in the Yangzi Delta, 1350–1988*, Stanford: Stanford University Press.

Hudson, P. (1996). 'Proto-industrialization in England', in Ogilvie and Cerman (1996).

稲葉泰三編(1953).『農家経済調査報告：調査方法の変遷と累年成績』農業総合研究刊行会.

猪木武徳(1996).『学校と工場：日本の人的資源』読売新聞社.

井上義朗(1993).『市場経済学の源流：マーシャル，ケインズ，ヒックス』中公新書.

Isacson, M. and L. Magnusson (1987). *Proto-industrialisation in Scandinavia: Craft Skills in the Industrial Revolution*, Leamington Spa: Berg.

石川健次郎・安岡重明(1995).「商人の富の蓄積と企業形態」，安岡重明・天野雅敏編『近世的経営の展開』日本経営史1，岩波書店.

石川滋(1990).『開発経済学の基本問題』岩波書店.

石坂昭雄(2003).「西ヨーロッパの国境地域における工業地帯の形成と展開：トゥウェンテ＝西ミュンスターラント綿業地帯とザール＝ロレーヌ＝ルクセンブルク石炭・鉄鋼業地帯を例に」，篠塚・石坂・高橋(2003)所収.

磯田道史(1996).「17世紀の農業発展をめぐって：草と牛の利用から」『日本史研究』第402号，27–50頁.

James, P., ed. (1966). *The Travel Diaries of Thomas Robert Malthus*, Cambridge; 小林時三郎・西沢保訳『マルサス北欧旅行日記』未来社, 2002年.
Jevons, W. S. (1865). *The Coal Question. An Inquiry Concerning the Progress of the Nation, and the Probable Exhaustion of our Coal-mines*, London: Macmillan.
Jones, E. L. (1981). *The European Miracle: Environments, Economies, and Geopolitics in the History of Europe and Asia*, Cambridge; 安元稔・脇村孝平訳『ヨーロッパの奇跡: 環境・経済・地政の比較史』名古屋大学出版会, 2000年.
Jones, E. L. (1988). *Growth Recurring: Economic Change in World History*, Ann Arbor; 天野雅敏他訳『経済成長の世界史』名古屋大学出版会, 2007年.
Kaelble, H. (1987). *Auf dem Weg zu einer europäischen Gesellschaft: eine Sozialgeschichte Westeuropas 1880–1980*, München; 雨宮昭彦他訳『ひとつのヨーロッパへの道: その社会史的考察』日本経済評論社, 1997年.
川北稔(1983).『工業化の歴史的前提: 帝国とジェントルマン』岩波書店.
Kiesewetter, H. (2004). *Industrielle Revolution in Deutschland. Regionen als Wachstumsmotoren*, Stuttgart; 高橋秀行・桜井健吾訳『ドイツ産業革命: 成長原動力としての地域』晃洋書房, 2006年.
King, G. (1802). *Natural and Political Observations and Conclusions upon the State and Condition of England 1696*, annexed to G. Chalmers, *An Estimate of the Comparative Strength of Great-Britain: and of the Losses of her Trade from every War since the Revolution: with an Introduction of Previous History*, London; reprinted in P. Laslett, ed., *The Earliest Classics: John Graunt and Gregory King*, Farnborough, Hants: Gregg International, 1973.
岸本美緒(1997).『清代中国の物価と経済変動』研文出版.
岸本美緒(1998a).『東アジアの「近世」』山川出版社.
岸本美緒(1998b).「東アジア・東南アジア伝統社会の形成」, 岸本美緒編『東アジア・東南アジア伝統社会の形成: 16-18世紀』岩波講座世界歴史13, 岩波書店.
Kishimoto, M. (2007). 'Land markets and land conflicts in late imperial China', paper presented at the GEHN Conference on Law and Economic Development in Historical Perspective, University of Utrecht, 20–23 September.
北島正元(1962).『江戸商業と伊勢店: 木綿問屋長谷川家の経営を中心として』吉川弘文館.
清川雪彦(1987).「日本の技術発展: その特質と含意」, 南・清川(1987)所収.
清川雪彦(2003).『アジアにおける近代的工業労働力の形成: 経済発展と文化ならびに職務意識』岩波書店.
小池和男(2005).『仕事の経済学』第3版, 東洋経済新報社.
Kriedte, P., H. Medick and J. Schlumbohm (1993). 'Proto-industrialization revisited: demography, social structure, and modern domestic industry', *Continuity and Change*, vol. 8, no. 2, pp. 217-52.
久米邦武(1878).『特命全権大使米欧回覧実記』田中彰校注, 全5冊, 岩波文庫, 1977-82年.
黒田明伸(1994).『中国帝国の構造と世界経済』名古屋大学出版会.

黒崎卓(2001).『開発のミクロ経済学:理論と応用』岩波書店.

黒澤隆文(2002).『近代スイス経済の形成:地域主権と高ライン地域の産業革命』京都大学学術出版会.

Kurosu, S. and E. Ochiai (1995). 'Adoption as an heirship strategy under demographic constraints: a case for nineteenth-century Japan', *Journal of Family History*, vol. 20, no. 3, pp. 261-88.

草光俊雄(1988).「何か目新しいものを送られたし:ロンドン商人と英国北部の製造業者」『社会経済史学』第54巻3号, 374-93頁.

Kussmaul, A. (1981). *Servants in Husbandry in Early Modern England*, Cambridge: Cambridge University Press.

Kussmaul, A. (1990). *A General View of the Rural Economy of England, 1538-1840*, Cambridge: Cambridge University Press.

Kuznets, S. (1955). 'Economic growth and income inequality', *American Economic Review*, vol. 45, no. 1, pp. 1-28.

Kuznets, S. (1966). *Modern Economic Growth: Rate, Structure, and Spread*, New Haven; 塩野谷祐一訳『近代経済成長の分析』東洋経済新報社, 1968年.

Kuznets, S. (1971). *Economic Growth of Nations: Total Output and Production Structure*, Cambridge; 西川俊作・戸田泰訳『諸国民の経済成長:総産出高および生産構造』ダイヤモンド社, 1977年.

Labrousse, E. (1934). *Esquisse du mouvement des prix et des revenus en France au XVIIIe siècle*, Paris: Dalloz.

Labrousse, E., R. Romano and F. Dreyfuss (1970). *Le prix du froment en France au temps de la monnaie stable, 1726-1913*, Paris: SEVPEN.

Landes, D. S. (1969). *The Unbound Prometheus: Technological Change and Industrial Development in Western Europe from 1750 to the Present*, Cambridge; 石坂昭雄・冨岡庄一訳『西ヨーロッパ工業史:産業革命とその後, 1750-1968』2分冊, みすず書房, 1980-82年.

Landes, D. S. (1999). *The Wealth and Poverty of Nations: Why Some are so Rich and Some so Poor*, New York: W. W. Norton.

Laslett, P. (1972). 'Introduction: the history of the family', in P. Laslett and R. Wall, eds., *Household and Family in Past Time*, Cambridge: Cambridge University Press, pp. 1-89.

Laslett, P. (1983). *The World We Have Lost: Further Explored*, London; 川北稔他訳『われら失いし世界:近代イギリス社会史』三嶺書房, 1986年.

Lazonick, W. (1990). *Competitive Advantage on the Shop Floor*, Cambridge, Mass.: Harvard University Press.

Lazonick, W. (1991). *Business Organization and the Myth of the Market Economy*, Cambridge: Cambridge University Press.

Leboutte, R., ed. (1996). *Proto-industrialization: recent research and new perspectives*, Geneva: Librairie Droz.

Lee, J. Z. and Wang Feng (1999). *One Quarter of Humanity: Malthusian Mythology and Chinese Realities*, Cambridge, Mass.: Harvard University Press.

Le Roy Ladurie, E. (1974), *The Peasants of Languedoc*, Urbana, Ill.: University of Illinois Press.

Lewis, W. A. (1954). 'Economic development with unlimited supplies of labour', *Manchester School of Economic and Social Studies*, vol. 22, no. 2, pp. 139–91.
Lewis, W. A. (1955). *The Theory of Economic Growth*, London: George Allen and Unwin.
Li Bozhong (1998). *Agricultural Development in Jiangnan, 1620–1850*, New York: St. Martin's Press.
Lindert, P. H. and J. G. Williamson (1982). 'Revising England's social tables, 1688–1812', *Explorations in Economic History*, vol. 19, no. 4, pp. 385–408.
Lindert, P. H. and J. G. Williamson (1983a). 'Reinterpreting Britain's social tables, 1688–1913', *Explorations in Economic History*, vol. 20, no. 1, pp. 94–109.
Lindert, P. H. and J. G. Williamson (1983b). 'English workers' living standards during the industrial revolution: a new look', *Economic History Review*, 2nd ser. vol. 36, no. 1, pp. 1–25.
劉永成・趙岡 (1988). 「十八・十九世紀中国農業雇工的実質工資変動趨勢」, 『明清档案与歴史研究: 中国第一歴史档案館六十周年纪念论文集』下, 中華書局.
Livi-Bacci, M. (1991). *Population and Nutrition: An Essay on European Demographic History*, Cambridge: Cambridge University Press.
Loasby, B. J. (1998). 'Industrial districts as knowledge communities', in Bellet and L'Harmet (1998).
Luporini, A. and B. Parigi (1996). 'Multi-task sharecropping contracts: the Italian mezzadria', *Economica*, vol. 63, pp. 445–57.
Ma, Debin (2004). 'Growth, institutions and knowledge: a review and reflection on the historiography of 18th–20th century China', *Australian Economic History Review*, vol. 44, no. 3, pp. 259–77.
Ma, Debin (2006). 'Law and commerce in traditional China: an institutional perspective on the "great divergence"', 『経済志林』第 73 巻 4 号, 69–96 頁.
Ma, Debin (2007). 'Law and economic growth: the case of traditional China. A review with some preliminary hypothesis', paper presented at the GEHN Conference on Law and Economic Development in Historical Perspective, University of Utrecht, 20–23 September.
Macfarlane, A. (1978). *The Origins of English Individualism: The Family, Property and Social Transition: The Family, Property and Social Transition*, Oxford; 酒田利夫訳『イギリス個人主義の起源: 家族・財産・社会変化』リブロポート, 1990 年.
McKendrick, N., J. Brewer and J. H. Plum (1982). *The Birth of a Consumer Society: The Commercialization of Eighteenth-century England*, London.
Maddison, A. (1971). *Class Structure and Economic Growth: India and Pakistan since the Moghuls*, London: George Allen and Unwin.
Maddison, A. (1995). *Monitoring the World Economy, 1820–1992*, Paris; 金森久雄監訳『世界経済の成長史: 1820–1992年』東洋経済新報社, 2000 年.
Maddison, A. (1998). *Chinese Economic Performance in the Long Run*, Paris: OECD Development Centre.
Maddison, A. (2001). *The World Economy: A Millennial Perspective*, Paris; 金

森久雄監訳『経済統計で見る世界経済2000年史』柏書房, 2004年.

Maddison, A. (2003). *The World Economy: Historical Statistics*, Paris: OECD Development Centre.

Maddison, A. (2007). *Contours of the World Economy, 1–2030 AD: Essays in Macro-Economic History*, Oxford: Oxford University Press.

Magnac, T. and G. Postel-Vinay (1997). 'Wage competition between agriculture and industry in the mid-19th century France', *Explorations in Economic History*, vol. 34, no. 1, pp. 1–26.

Magnusson, L. (1996) 'Proto-industrialization in Sweden', in Ogilvie and Cerman (1996).

牧英正 (1997). 『雇用の歴史』弘文堂.

Malthus, T. R. (1798). *An Essay on the Principle of Population*, 1st edn, London; 永井義雄訳『人口論』中公文庫, 1973年.

Malthus, T. R. (1826). *An Essay on the Principle of Population*, 6th edn, London; 大淵博他訳『人口の原理』中央大学出版部, 1985年.

Marshall, A. (1890). *Principles of Economics*, London; 馬場敬之助訳『経済学原理』全4冊, 東洋経済新報社, 1965–7年.

Marshall, A. (1919). *Industry and Trade*, London; 長澤越郎訳『産業と商業: 産業技術と企業組織, およびそれらが諸階級, 諸国民に与える影響の研究』3分冊, 岩波ブックセンター信山社, 1986年.

丸山義皓 (1984). 『企業・家計複合体の理論』創文社.

Marx, K. (1867). *Das Kapital: Kritik der politischen Ökonomie*, Hamburg; 向坂逸郎訳『資本論』全9冊, 岩波文庫, 1969年.

松井透 (1991). 『世界市場の成立』岩波書店.

Mendels, F. F. (1972). 'Proto-industrialization: the first phase of the industrialization process', *Journal of Economic History*, vol. 32, no. 1; 石坂昭雄訳「プロト工業化: 工業化過程の第一局面」, 篠塚・石坂・安元 (1991) 所収.

Mendels, F. F. (1982). 'Proto-industrialization: theory and reality. General report', in *"A" Themes of the Eighth International Economic History Congress, Budapest*, Budapest: Akadémiai Kiadó.

Mill, J. S. (1871). *Principles of Political Economy, with some of their Applications to Social Philosophy*, 7th edn, London; 末永茂喜訳『経済学原理』全5冊, 岩波文庫, 1959年.

Milward, A. and S. B. Saul (1977). *The Development of the Economies of Continental Europe 1850–1914*, London: George Allen and Unwin.

南亮進 (1970). 『日本経済の転換点: 労働の過剰から不足へ』創文社.

南亮進 (1996). 『日本の経済発展と所得分布』岩波書店.

南亮進 (2000). 「日本における所得分布の長期的変化: 再推計と結果」『東京経大学会誌』第219号, 31–51頁.

南亮進・清川雪彦編 (1987). 『日本の工業化と技術発展』東洋経済新報社.

Mintz, S. W. (1985). *Sweetness and Power: The Place of Sugar in Modern History*, New York; 川北稔・和田光弘訳『甘さと権力: 砂糖が語る近代史』平凡社, 1988年.

Mitchell, B. R. and P. Deane (1962). *Abstract of British historical statistics*, Cam-

bridge: Cambridge University Press.
宮嶋博史(1994).「東アジア小農社会の形成」, 溝口雄三他編『長期社会変動』アジアから考える6, 東京大学出版会.
宮本又次(1951).『日本近世問屋制の研究: 近世問屋制の形成』東京書院.
宮本又郎(1988).『近世日本の市場経済』有斐閣.
宮本又郎(1989).「物価とマクロ経済の変動」, 新保・斎藤(1989a)所収.
宮本又郎・阿部武司・宇田川勝・沢井実・橘川武郎(1995).『日本経営史: 日本型企業経営の発展, 江戸から平成へ』有斐閣.
宮本倫彦(1939).「小作農は幾人の地主から耕地を借入れているか」『社会政策時報』第225号, 146-53頁.
溝口敏行・寺崎康博(1995).「家計の所得分布変動の経済社会及び産業構造的余韻: 日本の経験」『経済研究』第46巻1号, 59-77頁.
Mokyr, J. (1990). *The Lever of Riches: Technological Creativity and Economic Progress*, New York: Oxford University Press.
Montesquieu, Baron de la Brède et de (1748). *De l'Esprit des Lois*, Genève, 1748; 野田良之他訳『法の精神』全3巻, 岩波書店, 1987-8年.
More, C. (1980). *Skill and the British Working Class, 1870-1914*, London: Croom Helm.
Moriguchi, M. and E. Saez (2006). 'The evolution of income concentration in Japan, 1886-2002: evidence from income tax statistics', NBER Working Paper No. W12558.
Mulhall, M. G. (1899), *The Dictionary of Statistics*, 4th edn, London: Routledge and Sons.
村松裕次(1949).『中国経済の社会態制』東洋経済新報社.
Nagata, M. L. (2005). *Labor Contracts and Labor Relations in Early Modern Central Japan*, London: Routledge.
中林真幸(2002).「新しい産業革命論の可能性」, 社会経済史学会(2002)所収.
中林真幸(2003).『近代資本主義の組織: 製糸業の発展における取引の統治と生産の構造』東京大学出版会.
中川敬一郎(1986).『イギリス経営史』東京大学出版会.
中嶋千尋(1956).「労働者家計の均衡分析: 小農経済の均衡理論序説」『農業経済研究』第28巻2号, 19-34頁.
Nakajima, C. (1969). 'Subsistence and commercial family farms: some theoretical models of subjective equilibrium', in C. R. Wharton, ed., *Subsistence Agriculture and Economic Development*, Chicago: Aldine.
中村哲(1968).『明治維新の基礎構造: 日本資本主義形成の起点』未来社.
中村隆英(1971).『戦前期日本経済成長の分析』岩波書店.
中村隆英(1993).『日本経済: その成長と構造』第3版, 東京大学出版会.
中野忠(1999).「王政復古期以後のロンドン社会:「安定」をめぐる議論の視座から」, イギリス都市・農村共同体研究会編『巨大都市ロンドンの勃興』刀水書房.
中野忠(2000).『前工業化ヨーロッパの都市と農村: 社会史の領域』成文堂.
中西聡(2002).「近世近代の商人」, 桜井英治・中西聡編『流通経済史』山川出版社.
中岡哲郎(1971).『工場の哲学: 組織と人間』平凡社.

Needham, J. (1970). *Clerks and Craftsmen in China and the West: Lectures and Addresses on the History of Science and Technology*, Cambridge；山田慶児訳『東と西の学者と工匠：中国科学技術史講演集』全2冊，河出書房新社，1974年.
根岸隆(1983)．『経済学の歴史』東洋経済新報社．
根岸隆(1985)．「スミス的成長モデルと労働価値説」，同『経済学における古典と現代理論』有斐閣．
仁井田陞(1963)．『中国法制史』増訂版，岩波書店．
西嶋定生(1966)．『中国経済史研究』東京大学出版会．
西川俊作(1985)．『日本経済の成長史』東洋経済新報社．
西川俊作(1990)．「在来産業と近代産業」，西川・阿部(1990)所収．
西川俊作(近刊)．『天保期長州の経済構造』東洋経済新報社．
Nishikawa, S. (1978). 'Productivity, subsistence, and by-employment in the mid-nineteenth century Chōshū', *Explorations in Economic History*, vol. 15, no. 1, pp. 69–83.
Nishikawa, S. (1987). 'The economy of Chōshū on the eve of industrialization', *Economic Studies Quarterly*, vol. 38, no. 4, pp. 323–37.
西川俊作・阿部武司編(1990)．『産業化の時代』上，日本経済史4，岩波書店．
西川俊作・穐本洋哉(1977)．「防長一円〈経済表〉序説」，社会経済史学会編『新しい江戸時代史像を求めて』慶應通信．
西川俊作・石部祥子(1975)．「1840年代の三田尻宰判の経済計算」(1)(2)，『三田学会雑誌』第68巻9号，1–26頁；10号，17–38頁．
西川俊作・尾高煌之助・斎藤修編(1996)．『日本経済の200年』日本評論社．
西坂靖(2006)．『三井越後屋奉公人の研究』東京大学出版会．
西沢保(2007)．『マーシャルと歴史学派の経済思想』岩波書店．
野田孜(1959)．「雇用の傾斜構造」，大川一司編『過剰就業と日本農業』春秋社．
North, D. C. (1989). *Structures and Change in Economic History*, New York；中島正人訳『文明史の経済学：財産権・国家・イデオロギー』春秋社，1994年.
North, D. C. and R. P. Thomas (1973). *The Rise of the Western World: A New Economic History*, Cambridge；速水融・穐本洋哉訳『西欧世界の勃興：新しい経済史の試み』ミネルヴァ書房，1980年.
North, D. C. and B. Weingast (1989). 'Constitutions and commitment: the evolution of institutions governing public choice in seventeenth-century England', *Journal of Economic History*, vol. 49, no. 4, pp. 803–32.
小尾恵一郎(1971)．「労働供給の理論：其の課題および帰結の含意」，西川俊作編『労働市場』日本経済新聞社．
O'Brien, P. K. (1982). 'European economic development: the contribution of the periphery', *Economic History Review*, 2nd ser. vol. 35, no. 1, pp. 1–18.
O'Brien, P. K. (1996). 'Path dependency, or why Britain became an industrialized and urbanized economy long before France', *Economic History Review*, 2nd ser. vol. 49, no. 2, pp. 213–49.
O'Brien, P. K. and C. Keyder (1978). *Economic Growth in Britain and France, 1780–1914*, London: George Allen and Unwin.
尾高煌之助(1984)．『労働市場分析：二重構造の日本的展開』岩波書店．

尾高煌之助(1990).「産業の担い手」,西川・阿部(1990)所収.
尾高煌之助(1993).「「日本的」労使関係」,岡崎(1993b)所収.
尾高煌之助(2000).『職人の世界・工場の世界』新版,NTT出版.
尾高煌之助(2004).「全部雇用のメカニズムを探る」,法政大学比較経済研究所・尾高(2004)所収.
Odaka, K. and Tang Jun Yuan (2006). 'Disguised unemployment revisited', *Journal of International Economic Studies*, no. 20, pp. 57-73.
Ogilvie, S. C. and M. Cerman, eds. (1996). *European Proto-industrialization*, Cambridge: Cambridge University Press.
大川一司(1955).『農業の経済分析』大明堂.
Ohkawa, K. (1979). 'Production structure', in K. Ohkawa and M. Shinohara, eds., *Patterns of Japanese Economic Development: A Quantitative Appraisal*, New Haven: Yale University Press.
大川一司・野田孜・高松信清・山田三郎・熊崎実・塩野谷祐一・南亮進(1967).『物価』長期経済統計8,東洋経済新報社.
大川一司・高松信清・山本有造(1974).『国民所得』長期経済統計1,東洋経済新報社.
大川一司・H. ロソフスキー(1973).『日本の経済成長:20世紀における趨勢加速』東洋経済新報社.
Ohkawa, K. et al. (1957). *The Growth Rate of the Japanese Economy since 1878*, Tokyo: Kinokuniya.
岡崎哲二(1993a).『日本の工業化と鉄鋼産業』東京大学出版会.
岡崎哲二編(1993b).『現代日本経済システムの源流』日本経済新聞社.
岡崎哲二(1997).『工業化の軌跡:経済大国前史』読売新聞社.
岡崎哲二編(2005).『生産組織の経済史』東京大学出版会.
大河内暁男(1978).『産業革命期経営史研究』岩波書店.
奥田伸子(1998).「ジェンダーとエスニシティ:英国の場合」,斎藤(1998b)所収.
大久保利和他編(1927-9).『大久保利通文書』全10巻,日本史籍協会.
小野塚知二(2001).『クラフト的規制の起源:19世紀イギリス機械産業』有斐閣.
大島真理夫(1996).「近世後期農村社会のモラルエコノミーについて」『歴史学研究』第685号,25-38頁.
大塚久雄(1951).『近代欧洲経済史序説』改訂版,弘文堂.
大塚久雄(1965).『国民経済:その歴史的考察』弘文堂.
Otsuka, K., H. Chuma and Y. Hayami (1992). 'Land and labor contracts in agrarian economies: theories and facts', *Journal of Economic Literature*, vol. 30, no. 4, pp. 1965-2018.
大内力(1957).「地租改正前後の農民層の分解と地主制」,宇野弘蔵編『地租改正の研究』第1巻,東京大学出版会.
Outhwaite, R. B. (1982). *Inflation in Tudor and Early Stuart England*, 2nd edn, London;中野忠訳『イギリスのインフレーション:テュダー・初期ステュアート期』早稲田大学出版部,1996年.
Overton, M., J. Whittle, D. Dean and A. Hann (2004). *Production and Consumption in English Households, 1600-1750*, London: Routledge.
尾関学(2003).「フローとストックの衣服消費:明治後期の茨城県町村是よる分析」

『社会経済史学』第69巻2号，93-107頁．

尾関学・佐藤正広(2008)．「戦前日本の農家経済調査の今日的意義：農家簿記からハウスホールドの実証研究へ」『経済研究』第59巻1号，59-73頁．

Özmucur, S. and S. Pamuk (2002). 'Real wages and standards of living in the Ottoman empire, 1489-1914', *Journal of Economic History*, vol. 62, no. 2, pp. 293-321.

彭泽益(1957)．『中国近代手工业史资料 1840-1949』第1卷，三联书店．

Parker, W. N. (1982). 'European development in millennial perspective', in C. P. Kindleberger and G. di Tella, eds., *Economics in the Long View: Essays in Honour of W. W. Rostow*, vol. 2: *Applications and cases*, part 1, London: Macmillan.

Parker, W. N. (1984). 'Opportunity sequences in European history', in his *Europe, America, and the Wider world: Essays on the Economic History of Western Capitalism*. Volume 1: *Europe and the World Economy*, Cambridge: Cambridge University Press.

Parthasarathi, P. (1998). 'Rethinking wages and competitiveness in the eighteenth century: Britain and South India', *Past and Present*, no. 158, pp. 79-109.

Parthasarathi, P. (2005). 'Agriculture, labour, and the standard of living in eighteenth-century India', in Allen, Bengtsson and Dribe (2005).

Perkins, D. W. (1969). *Agricultural Development in China, 1368-1968*, Chicago: Aldine.

Petty, W. (1690). *Political Arithmetick*, London；大内兵衛・松川七郎訳『政治算術』岩波文庫，1955年．

Pfister, U. (1989). 'Proto-industrialization and demographic change: the canton of Zürich revisited', *Journal of European Economic History*, vol. 18, no. 3, pp. 629-62.

Pfister, U. (1996). 'Proto-industrialization in Switzerland', in Ogilvie and Cerman (1996).

Phelps Brown, H. and S. V. Hopkins (1955). 'Seven centuries of building wages', *Economica*, new ser. vol. 22, pp. 195-206.

Phelps Brown, H. and S. V. Hopkins (1956). 'Seven centuries of the prices of consumables, compared with builders' wages', *Economica*, new ser. vol. 23, pp. 296-314.

Phelps Brown, H. and S. V. Hopkins (1957). 'Wage-rates and prices: evidence for population pressure in the sixteenth century', *Economica*, new ser. vol. 24, pp. 289-305.

Phelps Brown, H. and S. V. Hopkins (1959). 'Builders' wage rates, prices and population: some further evidence', *Economica*, new ser. vol. 28, pp. 18-28.

Piore, M. J. and C. F. Sable (1984). *The Second Industrial Divide: Possibilities for Prosperity*, New York；山之内靖他訳『第二の産業分水嶺』筑摩書房，1993年．

Polanyi, K. (1957). *The Great Transformation: The Political and Economic Origins of Our Time*, Boston；吉沢英成他訳『大転換：市場社会の形成と崩壊』

東洋経済新報社, 1975 年.
Pollard, S. (1965). *The Genesis of Modern Management: A Study of the Industrial Revolution in Great Britain*, London: Edward Arnold.
Pollard, S. (1974). *European Economic Integration, 1815–1970*, London; 鈴木良隆・春見濤子訳『ヨーロッパの選択: 経済統合への途, 1815–1970 年』有斐閣, 1990 年.
Pollard, S. (1981). *Peaceful Conquest : The Industrialization of Europe, 1760–1970*, Oxford: Oxford University Press.
Pollard, S. and P. Robertson (1979). *The British Shipbuilding Industry, 1870–1914*, Cambridge, Mass.: Harvard University Press.
Pomeranz, K. (2000). *The Great Divergence : Europe, China, and the Making of the Modern World Economy*, Princeton: Princeton University Press.
Pomeranz, K. (2005a). 'Standards of living in eighteenth-century China : regional differences, temporal trends, and incomplete evidence', in Allen, Bengtsson and Dribe (2005).
Pomeranz, K. (2005b). 'Land markets in late imperial and republican China', paper presented at the GEHN Conference on the Rise, Organization, and Institutional Framework of Factor Markets, University of Utrecht, 23–25 June.
Pomeranz, K. (forthcoming). 'Labour-Intensive industrialisation in the Yangzi Delta : late imperial patterns and their modern fates', in Austin and Sugihara (forthcoming).
Postel-Vinay, G. (1994). 'The dis-integration of traditional labor markets in France: from agriculture and industry to agriculture of industry', in G. Grantham and M. MacKinnon, eds., *Labour Market Evolution : The Economic History of Market Integration, Wage Flexibility and Employment Relation*, London: Routledge.
Ramsey, P. H., ed. (1971). *The Price Revolution in Sixteenth-century England*, London: Methuen.
Rappaport, S. (1989). *Worlds within Worlds: Structures of Life in Sixteenth-century London*, Cambridge: Cambridge University Press.
Ricardo, D. (1817). *On the Principles of Political Economy and Taxation*, London; 羽鳥卓也・吉沢芳樹訳『経済学および課税の原理』岩波文庫, 1987 年.
Rich, E. E. and C. H. Wilson, eds. (1967). *The Cambridge Economic History of Europe*, vol. 4 : *The Economy of Expanding Europe in the Sixteenth and Seventeenth Centuries*, Cambridge: Cambridg University Press.
Richardson, G. B. (1975). 'Adam Smith on competition and increasing returns', in A. S. Skinner and T. Wilson, eds., *Essays on Adam Smith*, Oxford: Clarendon Press, pp. 350–60.
Rogers, J. E. T. (1866–1902). *A History of Agriculture and Prices in England: From the Year after the Oxford Parliament (1259) to the Commencement of the Continental War (1793)*, 7 vols., Oxford: Clarendon Press.
Rosenberg, N., ed. (1969). *The American System of Manufactures : The Report of the Committee on the Machinery of the United States 1855 and the Spe-

cial Reports of George Wallis and Joseph Whitworth 1854, Edinburgh: Edinburgh University Press.

Roses, J. R. and B. Sanchez-Alonso (2004). 'Regional wage convergence in Spain 1850–1930', *Explorations in Economic History*, vol. 41, no. 4, pp. 404–25.

Rostow, W. W. (1960). *The Stages of Economic Growth*, Cambridge; 木村健康他訳『経済成長の諸段階』ダイヤモンド社, 1961年.

Rule, J. (1987), 'The property of skill in the period of manufacture', in P. Joyce, ed., *The Historical Meanings of Work*, Cambridge: Cambridge University Press.

Sabel, C. and J. Zeitlin (1985), 'Historical alternatives to mass production: politics, markets and technology', *Past and Present*, no. 108, pp. 133–76.

齋藤萬吉(1918).『日本農業の経済的変遷』鈴木千代吉編, 西ケ原叢書刊行会.

斎藤修(1973).「農業賃金の趨勢: 徳川中期から大正前期にかけて」『社会経済史学』第39巻2号, 170–89頁.

斎藤修(1975).「徳川中期の実質賃金と格差」『社会経済史学』第41巻5号, 449–66頁.

斎藤修(1976).「徳川後期における利子率と貨幣供給」, 梅村又他編『日本経済の発展: 近世から近代へ』数量経済史論集1, 日本経済新聞社.

斎藤修(1985).『プロト工業化の時代: 西欧と日本の比較史』日本評論社.

斎藤修(1988a).「大開墾・人口・小農経済」, 速水融・宮本又郎編『経済社会の成立』日本経済史1, 岩波書店.

斎藤修編訳(1988b).『家族と人口の歴史社会学・ケンブリッジ・グループの成果』リブロポート.

斎藤修(1988c).「家族と人口の歴史社会学序論」, 斎藤(1988b)所収.

斎藤修(1992a).「幕末・維新の政治算術」『年報近代日本研究』第14号, 277–302頁.

斎藤修(1992b).「直系家族型世帯と労働市場: 日本の比較史的位置」『歴史学研究』第638号, 121–29頁.

斎藤修(1995).「近代日本の児童労働: その比較数量史的考察」『経済研究』第46巻3号, 216–29頁.

斎藤修(1997).『比較史の遠近法』NTT出版.

斎藤修(1998a).『賃金と労働と生活水準: 日本経済史における18-20世紀』岩波書店.

斎藤修編(1998b).『産業と革新: 資本主義の発展と変容』岩波講座世界歴史22, 岩波書店.

斎藤修(1998c).「産業革命: 工業化の開始とその波及」, 斎藤(1998b)所収.

斎藤修(2002a).『江戸と大阪: 近代日本の都市起源』NTT出版.

斎藤修(2002b).「転換前の人口・経済システム」, 日本人口学会編『人口学事典』培風館.

斎藤修(2002c).「ヨーロッパ型結婚パターン」, 日本人口学会編『人口学事典』培風館.

斎藤修(2002d).「伝統中国の歴史人口学:『人類の四半分の人口史』と近年の実証研究」,『社会経済史学』第68巻2号, 211–23頁.

斎藤修(2002e).「人口と環境の経済史」, 佐和隆光・植田和弘編『環境の経済理論』

岩波講座環境経済・政策学 1, 岩波書店.
斎藤修 (2004a). 「勤勉革命の実証的再検討」『三田学会雑誌』第 97 巻 1 号, 151-61 頁.
斎藤修 (2004b). 「人口転換前の出生力とその上昇：アジアの視点から」, 法政大学比較経済研究所・尾高 (2004) 所収.
斎藤修 (2005). 「前近代経済成長の 2 つのパターン：徳川日本の比較史的位置」『社会経済史学』第 70 巻 5 号, 519-39 頁.
斎藤修 (2006). 「町工場世界の起源：技能形成と起業志向」『経済志林』第 73 巻 4 号, 315-31 頁.
Saito, O. (1978). 'The labor market in Tokugawa Japan: wage differentials and the real wge level, 1727-1830', *Explorations in Economic History*, vol. 15, no. 1; 日本語訳「徳川期の賃金格差構造と実質賃金水準」, 新保博・安場保吉編『近代移行期の日本経済：幕末から明治へ』数量経済史論集 2, 日本経済新聞社, 1979 年.
Saito, O. (1979). 'Who worked when: life-time profiles of labour force participation in Cardington and Corfe Castle in the late eighteenth and mid-nineteenth centuries', *Local Population Studies*, no. 22, pp. 14-29.
Saito, O. (1989). 'Bringing the covert structure of the past to light', *Journal of Economic History*, vol. 49, no. 4, pp. 992-99.
Saito, O. (1996). 'Historical demography: achievements and prospects', *Population Studies*, vol. 50, no. 3, pp. 537-53; 中里英樹訳「歴史人口学の展開」, 速水融編『歴史人口学と家族史』藤原書店, 2003 年.
Saito, O. (1998). 'Two kinds of stem-family system? Traditional Japan and Europe compared', *Continuity and Change*, vol. 13, no. 1, pp. 167-86.
Saito, O. (2005a). 'Wages, inequality and pre-industrial growth in Japan, 1727-1894', in Allen et al. (2005).
Saito, O. (2005b). 'Pre-modern economic growth revisited: Japan and the West', LSE/GEHN Working Paper Series no. 16 (Department of Economic History, LSE).
Saito, O. (2006). 'Land, labour and market forces in Tokugawa Japan', Hi-Stat Discussion Paper Series no. 135, IER, Hitotsubashi University (http://hi-stat.ier.hit-u.ac.jp/research/discussion/2005/135.html).
Saito, O. (forthcoming). 'Proto-industrialization and labour-intensive industrialization: reflections on Smithian growth and the role of skill intensity', in Austin and Sugihara (forthcoming).
斎藤修・阿部武司 (1987). 「賃機から力織機工場へ：明治後期における綿織物業の場合」, 南・清川 (1987) 所収.
斎藤修・西川俊作 (2007). 「徳川日本の所得分布：1840 年代の長州経済」『経済研究』第 58 巻 4 号, 289-301 頁.
斎藤修・尾関学 (2004). 「第一次世界大戦前山梨農村における消費の構造」, 有泉貞夫編『山梨近代史論集』岩田書院.
Saito, O. and T. Settsu (2006). 'Money, credit and Smithian growth in Tokugawa Japan', Hi-Stat Discussion Paper Series no. 139, IER, Hitotsubashi University (http://hi-stat.ier.hit-u.ac.jp/research/discussion/2005/139.html).

坂根嘉弘(1999).「日本における地主小作関係の特質」『農業史研究』第 33 号, 20-28 頁.
Samuel, R. (1977). 'The workshop of the world: steam power and hand technology in mid-Victorian Britain', *History Workshop*, no. 3, pp. 6-72.
Sandilands, R. J., ed. (1990a). 'Nicholas Kaldor's notes on Allyn Young's LSE lectures, 1927-29', *Journal of Economic Studies*, vol. 17, nos. 3/4, pp. 18-114.
Sandilands, R. J., ed. (1990b). 'Contributions by Allyn Young to the Encyclopaedia Britannica, 1929', *Journal of Economic Studies*, vol. 17, nos. 3/4, pp. 115-60.
佐野陽子(1962).「建築労働者の実質賃金: 1830-1894 年」『三田学会雑誌』第 55 巻 11 号, 1009-36 頁.
Schofield, R. S. (1994). 'British population change, 1700-1871', in Floud and McCloskey (1994).
Schwarz, L. D. (1992). *London in the Age of Industrialisation: Entrepreneurs, Labour Force and Living Standards, 1700-1850*, Cambridge: Cambridge University Press.
Scranton, P. (1997). *Endless Novelty: Specialty Production and American Industrialization, 1865-1925*, Princeton; 廣田義人他訳『エンドレス・ノヴェルティ: アメリカの第 2 次産業革命と専門生産』有斐閣, 2004 年.
社会経済史学会編(1977).『新しい江戸時代史像を求めて: その社会経済史的接近』東洋経済新報社.
社会経済史学会編(2002).『社会経済史学の課題と展望』社会経済史学会創立 70 周年記念, 有斐閣.
Shaw-Taylor, L. (2007). 'The occupational structure of England 1750-1881', paper presented at the Hi-Stat Workshop on Historical Occupational Structures: Asian and European Perspectives, Hitotsubashi University, 28 September.
新保博(1978).『近世の物価と経済発展: 前工業化社会への数量的接近』東洋経済新報社.
新保博・斎藤修編(1989a).『近代成長の胎動』日本経済史 2, 岩波書店.
新保博・斎藤修(1989b).「概説 19 世紀へ」, 新保・斎藤(1989a)所収.
篠塚信義・石坂昭雄・安元稔編訳(1991).『西欧近代と農村工業』北海道大学図書刊行会.
篠塚信義・石坂昭雄・高橋秀行編(2003).『地域工業化の比較史的研究』北海道大学図書刊行会.
白川部達夫(1999).『近世の百姓世界』吉川弘文館.
Sicsic, P. (1992). 'City-farm wage gaps in late 19th century France', *Journal of Economic History*, vol. 52, no. 3, pp. 675-95.
Sicsic, P. (1995). 'Wage dispersion in France, 1850-1930', in P. Scholliers and V. Zamagni, eds., *Labour's Reward: Real Wages and Economic Change in 19th and 20th Century Europe*, Cheltenham: E. Elgar.
Simiand, F. (1932). *Le salaire, l'évolution sociale et la monnaie*, Paris: Alcan.
Slicher van Bath, B. H. (1963). *The Agrarian History of Western Europe, AD500-1850*, London; 速水融訳『西ヨーロッパ農業発達史』日本評論社, 1969 年.

Smith, A. (1776). *An Inquiry into the Nature and Causes of the Wealth of Nations*, London；水田洋監訳『国富論』全4冊，岩波文庫，2000-1年.
Smith, R. M. (1981). 'Fertility, economy, and household formation in England over three centuries', *Population and Development Review*, vol. 7, no. 7；鬼頭宏訳「出生力・経済・家族形成：16-19世紀」，斎藤(1988b)所収.
Smith, T. C. (1959). *The Agrarian Origins of Modern Japan*, Stanford；大塚久雄監訳『近代日本の農村の起源』岩波書店，1970年.
Smith, T. C. (1969). 'Farm family by-employments in preindustrial Japan', *Journal of Economic History*, vol. 29, no. 4, reprinted in Smith (1988)；大島真理夫訳『日本社会史における伝統と創造：工業化の内在的諸要因 1750-1920年』増補版，ミネルヴァ書房，2002年.
Smith, T. C. (1973). 'Pre-modern economic growth: Japan and the West', *Past and Present*, no. 60; reprinted in Smith (1988)；大島真理夫訳『日本社会史における伝統と創造：工業化の内在的諸要因 1750-1920年』増補版，ミネルヴァ書房，2002年.
Smith, T. C. (1986). 'Peasant time and factory time in Japan', *Past and Present*, no. 111; reprinted in Smith (1988)；大島真理夫訳『日本社会史における伝統と創造：工業化の内在的諸要因 1750-1920年』増補版，ミネルヴァ書房，2002年.
Smith, T. C. (1988). *Native Sources of Japanese Industrialization, 1750-1920*, Berkeley；大島真理夫訳『日本社会史における伝統と創造：工業化の内在的諸要因 1750-1920年』増補版，ミネルヴァ書房.
Söderberg, J. (1985). 'Regional economic disparity and dynamics, 1840-1936; a comparison between France, Great Britain, Prussia and Sweden', *Journal of European Economic History*, vol. 14, no. 2, pp. 273-96.
Song Jianze and C. Moll-Murata (2002). 'Notes on Qing Dynasty handicraft regulations and precedents (*jiangzuo zeli*), with special focus on regulations on materials, working time, prices, and wages', *Late Imperial China*, vol. 23, no. 2, pp. 87-126.
末廣昭(2000). 『キャッチアップ型工業化論：アジア経済の軌跡と展望』名古屋大学出版会.
杉原薫(1996). 『アジア間貿易の形成と構造』ミネルヴァ書房.
Sugihara, K. (2003). 'The East Asian path of economic development: a long-term perspective', in G. Arrighi, T. Hamashita and M. Selden, eds., *The Resurgence of East Asia: 500, 150 and 50 Year Perspectives*, London: Routledge.
Sugihara, K. (2007). 'Labour-intensive industrialization in global history', *Australian Economic History Review*, vol. 47, no. 2, pp. 121-54; to be reprinted in Austin and Sugihara (forthcoming).
鈴木良隆(1982). 『経営史：イギリス産業革命と企業者活動』同文舘.
鈴木良隆(1998). 「模倣と着想：J・ウェッジウッド，森村市左衛門，もう一つの産業化」，斎藤(1998b)所収.
鈴木良隆(2006). 「18世紀ヨーロッパ製造業における模倣と代替」『社会経済史学』第72巻3号，293-308頁.

Suzuki, Y. (1991). *Japanese Management Structures, 1920–80*, London: Macmillan.
鈴木良隆・大東英祐・武田晴人 (2004).『ビジネスの歴史』有斐閣.
高橋秀行 (2003).「ベルリーン経済圏における地域工業化の始動 (18世紀末—19世紀中葉): 首都圏工業化のケース」, 篠塚・石坂・高橋 (2003) 所収.
田中耕司 (1987).「近世における集約稲作の形成」, 渡部忠世編『アジアの中の日本稲作文化: 受容と成熟』小学館.
田中正俊 (1973).『中国近代経済史研究序説』東京大学出版会.
田中洋子 (2001).『ドイツ企業社会の形成と変容: クルップ社における労働・生活・統治』ミネルヴァ書房.
谷本雅之 (1998a).『日本における在来的経済発展と織物業: 市場形成と家族経済』名古屋大学出版会.
谷本雅之 (1998b).「もう一つの「工業化」: 在来的経済発展論の射程」, 斎藤 (1998b) 所収.
谷本雅之 (2002).「在来的発展の制度的基盤」, 社会経済史学会編 (2002) 所収.
谷本雅之 (2005).「分散型生産組織の「新展開」: 戦間期日本の玩具工業」, 岡崎 (2005) 所収.
谷本雅之 (2006a).「農村工業から都市型集積へ: 戦前期日本の織物業と都市小工業の事例」, 園部哲史・澤田康幸編『市場と経済発展: 途上国における貧困削減に向けて』東洋経済新報社.
谷本雅之 (2006b).「"小農社会"における農業雇用労働: 近世畿内農村の一, 二の事例」『経済志林』第73巻4号, 235-52頁.
田代和生 (1988).「徳川時代の貿易」, 速水・宮本 (1988a) 所収.
Teich, M. and R. Porter, eds. (1996). *The Industrial Revolution in National Context: Europe and the USA*, Cambridge: Cambridge University Press.
帝国農会 (1938).『農家の労働状態に関する調査 (主として男女別労働に就て)』農業経営成績調査報告第9輯, 帝国農会.
寺田浩明 (1983).「田面田底慣行の法的性格: 概念的検討を中心にして」『東洋文化研究所紀要』第93冊, 33-131頁.
寺田浩明 (1989).「中国近世における自然の領有」, 柴田三千雄他編『歴史における自然』シリーズ世界史への問い1, 岩波書店.
Thirsk, J. (1961). 'Industries in the countryside', in F. J. Fisher, ed., *Essays in the Economic and Social history of Tudor and Stuart England*, Cambrudge: Cambridge University Press.
Thompson, E. P. (1967). 'Time, work-discipline, and industrial capitalism', *Past and Present*, no. 38, pp. 56–97.
Tilly, C. (1984). 'Demographic origins of the European proletariat', in D. Levine, ed., *Proletarianization and Family History*, New York: Academic Press.
Tilly, R. (1996). 'German industrialization', in Teich and Porter (1996).
統計院 (1882).『甲斐国現在人別調』統計院.
友部謙一 (1996).「土地制度」, 西川・尾高・斎藤 (1996) 所収.
友部謙一 (2007).『前工業化期日本の農家経済: 主体均衡と市場経済』有斐閣.
Tranter, N. L. (1981). 'The labour supply 1780–1860', in R. Floud and D. McCloskey, eds., *The Economic History of Britain since 1700*, vol. 1, Cambridge:

Cambridge University Press, pp. 204-26.
Trivellato, F. (1999). 'Salaires et justice dans les corportations vénitiennes au 17ème siècle ; le cas des manufactures de verre', *Annales ESC*, Janvier-Février, pp. 245-73.
梅村又次(1961).「建築労働者の実質賃金, 1726-1958」『経済研究』第 12 巻 2 号, 172-76 頁.
梅村又次(1962).「明治年間における実質賃金と労働の供給」『社会経済史学』第 27 巻 4 号, 329-49 頁.
梅村又次(1980).「労働」, 熊谷尚夫・篠原三代平編『経済学大辞典』第 II 巻, 東洋経済新報社.
梅村又次・山田三郎・速水佑次郎・高松信清・熊崎実(1966).『農林業』長期経済統計 9, 東洋経済新報社.
梅村又次・赤坂敬子・南亮進・高松信清・新居玄武・伊藤繁(1988).『労働力』長期経済統計 2, 東洋経済新報社.
United Nations (1953). *The Determinants and Consequences of Population Trends*, Population Studies 17, New York : United Nations.
牛島利明・阿部武司(1996).「綿業」, 西川・尾高・斎藤(1996)所収.
van Bavel, B. J. P. (2001). 'Land, lease and agriculture : the transition of the rural economy in the Dutch river area from the fourteenth to the sixteenth century', *Past and Present*, no. 172, pp. 3-43.
van Bavel, B. J. P. (2002). 'People and land : rural population developments and property structures in the Low Countries, c.1300-c.1600', *Continuity and Change*, vol. 17, no. 1, pp. 9-37.
van Bavel, B. J. P. (2005). 'Land and lease markets in northwestern Europe and Italy', paper presented at the GEHN Conference on the Rise, Organization, and Institutional Framework of Factor Markets, University of Utrecht, 23-25 June.
van Bavel, B. J. P. (2006). 'Rural wage labour in the sixteenth-century Low Countries : an assessment of the importance and nature of wage labour in the countryside of Holland, Guelders and Flanders', *Continuity and Change*, vol. 21, no. 1, pp. 37-72.
Vandenbroecke, C. (1996). 'Proto-industrialization in Flanders : a critical review', in Ogilvie and Cerman (1996).
van Zanden, J. L. (1995). 'Tracing the beginning of the Kuznets curve : western Europe during the early modern period', *Economic History Review*, 2nd ser. vol. 48, no. 4, pp. 643-64.
van Zanden, J. L. (1998). 'Wages and the standard of living in Europe, 1500-1800', *European Review of Economic History*, vol. 1, no. 2, pp. 175-97.
van Zanden, J. L. (1999). 'Wages and the standard of living, 1500-1800', *European Review of Economic History*, vol. 3, no. 2, pp. 175-98.
van Zanden, J. L. (2001). 'Early modern economic growth : a survey of the European economy 1500-1800', in M. Prak, ed., *Early Modern Capitalism : Economic and Social Change in Europe, 1400-1800*, London : Routledge.
van Zanden, J. L. (2002). 'The "revolt of the early modernists" and the "first

modern economy": an assessment', *Economic History Review*, 2nd ser. vol. 55, no. 4, pp. 619-41.

van Zanden, J. L. (2003). 'Rich and poor before the industrial revolution, a comparison between Java and the Netherlands at the beginning of the 19th century', *Explorations in Economic History*, vol. 40, no. 1, pp. 1-23.

van Zanden, J. L. (2005). 'Cobb-Douglas in pre-modern Europe : simulating early modern growth', International Institute of Social History Working Paper (http://www.iisg.nl/research/jvz-cobbdouglas.pdf).

van Zanden, J. L. (2006). 'Wages, prices, and living standards in China, Japan, and Europe', 2006年度第1回グローバルヒストリー・ワークショップ報告, 大阪大学待兼山会館, 4月20日.

Vigo, G. (1974). 'Real wages of the working class in Italy : building workers' wages (14th to 18th century)', *Journal of European Economic History*, vol. 3, no. 2, pp. 378-99.

Vogel, H. U. (1987). 'Chinese central monetary policy, 1644-1800', *Late Imperial China*, vol. 8, no. 2, pp. 1-52.

Voth, H.-J. (2000). *Time and Work in England, 1750-1830*, Oxford : Oxford University Press.

綿谷赳夫(1961). 「資本主義の発展と農民の階層分化」, 東畑精一・宇野弘蔵編『日本資本主義と農業』岩波書店.

鷲崎俊太郎(2007). 「銚子醬油製造業賃金の再推計: 1864-88年」, 社会科学の統計分析拠点構築ディスカッションペーパー, no. 225 (http://hi-stat.ier.hit-u.ac.jp/research/discussion/2007/225.html).

渡辺尚志(2002). 「近世土地所有の特質」, 渡辺尚志・五味文彦編『土地所有史』山川出版社.

Weatherill, L. (1988). *Consumer Behaviour and Material Culture in Britain, 1660-1760*, London : Routledge.

Weber, M. (1922). *Soziologie der Herrschaft: Wirtschaft und Gesellschaft, Grundriss der verstehenden Soziologie*, Tübingen; 部分訳(Kapitel IX), 世良晃志郎訳『支配の社会学』全2巻, 創文社, 1960-2年.

Weber, M. (1923). *Wirtschaftsgeschichte: Abriss der universalen Sozial- und Wirtschaftsgeschichte*, München; 黒正巌・青山秀夫訳『一般社会経済史要論』上下, 岩波書店, 1954-5年.

魏金玉(1983). 「明清時代農業中等級性雇傭労動向非等級性雇傭労動的過渡」, 李文治等『明清時代的農業資本主義萌芽問題』中国社会科学出版社.

Williamson, J. G. (1985). *Did British Capitalism Breed Inequality?* Boston : Allen and Unwin.

Williamson, J. G. (1991). *Inequality, Poverty and History*, Oxford; 安場保吉・水原正亨訳『不平等, 貧困と歴史』ミネルヴァ書房.

Wolf, A. P. (1985). 'Fertility in pre-revolutionary China', in S. B. Hanley and A. P. Wolf, eds., *Family and Population in East Asian History*, Stanford : Stanford University Press.

Wolf, A. P. (2001). 'Is there evidence of birth control in late imperial China?' *Population and Development Review*, vol. 27, no. 1, pp. 133-54.

Wong, R. Bin (1997). *China Transformed: Historical Change and the Limits of European Experience*, Ithaca: Cornell University Press.
World Bank (1993). *The East Asian Miracle: Economic Growth and Public Policy. A World Bank Policy Research Report*, Washington; 白鳥正喜監訳『東アジアの奇跡:経済成長と政府の役割』東洋経済新報社, 1994年.
Wrigley, E. A. (1983). 'Malthus's model of a pre-industrial economy', in J. Dupâquier, A. Fauve-Chamoux and E. Grebenik, eds., *Malthus: Past and Present*, London: Academic Press.
Wrigley, E. A. (1985). 'The fall of marital fertility in nineteenth-century France: exemplar or exception?' *European Journal of Population*, vol. 1, no. 1, pp. 31–60; no. 2, pp. 111–24.
Wrigley, E. A. (1986). 'Elegance and experience: Malthus at the bar of history', in D. Coleman and R. Schofield, eds., *The State of Population Theory: Forward from Malthus*, Oxford: Basil Blackwell.
Wrigley, E. A. (1988). *Continuity, Chance and Change: The Character of the Industrial Revolution*, Cambridge; 近藤正臣訳『エネルギーと産業革命:連続性・偶然・変化』同文館, 1991年.
Wrigley, E. A. (1993). *People, Cities and Wealth: The Transformation of Traditional Society*, Oxford: Basil Blackwell.
Wrigley, E. A. and R. S. Schofield (1981). *The Population History of England, 1541–1871. A Reconstruction*, London: Edward Arnold.
八木宏典 (1990).「農業」, 西川・阿部 (1990) 所収.
厳中平他編 (1955).『中國近代經濟史統計資料選輯』科学出版社.
谷沢弘毅 (2004).『近代日本の所得分布と家族経済:高格差社会の個人計量経済史学』日本図書センター.
山口和雄 (1976).『日本経済史』第2版, 筑摩書房.
山口県文書館 (1960–6).『防長風土注進案』全22巻, マツノ書店.
山本千映 (1999).「18世紀末期イングランドにおける消費水準と賃金水準:推計の試み」『社会経済史学』第64巻5号, 644–70頁.
安場保吉 (1968).「経済発展論における『二重構造』の理論と『日本資本主義論争』」『社会経済史学』第34巻1号, 79–92頁.
安場保吉 (1980).『経済成長論』筑摩書房.
Yasuba, Y. (1975). 'Anatomy of the debate on Japanese capitalism', *Journal of Japanese Studies*, vol. 2, no. 1, pp. 63–82.
Yasuba, Y. (1986). 'Standard of living in Japan before the industrialization: from what level did Japan begin? A comment', *Journal of Economic History*, vol. 46, no. 1, pp. 217–24.
Young, A. A. (1928). 'Increasing returns and economic progress', *Economic Journal*, vol. 38, no. 4, pp. 527–42.
袁堂軍・深尾京司・馬徳斌 (2004).「長期統計における国際比較:1934–36年における日本・台湾・朝鮮の購買力平価と実質消費水準」, 法政大学比較経済研究所・尾高 (2004) 所収.

索　引

あ　行

アメリカ型製造システム　271-3, 291
石川カーヴ　141, 142
ウェルフェア・レイシオ　→生存水準倍率
迂回生産　42, 63, 223, 258

か　行

家計革命　62, 145-7
官僚制化　2
　　——と労働時間　303n
　　企業の——　302
キャッチアップ　88, 89, 91, 99, 252, 264-6, 274-6, 291, 292, 296
教育　→スキル形成
勤勉革命論
　　ドゥ・フリースの——　62, 63
　　速水融の——　62n, 141
苦汗工場／労働　75, 76, 243
クズネッツ仮説　→所得格差
クラフト型産業　242-4, 259, 260, 269
訓練　→スキル形成
経済的後進性　252-4
径路依存　78, 263, 273, 274, 283
兼業
　　——マトリクス　279, 280
　　長州藩の——　165, 166
　　山梨県の——　205, 206, 280
高位均衡の罠　22, 23n
交易／貿易　131-4, 150, 261
　　——依存度　138, 255, 257, 258
　　遠隔地——　131, 132
工業化の類型　74-8
　　——とアメリカ　70, 74n, 76, 77, 251, 252
　　——と英国　74, 76, 77, 269-71, 273, 274
　　——とドイツ　74n, 270, 271
　　——と日本　74, 76, 287-91
工場制度　223, 302
後進性　→経済的後進性
高度有機経済　33n, 241
国民所得　→国民総生産
国民総生産(GDP)，一人当り
　　——のキング推計　85, 229
　　——のクラフツ推計　231-5
　　——の国際比較統計　89, 90, 125, 126, 254-6
　　——のディーン＝コール推計　228-33
　　——のファン・ザンデン推計　126
　　——のマディソン推計　83-91, 125, 129, 293
　　——のマルホール推計　255
　　——の要因分解　234, 235
　　アメリカの——　90
　　イタリアの——　90
　　インドの——　90
　　英国の——　84-6, 89, 90
　　西欧の——　89, 90
　　中国の——　86, 89, 90
　　低地諸邦の——　125
　　南欧の——　126
　　日本の——　87-90, 129, 275
　　北西欧の——　126
雇用労働力の構造　207-9

さ　行

在来的経済発展論　149
産業革命　1, 42, 43, 49, 50, 222-4
　　——と産業構造変化　235-7
　　英国の——　224-8, 262, 264, 273,

298
　　長期的変化における―― 237-42
産業集積　46, 48, 54, 274, 285
産地　46, 47, 75, 261
自営業　55
　　――世帯から賃金労働者世帯への転換　57-9, 146
　　――の所得造出能力　59-62, 217
資源集約　241, 257, 269, 273, 291
市場競争　39
市場経済
　　――と社会変容　300, 301
　　近世の――　2, 30, 149
市場経済論
　　ヒックスの――　2
　　ブローデルの――　2, 29, 30
　　ポラニーの――　2, 63
　　マーシャルの――　45-9
実質賃金
　　インドの――　99
　　英国の――　93, 94, 246-9
　　畿内の――　121
　　ジャワの――　99, 100
　　西欧の――　91-6
　　銚子の――　121
　　低地諸邦の――　125
　　南欧の――　126
　　日本の――　129
　　東アジアの――　96-9
　　北西欧の――　126
実質賃金と一人当り GDP　119, 123-30
　　英国の――　247-9
　　西欧の――　124-7
　　日本の――　127-30
ジニ係数　155-8, 176, 200, 297, 300
資本集約　74-6, 240, 254, 266, 269, 291
資本蓄積　40, 53, 223
　　――の馬力数(蒸気力)　226, 255-7, 262
収穫逓減　3, 13, 14, 17, 40, 53
収穫逓増　38, 39, 41-4, 51, 52, 76, 223, 251

　　――と外部経済　45-9, 54
収斂　→キャッチアップ
熟練　→スキル
蒸気機関　73, 225, 226, 228, 231-4, 237, 241, 244
商業資本主義　2, 31, 132, 149, 150
小農／小農社会　1, 59-61, 63-5, 118, 139, 144, 148, 152, 180, 217, 218, 240, 303
　　――と労働市場　209-16
　　――における労働力の構造　201-9
消費
　　――のサイレン　63, 145
　　家財保有と――　27, 28
　　砂糖の――　26
　　綿布の――　27, 147
消費バスケット
　　中国の――　108
　　日本の――　107-9, 117
　　ヨーロッパの――　107, 118
職業構成
　　イングランドの――　192
　　長州田島村の――　201-4
　　長州藩の――　164-7
　　山梨県の――　204-9
所得格差　120, 140, 149, 151, 152, 296-300
　　――のクズネッツ仮説　72, 154, 297
　　英国の――　154-6, 172-4, 248
　　オランダの――　156, 157
　　階層内の――　175, 176, 297
　　近代日本の――　157, 158
　　中国の――　28, 29
　　長州藩の――　159-67, 174-6
　　ムガール・インドの――　172-4
　　ヨーロッパの――　21
人口圧力　→人口増加
人口経済論
　　古典派経済学者の――　17, 39-41
　　ボースルプの――　3, 51
　　マルサスの――　3, 12-8
　　ヤングの――　44

索　引——333

人口原理　1, 13-5, 17, 19, 39-41, 53
人口制限
　　積極的——　15
　　予防的——　15, 16, 18
人口増加　19, 59, 60, 94, 95, 100, 105, 124, 131, 136, 139, 143, 144, 152, 293-6
　　——と市場の大きさ　44, 52, 296
　　——率　85n, 189, 231
人口転換　294, 295
『人口論』
　　初版　12-4
　　増補改訂版(第2-6版)　14-8, 293, 294
伸縮的専門特化　49n, 243, 259
スキル
　　——集約　37, 48, 74-8, 242, 269-73, 287-92
　　——節約　37, 76, 77, 269-73, 292
　　——と技術　66-8
　　——と規律　68-70
　　——の解体　71
　　——の集積　47
スキル形成
　　——と教育　66, 70, 292
　　——と訓練　65, 66, 292
　　オン・ザ・ジョブでの——　73, 74, 290, 298
スミス的成長(アダム・スミス的成長)　9, 30, 31, 49-54, 149
　　——と政府　31, 32
　　——とプロト工業化　139, 177
生活水準論争　246, 247, 249, 297
生産性
　　総要素——　234, 235
　　土地——　25, 85, 141, 142
　　労働——　38, 67, 68, 74, 85, 142, 190, 196, 215, 240, 256, 266
生存水準消費　→消費バスケット
生存水準倍率
　　——の算出方法　103, 104, 106
　　——の地域間比較　115, 116
　　アムステルダムの——　110
　　オクスフォードの——　113

　　広東の——　114
　　畿内の——　115, 122
　　京都-東京の——　110, 114
　　ストラスブールの——　111
　　銚子の——　115, 122
　　徳川農村の——　183
　　北京の——　110, 114
　　ミラノの——　110, 111, 113
　　ロンドンの——　110, 111
石炭集約　→資源集約
世帯所得
　　——と副業収入　167-71, 184, 185
　　——の日英比較　186, 187
　　混合所得としての——　56, 179-84
　　賃金労働者の——　184-6
　　農家の——　181-4
　　身分階層別の——　169-71
前近代経済成長論
　　——と所得格差　148, 149
　　トマス・スミスの——　130, 131, 147, 148

た　行

大分岐　24, 101, 104, 111, 120, 151, 187, 251, 291
　　——論争　9, 33, 81, 99-101, 115, 195, 292
大量生産　48, 70, 71, 77, 233, 237, 242, 251, 253, 257, 260, 271, 272
地域間競争　48, 263
地域間分業　32, 137, 138, 177, 264
中間財市場／生産　38, 43, 48, 50, 137, 223, 234, 254, 257, 272, 291
賃金格差　65, 72, 73, 112-4, 298
賃金労働者化　→プロレタリア化
賃金労働者割合　190, 192, 205
鉄鋼消費量　255-7
東西比較論
　　アダム・スミスの——　11, 12
　　ジョーンズの——　20, 21
　　ポメランツの——　8, 24-34
　　マルサスの——　18, 19
　　モンテスキューの——　10, 11

都市化　134-6, 238
土地市場
　　近世西欧の――　189-91
　　近世日本の――　197-200
　　所有権と――　187-9, 195-8
　　伝統中国の――　194-7
　　農業資本主義と――　150
土地制約　33
徒弟
　　――制度　244, 273
　　――割合　270, 271
　　工場――　269, 270, 290
問屋制度　51, 64, 67, 75, 112, 284-6

な 行

二重構造的発展　275, 276n
農業資本主義　140, 150, 151, 194, 241
農業発展
　　資本集約的な――　139, 140, 190, 191, 193, 194
　　労働集約的な――　140-5
農村工業　136-8, 148, 149, 152, 177, 184, 189, 190, 193, 209, 239

は 行

副業　142, 147, 160, 165-7, 176, 179, 289
不平等化　→所得格差
プロト工業化　8, 50, 65, 77, 136-9, 239, 261, 262
プロレタリア化
　　――の抑制　145, 200
　　英国の――　191-4
　　西欧の――　137, 139
　　低地諸邦の――　190, 191
分業
　　――と市場の大きさ　44, 52, 150
　　――と収穫逓増　41-5
　　――とスキル　36, 54, 65-74
　　作業場内――　36, 223

垂直的――　54, 55, 56n, 64, 120, 139, 196
水平的――　54, 55, 64
分業論
　　アダム・スミスの――　3, 36-9
　　ヤングの――　41-5
奉公／奉公人　166, 167, 170, 173, 192, 193, 204, 206, 207, 209-12

ま 行

無制限的労働供給論　8, 65, 74, 77, 136, 276n, 298

や 行

要素市場　→土地市場，労働市場
要素所得　181-3
余業　→副業
ヨーロッパ域内連関　258-64

ら 行

労働時間／日数　104, 117, 118, 142, 145, 146, 184, 185, 264, 265, 303n
労働市場
　　――と部門間移動　213
　　――と労働の限界生産力　213-6
　　都市の――　209, 210
　　都市農村間――　213, 217
　　農業における――　150, 191, 194
労働集約　4, 33, 67, 74-6, 237, 269, 283, 284, 286-91
労働集約的工業化　9, 24, 74, 75, 286, 287, 291, 292
労働生産性格差
　　国家間の――　256, 257, 265-9
　　部門間の――　276-83
労働の規律　286, 287, 302
労働の質　→スキル，労働の規律
労働力構成
　　イングランド農村の――　192
　　低地諸邦の――　190
　　山梨県の――　204-9

■岩波オンデマンドブックス■

一橋大学経済研究叢書 56
比較経済発展論 ――歴史的アプローチ

2008年 3 月14日　第 1 刷発行
2009年 5 月15日　第 4 刷発行
2016年 5 月10日　オンデマンド版発行

著　者　斎藤　修
　　　　（さい とう）（おさむ）

発行者　岡本　厚

発行所　株式会社 岩波書店
　　　　〒101-8002　東京都千代田区一ツ橋2-5-5
　　　　電話案内　03-5210-4000
　　　　http://www.iwanami.co.jp/

印刷／製本・法令印刷

© Osamu Saito 2016
ISBN 978-4-00-730407-1　　Printed in Japan